김정은의 숨겨진 비밀금고

김정은의 숨겨진 비밀금고

노동당 39호실장
전일춘 딸과 사위 증언

류현우 지음

동아일보사

저자의 말

아무것도 하지 않으면
아무것도 변하지 않는다

내가 한국 땅에 첫발을 디딘 때로부터 벌써 5년이라는 세월이 흘렀다. 탈북자에게 배정되는 국민임대주택에서 시작한 나의 한국살이는 처음부터 녹록지 않았다. 국가정보원 조사를 마치고 사회에 나오자마자 직업이 없어 3인 가족이 월 110만 원을 받는 기초생활수급자로 살았다. 엎친 데 덮친 격으로 한국에 정착한 지 한 달 만에 코로나19 팬데믹이 들이닥쳐 '사회적 거리두기'가 시작됐다.

가족을 먹여 살려야 하니 이것저것 손에 잡히는 대로 일을 했다. 외교관이던 지난날의 지위를 털어버리고 새출발을 하기 위해 여기저기 수소문해 가면서 택배기사 일까지 알아봤지만, 50세의 탈북자를 받아주겠다는 곳은 없었다. 북한에서는 그 나름대로 잘나가는 최고 엘리트였지만, 한국에서는 백수라는 최하층으로 굴러떨어졌다. 결국 학연, 지연, 혈연이 하나도 없는 내가 한국 사회에 발을 온전히 붙인다는 것은 기적과도 같았다.

창밖의 하늘을 하염없이 바라보며 가긍한 내 처지를 한탄하기도 했고, 한국에 온 것을 후회하기도 했다. 더욱이 나 하나만 바라보고 한국행을 선택해 준 아내에게 더없이 미안하고 죄스러웠다. 어느 날 딸애가 아내에게 "엄마는 할머니가 보고 싶지 않아? 난 엄마를 못 보면 죽을 것 같은데"라고 말했다. 이 말에 아내는 그동안 쌓아두었던 부모님에 대한 그리움이 폭발해 목 놓아 울고 또 울었다. 나도 20년 이상을 동고동락하면서 아내가 그렇게 슬피 우는 모습을 처음 보았다. 그 후부터 딸애는 우리에게 할아버지, 할머니라는 말을 꺼내지 않는다.

일찍 철든 딸애가 대견했지만, 외할머니 손에서 애지중지 자란 기억이 있어서인지 외할머니에 대한 그리움은 엄마 못지않은 것 같다. 나도 귀밑머리가 하얘진 50대 중년이 됐지만, 아직도 동구 밖 어디선가 지팡이를 짚고 막내아들이 돌아오길 손꼽아 기다리고 계실 어머니를 생각하면 저절로 눈물이 쏟아지고 마음이 아프다. 사실 우리 가족이 이런 분단의 고통을 겪게 될 줄 꿈에도 몰랐다. 또 누구보다 통일을 바라는 마음이 이토록 클 줄은 몰랐다. 나는 하루빨리 남북이 통일돼 내 고향 평양에 갈 날을 꿈꾸곤 한다.

내가 꿈꾸는 통일은 점점 멀어져 가는 것 같다. 김정은은 남북공동연락사무소를 형체도 없이 폭파해 버리더니, 남북 관계를 '동족 관계'가 아닌 '적대적 두 국가 관계'로 규정하며 관계 단절을 일방적으로 선언해 버렸다. 나에게 익숙한 평양의 '통일거리'와 '통일역' '조국통일 3대 헌장 기념탑' 등 통일이 들어간 모든 장소와 국가기관이 다른 이름으로 바뀌었고, 심지어 군사분계선을 '남부 국경선'이라고 부르고 있다. 지금 김정은은 영원한 세습 독재를 위해 역사와 민족을 부정하고 통일을 깡그리 지우고 있다. 이대로 가면 남북이 영원히 갈라져 분단국가로 고착될 수 있다는 두려움에 전율이 인다.

게다가 한국에서도 통일에 대한 인식이 찬반으로 나뉘어 관심과 열정이 식어가고 있다. 이념과 문화, 사회, 경제적 차이, 더 나아가 한국이 짊어져야 할 경제 부담 때문에 통일을 하지 말자는 사람들도 있다.

김정은의 독재하에서 굶어 죽고, 얼어 죽고, 병에 걸려 죽는, 불쌍한 북녘 동포들의 고통과 아픔을 외면한 채 우리만 잘 먹고 잘살면 과연 배가 부르고 행복할까? 모든 것을 다 떠나서, 그들은 '아무나'가 아닌 우리 '형제자매'들이다. 그들의 억울한 눈물을 닦아주고 품에 안아줘야 할 사람들이 바로 우리다. 우리가 그들을 대신해 국제사회에 북한 주민의 인권을 외쳐야 하고, 그들에게 진정한 자유와 민주주의가 무엇인지 깨우쳐줘야 한다. 그래야 북한이 변한다.

그러면 '내가 통일을 위해 조금이나마 기여할 수 있는 일은 무엇일까.' 나 나름대로 고민했다. 책을 쓰자! 김씨 일가에 가장 근접하게 다가갔던 한 사람으로서 내가 할 수 있는 일은 그들의 사치와 향락, 최고위층의 삶, 북한의 참혹한 현실에 대해 세상 사람들에게 알리는 것이라고 생각했다. 그래서 내가 살아온 인생의 궤적을 돌이켜 보며 내가 보고, 듣고, 느끼고, 기억에 남은 사건을 하나하나 정리해 책으로 묶었다.

사실 이 책은 2년 전에 완성됐다. 정작 책을 출판하려고 하니 고민이 많았다. 제일 먼저 북에 계시는 가족이 눈에 밟혔다. 이 책으로 피해를 보실 어머니와 장인, 장모 그리고 양가 형제들, 조카들 때문에 지금까지 결심하지 못하고 있었다.

남북 소통 TV 프로그램 '이제 만나러 갑니다'에 출연하면서 결심을 굳히기 시작했다. 많은 탈북민이 이 프로그램을 통해 북한 주민이 겪는 참혹한 인권 상황을 세상에 폭로했다. 비로소 많은 외국인이 북한의 실상을 알게 됐고, 유엔에서도 북한 정권을 단죄하며 주민들의 인권 개선을 요구했다. 그들의 용기 있는 모습을 보면서 나 자신이 부끄러웠다.

그렇다. 아무것도 하지 않으면 아무것도 변하지 않는다. 북한을 변화시키고 사랑하는 북녘 동포들을 위해 나도 의미 있는 일을 하고 싶었다. 내가 책을 출판하려는 결심을 말하자 '이제 만나러 갑니다' 식구들이 너도나도 팔을 걷고 도우려 나섰다. 그때 김군래 PD가 한 말이 아직도 귓가에 쟁쟁하다.

"우리는 단순히 예능 프로그램을 한다고 생각하지 않습니다. 이 프로그램을 통해 많은 한국인이 북한의 현실을 알게 됐고, 통일을 생각하게 됐습니다. 재정 부담이 있지만 이 프로그램을 없애지 못하는 것이 바로 유일한 남북 소통 프로그램이기 때문입니다. 선생님이 책을 출판하겠다고 결심했으니, 당연히 우리 일이기도 하죠. '이만갑'이 무엇이든 돕겠습니다."

정말 고마웠다. 이만갑 식구들의 도움으로 동아일보와 연결됐다. 동아일보 관계자들은 북한식 표현과 어투를 바꾸고 교열에서 편집, 디자인에 이르기까지 세심하게 신경을 써주었다. 책을 출판하는 데 성심성의로 도움을 준 채널A '이만갑' PD 김군래 씨, 작가 장주연·장종원 씨 그리고 동아일보의 엄상현·송홍근 씨를 비롯한 모든 관계자에게 머리 숙여 감사의 인사를 드린다.

아울러 한국에 정착하면서 어렵고 힘들 때마다 친부모, 친형제의 심정으로 사랑과 배려를 주신 모든 분께도 진심으로 감사를 드린다.

류현우

차례

저자의 말	아무것도 하지 않으면 아무것도 변하지 않는다	004
Prologue	나는 왜 탈북을 선택했나	020

PART 1. 핵보유국의 '꿈'

1 생존을 위한 핵 외교

- 027 북한은 가격만 적절하면 친할머니도 팔아넘겨
- 031 두바이 우주대회 참가를 성사시켜라
- 034 "왕진 승인 바람"… 북·미 회담 중재 나선 사우디아라비아
- 036 국제사회에 우리 핵 보유에 대한 면역을 조성하라
- 039 김일성의 4강 외교 유훈
- 041 김정은-트럼프 정상회담 참여자들의 불운한 운명
- 045 북·미 정상회담에서 외무성이 배제된 이유
- 048 '하노이 북·미 정상회담'이 '베트남 공식 친선 방문'으로 둔갑
- 050 매일 아침 9시, 김정은 책상 위에 놓이는 미국 정세 보고서
- 052 북한 외교 양대 산맥, 당 외교와 국가 외교
- 053 이명박 '비핵·개방·3000' 북한 외교관들의 반응
- 056 3·1절 100주년 쿠웨이트 공동 행사에서 드러난 위장 평화의 진실

2 외교관의 고된 일상

- 060 50만 달러 '구걸 외교'로 1급 훈장을 받다
- 063 시리아가 지원한 인광석 20만과 김정일의 구두 친서
- 067 김정일 지시로 변화된 외교관 양성 체계
- 070 '쿠웨이트 왕자' 구워삶은 리수용의 '개별 외교'
- 072 갹출한 3만 달러로 김정은에게 '정성품' 진상하다
- 074 김정일 김정은의 말 사랑… 아랍 순종마 가격 알아보라
- 076 기적의 3일… 북한 17세 이하 여자월드컵대회 우승
- 079 삼시세끼 소꼬리탕·우족찜·천엽무침을 대접하다
- 082 '불경죄'로 혁명화 거치며 '폐인' 되다
- 085 IS가 리비아에서 납치한 의사 부부 몸값 3000만 달러
- 088 양 정액조차 냉동 보관 못 하는 북한의 전력 실태
- 091 김정은에게 보낼 '축전' 구걸하는 북한 외교관
- 093 북한 외교관들이 불법 장사에 나서는 이유
- 094 쌍둥이 자매의 생이별로 바뀐 외교관 자녀 해외 파견 규정
- 096 앞목은 짧고 뒷목은 길어야 한다
- 099 '자유의 물' 먹은 자녀들 탓에 골머리 앓는 외교관
- 101 노동당 39호실이 외무성에 할당한 주체사상 선전비 30만 유로
- 104 간부 출장 경유지로 뜬 '쇼핑 천국' 두바이
- 106 암호 전문 OS는 북한이 자체 개발한 '붉은별 2.0'
- 109 북한-이스라엘 비밀 회담

3 국제사회의 냉혹한 무시 — 외교적 고립

- 111 나를 보고 '은둔의 지도자'라는데 밖에 나가 소리 좀 내도록 해야겠소
- 113 한국 장관은 만나고 북한 국가 수반은 안 만난 이집트 대통령
- 116 박근혜 우간다 방문이 초래한 외교 고립
- 118 검둥이들은 겉만 시키면 게 아니라 속도 시키면 놈들이오
- 120 아부다비 주재 북한대사관 개설 승인 철회한 UAE
- 122 국가수반 한 명도 참석하지 않은 전승 60돌 행사
- 125 중국이 북한에 주는 3대 원조
- 127 코트라 맹활약에 신경 곤두선 북한 외무성
- 130 얼굴 없는 북한 외무성 대변인 정동학
- 132 사우디아라비아에 주체사상 전파하라
- 134 축전이 원수님에게 와야지, 왜 김영남에게 오냐?
- 136 김정은의 변덕스러운 직함 바꾸기
- 138 류경식당 종업원 집단 탈북으로 바뀐 인사 규정
- 141 멀쩡한 탈북자 다리 부러뜨려 호송하는 보위원들
- 143 외무성 면담실에 설치된 국가보안성 도청기
- 144 알바데르 그룹 회장의 일침 "어린 학생 집단체조 동원은 인권유린"
- 146 두바이 서점에서 팔리는 탈북민 수기 《평양의 어항》
- 148 교과서 부족해 대물림하는 북한 초등학교
- 150 김정은 존함을 책에 모시는 방법
- 152 오토 웜비어의 불쌍한 죽음과 '인질 외교'
- 155 북한인권결의안은 김정은의 아킬레스건

4 대북제재가 몰아온 궁핍의 쓰나미

- 158 북한 돈줄 깡그리 말려버린 대북제재
- 160 고려항공 평양-쿠웨이트 노선 폐쇄
- 161 거주 비자 발급 불허된 해외 북한 노동자들
- 163 "대사는 한 달 내로 쿠웨이트 떠나라"
  삿대질에 고성까지 오간 면담
- 166 손님 없는 국경절 연회, 외교단의 집단 보이콧
- 167 마식령스키장 리프트와 곤돌라 구입하라!
- 170 김계관 "개혁개방은 말조차 꺼내지 말라"
- 172 이집트 오라스콤의 북한 투자는 어떻게 시작됐나
- 175 김정일 "나기브 선생, 류경호텔에 유리를 씌워줘서 고맙소"
- 177 강석주와 리수용은 사이 나쁜 개와 고양이 관계
- 179 오라은행에서 사라진 100만 유로
- 181 마식령스키장은 '김정은 전용' 겨울 오락장
- 182 '에이즈 청정국'이라고 자랑하더니…
- 184 피자보다는 냉면 한 그릇 더 먹겠다는 평양 시민

5 중동에 범람하는 평양의 무기

- 187 외교행낭에 담겨 평양으로 운반된 2160만 유로
- 191 두바이의 암호화폐 탈취 전문 해커 전사 19人
- 193 하마스 자금 운반한 공작원 최진명
- 198 RPG-7 로켓 1만 발 이란으로 운반하라!
- 200 로켓추진식 RPG 2만4000발 이집트로 운반한 '지선호'
- 202 알제리 특수부대에 훈련교관 파견하다
- 204 외국 정보기관에 노출되지 않도록 항로 바꿔라!
- 206 북한 군부가 "알을 낳는 리비아"라고 일컬은 이유
- 208 카다피의 핵 포기 요구에 분노한 김정일 "양대가리 새끼가…"
- 210 리비아 외화벌이 되살린 '용기 있는' 인민군 군의국장
- 213 "무관부는 7개 국가에만 남기고 모두 철수시키시오"

6 평양 엘리트의 이중생활

- 216 간부 사모님들 "남조선 물건이면 모두 OK"
- 220 '1등 신랑감' 외무성 총각에게 인기가 '꽝'인 간부 따님들
- 222 대동강반에서 열린 맥주 축제…
  북한산 '대동강맥주'의 비밀
- 224 '솔soul 푸드' 찾아 한국 식당·마트 찾는 북한 사람들
- 226 북한 외교관이 일하고 싶어 하는 나라는?
- 228 "정성품은 봉건시대 왕에게 상납하던 진상품과 같다"
- 231 남조선 영화 시청한 '죄'로 노동혁명화 간 여직원들
- 233 외무성 제1부상 김계관 방에 침입한 신원불명자 2人
- 237 청사에서 날아간 이상한 전파… 외무성에 '간첩' 있다
- 240 최선희 북미국장 인사 둘러싼 알력 다툼
- 242 베이징 공연 직전 평양으로 되돌아간 모란봉악단
- 244 돈 주고 평양으로 '모셔 오는' 러시아 예술단
- 247 김일성·김정은기금 헌금액으로 충성도 평가
- 249 당 세포비서는 북한판 '홍위병'
- 251 인터넷 끊기면 평양은 어떻게 교신하나요?
- 253 당 고위간부 태우고 덜커덩 멈춘 엘리베이터

PART 2. 백두혈통

1 통제받지 않는 권력 — 백두혈통

- 257 "주애는 나에게 포도당이야" 김정은의 딸 김주애
- 259 목란관에서 열린 김여정 결혼식
  "공주님 남편이 미남이더라"
- 262 김정은 생모 고용희 묘소에서 만난 김여정 부부
- 265 김정일 생일 파티 빛낸 '큰 대장' 김정철
- 267 김정철, 아편 달라고 떼쓰다
- 269 정치범 수용소로 사라진 '김정일 넷째 부인' 김옥 일가
- 272 40년 유랑 생활 끝내고 평양으로 귀환한 김평일
- 274 한국 영화·드라마 마니아는 다름 아닌 김씨 일가
- 276 김정일이 달아준 장인의 별명 '고압밥가마'
- 277 "실장 아바이…" 병원에서 만난 '대장 동지' 김정은
- 280 "경애하는 장군님, 고맙습니다"
  김정일·고용희가 준 결혼 선물
- 282 끊이지 않는 김정은 건강 이상설, 그리고 봉화병원 의료진
- 285 김정은의 만취로 생사 갈림길에 서다
- 288 "동무, 오늘 이 닦았소?" 입냄새 영감들은 나타나지 말라
- 290 북한 간부들은 왜 김정은 앞에서 무릎 꿇을까
- 291 "왜 그랬어!" '애주가' 김정은에게 뺨 맞은 한광상

2 보이지 않는 실세들

293 노동당 조직지도부는 왜 힘이 막강한가
295 노동당 중앙위원회 본부서기실의 사명
297 김정은의 숨겨진 비밀 금고, 국무위원회 36국
299 수령을 전지전능한 하느님으로 만드는 노동당 문서정리실
300 조용원은 어떻게 2인자로 등극했는가
302 김정은 후계 체제 확립 '일등 공신' 황병서
305 김양건·리제강 사망은 암살 아닌 교통사고
308 김정일 용인술 "금처럼 영원히 변치 말자"
310 김정은과 직통으로 연결되는 '영도전화기'
311 존경과 신뢰 받는 '북한 외교 사령탑' 김계관
314 명야복야命也福也, 연거푸 생기는 행복 최선희
317 마카오 방코델타아시아은행 사건으로 곤경 겪은 장인
320 '한국인의 밥상' 최불암 선생께 감사와 존경 전한다
321 김정은이 언급한 북한 내 '강경파'는 누구일까
324 60세 넘은 노대기들은 다 물갈이해라
325 '항일 투사' 황순희가 바로잡은 노동당 간부 정책

3 김정은의 공포정치

- 329 장성택 숙청의 진실 세상에 고발한다!
- 330 김정은 '역린' 건드린 장성택
- 332 경축 파티에서 나온 장성택 '폭탄 발언'
- 334 김정은 돈주머니에 눈독 들이다
- 336 최고사령관 명령은 안중에도 없어
- 337 김정은 노발대발 "병사들이 민간인들에게 매 맞아 죽어?"
- 339 장성택 운명 예고한 리룡하·장수길 처형
- 340 '아내' 김경희에게 버림받다
- 342 김정은 "장성택 화형 지시" 실토
- 344 잔재 청산 위한 반종파투쟁… 연루자 3000명 大숙청
- 345 3개월간 강제된 '비판서 쓰기' 캠페인
- 346 '토사구팽'당한 김정일의 사람들
- 348 김정남 피살 전보는 '제1부상 친전'으로 보내라
- 351 '김정남 암살' 기획은 누가 했나
- 355 집행 시까지 유효한 명령, 스탠딩 오더 standing order
- 357 김정일 키운 황순희 아들까지 처형한 김정은
- 359 국가보위성 물갈이한 '혜산 사건'
- 364 화풀이로 처형된 '외화벌이 영웅' 황영철
- 366 인민무력부장 현영철 졸다가 '총살'
- 368 도청으로 목숨 잃은 총참모장 리영호
- 370 여학생 성 상납 '황해남도당 사건'
- 374 국가반역죄로 총살당한 부총리 김용진
- 375 대동강자라공장 '선물 중단'과 지배인 총살 내막
- 377 '외무성 간첩 사건' 진실과 미국통 한성렬 처형
- 381 조직지도부에 끌려간 후 사라진 '민족공무원'
- 383 '심화조 사건'으로 풍비박산 문성술家

PART 3. 나의 이야기

1 고난의 청춘 시절

386 자강도에서 겪은 고난의 행군과 아사자
390 마취제, 항생제도 없는 병원 수술실에서
392 사흘 굶어 도둑질 안 할 놈 없다
394 김일성종합대학 기숙사 앞 어머니의 만두 장사
397 '코란 경전' 해설집 때문에 집안 풍비박산 날 뻔
400 삐라 통해 안 '남조선 국호' 대한민국
402 눈 오면 고역 치르는 공군
404 '영실'이 만난 '달기 모가지' 인민군들
406 군과 주민에 스며든 '성조기'와 '대한민국'

2 탈북 전야의 번뇌

409 '100일 천하'로 끝난 외무성 제1부상 서기
411 북한 외교관의 '웃픈' 농담 "너희 나라는 왜 그러냐?"
414 스페인 주재 북한대사관 피습사건의 진실
416 '김정은 방침'도 못 막는 외교관의 불법 장사
418 스스로 북한 간첩이 된 '빨갱이' 한국인
420 서울에서 다시 만난 개성공단 사람들
422 김일성·김정일 '배지' 탓에 곤경에 처하다
424 일생 바쳐 충성한 대가가 6개월치 감자 2kg

Epilogue   새날은 반드시 온다   428

Prologue

나는
왜 탈북을
선택했나

2019년 9월 18일 새벽 5시, 탈북할 시간이 다가오고 있었다. 나와 아내는 뜬눈으로 밤을 꼬박 새웠다. 시곗바늘이 6시 30분을 가리켰다. 아내는 학교 갈 준비를 하라며 아이를 깨웠다. 우리는 혹시나 하는 생각에 아이에게 탈북에 대한 말을 꺼내지 않았다. 아이의 말실수가 돌이킬 수 없는 결과를 낳을 수 있었다. 우리는 아이를 자동차에 태우고 조용히 대사관을 떠났다.

 지금도 만감이 교차하던 그 순간을 잊을 수 없다. 늙은 어머니가 계시고 형제자매가 기다리는 고향, 내 삶의 희로애락이 응축된 평양을 영영 떠난다고 생각하니 소리 없이 눈물이 쏟아졌다. 아내의 눈가에도 눈물이 하염없이 흘렀다. 아이가 눈물 흘리는 엄마와 아빠의 얼굴을 의아

김정은의 숨겨진 비밀 금고 | PROLOGUE

한 눈길로 쳐다봤다. 나는 아이한테 탈북 사실을 알려줬다.

2017년 8월 쿠웨이트 정부는 유엔 안전보장이사회 대북제재 결의에 따라 북한 대사를 추방하고 대사관 인원을 축소하는 강경한 조치를 했다. 대사관 인원이 10명에서 4명으로 줄었다. 걸프 지역 유일한 북한대사관이던 쿠웨이트 주재 대사관은 아랍에미리트(UAE)와 카타르, 바레인 등 걸프 지역 국가 대사관 직무를 겸임했다. 걸프 지역에 나와 있는 북한 노동자 8000명을 관리하고자 대사관에 상주하던 초급당비서와 안전대표를 포함해 외교관 6명이 철수했다. 나는 대사대리 업무를 맡았다.

그해 10월, 평양에서 줄어든 인원에 맞게 대사관 건물을 임차료가 저렴한 곳으로 옮기라는 지시가 내려왔다. 유엔 대북제재로 외화 원천이 고갈되던 상황에서 내린 특단의 조치다. 대사와 초급당비서 부재로 나는 대사대리 임무뿐 아니라 초급당비서 역할까지 겸했다.

대사관 이사를 끝내고 김일성·김정일 부자의 초상화, 선전화, 유화 작품을 점검했다. 김정일의 초상이 담긴 선전화 한 점이 온데간데없이 사라졌다. 이사업체 인부가 귀중품도 아닌 종이 한 장을 도둑질했을 리는 없었다. 이사할 때 버린 폐기물을 처리하는 장소까지 찾아가 샅샅이 뒤졌다. CCTV도 여러 번 돌려봤다. 선전화는 그림자조차 찾을 수 없었다.

누군가 의도적으로 벌인 일이었을까. 알 수 없는 일이다. 쏟아진 물이었다. 나는 쿠웨이트 주재 북한대사관 1등서기관 겸 세포비서 박일을 찾아갔다. 그가 선전화가 있던 2층 이사를 담당했다. 박일은 "잃어버린 선전화는 노동당 선전선동부에서 보급한 것이 아니라 초급당비서가 임명돼 쿠웨이트로 나올 때 갖고 온 것"이라면서 "1호 영상 작품 등록대장에도 기재돼 있지 않다"고 말했다. 그러면서 "누구도 모르는 일이니 긁어 부스럼 만들지 말고 그냥 넘어가자"고 했다.

2년이 지난 2019년 7월, 1등서기관 박일이 귀국했다. 외교관들은 귀국 후 3개월간 노동당 조직지도부에서 재외 파견 기간에 대한 당생활총화를 한다. 8월 말 평양에서 이상한 암호 전문이 날아왔다. 쿠웨이트 주재 대사관 홀에 걸린 김일성·김정일 부자의 유화 작품을 새것으로 교체하는 사업이 진행되니 이전 유화 작품을 갖고 평양으로 오라는 출장 지시가 내게 내려졌다.

나는 전화로 다른 나라 북한대사관에 유화 작품 교체 작업이 진행되는지 문의했다. 전화를 받은 친구들은 선전선동부가 유화를 보급한다며 대사관을 돌면서 돈을 뜯어낼 절호의 기회인데 왜 유화 작품을 우리에게 가지고 오라고 하겠느냐며 그런 지시를 받은 적이 없다고 말했다. 훗날 안 일이지만 조직지도부에서 당생활총화를 받던 박일이 선전화 분실 사고 책임을 나에게 전가한 것이다.

'당의 유일적 영도체계 확립의 10대 원칙'에는 "초상화, 동상, 영상 작품과 출판선전물, 현지교시판과 말씀판, 영생탑, 당의 기본 구호들을 정중히 모시고 목숨으로 보위해야 한다"는 의무가 적시돼 있다. 김씨 일가에 충성을 강요하는 10대 원칙은 헌법보다 상위에 있는 최고법 격이다.

아내는 수심에 잠긴 나를 보고는 대뜸 큰일이 생겼다는 것을 눈치챘다. 사연을 털어놓자 아내는 얼굴이 새까매져 바닥에 풀썩 주저앉았다. 북한에서 1호 영상 작품의 분실은 직위와 공로를 막론하고 용서할 수 없는 대역죄다. 더욱이 2년 동안 선전화 분실 사고를 평양에 보고하지 않았기에 정치범으로 취급될 게 불 보듯 뻔했다.

　무엇보다도 내 아이가 정치범의 자식이라는 오명을 쓰고 정치범 수용소에서 살아야 한다고 생각하니 마음이 갈기갈기 찢어졌다. 나와 아내는 며칠간 고민한 끝에 탈북을 결심했다.

　김정일의 초상화 한 장 때문에 대대손손 짐승보다 못한 삶을 살아야 하는 북한이 내게 숨 막히는 감옥처럼 다가왔다. 누군가 나에게 인생에서 가장 잘한 일이 무엇인지 물으면 거침없이 탈북이라고 대답할 것이다.

　김씨 일가에 대한 맹목적 충성과 무조건적 복종에 세뇌돼 '수령의 노예'로 살아온 지난날의 나 자신이 부끄럽다. 나는 지금 마음껏 자유를 향유하고 있다. 그리고 이 자유는 저절로 얻어지는 것이 아니라 쟁취해야 하는 것임을 깨달았다. 운명의 희롱 같던 나의 탈북은 하나님이 선사해 준 기적이다.

PART 1

핵보유국의 '꿈'

생존을 위한 핵 외교

1

북한은 가격만 적절하면 친할머니도 팔아넘겨

2011년 10월 어느 날, 시리아 국방부에서 다마스쿠스 주재 북한대사관 무관부로 전화가 걸려 왔다. 국방부 관료는 시리아 지방 도시 홈스에서 북한인 두 가족이 헬리콥터를 타고 수도 다마스쿠스로 이동하고 있다면서 그들이 안전상 이유로 호텔이 아닌 대사관에서 묵겠다고 요구했으며, 몇 시간 후 대사관에 도착할 예정이라고 말했다.

전화를 받은 주駐시리아 북한대사관 무관은 최수헌 대사에게 상기 내용을 보고했다. 대사관 직원들은 그들이 누군지 알지 못했다. 북한 여권 소지자들은 국가 대외 활동 규정에 따라 외국에 도착하면 그곳 북한대사관에 도착 날짜, 주거지역 등을 보고하게 돼 있었다. 시리아 국방부에서 통지한 인원들은 대사관이 갖고 있는 시리아 상주 성원 명단에 등록돼 있지 않았다. 북한 주민들의 영사업무를 관장하는 대사관에서 그 북한인들의 존재를 모른다는 것은 특수한 경우였다.

최수헌 대사는 특수 기관이 파견한 인원들이 아닐까 싶어 노동당 군수공업부와 인민군 정찰총국에서 파견한 요원들에게도 물어봤으나 그들을 아는 사람은 하나도 없었다. 2011년 3월부터 시리아는 '아랍의 봄' 영향으로 내란에 돌입했다. 지방 도시 홈스에서는 정부군과 반정부군 사이 치열한 격전이 벌어졌다. 그런 곳에 대사관에서도 모르는 북한 사람들이 시리아군의 보호를 받으며 상주한 것이다.

그날 저녁 헬리콥터를 타고 다마스쿠스에 도착한 정체불명의 북한인들은 사복 경호원들의 호위를 받으며 대사관에 도착했다. 두 가족에 아이들까지 모두 6명이었다. 가족들은 대사관 6층에 올라가 짐을 풀었고, 책임자는 최수헌 대사의 방으로 들어갔다.

책임자는 최수헌 대사에게 자신들은 2010년 8월 노동당 군수공업부 산하 제2자연과학원^{현 국방과학원}에서 파견한 시리아 주재 륭성대표부 성원이며, 파트너는 시리아과학연구개발센터^{SSRC}라고 말했다. 그는 안전상 자신들의 존재를 극비에 부치라는 상부 지시에 따라 시리아 체류 사실을 대사관에 알리지 못했다며 양해를 구했다. 시리아 내전을 피해 중국 선양으로 이동하라는 상부의 긴급 지령에 따라 시리아를 떠날 예정이라고도 했다.

노동당 군수공업부 산하 제2자연과학원은 핵·미사일과 관련한 국방과학 연구기관이다. SSRC는 1970년대부터 시리아의 화학무기 개발을 주도해 온 생화학무기 연구소로 알려져 있다. 대통령 직속 기관으로 핵·미사일 관련 과학 연구도 병행하는 것으로 파악되고 있었다.

극비리에 활동하던 륭성대표부 인원들의 존재를 안 순간, 2007년 9월 이스라엘 전투기들이 시리아 데이르에조르 지역의 '알키바르' 핵시설을 파괴한 사건이 떠올랐다.

2003년 12월 리비아 최고지도자 무아마르 카다피가 핵 개발을 비밀리에 추진했다는 사실에 큰 충격을 받은 이스라엘은 중동 일대의 핵확산을 예의 주시했다. 북한의 핵 개발을 도운 파키스탄 핵물리학자 압둘 카디르 칸이 리비아의 핵 개발에도 관여했다는 사실을 파악한 이스라엘은 칸 박사가 방문한 여러 나라를 추적하는 과정에서 시리아를 의심하기 시작했다. 그러던 중 위성을 통해 시리아 동북부 유프라테스강 근처에 낯선 건물이 건설되는 것을 포착했고, 이 건물이 핵시설이라는 첩보를 확인했다. 2007년 9월 5일 이스라엘은 F-16 전투기 4대와 F-15 전투기 4대를 동원해 시리아 '알키바르' 핵시설을 공습·파괴했다.

북한 외무성에서 근무하던 시절, 나는 사업상 관계로 노동당 군수공업부 산하 216지도국^{일명 흑연지도국} 대외사업국에서 근무하던 한용호^{가명}라는 평양외국어대학 아랍어과 선배를 이따금 만났다. 그 선배는 이상한 말을 많이 하곤 했다. 자신이 2007년 시리아 농업과학연구소에서 근무하다가 큰 사건이 터지는 바람에 1년도 안 돼 철수했다면서 미국이나 이스라엘의 감시망을 피해 다마스쿠스-모스크바-블라디보스토크-평양 항공 루트로 시리아를 빠져나왔다고 말했다. 시리아에서 2007년에 터진 큰 사건이란 이스라엘의 핵시설 공습 사건밖에 없었다. 군수공업 부문에 종사하던 그가 2007년 사건을 언급하며 비밀리에 시리아에서 철수했다고 발언한 것은 그가 이 사건에 연루돼 있음을 가리키고 있었다. 2007년 비밀리에 철수했다는 한용호의 발언과 2011년 비밀리에 철수한 류성대표부를 연관시켜 퍼즐을 맞추면 북한과 시리아가 극비리에 추진한 협력 프로젝트가 있었음을 알 수 있다.

그로부터 11년이 흐른 2018년 3월 이스라엘은 당시 데이르에조르 지역에 건설 중이던 원자로가 완공에 근접했다는 첩보를 확인한 후 전투기 편대를 보내 폭파했다는 사실을 처음으로 인정했고, 작전명과 관련 영상·사진을 세상에 공개했다.

그날 대사관에 도착한 류성대표부 두 가족은 저녁 식사를 한 후 침실로 가서 피로를 풀었다. 이튿날 아침, 그들은 총소리, 대포 소리를 듣지 않고 발편잠을 잤다며 고마워했다. 그날 저녁 그들은 국방성 요원들의 경호를 받으며 대사관을 떠났고, 중국 베이징을 거쳐 선양에 무사히 도착했다. 류성대표부 책임자는 시리아를 떠나면서 최수헌 대사에게 자신들의 동선이 노출될 수 있으니 평양에 보고하지 말아달라고 당부했다. 암호 전문으로 이뤄지는 대사관과 평양 사이의 교신도 믿지 못하겠다는 것을 보면 그들의 존재 자체가 극비였던 것이다.

나는 그들이 북한-시리아 핵 협력에 실제로 관여했는지 단언할 수 없다. 다만 이스라엘 공습을 통해 우리가 얻을 교훈이 있다. 북한의 핵기술 이전이 그것이다. 만약 핵시설이 건설되던 시리아 데이르에즈조르 지역을 3년간 점령한 이슬람국가IS가 핵을 손에 넣었다면 과연 세상은 어떻게 달라졌을까? 이스라엘의 폭격이 없었다면 IS가 핵무기를 손에 넣는 핵 재앙이 일어났을지도 모른다. 상상만 해도 소름 돋는 일이다. 온 세계가 염려하는 최악의 악몽 중 하나는 궁핍에 빠진 북한이 극단적인 테러 조직에 핵기술을 이전할 수도 있다는 것이다. 6자회담^{6개국이 참가한 북한 비핵화 회담} 미국 대표이던 전 미국 국무부 아시아태평양 차관보 크리스토퍼 힐은 "북한은 가격만 적절하다면 친할머니도 팔아넘길 것"이라고 말한 바 있다. 핵을 가진 불량배 국가 북한이 핵기술을 이전하지 않는다고 확신할 수는 없다.

두바이 우주대회 참가를 성사시켜라

2017년 1월 말 아랍에미리트연합^{UAE} 우주국이 쿠웨이트 주재 북한대사관 앞으로 2020년 10월 두바이에서 열리는 제71차 국제우주대회에 참가해 줄 것을 요청하는 문서를 보내왔다. 북한대사관은 이 대회 준비위원회와 연계해 신청 방식, 차후 일정 등을 확인해 구체적으로 보고하겠다고 평양에 전문을 보냈다. 며칠 후 평양에서 지시 전보가 내려왔다. UAE 우주국이 우리를 주동적으로 대회에 초청하는 것은 아주 긍정적 동향이라면서 국가우주개발국에서 대회에 파견할 대표단 성원^{5명}의 개인 자료도 보내왔다.

    나는 UAE 우주국 국제우주대회 주관 부서와 전화나 e메일로 소통했다. 초청장을 보낸 담당 직원과 통화하고 필요한 양식에 맞춰 대표단 성원의 개인 자료를 제공했다. 그런데 한 달이 지나도 아무런 소식이 오지 않았다. 나는 담당 직원에게 전화를 걸어 현재 상황에 대해 물었다. 그는 보내준 북한 대표단 인물 자료를 상부에 보고했지만 지침이 아직 나오지 않았다면서 좀 더 기다려보라고 이야기했다. 대륙간탄도미사일 발사에 대한 유엔 안보리 제재 결의 등 북한의 이어지는 미사일 도발에 국제사회의 우려와 규탄의 목소리가 높아지던 시기였다. 북한 대표단의 대회 참가를 불허한 것 같다는 예감이 들었으나 'UAE 쪽에서 먼저 초청 각서 공문를 보냈으니 별일 없겠지' 하면서 마음을 달랬다.

3개월이 지난 그해 4월, 평양에서 활동 부진에 대한 장문의 지적 전보가 날아왔다. "우리가 두바이 우주대회 참가를 중시하는 것은 우주 분야가 경애하는 원수님께서 제일 관심하시는 부문이고, 또 이 대회 참가를 통해 적대세력들의 반공화국 고립·압살 책동을 짓부수고 우주의 평화적 이용권을 합법화하기 위한 국권 수호의 사업이기 때문"이라면서 "두바이 우주대회 참가 문제는 원수님께서 아시고 있고, 제일 관심하시는 문제라는 것을 자각하고 결사관철의 정신으로 임하라"고 했다. 또 지금부터 대사가 이 사업을 책임지고 대표부 역량을 총동원해 무조건 우리 대표단의 대회 참가를 성사시키라는 내용이 담겨 있었다. 대사는 나에게 전보를 보여주며 어처구니없어했다.

"이건 벽도 문이라고 내미는 벽창호로구먼. 아니 외교가 주관적 욕망만으로 되지 않는다는 것을 잘 아는 양반들이 무조건 대표단을 참가시키라고 하면 어쩌라는 거야. 정말 대책 없는 인간들이구먼."

나는 대사에게 다음과 같이 말했다.

"국장 동지랑 이걸 몰라서 전보를 내보냈겠습니까? 아마 당위원회에서 뭐라고 했겠지요. 최선을 다했다고 하면 평양에서도 뭐라고 할 소리가 있겠습니까?"

훗날 안 일이지만 대사관이 보낸 전보는 국가우주개발국을 통해 김정은에게 보고됐고, 김정은이 관심을 가지면서 외무성 1부상에게 국가

우주개발국 일을 잘 도와주라는 특별 지시까지 내렸다고 한다.

며칠 후 대사와 나는 UAE로 가서 두바이 우주대회 준비위원회 부위원장을 만났다. 그는 대사에게 자기네 직원의 실수로 한국에 보낼 초청장을 북한에 잘못 보내면서 발생한 해프닝이라며 혼돈을 주어 미안하다고 사과했다. 국호까지 틀린 초청장을 보냈다? 눈감고 아웅하는 이야기였다. 대사는 우리도 국제우주연맹 회원국인데 대회 참가를 불허하는 것은 연맹의 창설 목적과도 다르지 않으냐고 따져 물었다. 그러자 부위원장은 눈을 크게 뜨며 귀국이 언제 국제우주연맹에 가입했느냐고 되물었다. 대사가 2015년 이스라엘 예루살렘에서 열린 연맹 제66차 총회에서 가입이 승인됐다고 이야기하자 그는 잘못 알고 있는 내용이라며 귀국이 가입 신청을 했지만 계속되는 장거리미사일 발사에 대한 유엔 안전보장이사회^{안보리}와 국제사회의 우려를 고려해 가입이 무산됐다고 말했다. 면담은 이렇게 싱겁게 끝나고 말았다. 훗날 대사는 조선중앙통신에 그와 관련된 보도 내용이 실렸길래 북한이 국제우주연맹에 가입한 줄 알았다면서 횡설수설했다.

나는 UAE 출장을 마치고 돌아오는 비행기 안에서 외교적 고립 상황에 처해 있는 신세를 곰곰이 생각했다. 북한이 국제우주연맹에 가입하려는 의도가 장거리미사일 기술개발을 합리화하고 발사의 명분을 얻기 위한 것임을 모르는 나라가 과연 있을까? 생각할수록 허무한 출장이었다. 대사관 직원들이 수고했다면서 달랬지만 우리 얼굴에는 창피와 수치감이 역력했다.

2017년 9월 호주에서 열린 국제우주연맹 제68차 대회 때도 북한 국가우주개발국은 가입 신청과 행사 참가 의사를 밝혔다. 연맹 측은 또다시 이를 거부했다.

"왕진 승인 바람"… 북·미 회담 중재 나선 사우디아라비아

2009년 어느 날 뉴욕 주재 북한대표부에서 외무성으로 긴급 전보가 날아왔다. 유엔 주재 사우디아라비아대사가 북한대표부를 찾아와 자기들이 북·미 회담을 중재하겠다는 의사를 표명했는데, 빠른 시일 내에 고위급 인사들이 만나기를 희망한다는 것과 모든 내용은 극비리에 진행되기를 바란다는 내용이었다.

당시 외무성 제1부상이던 강석주는 김정일에게 사우디아라비아의 제안을 보고했다. 북한은 2008년 12월을 끝으로 6자회담에 참석하지 않았다. 그러곤 2009년 5월 2차 핵실험을 강행했다. 고삐 풀린 북한을 통제하지 않으면 또 어떤 일이 벌어질지 누구도 예측할 수 없었다. 국제사회의 이 같은 분위기를 의식한 사우디아라비아가 중재자를 자처한 것이다. 사실 북한이 중재자가 없어서 6자회담에 나서지 않는 것은 아니었다. 마음만 먹으면 뉴욕 통로를 이용해 미국과 직접 만날 수도 있었다. 문제는 북한에 비핵화 의지가 전혀 없다는 점이었다.

김정일은 이 기회를 이용해 사우디아라비아 왕가와 인맥을 쌓고 차관이나 투자를 받아내자고 마음먹었다. 김정일은 강석주에게 부자 나라 사우디아라비아가 국제사회에서 몸값을 올리려는 것 같은데, 중재 대가로 50억 달러 규모의 차관 혹은 투자를 유치할 수 있는지 타진해 보라고 지시했다. 강석주는 이 일을 뉴욕 주재 유엔 북한대표부가 아니라 쿠웨이트 주재 북한대사관에 위임했다. 이유는 쿠웨이트가 사우디아라비아와 국경을 맞댄 국가이고 쿠웨이트 주재 북한대사인 허종이 북·미 회담 때 강석주와 호흡을 맞추던 사람이었기 때문이다. 허종은 뉴욕에서 두 차례나 근무한 경력이 있어 미국통으로 일컬어지기도 했다.

양국의 외교 무대는 사우디아라비아로 옮겨졌다. 북한에서는 장성택을 김정일의 특사로, 사우디아라비아에서는 투르키 알파이살 알사우드 왕자를 대화 상대로 내세웠다. 투르키 왕자는 중앙정보부장, 주영·주미대사를 역임한 사우디아라비아 왕가의 유력 인물이었다. 양국 회담이 극비리에 진행되다 보니 외무성에서는 쿠웨이트대사관과 암호화된 은어를 사용해 소통했다. 외무성과 대사관이 교신하는 전문도 암호로 이뤄져 있는데 은어까지 사용한 것은 철저한 보안을 위해서였다. 은어로 수뇌부(김정일)는 병원 원장, 장성택은 병원 부원장, 외무성은 병원, 담당 부서는 내과, 담당 국장은 의사, 담당자 간호사, 한반도 비핵화 문제는 심장병, 회담은 의사협의회, 투르키 왕자는 환자, 운송수단은 구급차, 주쿠웨이트 대사관은 진료소, 대사는 진료소 소장, 면담은 수술 등 50개의 단어를 선택했다. 어느 날 쿠웨이트 주재 북한대사관에서 은어로 된 전보가 날아왔는데, 내용은 다음과 같았다.

"환자가 왕진을 요구해 왔음. 환자가 이전에 수술했던 심장병이 발작한 것 같음. 진료소에서 먼저 구급차로 환자가 있는 곳에 왕진을 가서 병원에서 보내준 진료기록대로 환자 상태를 진찰해 보겠음. 그 후 의사협의회에 제기할 환자의 상태와 진단 내용 보고하겠음. 왕진 승인 바람."

이 암호 전문은 은어로 돼 있어 담당자도 은어 일람표를 보고 풀어야 정확한 내용을 알 수 있었다. 외무성에서도 진행 상황을 아는 사람은 극소수였다. 담당자와 국장, 부상, 제1부상 외에는 누구도 몰랐다. 은어를 해독하면 다음과 같다.

"리야드의 투르키 왕자가 긴급 면담을 요청해 왔음. 그를 만나기 위해 대사가 리야드로 출장을 다녀오려고 함. 외무성에서 보내준 비핵화 관련 활동 방향대로 면담을 진행하겠음. 그를 만나보고 면담 내용을 보고하겠으니 출장 승인 바람."

허종 대사는 서기관과 함께 차를 타고 외교관계도 없는 사우디아라비아 국경으로 향했다. 사우디아라비아 중앙정보부 요원들이 별지에 특별 사증을 만들어 입국 수속을 해놓았다. 허종 대사는 요원들의 안내를 받으면서 리야드로 이동해 투르키 왕자를 만났다. 당시 면담에서 논의한 기본 내용은 김정일의 특사 장성택과 투르키 왕자의 만남이었다.

지금도 많은 나라가 국익을 위해 포성 없는 비밀 전쟁을 벌이고 있다.

국제사회에 우리 핵 보유에 대한 면역을 조성하라

2009년 5월 말, 2차 핵실험 성공을 경축하는 축하 파티가 열렸다. 김정일은 파티에 참가한 측근 간부들에게 핵 보유에 대한 생각을 다음과 같이 피력했다.

"우리의 핵 보유는 국가의 생사존망과 관련된 중차대한 문제다. 우리가 첫 핵실험을 했을 때 중국의 반응은 정말 냉소적이고 강경했다. 자칫하면 중국으로부터 역풍을 맞을 수 있었다. 우리에게는 물러설 길이 없었다. 이제는 우리가 중국이라는 큰 산을 넘었다. 지금부터 외무성은 국제사회에 우리의 핵 보유에 대한 면역을 조성하라. 국제사회가 우리의 핵 문제에 익숙하게 되면 우리가 핵을 가져도 큰 거부반응을 보이지 않을 것이다."

김정일의 발언 취지는 국제사회가 북한 핵에 익숙하게 되면 훗날 핵무기를 실질적으로 보유해도 큰 충격을 받지 않을 것이기에 사전에 면역력을 키워줘야 한다는 의미였다. 김정일의 핵 보유 도전은 최악의 경우 목숨까지 잃을 수 있는 엄청난 도박이었다. 중국은 역사적으로 자국의 국익에 저촉되는 일이 생기면 조선왕조의 왕을 갈아치우든, 삼배구고두례로 조선 왕을 능멸하든, 세자를 볼모로 삼든, 온갖 악행을 마다하지 않았다. 중국의 향후 행태를 불안하게 여긴 김정일은 병든 몸을 끌고 몇 차례 중국을 찾아갔다.

내 장인의 말에 따르면 1992년 4월 김일성 생일 80돌을 축하하기 위해 중국 국가주석 양상쿤이 평양을 방문했다고 한다. 그때 양상쿤은 김일성에게 조만간 한·중 수교를 맺는다는 사실을 일방적으로 통지했다고 한다. 김일성은 한·중 수교만은 안 된다고 중국 측에 사정했다. 북한과 중국은 혈맹이 아니던가. 1961년 7월 11일 북한과 중국 사이에 '조중 우호, 협조 및 호상 원조에 관한 조약'이 체결됐다. 베이징에서 체결된 이 조약에 서명한 사람은 당시 내각 수상 김일성과 중국 국무원 총리 저우언라이였다. 두 나라 중 어느 한 나라가 전쟁 상태에 빠지면 자동적으로 개입한다는 내용의 법률적 근거가 담긴 동맹조약이다. 이 조약 체결을 기념하는 축하 연회에서 마오쩌둥은 김일성에게 "우리가 형식상 조약을 맺긴 했지만 두 나라의 관계는 외교外交가 아닌 내교內交다. 조약은 형식일 뿐이지 우리는 한 가족"이라고 말했다고 한다. 중국에 북한은 불가분리의 전략적 요충지다. 6·25전쟁 때 마오쩌둥이 북한을 돕고자 중국인민지원군을 파병한 것은 우연한 일이 아니었다.

중국은 1992년 8월 한·중 수교를 강행했다. 북한 지도부는 대국이라 자처하는 중국이야말로 자신들의 이익을 위해서라면 도덕도, 의리도, 국제주의적 연대도 팔아먹는 민족이기주의의 전형이라고 욕하기 시작했다. 이런 분위기에 힘입어 북한 대외경제 일꾼들은 경제교류를 위해 대만과 비밀 접촉을 하기 시작했다. 당시 대외경제사업부 부부장차관으로 근무하던 장인은 비밀리에 대만 출장을 다녀왔다고 한다. 이 시기 한·중 수교에 화가 치밀어 오른 김정일은 대만과의 비밀 접촉을 암묵적으로 승인했으나 김일성의 강력한 반대로 중단됐다고 한다. 김일성은 당시 "중국은 대외관계에서 '하나의 중국'을 기본 원칙으로 한다. 우리가 분격해서 대만과 손을 잡는 순간 중국이라는 거대한 후방을 잃게 된다. 중국은 우리와 1400km의 국경을 접한 나라다. 아래엔 남조선이 있는데 위에도 적국이면 우리는 고립돼 무너지고 만다. 그러니 울분을 삭여라. 우리는 대국들 짬에 끼어 있는 작은 나라다"라고 말했다고 한다.

지금도 북한의 대중 무역은 전체의 95%를 차지한다. 마음만 먹으면 내일이라도 당장 중국이 북한을 무너뜨릴 수 있다. 그러나 북한 붕괴는 중국의 국익에 부합하지 않는다. 지금까지 북한이 중국의 반발을 일정한 정도 무시한 것은 베이징의 이러한 속내를 잘 알기 때문이다. 그런데 북한 정권의 붕괴가 중국의 안보에 위협이 된다는 기존의 셈법은 시진핑에게는 통하지 않았다. 시진핑은 김정은이라는 광란의 야생마를 길들이기 위해 2016년과 2017년 초강도 전방위 유엔 안보리 대북제재에 다섯 차례나 찬성표를 던졌다. 김정은은 2018년 4·27 남북 정상회담과 도널드 트럼프 대통령과의 싱가포르 회담, 2019년 하노이 북·미 정상회담 직전에 시진핑을 찾아가 머리를 조아렸다.

  김정은이 겉으로는 허세를 부려도 중국을 등에 업지 않고서는 아무것도 할 수 없음을 알고 있다. 북한은 국제적 고립과 경제제재라는 최악의 대가를 치르면서까지 핵 개발을 선택하고 핵을 보유했다. 최근 30년간 국제사회가 북한의 핵무장화를 막기 위해 압박도, 회유도 해보았지만 결국 실패했다. 이것은 북한의 핵 보유 의지가 얼마나 강렬하고 끈질긴지를 보여주는 것이다. 나는 김정은에게 비핵화 의지가 0.01%도 없다고 확신한다. 김정일·김정은 부자에게 비핵화 의지가 있었다면 그렇게 많은 주민을 굶겨 죽이면서까지 핵을 가졌겠는가.

김일성의 4강 외교 유훈

2016년 9월 어느 일요일이었다. 매주 일요일 아침 나는 장인과 함께 1시간 30분씩 집 주변을 산책했다. 장인은 산책할 때마다 나에게 최근 외무성 현안과 국제 정세 등을 물어보곤 했다. 장인도 매일 아침 고위 간부에게만 배포되는 8호통신[한국 정세 자료]과 참고통신[국제 정세 자료]을 열람했다. 특히 한국 정세를 다루는 8호통신은 고위 간부라고 해서 누구나 열람하는 자료가 아니다. 한마디로 김정은의 비준을 받은 고위 간부만 살펴볼 수 있는 자료였다.

  장인은 산책할 때마다 나에게 대외 활동 경험담과 교훈이 될 이야기를 일러주곤 했다. 그중 흥미로웠던 것은 '주변 4강 외교' 이야기였다. 장인은 2009년 5월 25일 2차 핵실험 직후 진행된 경축 파티에 참가한 이야기를 들려주었다. 그때 김정일은 김일성이 유훈으로 남긴 '4강 외교' 방식을 이야기했다고 한다.

김정일은 "수령님께서는 '동북아시아는 주변 4강국의 국익과 이해관계가 교차되는 전략적 요충지다. 특히 강대국들의 틈새에 끼인 우리나라가 살아남자면 미·중·러·일 각국의 이해관계에 맞는 외교를 해야 한다. 중국과는 정면충돌하지 말고 에둘러 가야 한다. 내가 일생 동안 중국 사람을 상대해 보니 그들은 한번 '아니'라고 하면 그 여파가 굉장히 오래가는 특징이 있다. 그들은 성격상 '욱'하는 기질이 있기에 절대로 정면충돌해서는 안 된다. 중국인의 성격 특성을 이해하지 않고 정면충돌하면 공든 탑이 무너지고 만사를 그르친다. 그렇게 되면 손해를 보는 쪽은 우리뿐이다. 러시아와는 간격을 두지 말고 자주 소통해라. 그들에게는 지구의 6분의 1을 차지했던 옛 소련에 대한 추억이 남아 있다. 그래서 러시아는 강대국의 체면을 매우 중시한다. 자기들이 소외되고 무시당했다고 생각하면 그들은 분노한다. 우리가 그들에게 주동적으로 다가가 우리의 정책도 통보해 주면서 자주 소통해야 한다'고 말씀하셨다"고 한다. 또한 김일성은 "미국은 승냥이(늑대) 같은 존재이기 때문에 약한 모습을 보이면 먹히게 된다"며 "강경한 입장만이 미국을 견제할 수 있다"는 유훈을 남겼다고 한다.

그런데 김정일의 미국에 대한 관점은 매우 특이했다. 그는 미국을 가리켜 우리에게 '양날의 검'과 같은 존재라고 이야기했다고 한다. 이것은 긍정적인 면도 있고 부정적인 면도 있다는 뜻으로 해석되는 말이었다. 김정일은 "미국이라는 '악마'가 없으면 우리가 선군을 해야 할 대의명분이 없어진다. 그러면 우리 핵 보유의 정당성도 사라진다. 선군의 명분이 없어지면 정치 이념과 국가의 존재가 위태로워진다. 그러면 어떻게 미국을 상대해야 하느냐? 미국과는 강 하나를 사이에 둔 것처럼 상대해야 한다. 강의 양 기슭은 폭이 넓어지고 좁아질 수는 있어도 절대로 합쳐지지 않는다. 우리는 이 기슭에 있고, 미국이 저 기슭에 있으면 폭이 좁아질 때는 가까워지고, 넓어질 때는 멀어지면 된다. 남조선이 있는 한 미국은 우리와 공생할 수 없는 적이다"라고 했다. 김일성은 "나는 청춘 시절을 항일 투쟁에 바쳤다. 일본은 우리의 성씨와 이름까지 빼앗아 우리 민족을 없애려 했던 나라다. 일본은 아직까지 우리를 인정하지 않고 있다. 일본으로부터 반드시 사죄와 배상을 받아내야 한다"고 이야기했다. 김정일에게는 일본인 납치자 문제 인정과 관련해 국제적 비난과 규탄을 받은 트라우마가 있었다. 그래서인지 김정일은 "세상에 교활하기로 첫째가는 나라가 바로 일본이다. 일본과는 돌다리도 두드리고 건너야 한다"는 자기의 견해를 덧붙였다고 한다.

김정은-트럼프 정상회담 참여자들의 불운한 운명

2019년 2월 하노이 북·미 정상회담이 실패로 끝난 후 회담 관계자들은 노동혁명화라는 '책벌세례'를 받았다.

혁명화란 직무상 과실이 있거나 사상적으로 문제가 있는 간부들이 지방 농장이나 공장, 탄광 등에서 강제 노역을 하며 사상 교육을 받는 처벌을 말한다. 재판과 같은 사법 절차를 거치지 않기에 일종의 정치적 처벌을 의미한다.

우선 김혁철 대미특별대표에 대한 처벌이 있었다. 그는 스페인 주재 북한대사를 거쳐 중앙당 선전선동부 강연과 부과장^{해외담당}으로 근무했다. 그는 외무성의 대외정책 작성 부서에서 부국장으로 근무한 적은 있지만 미국 전문가는 아니었다. 그는 외무성 북미국이나 뉴욕 주재 북한대표부에서 근무해 본 경험이 없었다. 한마디로 북·미 회담에 대한 충분한 인식이 부족했다. 그럼에도 대미특별대표로 발탁된 것은 노동당 부서에 미국 전문가가 없었기 때문이다. 김혁철이 아니라 외무성 북미국에 근무하는 미국 전문가가 대미특별대표를 맡아도 회담을 주동적으로 끌고 나갈 수 없다. 그들은 회담 도중 제기되는 작은 문제에도 독자적으로 결론을 낼 수 없는 꼭두각시에 불과하기 때문이다. 오죽하면 미국 국무부 대북정책특별대표이던 스티브 비건이 하노이 회담 직후 한 대담에서 "아무 권한이 없는 북한 상대^{김혁철}와의 협상은 많은 스트레스였다"고 털어놓았겠는가.

북한에서 핵문제에 대해 결론을 내릴 권한은 김정은 외에 누구도 가질 수 없다. 불행한 김혁철은 하노이 정상회담 실패의 책임을 지고 지방으로 노동혁명화를 나갔다. 1년간 혁명화를 마친 후 2019년 당에 복귀했다.

김주성은 싱가포르 북·미 정상회담과 폼페이오 미국 국무장관의 평양 방문 시 김정은의 영어 통역을 맡은 인물이다. 김주성은 나와 평양외국어학원^{외국어고등학교}, 평양외국어대학 동기동창이다. 그는 1980년대 짐바

브웨 주재 북한대사관 무역일꾼으로 근무하던 아버지를 따라 아프리카에 머무르면서 영어를 배웠다. 평양외국어대학 영어 교원으로 근무하다가 1호 통역사 후비(後備)로 내정돼 외무성 정세자료 및 번역국으로 파견됐다. 정세자료 및 번역국 부국장으로 근무하던 중 김정은의 통역을 전담하는 노동당 국제부 8과(통역과) 부원으로 임명됐다.

김주성은 2018년 9월 김정은의 통역을 잘못했다는 죄로 1년간 노동혁명화를 다녀왔다. 쿠웨이트에 출장 온 외무성 대표단의 말을 들어보니 어처구니가 없었다. 김정은이 폼페이오 국무장관과 회담한 기록을 보다가 자기가 언제 이렇게 말했느냐며 김주성이 통역을 잘못했다고 말했다는 것이다. 내가 알고 있는 동창생 김주성의 영어 실력은 완벽 그 자체다. 나도 아랍어 1호 통역으로 등록돼 있어 국가 행사 때마다 최고인민회의 상임위원회 위원장, 외무상 등 간부들의 아랍어 통역을 많이 했다. 내 경험에 따르면 통역사 대부분은 훗날 회담록을 정리하기 위해 속기 노트를 이용하면서 녹음기를 켜고 통역하기 때문에 대화 내용이 틀릴 확률은 거의 없다. 2019년 9월 김주성은 혁명화를 마치고 복귀했다.

하노이 회담에서 김정은의 통역을 맡았던 신혜영은 외무성 정세자료 및 번역국 직원으로 근무했다. 1982년생인 그는 태국 주재 북한대사관 무역일꾼이던 아버지를 따라 나가 영어를 배웠다. 대체로 1호 통역은 외무성에서 실력과 품성이 검증된 직원 중 한 명을 선택하기 때문에 영어를 수준급으로 구사한다. 신혜영은 트럼프와의 중요한 회담 통역이라는 과도한 중압감 때문에 많이 긴장한 것 같았다. 불행하게도 하노이 회담이 결과물 없이 끝나면서 신혜영에게도 책임 추궁이 뒤따랐다. 그는 다행히 노동혁명화는 하지 않고, 외무성에서 나가 인민대학습당 자료조사처 연구사로 근무하고 있다.

2019년 6월 30일 판문점에서 김정은과 트럼프의 면담 통역을 맡은 사람은 외무성 북미국에서 근무하다가 노동당 국제부 8과로 조동^{파견}된 석원혁이다. 1985년생인 그는 아버지를 따라 스웨덴, 남아프리카공화국에서 국제학교를 다니면서 영어를 배웠다. 그는 원래 6국 1과^{아프리카담당과}에서 근무했는데 영어 실력에 감탄한 최선희^{2025년 현재 외무상}가 외무성 간부처에 의견을 내 북미국으로 데려갔다. 그는 2013년 전 미국 프로농구 선수 데니스 로드맨이 평양을 방문했을 때 통역사로 활동했다.

하노이 회담 이후 가장 불운한 운명을 맞은 통역사는 러시아어 담당 전순철이다. 그는 철직^{직위해제}돼 현재까지 탄광에서 일하고 있다. 1982년생인 전순철은 평양외국어대학을 졸업한 순수 국내파다. 그는 러시아어 실력이 뛰어나 모스크바 유학생들도 '넘사벽'으로 여겼다. 그는 러시아 주재 북한대사관 수습외교관을 거쳐 3등서기관으로 근무했다. 하노이 회담 후인 2019년 4월 김정은은 러시아 블라디보스토크에서 블라디미르 푸틴 러시아 대통령을 만났다. 당시 김정은의 통역사로 동행한 전순철은 김정은에게 연회 연설문을 가져다주면서 "그 자리에 서서 하시면 됩니다"라고 말했다. 행사가 끝난 뒤 숙소에 돌아온 김정은은 기분이 나빴는지 리용호와 최선희에게 "어디서 그따위 건방진 새끼가 다 통역으로 따라왔어?"라며 화를 냈다. 그러곤 "재수 없는 그 새끼 얼굴 보기도 싫으니 당장 돌려보내라"고 지시했다. 다음 날 전순철은 블라디보스토크발 평양행 항공편으로 귀국했고, 그 대신 여성 통역사가 1호 통역을 맡았다. 전순철은 최고 존엄 김정은을 '노엽힌 죄'로 외무성에서 철직돼 탄광으로 내려갔다.

북·미 정상회담에서 외무성이 배제된 이유

싱가포르와 하노이 북·미 정상회담 당시 북한 외교관들은 외무성의 역할이 배제된 것에 의문과 함께 소외감을 느꼈다. 북·미 고위급회담이 시작된 1993년부터 현재까지 북·미 관계는 명실공히 외무성 소관이었다. 2000년대에 들어서면서 미국과의 관계는 김정일의 '대화 창구 일원화' 방침에 따라 외무성 북미국이 주관했다. 한마디로 미국과의 모든 관계는 정부적이든 비정부적이든 외무성 북미국이라는 하나의 대화 창구를 통해 관리하라는 것이었다. 심지어 미국 비정부단체NGO로부터 받는 인도적 지원도 외무성 북미국에 통보하지 않고 직접 받을 수 없었다.

이렇던 북·미 관계 영역이 노동당 통일전선부로 이관되고, 외무성이 찬밥 신세가 된 것에 외무성 직원들의 불만이 매우 컸다. 2018년 12월 초 나는 시리아를 방문하기 위해 UAE 두바이를 경유한 리용호 당시 외무상을 단장으로 하는 외무성 대표단의 편의 보장 때문에 두바이로 출장을 갔다. 나는 리용호와 대화하는 과정에서 북·미 정상회담에서 외무성이 배제된 데는 몇 가지 이유가 있었음을 알게 됐다.

우선 김정은의 정략적 의도가 있었다. 북·미 정상회담의 물꼬가 트인 것은 2018년 2월 평창 동계 올림픽대회부터다. 평창올림픽 때 한국을 방문한 김여정이 김정은의 친서를 문재인 당시 대통령에게 전달했고, 그해 3월 한국 대통령특사단이 방북해 김정은을 만났다. 그 후 북·미 정상회담은 문재인 정부의 중재로 급물살을 탔다. 김정은은 대남 사업을 담당하는 노동당 통일전선부가 북·미 회담까지 주관하도록 조치했다. 당시 상황은 김정은과 트럼프 사이에 "리틀 로켓 맨" "늙다리 미치광이" 같은 말 폭탄이 오가던 시기여서 북·미 정상회담이 정상적 외교 라인을 통해 실현되기는 어려웠다.

김정은은 대북제재 해제를 위해서는 북·미 회담이 필수라고 인식했고, 미국으로 가는 징검다리로 문재인 정부를 이용해야겠다고 타산했다. 한반도 운전자, 중재자를 자처하는 문재인 정부에 김정은의 이 제안은 넝쿨째 굴러온 호박처럼 보였을 것이다. 김정은은 남북-한미-북·미로 이어지는 연결고리에서 한국의 중재자 역할이 중요하다고 보았다. 이런 이유로 대남 사업을 담당하는 통일전선부가 남북 관계뿐 아니라 북·미 회담까지 맡게 됐다. 한마디로 외무성은 통일전선부의 대미 사업을 지원하는 보조 역할을 할 뿐 주도권을 쥐지 못하고 측면으로 밀려나고 말았다.

2019년 2월 김정은-트럼프 하노이 회담이 실패로 끝나면서 문재인 정부에 대한 김정은의 기대는 완전히 사라졌고 오히려 기만당했다는 분노만 남았다. 하노이 회담 직후인 그해 3월부터 북·미 회담 업무는 통일전선부에서 외무성으로 이관됐다. 2019년 4월 김정은은 외무성과 군대, 외무성과 노동당 국제부가 함께하는 체육대회를 각각 조직해 주고 본인이 직접 체육대회를 관람하면서 외무성 직원을 격려했다.

북·미 정상회담에서 외무성이 배제됐던 또 다른 이유는 트럼프 당시 대통령의 강경한 태도였다. 외무성 제1부상 김계관과 북미 담당 부상 최선희는 통일전선부가 자신들의 영역인 북·미 정상회담을 주관하는 것에 대해 심기가 불편했다. 전문성과 노하우로 따지면 자신들이 북한 최고의 미국 전문가였다. 그래서인지 김계관 1부상은 백악관 국가안보보좌관 존 볼턴을 향해 포문을 열었다. 또한 문제가 된 것은 최선희 부상이 북한에 대한 군사적 선택안을 배제하지 않았다고 말한 당시 미국 부통령 마이크 펜스를 향해 '조미수뇌회담'을 재고려할 데 대한 문제를 최고지도부에 제기하겠다고 담화문을 발표한 것이다. 트럼프는 당시 김정은에게 보낸 공개서한에서 "당신들이 최근의 담화문에서 드러낸 엄청난 분노와 공개적인 적대감을 볼 때, 회담을 하는 건 부적절하다고 느낀다. 이번 싱가포르 정상회담은 열리지 않을 것이다"라고 말했다. 이에 대해 김계관 1부상은 "위임에 따라 우리는 아무 때나 어떤 방식으로든 마주 앉아 문제를 풀어 나갈 용의가 있음을 미국 측에 다시금 밝힌다"는 내용의 담화를 발표했다. 강경에 초강경으로 대응한 트럼프에게 김정은이 꼬리를 내린 것이다.

이렇듯 외무성 라인의 대미 접근 방식은 트럼프에게 통하지 않았다. 트럼프는 북한이 30년간 상대한 미국 협상가들과는 완전히 다른 스타일이었다. 김정은을 대신해 악역을 맡았던 김계관과 최선희의 담화문은 오히려 악재로 작용했다. 대북제재 해제가 시급한 김정은은 북·미 정상회담을 성사시키기 위해 대화 상대인 미국을 먼저 의식해야 했다. 한마디로 미국을 자극할 수 있는 외무성 라인보다는 김영철의 통일전선부 라인을 쓰는 게 좋겠다고 결심했다는 것이다. 리용호 외무상은 이 이야기를 하면서 속상한 듯 한숨을 '푸우~' 하고 내쉬었다. 그러나 하노이 북·미 정상회담 파탄을 계기로 외무성의 역할이 부활했다. 2019년 11월 스웨덴 스톡홀름에서 열린 북·미 실무 회담에는 김명길 순회대사를 단장으로 하는 외무성 협상대표단이 참가했다.

'하노이 북·미 정상회담'이 '베트남 공식 친선 방문'으로 둔갑

2019년 2월, 북한 노동신문은 김정은 위원장이 제2차 '조미수뇌상봉'과 회담을 위해 평양을 출발했다는 보도 등으로 1면을 도배했다. 제1차 북·미 정상회담 때는 중국 측이 제공한 비행기를 타고 싱가포르로 날아갔지만 제2차 북·미 정상회담 때는 열차로 평양역을 출발했다. 북한 주민들은 희망을 안고 김정은을 열광적으로 배웅했고, 하노이 북·미 정상회담이 성공적으로 진행되기를 학수고대했다.

2018년 6월 제1차 북·미 정상회담에서 공동합의문이 발표됐을 때 북한 주민들의 반응은 무척 뜨거웠다. 당시 북한 주민들은 대북제재로 인한 피해가 생활 곳곳으로 스며들어 오는 것에 불안과 두려움을 갖고 있었다. 대북제재로 수출품의 95%가 수출 금지 품목으로 지정됐으니 불안감은 당연한 것이었다. 기아와 아사의 대명사로 일컬어지는 1990년대 중후반 '고난의 행군'은 북한 주민들에게 지울 수 없는 트라우마로 남아 있다. 그들은 두 번 다시 '고난의 행군'이 없기를 마음속으로 기원했다.

온 나라가 하노이 북·미 정상회담에 대한 기대와 희망으로 부풀어 있었다. 해외에 주재하는 외교관 중에서도 북·미 정상회담에서 대북제재 해제와 관련한 돌파구가 마련될 것이라고 기대하는 이들도 있었다. 해외에 상주하는 외교관 친구들은 SNS로 채팅방을 만들어 매일같이 서로의 의견을 공유했다. 그러나 많은 친구의 의견은 설사 하노이 북·미 정상회담이 성공한다고 해도 종착점은 실패라는 것이었다. 논거는 아래와 같았다. 지금까지 북·미 회담이 30년 동안 진행돼 왔고, 그 과정에서 빌 클린턴 전 미국 대통령의 담보 서한, 2·13 합의, 10·3 합의, 2·29 합의 등 많은 합의문이 나왔지만 결국은 실패하고 말았으며 대북제재를 해제하자면 '비핵화'가 전제돼야 하는데 비핵화는 체제 붕괴를 의미하기에 성공할 수 없다는 논리였다. 물론 일부 친구들은 한 가닥 희망은 있다며 지금까지 북·미 관계 역사상 두 나라 정상이 만나 한반도 비핵화 문제를 토의한 적은 한 번도 없었기에 두 나라 정상이 합의하면 톱다운 방식으로 일정한 진전이 있을 것이라고 봤다.

내 생각은 실패할 확률이 높다는 쪽으로 기울었다. 2018년 12월 시리아 방문을 마치고 귀국하는 리용호 외무상을 두바이 국제공항에서 다시 만났다. 그때 리용호는 시리아 대통령에게 우리가 북·미 정상회담을 하는 것은 유엔 대북제재를 완화하기 위한 전술적 방안이지 결코 미국에 무릎을 꿇은 것이 아니라고 말했다고 한다. 한마디로 우리에게 핵 포기는 있을 수 없다는 의미였다. 북한 비핵화 문제가 해결되지 않은 채 대북제재를 해제해 줄 미국이 아니기에 회담의 결과는 정해진 것이나 다름없었다.

북한 당국은 핵무기를 갖고 있기에 미국과 남조선 괴뢰가 우리를 함부로 건드리지 못한다면서 핵무기는 사회주의 조국을 수호하는 정의의 보검, 평화의 보검이라고 주민들을 세뇌하고 있다. 북한 주민들은 자신들이 무엇 때문에 국제사회에서 고립돼 전방위 제재를 받고 있는지, 또 핵무기가 누구를 위해 필요한 것인지 잘 모른다.

협상의 달인이라는 트럼프도 견제와 균형의 민주주의 원리가 작동하는 미국의 대통령이지 김정은과 같은 무소불위의 독재자는 아니다. 김정은이 왕복 7600㎞나 되는 평양과 하노이를 열차로 오갔지만 제2차 북·미 정상회담은 합의문도 없이 결렬됐다.

　3월 5일 노동신문 1면에는 "우리 당과 국가, 군대의 최고영도자 김정은 동지께서 베트남사회주의공화국에 대한 공식 친선 방문을 성과적으로 마치시고 조국에 도착하셨다"는 기사와 함께 김정은이 간부들과 악수하는 사진 4장을 게재했다. 평양을 떠날 때 제2차 조미수뇌상봉과 회담을 위해 평양을 출발했다고 선전하던 노동신문에서 '조미수뇌회담'이라는 문구는 사라지고 '베트남사회주의공화국 공식 친선 방문'으로 둔갑한 기사만 실렸다. 기대에 부풀었던 북한 주민들은 또다시 허리띠를 조이며 자력갱생을 외쳐야 했다.

매일 아침 9시, 김정은 책상 위에 놓이는 미국 정세 보고서

북한 외무성 북미국 직원들은 이른 아침부터 눈코 뜰 새 없이 분주하다. 김정은에게 올라가는 미국 정세 보고서를 날마다 작성·보고해야 하기 때문이다.

　북미국 직원들은 위성안테나satellite를 통해 미국의 24시간 뉴스 채널인 CNN과 폭스뉴스Fox News를 시청한다. 진보의 CNN과 보수의 폭스뉴스를 함께 시청하는 것은 공정과 균형을 보장받기 위해서다. 그들은 날마다 사무실에 설치된 TV를 통해 미국의 국내외 상황을 면밀히 주시한다.

　김정은에게 매일 아침 올라가는 미국 정세 보고서 작성 및 보고 과정은 다음과 같다. 우선 당직 근무를 서는 북미국 직원이 CNN과 폭스

뉴스의 보도 내용 중 핵심 사안을 정리해 보고서를 작성한다. 보고서에 담기는 우선순위는 북한 문제와의 관련 여부다. 그다음 과장, 부국장, 국장의 검토를 거쳐 제1부상, 상에게 보고된다. 간부들의 비준을 마친 보고서는 아침 9시 김정은에게 모사전송기(팩스)로 보고된다. 김정은은 매일 아침 외무성에서 올라오는 보고서를 통해 사무실에 앉아서도 미국의 국내외 정치가 어떻게 흘러가는지 파악한다.

북미국이 미국 정세 보고서를 작성해 수뇌부에 보고하기 시작한 것은 2000년대 초반이다. 당시 김정일의 최대 관심사이던 미국 정세는 '일보'로 분류됐다. 수뇌부에 보고되는 문건은 크게 '일보'와 '주보'로 구분되는데, '일보'는 당일 보고되는 문건을 의미하고 '주보'는 매주 한 번씩 보고되는 문건을 뜻한다. 김정일은 일보로 보고되는 정세 보고서를 통해 미국의 정치 흐름을 파악했다. 그는 매일 외무성 책임일꾼과 전화로 대화하면서 국제 문제에 대한 의견을 청취하기도 했다. 이 과정에서 김정일은 한 가지 원칙을 고수했는데, 뉴스는 정세 분석 문건이 아니기에 절대로 해석을 달지 말고 원문 그대로 보고하라는 것이었다.

김정은도 아버지 시대부터 내려오는 관행을 그대로 이어갔다. 앞서 언급했듯 2018년 6월 싱가포르 북·미 정상회담을 앞두고 당시 외무성 미국담당 부상이던 최선희가 미국 부통령 마이크 펜스를 비난하는 담화를 발표함으로써 정상회담이 결렬될 위기에 처한 적이 있다. 펜스 부통령이 폭스뉴스와 인터뷰하면서 한 리비아식 비핵화 발언을 문제 삼은 것이었다. 북한 외무성은 미국 언론보도를 24시간 관찰하며 북한 관련 사안은 100% 김정은에게 보고한다.

북한 외교 양대 산맥, 당 외교와 국가 외교

북한의 대외정책 이념은 '자주' '평화' '친선'이다. 북한은 이 같은 이념을 근간으로 매 시기를 특징짓는 외교정책을 입안했다.

1990년대에 들어서면서 북한 외교는 소련 해체와 한·중 수교, 남북 유엔 동시 가입, 한반도 비핵화, '고난의 행군' 등으로 체제 수호에 총력을 기울여야 할 국면에 직면했다. 국가 생존이 위협받는 절체절명의 시기, 김정일은 체제 수호의 열쇠를 핵 보유에서 찾았다.

1993년 3월 한미연합훈련 재개에 반발해 북한이 핵확산금지조약 NPT 탈퇴를 선언하면서 '1차 북핵 위기'가 발생했다. 북한은 핵 보유 과정에서 초래되는 주변 4강의 압력과 국제적 고립, 경제제재 등 외교 현안을 뚫고 나가야 했다. 한마디로 당시 북한 상황은 이판사판이었다. 후지모토 겐지가 쓴 《김정일의 요리사》에는 김정일이 자살하려고 권총을 책상 위에 올려둔 것을 발견한 고용희가 "당신 왜 이러세요" 하면서 권총을 빼앗았다는 대목이 나온다. 그만큼 김정일도 북한의 앞날을 기약할 수 없던 시기였다.

그즈음 사회주의 나라 집권당과의 관계를 맡은 노동당 국제부의 활동 영역은 중국, 쿠바, 베트남, 라오스 등 몇 나라로 국한됐다. 나중에는 중국 공산당과의 당 대외관계가 국제부의 핵심 사업이 돼버렸다. 북한은 베이징 주재 대사 대부분을 노동당 부부장급에서 파견했고, 중국도 평양 주재 중국대사를 중국공산당 대외연락부 부부장급에서 파견했다. 김정일은 국제부의 기본 임무는 중국과의 당 외교라고 강조했다.

핵문제와 대미 관계를 주관하던 외무성은 사업의 특수성으로 인해 김정일의 직접적 관심을 받았다. 외무성 청사 중앙홀에는 "외무성은 나의 외무성, 김정일의 외무성입니다"라는 김정일의 '말씀판'이 크게 걸려 있다.

김정일은 '고난의 행군' 시기 군대와 외무성을 '사회주의 수호전의 2대 전선'으로 지정했다. 사회주의 수호전의 2대 전선이란 미국을 비롯한 적대세력의 고립·압살 책동으로부터 북한 체제를 수호하는 일에서 국방과 외교가 가장 중요한 2대 부문이라는 뜻이다. 이에 따라 외무성이 맡은 대미 외교전은 사회주의 수호전에서 가장 중요한 대외 전선이 됐다.

김정일은 외무성이 국가 외교를 총괄하도록 하는 대외 사업 체계를 세웠다. 실례로 미국과 관련한 모든 사업은 당이든, 군대든 상관없이 오직 외무성 북미국을 통해 진행되도록 하는 대외 사업 체계를 확립했다. 현재도 NGO 단체를 포함한 미국과의 모든 대외 활동은 대화 창구 일원화 방침에 따라 외무성 북미국이 총괄하고 있다.

김정은 시대에 들어서면서 당 외교와 국가 외교는 더욱 철저히 분리됐다.

이명박 '비핵·개방·3000' 북한 외교관들의 반응

2008년 2월 이명박 당시 대통령이 취임식에서 '비핵·개방·3000'이라는 대북정책 기조를 밝혔다. 그는 취임사에서 북한이 핵을 포기하고 개방의 길을 택한다면 남북 협력에 새 지평이 열릴 것이라며 국제사회와 협력해 10년 안에 북한 주민 소득이 3000달러에 이르도록 돕겠다고 말했다.

김정일의 심기를 특히 건드린 것은 '비핵·개방·3000'이라는 정책 표어였다. 김정일에게는 북한 정권을 붕괴시키려는 의도로밖에 해석되지 않는 표어여서 용납할 수 없는 것이었다.

어느 날 내 옆에 앉아 있는 사무실 동료가 외무성 사이트에 올라온 '비핵·개방·3000'에 대응하는 차원의 발언 요강을 보고 논리도 없는 글을 올려놓았다고 비판했다. 외무성 내부 사이트에는 외교관들이 대외 활동 시 참고할 국내 및 국제 문제에 대한 발언 요강이 올라와 있다. 예를 들어 미국의 이라크 침공에 대한 입장, '북·일 국교 정상화'에 대한 입장, '비핵·개방·3000'에 대한 입장 등 각이한 국내 및 국제 문제에 대한 북한의 대외정책과 입장을 외교관들이 참고할 수 있도록 글을 올린다.

내 동료는 8국^{조국통일 담당국}에서 올린 '비핵·개방·3000'에 대한 발언 요강을 보고 "무엇이 나쁜지 논리적으로 논박해야 납득을 하지, 비핵화는 꿈도 꾸지 말라는 추상적인 말만 해서 어떻게 납득하겠느냐"고 말했다. 나는 8국에서 올려놓은 글을 읽으면서 비핵화와 개방에 대해서는 이해했지만 3000에 대해서는 제대로 이해하지 못했다. 왜 하필 3000이라는 숫자인지 궁금했다.

김종수^{가명}이라는 젊은 친구가 3000달러에 대한 의문을 풀어줬다. 그는 아버지를 따라 외국에 살면서 유학한 친구였고, 컴퓨터도 수준급으로 다뤘다. 그는 "개발도상국의 1인당 국민소득이 3000달러가 되면 먹고살 만한 정도의 생활상 여유를 가지게 된다. 먹고살 만한 정도가 돼야 배에 기름도 있고 목소리도 크게 나오며 자유를 달라, 인권을 보장하라 외친다"라고 말했다. 나를 포함한 사무실 동료들은 유머 섞인 그의 말에 빠져들었다. 그는 "민주화를 이룩한 나라 대부분의 경험을 보면 1인당 소득 3000달러가 되면 주민들의 자유, 민주주의, 인권에 대한 의식이 싹트고 민주화운동으로 승화돼 마침내 독재정권이 무너지게 된다"고 말했다. 김종수의 이 같은 설명은 카를 마르크스의 《자본론》마저 통제하는 무지몽매한 북한에서는 들을 수 없는 말이었다. 알고 보니 '비핵·개방·3000'은 이렇듯 김씨 일가의 몰락을 암시하는 구호였던 것이다.

사실 북한 외교관들 사이에서 '비핵·개방·3000'에 대한 반응은 나쁘지 않았다. 북한 외교관들은 비핵화에 대한 피로감이 크다. 비핵화와 관련된 대외 문제들이 외무성 몫이기 때문이다. 그들은 민족의 공멸을 가져오는 핵무기가 누구를 위해 필요한 것인지를 너무나도 잘 알고 있었으며, 김씨 독재정권이 붕괴하지 않는 한 비핵화는 이룰 수 없는 꿈이라는 것도 잘 알고 있었다.

한 동료가 "'비핵·개방·3000'에 대한 주민투표를 하면 어떤 결과가 나올까"라는 질문을 던졌다. 이 질문에 대한 대답은 뻔했다. 확신컨대 북한 주민들도 비핵화 후 3000달러를 보장받는다면 주저 없이 찬성에 몰표를 던질 것이다. 주민들에게 먹고사는 문제보다 더 중요한 것이 없기 때문이다.

이 대목에서 내가 놀랐던 한 가지 사실을 더 쓰려고 한다. 2010년 26세의 김정은이 김정일의 후계자로 등극한 후 외무성 직원들의 반응은 냉랭했다. 나는 체육실에서 탁구를 친 후 국 동료들과 함께 맥주를 마시면서 즐겁게 이야기를 나누었다. 그런데 한 동료가 김정은이 후계자가 된 것에 대해 못마땅한 어조로 "이게 무슨 공화제야, 왕조지"라고 노골적으로 불만을 토로했다. 다른 동료는 "요즘 세습하는 나라가 지구상에 어디 있어, 이젠 막 지루하다"고 혀를 찼다.

김정은의 세습을 반대한다는 그들 나름의 의견을 표출한 것이었다. 북한에서 이런 말은 목숨을 내놓고 하는 말이다. 보위부 프락치가 하나라도 있으면 모두가 정치범 수용소로 가야 하는 사안이다. 나는 "그쯤하고 다른 말이나 하자"고 말머리를 다른 방향으로 돌렸다. 동료 중 누구 하나 잡혀가지도, 처형되지도 않았다. 이것은 모두가 김씨 세습 독재를 끝장내야 한다는 데 생각을 모으고 있음을 시사하는 것이다.

3·1절 100주년 쿠웨이트 공동 행사에서 들통난 위장 평화의 진실

2018년 2월, 평창 동계올림픽을 계기로 시작된 남북 화해 분위기는 한반도를 뜨거운 열기로 달구어놓았다. 북한 주민들에게는 너무나도 가슴 벅차오르는 사변적인 일이 연이어 일어났다. 4월에 열린 판문점 남북 정상회담에 이어 9월에 또다시 평양에서 남북 정상회담이 열렸다. 15만 평양 시민 앞에서 대한민국 대통령이 첫 연설을 하는 전대미문의 광경까지 펼쳐졌다. 이뿐만 아니었다. 세계 유일 초강대국인 미국 대통령과 김정은이 마주 앉아 합의서에 서명하는 모습은 북한 주민들로 하여금 새로운 번영의 시대가 오는 것 같은 착각에 빠지게 했다. 곧 평화와 번영의 시대가 도래할 것이라는 환상에 빠져 있기는 해외에서도 마찬가지였다.

이전에는 보위부에 끌려가 취조당하는 게 두려워 '남조선 사람'이라면 덮어놓고 피하던 북한 외교관들도 연회장에 가면 한국 외교관들에게 슬그머니 다가가 이야기를 건넸다. 2018년 4월 1차 남북 정상회담 이후 각국 주재 북한대사관에는 남측 외교관들이 다가오는 경우 자연스럽게 대화에 임하라는 평양의 지시가 하달됐다. 남북한 외교관들이 스스럼없이 다가가 이야기를 주고받는 게 꿈이 아닌 현실이 됐다.

쿠웨이트에서는 남북한 외교관들이 각종 행사에서 만나면 서로 인사도 나누고 이야기도 주고받았다. 그때 내가 신기하던 점은 통역 없이 의사소통이 가능한 것이었다. 외국이니 당연히 외국어로 의사소통을 해왔는데 나와 같은 언어로 말하고 이해하는 또 다른 이들이 있다는 것이 참 신기했다. 한번은 남측 외교관이 나에게 북쪽에서도 김치를 담가 먹느냐고 물어봤다. 내가 "물론이지요. 난 김치를 못 먹으면 목구멍에 털이 납니다"라고 말하자 그가 호탕하게 웃으면서 "우리도 같아요"라고 대답했다.

남북이 갈라진 것은 80년이지만 함께 산 세월은 5000년이다. 갈라져 살 수 없는 한 핏줄임을 실증한 감개무량한 순간이 한동안 이어졌다.

이렇게 남북 관계가 호전되는 분위기 속에 2018년 12월 남측 민주평화통일자문회의 쿠웨이트지회가 우리 대사관 앞으로 편지를 보내왔다. 편지에는 남북 정상들의 역사적 상봉과 남북 관계의 화해 분위기에 맞게 쿠웨이트에 상주하는 남북한 주민들이 2019년 3·1절 100주년 기념 행사를 공동으로 치를 것을 제안한다는 내용이 쓰여 있었다.

이 사실을 들은 외교관 부인들은 모여 앉아 3·1절 행사 때 입을 조선옷(한복)이 변변치 못해 새로 맞춰 입어야 하지 않겠느냐며 서로 토론도 했다. 떡 줄 놈은 생각지도 않는데 김칫국부터 마시는 격이었다. 평양에 보고하고 승인이 이뤄져야 3·1절 행사든, 8·15 행사든 진행할 수 있다. 나는 제기된 사안을 평양에 보고하면서 민주평화통일자문회의 쿠웨이트지회의 제의를 수락하는 것과 함께 아직 쿠웨이트에 우리 노동자들이 남아 있으므로 3·1절 남북체육경기대회도 제안하려 한다는 대사관 의견까지 써넣었다. 이틀이 지나 평양에서 대사관 앞으로 전문이 날아왔다. 내용을 보니 험악하기 짝이 없었다.

"남북 간의 화해와 평화 분위기는 조선반도에 조성된 첨예한 대결 상태를 완화하고 미국의 대조선 적대시 정책을 철회하며 유엔 안보리 제재를 최소화하기 위해 취한 당의 전술적 방침이라는 것, 귀 대표부가 적에 대한 환상에 사로잡혀 그 어떤 변화를 바라는 것은 우리 혁명 위업에 대한 신념, 당정책에 대한 확신이 부족한 데서 비롯된 기회주의적인 사고라는 것, 우리 제도를 붕괴시켜 흡수 통일하려는 적들의 본성은 절대로 변하지 않는다는 것을 명심하고 첨예한 대적 투쟁에서 한 치의 탈선도 없도록 할 것"

전보문을 요약하면 위와 같았다. 우리는 남·북·미 정상들의 한반도 평화 무드에 발맞추어 해외에서도 남북 주민들이 3·1절 100주년 공동 행사를 하면 이 분위기를 더 고조시킬 수 있다는 일념으로 보고했는데, 이렇게 찬 서리를 맞을 줄 몰랐다. 훗날 친구를 통해 들은 이야기에 따르면 이 전보를 본 간부들이 나를 두고는 해외에 나가 있더니 감이 떨어졌다고 욕을 했다는 것이었다. 나에게 남아 있던 평화와 번영에 대한 미련은 물거품처럼 사라지고 말았다. 하기야 평화와 번영이라는 말은 본질적으로 북한의 경제발전과 개방을 의미하는 것이고, 이것은 김씨 일가의 세습 독재체제 종말로 이어지는 것을 내포하고 있지 않은가. 나는 북한의 모든 평화 공세가 위장이고 허상이라는 것을 깨달았다.

그 후 해외에서 근무하는 친구들이 SNS 대화방에서 평양 남북 정상회담과 9·19 합의문에 대해 의견을 주고받으며 이번엔 무언가 될 것 같다는 이야기를 한 적이 있다. 나는 3·1절 100주년 남북 공동 행사 때문에 평양으로부터 욕먹었던 내용을 전하며 "다들 꿈 깨"라고 말했다. 그러자 뉴욕에서 근무하던 친구가 "북·미 정상회담이든 남북 정상회담이든 대화의 전제가 우리의 비핵화인데 그게 가능할까?"라는 글을 올렸다. 그 글을 본 친구들은 "역시 북미국 출신이 보는 눈이 다르네" "우리가 기본을 놓쳤댔구먼"이라면서 공감을 표시했다. 해외에서 근무하는 대다수 외교관은 2019년 2월 하노이 북·미 정상회담에 큰 기대를 걸지 않았다. 시간상 문제이지 언젠가는 펑크가 나게 돼 있는 북·미 정상회담이었기 때문이다. 김정은에게는 애당초 비핵화 의지 따위가 없었다.

외교관의
고된 일상

2

50만 달러 '구걸 외교'로 1급 훈장 받다

지금 북한은 외국의 경제 지원이 없으면 자생할 수 없는 최악의 빈곤국으로 전락했다. 국가계획위원회에서 작성하는 연간 알곡 생산 및 공급 계획은 반드시 외국의 지원 식량을 포함해 통계를 잡는다. 만성적 식량 부족 국가인 북한에서 자체의 알곡 생산량만으로는 배급을 충족할 수 없기 때문이다. 그래서 외무성의 주요 활동 중 하나는 외국에서 식량을 무상으로 지원받는 것이다. 사실 식량을 지원받는다는 말을 직설적으로 표현한다면 식량을 구걸한다는 뜻이기도 하다.

북한에서는 이런 '구걸 외교'를 가리켜 '협조 외교'라고 한다. 외무성은 해마다 1월이 되면 해외 주재 북한대사관에 해당 나라로부터 '식량 협조'를 받아내도록 지시를 내보낸다. 한마디로 식량을 지원해 달라고 구걸하라는 지시다.

2016년 9월 초 함경북도 북부 지역이 폭우로 홍수 피해를 보았다. 수일간 내린 폭우로 마을이 사라지고 수많은 사람이 사망하고 실종됐다. 홍수로 집이 떠내려가 수많은 이재민도 발생했다.

함경북도 북부 지역은 다른 지역보다 겨울이 빨리 온다. 문제는 추위가 몰려오기 전에 이재민의 생활을 안정시키는 것이었다. 온 나라가 이재민들에게 지원 물자를 보냈고, 각 기관·기업소에서는 돌격대가 조직됐다. 추위가 들이닥치는 11월 전까지 살림집을 무조건 지어 이재민의 입사를 보장하라는 김정은의 명령이 내려졌기 때문이다.

노동당 조직지도부는 수해를 빌미로 김정은의 '인민 사랑의 서사시'를 만들기로 계획했다. 조직지도부 직속 피해대책지휘부가 발족했고, 외무성에도 피해대책지휘부 분과위원회가 조직됐다.

외무성을 비롯해 각 기관마다 함경북도 북부 피해 지역에 농촌 살림집 몇 호를 건설하라는 할당 몫이 결정됐다. 국가재정이 열악한 북한에서는 모든 일을 각 부처에 나누기식으로 분배한다. 비료, 비닐박막과 같은 영농 물자는 물론이고, 재일본조선인총연합회[조총련]에 보내는 교육 원조비 등도 모든 부처에 나누기해 돈을 빨아들인다. 사정이 이러니 북한에서는 지도기관 일꾼들은 나누기만 할 줄 알면 된다는 말이 나돈다.

그해 10월 말 나는 쿠웨이트 주재 북한대사관 참사로 임명됐다. 담당 부상을 비롯한 간부들은 나에게 쿠웨이트 정부로부터 식량 지원을 따내는 것이 급선무이니 하루라도 빨리 나가 사업에 착수하라고 조언했다. 나는 부임하자마자 쿠웨이트 외무부 경제국 부국장 알자만[현 일본 주재 쿠웨이트 대사]을 만나 함경북도 북부 지역의 피해 상황에 대해 알려주면서 긴급 재난 지원을 호소했다. 그는 피해 상황에 대한 동영상과 구체적인 인명 및 재산 피해 자료, 대사관 각서를 요구하면서 적극적인 반응을 보였다. 쿠웨이트 외무부에서는 북한에 50만 달러분의 긴급 피해 지원 물자를 제공해 줄 것을 재무부 긴급재난지원국에 신청했다.

그런데 외무부 경제국 담당자가 나에게 재무부 담당 차관이 식량 지원 액수를 50만 달러에서 30만 달러로 줄였다고 통보했다. 외무부에 면담 요청을 먼저 해야 하지만 시간이 촉박한 관계로 재정부 차관 방에 예고 없이 찾아갔다. 그는 비서를 통해 나를 한국 외교관으로 잘못 알았던 것 같다. 그는 내가 북한 외교관이라는 말을 듣고는 쓴 오이 보듯 했다.

그는 나에게 당신은 외교관인데도 의례 절차를 모르냐며 외무부를 통해 면담 시간을 잡아야지 이렇게 막무가내로 사무실에 들어오면 어떡하느냐고 소리를 질렀다. 나는 당장 한지에 나앉은 이재민들의 식량 문제 때문에 마음이 조급한 나머지 사전 통보 없이 사무실에 들어온 것에 대해 사죄한다고 이야기했다. 그러자 당신들은 핵이나 미사일 실험을 할 돈은 있어도 사람들을 먹여 살릴 돈은 없느냐고 핀잔을 주었다. 이런 말까지 들으며 구걸하는 내 체면이 처참했다. 일국의 외교관이라는 자존심은 다 무너졌다. 나는 화가 머리끝까지 올랐지만 빌어먹는 놈인지라 참고 또 참았다. 그는 지원금 문제를 내부에서 토론해 보겠다고 이야기했다. 태도를 보면 지원금이 30만 달러로 정해질 것 같았다.

나는 대사에게 이 같은 내용을 보고했다. 대사는 얼굴이 달아오른 나에게 "참사 동무는 이번 일로 자존심이 상했다고 하지만 난 '고난의 행군' 때부터 20년 동안 이 짓을 했어. 자존심은 압록강을 넘어올 때 버리고 나왔어야지"라면서 농담 반, 진담 반으로 말했다. 이틀 후 대사는 쿠웨이트적신월사 위원장과 만나 긴급 재난 지원금을 50만 달러로 해달라고 당부했다. 대사는 오래전부터 위원장과 친분을 유지하고 있었다. 위원장은 재무부 차관과 업무상 연계로 잘 알고 지내는 사이이니 염려하지 말라고 말했다.

　쿠웨이트와 같은 입헌군주제 국가에서는 개별 외교의 힘이 대단했다. 쿠웨이트적신월사 위원장의 도움으로 북한에 제공하는 긴급 재난 지원 물자는 원래대로 50만 달러로 확정됐다. 그 후 쿠웨이트 정부는 베이징 주재 쿠웨이트대사관을 통해 50만 달러분에 해당하는 긴급 재난 지원 물자^{라면}를 북한에 전달했다. 이듬해 8월 나는 쿠웨이트 정부로부터 무상 지원을 따낸 공로로 국기훈장 제1급을 수여받았다. 노동신문에 정령으로 발표된 국기훈장 1급 수훈자 명단에 내 이름이 있는 것을 보고 가슴이 뿌듯했다. 국기훈장 제1급은 북한의 최고 훈장인 김일성훈장 다음가는 훈장이다. 그러나 나의 머리에는 "핵과 미사일을 만들 돈은 있어도 자기 국민을 먹일 돈은 없느냐"고 꾸짖던 쿠웨이트 재무부 차관의 비수 같은 말이 계속 떠올랐다.

시리아가 지원한 인광석 20만t과 김정일의 구두 친서

2009년 5월 초 시리아 주재 북한대사 최수헌은 북한이 가까운 시일에 2차 핵 실험을 단행할 것이라고 확신했다. 그는 정보와 뉴스를 통해 북한의 핵실험이 실행 단계로 다가가고 있음을 파악했다. 또한 시리아에 상주하는 북한 군수 부문 일꾼과 과학자, 기술자를 통해 기술적으로 핵실험이 임박했다는 정보를 알게 됐다.

　　최수헌은 정치적 감각과 본능적 직감이 매우 뛰어난 외교관이었다. 그는 이 기회에 시리아 정부로부터 지원 물자를 따내야겠다고 마음먹고 바샤르 알아사드 대통령 단독 접견을 요구했다. 며칠 후 시리아 외무부 의례국에서 알아사드 대통령의 위임에 따라 무알림 외무장관이 대사를 만나기로 했다며 날짜와 시간을 통보했다.

　　최수헌 대사는 시리아 외무장관을 만나 북한이 가까운 시일에 핵실험을 단행한다면서 미국을 비롯한 적대세력이 또다시 강도 높은 제재를 가할 것이며, 이 무모한 경제제재로 우리 인민이 어려움을 겪을 것이라고 말했다. 그러면서 형제의 나라 시리아가 공동의 적인 미국에 맞서 싸우는 북한에 대한 지원을 아낌없이 해줄 것을 바란다고 언급했다. 요약하면 핵실험 때문에 지금보다 더 어려워질 수 있으니 무엇이든 도와달라는 뜻이다.

　　시리아 외무장관은 반미 공동전선에서 북한의 당과 정부가 취하는 강경한 노선과 정책에 대해 높이 평가한다는 원론적인 대답을 하고 나서 핵실험에 대해 중국과 러시아에 통지했는지를 물었다. 최수헌 대사는 핵실험을 하기 직전에는 통보하지 않겠느냐며 즉답을 피했다. 그도 핵실험에 대해 사전에 중국에 통보할지와 관련해 김정일의 속내를 예측할 수 없었기 때문이다.

　　시리아 외무장관은 알아사드 대통령에게 대사와 면담한 내용을 구체적으로 보고하겠다고 말한 후 북한이 중국과 연대를 강화해 나가는 것이 매우 중요하다고 덧붙였다. 그로부터 몇 주일 후인 2009년 5월 25

일 북한은 2차 핵실험을 단행했다. 2009년 7월 시리아 정부는 알아사드 대통령의 지시로 비료에 들어가는 인^{燐, phosphorus}광석 20만t을 북한에 무상 지원하기로 했다고 북한대사관에 통지했다.

최수헌 대사는 평양에 인광석 20만t 무상 지원 사실을 보고하면서 대사관 직원들에게 국가 수훈을 상신해 줬으면 한다는 의견을 덧붙였다. 그런데 당시 담당 부상이던 김형준^{훗날 러시아 주재 북한대사를 거쳐 노동당 국제부장이 된다}이 자신도 시리아 주재 대사로 근무할 때 밀 10만t과 조면^{목화} 5000t을 지원받는데 최수헌 대사가 유세를 떤다며 사업 성과를 깎아내렸다.

당시 인광석 1t당 국제시장가격이 평균 50달러였다. 20만t이면 1000만 달러분에 해당한다. 북한에서는 국가에 100만 달러를 희사하면 '노력영웅'이 된다. 안타깝게도 70세가 넘은 최수헌 대사는 훈장 하나, 명함시계^{수령의 이름을 새겨 넣은 스위스산 시계} 하나도 받지 못했다.

시리아로부터 인광석을 인수하는 사업은 무역성으로 주무가 넘어갔다. 실무는 시리아 주재 무역대표부가 맡았다. 시리아 주재 무역 참사 정문수^{가명}는 인광석 20만t을 처리한 덕분에 돈 소나기를 맞았고, 훗날 그 돈으로 대외경제성 7국장 자리에 올랐다. 정문수는 인광석을 인도 상인을 통해 판매하는 과정에서 뒷돈을 받았다. 그뿐만 아니라 광산에서 항구로 인광석을 운반하는 시리아 운송회사로부터도 이권을 챙겼다.

정문수는 결국 홈스 지방법원에 기소됐다. 시리아 외무부와 경제부, 물 및 광물자원부도 이 같은 사실을 알게 됐다. 북한 대외경제성의 반응은 의외였다. 정문수가 외교관인데도 주재국 법정에 세운 시리아 정부의 태도를 지적했다. 양국 관계에 미칠 파장을 걱정하는 것이 아니라 정문수를 비호·두둔했다. 대외경제성 당 및 행정 간부들과 담당 보위원이 정문수에게서 뇌물을 받은 것이 분명해 보였다.

정문수에게는 행운이 뒤따랐다. 1심 재판 도중인 2011년 3월, 시리아에서 내전이 발발한 것이다. 지방 도시 홈스는 정부군과 반군 사이의 치열한 전투가 계속되는 열점 지역으로 변했다. 난리통에 재판은 흐지부지되고 말았다. 그는 금의환향했고, 대외경제성 7국장으로 승진했다. 시리아 주재 무역대표부는 인도 상인에게 인광석을 판매하고 받은 판매 대금으로 식량을 구매해 북한으로 보냈다.

2010년 11월 알아사드 대통령에게 보내는 김정일의 구두 친서가 전문으로 시리아 주재 북한대사관에 날아왔다. 보통 다른 나라 국가원수에게 보내는 김정일의 친서 혹은 구두 친서는 외무성에서 양국 관계와 주제, 내용에 맞게 초안을 작성해 김정일에게 보고한 후 비준을 받는다. 구두 친서는 의미 그대로 말로써 상대방에게 전달하는 메시지다. 즉 일방이 타방에게 보내는 말을 위임받은 사람을 통해 전해 듣는 형식이다.

최수헌 대사가 시리아 외무부 아시아 담당 차관을 만나 무상 지원에 대한 감사 인사를 담은 김정일의 구두 친서를 전달했다. 최수헌 대사는 자신의 부담으로 만수대창작사에서 구매한 '매' 그림 두 점을 외무장관과 외무차관에게 선물했다.

그는 면담을 마치고 나와 느닷없이 나에게 공무원은 명예와 보수를 바라고 일하는 게 아니니 너무 섭섭해하지 말라고 말했다. 시리아 정부 기관들을 뛰어다니며 수고한 대사관 직원들에게 훈장 하나 해주지 못한 안타까움과 성 쌓고 남은 돌이 된 자신의 신세를 한탄하는 마음을 표현하는 말 같았다.

　나는 훈장에는 전혀 관심이 없었다. 내가 관심을 둔 것은 우리는 도대체 언제까지 빌어먹으며 망신스럽게 살아야 하는지와 관련한 자존심의 문제였다. 지금 이 시각에도 주재국의 부처들과 적십자사, 적신월사의 문을 두드리며 거지 행각을 할 북한 외교관을 생각하면 가슴이 먹먹할 뿐이다.

김정일 지시로 변화된 외교관 양성 체계

북한 외교관은 크게 두 갈래로 나뉜다. 하나는 정통 외교관, 다른 하나는 경제무역 외교관이다. 정통 외교관은 대부분 외무성에서 파견하며 경제무역 외교관은 당, 무력, 보위안전 등 특수 기관과 외화벌이 기관에서 파견한다.

　경제무역 외교관은 외화벌이가 파견 목적이다. 국가로부터 '충성의 외화벌이 납부계획' 및 '국가 납부계획'을 할당받고 그에 따른 납부금을 바쳐야 한다. 즉 경제무역 담당 외교관은 김정은에게 상납하는 '충성의 외화벌이' 자금과 국가에 상납하는 납부금을 이중으로 바쳐야 한다. 물론 둘 중 '충성의 외화벌이' 자금이 우선한다.

　무역일꾼은 김정은에게 상납하는 자금을 'CH'라는 은어로 부른다. '충성'이라는 단어의 영어 발음 앞 글자 CH를 딴 것이다. 이들과 달리 외무성에서 파견한 정통 외교관은 외화벌이와 같은 납부 과제를 할당받지 않는다. 대사관 운영자금은 국가 예산으로 책정돼 건물 임차료와 관리운영비 등을 재정성(한국의 기획재정부)이 제공한다. 정통 외교관은 보잘것없는 액수지만 국가 예산으로 월급을 받으며 '외화벌이 과제'라는 스트레스에 시달리지 않는다. 물론 미래과학자거리, 삼지연군 건설 등과 같은 각종 명목의 '조국지원금'으로 월급을 받자마자 100달러 이상 뜯기긴 하지만 국가 납부 과제가 없다는 점에서 정신적 부담은 덜하다.

외무성에는 대부분 김일성종합대학 외문학부, 평양외국어대학, 국제관계대학^{2000년 폐교} 졸업생이 주류를 이룬다. 그중에서도 평양외국어대학을 졸업한 외교관이 60%를 차지한다.

평양외국어대학은 18개 언어를 가르치는 '외국어 교육의 원종장'으로 일컬어지고 있다. 평양외국어대학에서는 공용어로 분류하는 영어·중국어·러시아어·프랑스어·스페인어·아랍어와 민족어로 분류하는 이탈리아어·폴란드어·포르투갈어·체코어·불가리아어·루마니아어·헝가리어·말레이어·캄보디아어·타이어·라오스어·베트남어·페르시아어·힌두어·우르두어를 교육한다.

외무성의 젊은 세대는 대부분 평양외국어대학 민족어학부 졸업생인데, 전공 외국어와 제2외국어인 영어를 능란하게 구사한다. 외교관은 인민경제대학 외교반^{6개월 과정} 과정을 반드시 수료해야 한다. 인민경제대학 외교반은 김정일의 특별 지시에 따라 2003년 7월 도입됐다.

2002년 8월 러시아 극동 지역을 방문 중이던 김정일이 식료 공장을 시찰했을 때 일이다. 식료품 생산 공정과 유통, 시장가격 등을 요해^{了解, 현장 점검}하던 김정일이 북한 외교관들에게 러시아의 경제 상황에 대해 물었는데, 모두 꿀 먹은 벙어리가 돼 제대로 답변하는 이가 없었다. 김정일은 "외교관들의 경제 지식이 빈약하다"고 질책하면서 "나라의 경제를 발전시키자면 외교관들부터 경제에 밝아야 한다, 해당 나라의 발전된 문물을 우리나라에 들어오자고 해도 뭘 알아야 들여올 것 아닌가. 경제를 떠난 외교를 생각할 수 없으므로 외교관들에게 경제 지식을 공부시켜 해외에 파견하라"고 지시했다.

2003년 7월 인민경제대학에 외교반이 개설됐다. 계획경제, 금속, 채취, 전력, 원자력, 수산업 등 경제 부문을 과목으로 설정하고 가르쳤다. 물론 인민경제대학 외교반 수료 의무는 외무성에서 파견하는 정통 외교관에게 국한된 것이다.

나는 2009년 7월부터 6개월 동안 외교반 과정을 다녔는데 기숙사에서 숙식하며 공부해야 했다. 제일 힘든 것은 배고픔과의 싸움이었다. 기숙사 밥은 통밀에 흰쌀이 약간 섞여 있었다. 국은 건더기가 하나도 없는 맑은 소금국이 전부였다. 2009년 말은 화폐개혁으로 인해 상품 유통과 판매가 완전히 사라진 때였다.

2013년부터 인민경제대학 외교반에는 2년제 전문교육 체계가 새로 생겨났다. 2년제 외교반에는 외무성의 젊은 일꾼[35세 미만] 중심으로 해마다 10명 미만의 현직 외교관이 선발돼 전문교육을 받는다. 또한 외무성에는 수습 외교관 직책으로 각국 대사관에 파견해 어학을 연수시키는 어학 양성 체계도 있다.

북한에서 외교관은 보통 대학 5년, 어학 양성 기간 2년, 도합 7년을 교육받는다. 평양외국어대학에서 가르치는 18개 언어는 모두 북한대사관이 존재하는 국가의 말이다. 그렇기에 민족어를 전공한 외교관들은 외무성 입직 후 해당 나라의 어학 공부를 위해 2년간 수습 외교관으로 발령을 받고 보조서기관^{attache} 혹은 대사관 직원으로 근무한다.

2016년 외무성에 교육과가 신설됐다. 북한에는 한국의 국립외교원 같은 외교정책 연구원 및 외교관 양성 교육기관이 별도로 존재하지 않는다. 외무성 각 부서에 신입 직원을 배치하기 전, 북한의 외교정책과 연혁, 외무성의 사명과 각 부서의 임무, 외교공관의 역할, 외교관이 갖추어야 할 자질과 품격을 익히는 프로그램을 만들어 1~2개월간 속성으로 교육한다.

'쿠웨이트 왕자' 구워삶은 리수용의 '개별 외교'

북한은 쿠웨이트로부터 차관을 받아왔다. 1차는 2002년 평양시 상수도 개건현대화사업에 2170만 달러, 2차는 2008년 평양시 하수도 및 오수정화를 위한 개건현대화사업에 2170만 달러였다. 3차는 2016년 평양-평성 고속도로 건설에 2170만 달러를 제공하는 것이었는데 유엔 안보리 대북제재로 차관 제공이 중단된 상태다.

쿠웨이트 아랍경제개발기금이 북한에 차관을 제공한 데는 리수용 전 스위스 주재 북한대사의 공로가 컸다. 당시 북한의 국제올림픽위원회^{IOC} 위원이며 국제태권도연맹^{ITF} 총재이던 장웅은 아시아올림픽평의회 회장인 셰이크 아흐마드 알파하드 알사바와 막역한 친구였다. 국제올림픽위원회^{IOC} 위원이던 두 사람은 IOC 본부가 위치한 스위스 로잔에서 자주 만났다. 장웅의 친구이던 리수용도 아시아올림픽평의회 회장이 스위스에 오면 그와 함께 식사하면서 우애를 두터이 했다.

리수용이 그에게 접근한 목적은 쿠웨이트 왕가인 알사바 가문의 왕자로서 국왕의 조카인 만큼 그와 친분을 쌓기 위해서였다. 리수용은 평양시 상수도개건현대화에 쿠웨이트의 오일머니를 활용해야겠다고 생각했다. 당시 평양시에서는 식수 오염이 시민의 생명을 위협하는 심각한 문제로 떠올랐다. 공장, 기업소, 거주지에서 버린 폐기물과 오물이 넘쳐나 대동강은 '똥강'이라는 별명으로 불릴 만큼 오염되고 있었다. 국가경제가 마비된 상태라 대동강의 상수도 및 오수 정화 사업에 사용할 자금도 없었다. 1996~2000년 평양시와 평안남도 주민들이 식수를 마시고 콜레라, 장티푸스, 파라티푸스, 적리 등 각종 전염병으로 목숨을 잃었다.

　김정일은 대동강 오염을 막을 비상 대책을 마련하라고 지시했다. 외무성에도 평양시 상수도 및 오수 정화를 위한 외국 투자 유치 관련 지시가 하달됐다. 각국 주재 북한대사관은 2001년부터 오수 정화를 위한 투자 유치 활동에 나섰다. 쿠웨이트 정부가 개발도상국을 지원하는 프로그램을 운영했는데, 많은 나라가 그 혜택을 입고 있다는 사실이 외무성에 알려졌다. 당시는 쿠웨이트에 북한대사관이 설치되지 않았을 때다.

　리수용은 쿠웨이트 아랍경제개발기금을 활용하는 게 적합하다고 판단했다. 리수용은 외무상이 된 후 직원들에게 차관을 받아내는 데 성공한 것은 쿠웨이트의 정치 시스템을 잘 파악한 덕분이라고 말했다. 쿠웨이트와 같은 왕정 국가에서는 공식 라인으로 해결할 수 없는 일도 개별적 친분을 이용해 해결할 수 있다고 리수용은 설명했다. 그러면서 그는 개별 외교의 중요성을 여러 번 강조했다.

　셰이크 아흐마드 알사바 아시아올림픽평의회 회장의 초청으로 리수용은 장웅과 함께 쿠웨이트를 방문했다. 리수용은 쿠웨이트 왕자에게 평양의 식수 문제를 설명하면서 차관을 받을 수 있도록 힘써 달라고 부탁했다. '쿠웨이트 왕자'는 그 자리에서 사촌 형제인 외무부 장관에게 전화를 걸었다고 한다. 쿠웨이트 아랍경제개발기금의 이사장이 외무장관이었다. 이 전화 한 통으로 평양의 상수도 오염 문제가 해결되는 길이 열렸다. 평양시 상수도개건현대화 공사는 2007년 2월 완료됐다. 지금 평양 시민이 마시는 깨끗한 물은 리수용의 공로를 떼놓고는 생각할 수 없다. 쿠웨이트의 2차 차관으로 평양시 평천구역에 오수정화장이 재건됐다.

이집트 전기통신회사 오라스콤의 북한 투자와 관련해서도 리수용의 이름이 거론된다. 나는 지금도 외무상 리수용이 당회의 때 강당에 모인 직원에게 한 말이 기억난다. 그는 "각 개인의 개성이 다른 것처럼 국가도 서로 다른 개성을 가지고 있다. 그러나 한 가지 공통점은 그 국가를 사람이 다스린다는 것이다. 그 사람을 움직이면 불가능을 가능으로 만들 수 있다. 그것이 바로 개별 외교의 힘이다"라고 말했다.

갹출한 3만 달러로 김정은에게 '정성품' 진상하다

2010년 9월 28일 북한 노동당 제3차 당대표자회에서 26세의 김정은이 당중앙군사위원회 부위원장, 당중앙위원회 위원으로 선출됐다. 김정은의 이름과 얼굴이 언론에 처음으로 공개된 것이 이때다. 당대표자회 전날인 9월 27일에는 김정은이 조선인민군 대장의 군사 칭호를 수여받았다고 조선중앙TV가 보도했다. 당대표자회는 애송이 김정은이 후계자로 공식 등극하는 하나의 설정극처럼 보였다. 26세에 대장 계급을 다는 것은 세습 왕조 국가인 북한에서나 가능한 일일 것이다. 43년간 군에서 복무한 내 아버지는 대좌^{한국의 대령}로 제대했다. 한국 같으면 '아빠 찬스'로 기회의 평등, 공정과 정의를 깨뜨렸다면서 MZ세대의 뭇매를 맞았을 것이다.

최수헌 대사는 대사관 회의에서 "김정은 대장 동지께 올리는 선물을 준비했으면 좋겠다"면서 "어떤 품목을 선물로 준비할지 고민해 보자"고 제안했다. 그는 중요한 타이밍을 잘 읽는 사람이었기에 김정은의 후계자 등극이 갖는 의의를 잘 알고 있었다. 회의 참석자들은 대사의 제의에 호응했으며 시리아 특산물을 선물 품목으로 삼자는 데 합의했다. 시리아뿐 아니라 중동에서 유명한 시리아 스위트^{Syrian Sweets}가 선물로 선정됐다. 시리아 스위트는 피스타치오, 캐슈너트, 마카다미아, 땅콩 등 다양한 견과류를 배합해 만든 디저트다.

돈 문제는 갹출로 해결하기로 했다. 시리아 주재 북한대사관은 중국과 러시아 주재 북한대사관 다음으로 컸다. 세 번째로 큰 대사관이기에 여러 부처에서 파견한 직원이 많았다. 최수헌 대사가 솔선수범해 1000달러를 냈다. 시리아에 주재하는 이들이 힘을 합쳐 3만 달러를 마련했다. 그러곤 디저트 회사를 찾아 시리아 스위트 10종류 1t 생산 계약을 맺었다. 화물을 베이징으로 보내는 일에는 수송비가 저렴한 아에로플로트 러시아 항공을 이용하기로 했다. 12월 초 김정일·김정은 부자에게 '정성품'으로 보낼 시리아 스위트 1t이 생산됐다. 정성품은 다마스쿠스-모스크바-베이징을 거쳐 평양으로 운반할 예정이었다. 북한에서는 김씨 부자에게 바치는 선물을 진상품이라고 하지 않고 정성품이라고 한다. 진상품은 조선시대 임금에게 올리던 특산물을 가리키는 봉건적 용어이기에 절대로 사용해서는 안 된다.

나와 정찰총국 공작원 강일국^(가명)이 함께 베이징으로 갔다. 우리는 베이징에서 고려민항대표부 총대표를 만났다. 정성품 수송은 고려항공을 통해 순조롭게 진행됐다. 베이징 주재 고려민항대표부는 콧대가 높기로 유명했다. 고려민항대표부는 평양 외화 식당 오리고기 납품 기일을 지킨다는 명목으로 승객들의 수화물을 며칠 지연해 도착시키는 행동까지 서슴없이 하는 이들이었다. 김정일·김정은 부자에게 올리는 정성품을 지체시켰다가는 목이 날아간다는 것을 알았는지 수송은 예상보다 빨리 진행됐다.

훗날 안 사실에 따르면 당중앙위원회 본부서기실에서 순안공항에 나와 정성품을 운반했다고 한다. 우리는 3박 4일 베이징 출장 일정을 마치고 시리아로 돌아왔다. 새해를 맞아 김정일이 최수헌 대사에게 보낸 감사장과 함께 평양술 20병이 중앙당 재정경리부 선물과를 통해 대사관에 하사됐다. 최수헌 대사의 말에 따르면 김정일이 자신의 명의로 해외 주재 대사관에 선물을 보내기는 처음이라고 한다. 우리는 2011년 1월 1일 김정일이 선물로 보내준 국주 '평양술'을 마시며 설 명절을 즐겁게 보냈다.

김정일·김정은의 말 사랑… 아랍 순종마 가격 알아보라

2010년 12월경 최수헌 대사 앞으로 친전 한 장이 날아왔다. 아랍 원종말 구매 가능성에 대해 요해·보고하라는 내용이었다. 최수헌 대사는 나에게 친전 내용을 이야기하며 시리아 외무부와 접촉해 구매 방법을 알아보라고 지시했다. 시리아 외무부 의례국에서 바셀아랍원종말센터 참관을 준비하겠다는 통지가 왔다. 최수헌 대사를 비롯한 외교관들은 버스를 타고 바셀아랍원종말센터로 향했다. 이 센터의 명칭은 바셀이라는 사람의 이름을 따 명명한 것이다.

바셀은 하페즈 알아사드 전 대통령의 맏아들이자 바샤르 알아사드 당시 대통령의 친형이다. 1994년 교통사고로 사망한 그는 말타기를 대단히 좋아했고, 경마 선수가 무색할 만큼 훌륭한 기마술을 가졌다고 한다.

우리는 안내를 받으며 센터 곳곳을 둘러보았다. 최수헌 대사는 센터장에게 말 한 필의 가격과 운송 방법을 문의했다. 센터장은 말의 상태에 따라 한 필당 3000~5000달러에 판매되며 운송은 수송기 혹은 선박으로 이뤄진다고 말했다. 그러면서 시리아 국내법에 따라 암컷은 팔지 못하게 돼 있고, 수컷은 해외로 판매되는 경우 거세한 후 수출한다고 대답했다. 순종을 보호하려는 조치인 듯싶었다.

센터를 돌아보던 중 당비서가 말 사료에 밀, 보리, 옥수수 같은 곡물이 들어 있는 것을 보고 아연한 표정을 지었다. '고난의 행군'을 겪으며 굶주림을 이겨낸 북한 주민 처지에서는 사람이 먹는 알곡을 말 사료로 쓴다는 것을 상상하기 힘들었기 때문이다.

김씨 일가는 주민들이 굶주리든 말든 사치와 향락을 위해 고액의 달러를 주고 다른 나라로부터 여러 종의 말을 구매했다. 김씨 일가가 이용하는 평양 강동초대소, 평안북도 창성초대소, 양강도 삼지연초대소 등에는 승마장이 꾸려져 있는데 김씨 일가는 이곳에 갈 때마다 말을 타며 여가를 즐긴다. 초대소는 별장과 비슷한 개념이다.

나는 2022년 11월 러시아산 오를로프종 말 30마리를 실은 화물열차가 러시아의 하산역을 거쳐 북한으로 들어갔다는 뉴스를 듣고 놀라움을 금할 수 없었다. 북한은 2020년 3월부터 코로나19 위기에 대응한다는 명목으로 3년 넘게 국경을 완전히 봉쇄하고 있었다. 내가 화난 것은 한쪽에서는 국경 봉쇄로 생활필수품을 들여오지 못해 고통을 겪는데, 다른 쪽에서는 김정은이 탈 말을 수입하고자 국경을 열었다는 점이다. 김정은에게 북한 주민의 고통은 향락보다 중요하지 않다는 뜻 아닌가. 북한이 2010년부터 2019년까지 10년간 러시아로부터 수입한 말은 138마리에 달하며, 수입 총액은 58만4000달러다. 아버지 김정일은 아사자가 속출하던 '고난의 행군' 시기에도 애완용 개 설사약을 이탈리아에서 공수해 왔으니 더 말해 무엇 하겠나.

최수헌 대사는 센터를 돌아본 후 말 사진, 가격, 운송 방법, 사료 등 필요한 자료를 정리해 평양에 보고했다. 그 후 평양에서 한 장의 친전이 또 날아왔는데, 시리아에서 말을 운송할 항공기를 수소문해 보라는 내용이었다. 다마스쿠스의 아에로플로트 항공사 사무소에서 중국 베이징 혹은 러시아 블라디보스토크까지 말을 운송할 수 있다는 답변이 왔다. 2011년 3월 시리아에서 내전이 터지는 바람에 아랍 원종말 수입 프로젝트는 중단됐다.

기적의 3일… 북한 17세 이하 여자월드컵대회 우승

2016년 10월 18일 김계관 1부상의 호출을 받은 나와 국장은 조회를 마치자마자 그의 사무실로 향했다. 제1부상 방에 들어가니 신홍철 부상^{현재 러시아 주재 북한대사}이 자리에 앉아 우리를 기다렸다. 김계관은 김정은의 말씀 관철을 위한 실무 문제를 토의하고자 우리를 불렀다고 말했다.

김정은의 숨겨진 비밀 금고

PART 1. 핵보유국의 '꿈'

김계관은 김정은이 요르단에서 열리는 17세 이하 여자월드컵대회에서 우리가 베네수엘라를 3대 0으로 이기고 결승전에 진출한 것에 대만족을 표시했다고 운을 뗐다. 김계관이 전한 김정은의 말은 다음과 같았다.

"결승 경기 상대가 일본이므로 잡도리를 잘해야 한다. 선수들 영양 공급도 잘 해주고 해외에 나가 있는 우리 사람들을 동원해 응원 조직도 잘 해주라. 우리 사람들이 요르단의 경기장에 나타나 열띠게 응원하면 선수들이 더 힘내서 뛸 것이다. 남조선도 일본과는 죽기 내기로 뛰는데 우리가 일본에 지면 자존심이 상하지 않나. 외무성에서 책임지고 이번 결승 경기 응원 조직을 잘하라. 최룡해 당 부위원장에게 당적으로 이 사업을 밀어주도록 지시를 주겠다."

당시 최룡해 노동당 부위원장은 국가체육지도위원회 위원장을 겸임했다. 1부상이 나에게 요르단 입국사증을 받는 절차를 물었다. 요르단에는 북한대사관이 없어 시리아 주재 대사관에서 겸임하고 있었다. 나는 사증 발급은 어렵지 않으나 시간이 촉박한 것이 문제라고 대답했다.

오늘 사증 발급을 신청해도 3일 만에 나오기는 어려웠다. 또 다른 문제는 응원단에 동원할 이들을 선발하는 것이었다. 200명 정도로 응원단을 꾸리려면 요르단과 가까운 쿠웨이트, UAE, 카타르에서 일하는 노동자를 동원해야 했다. 그런데 노동자들이 여비와 체류비, 경기장 입장료 등을 자부담하기가 버거웠다. 대략 계산해 보니 1인당 1000달러 정도가 필요했다. 한 푼이 귀한 이들에게 1000달러를 부담하라고 하면 갈 사람이 없어 보였다. 그렇다고 외무성이 노동자를 파견한 기관에 비용을 부담하라고 말하기도 어려웠다. 김계관은 최룡해에게 얘기해 당 차원에서 해결하겠다고 말했다. 또한 쿠웨이트에서 응원단 인원을 채우기 어려우면 UAE, 카타르에서도 선발해 200명을 무조건 맞추라고 지시했다.

우리는 중국, 시리아, 쿠웨이트 주재 북한대사관에 보낼 전보를 작성했다. 중국, 시리아, 쿠웨이트 주재 북한대사들에게 현지 요르단 주재 대사를 긴급히 만나 응원단이 입국사증을 받을 수 있도록 최대한 협력해달라고 요청하라는 전보 지시를 보냈다. 가장 중요한 문제가 입국사증 발급이기에 관련 있는 모든 나라에 전보를 보냈다. 특히 중국 주재 요르단 대사에 대한 기대가 컸다. 그가 북한 주재 대사를 겸임했기 때문이다. 기대대로 중국 주재 요르단대사관에서 북한 응원단의 입국사증을 발급할 터이니 입국자 명단을 보내달라는 통보가 왔다.

이와 함께 시리아 주재 대사관에 요르단에 빨리 입국해 200명분 경기장 입장권을 예매하라는 전문 지시를 보냈다. 응원단이 오지 못해 경기장 입장권이 휴지가 될지라도 중요한 것은 김정은의 말씀을 관철하는 것이다. 김정은의 지시가 관철되지 않을 경우 한 명쯤은 비판 무대에 올라 곤욕을 치러야 한다. 장명호 시리아 주재 대사는 전보가 나간 당일 직원들을 데리고 요르단 암만으로 향했다. 쿠웨이트 주재 대사관에서도 쿠웨이트에서 100명, UAE에서 50명, 카타르에서 50명의 인원을 선발해 이튿날 응원단 명단을 보내왔으며 동시에 200명의 왕복 항공권도 구매했다고 보고했다.

하루나 이틀 전에 200명의 항공권을 구매하는 것은 쉬운 일이 아니다. 훗날 항공권 문제를 어떻게 해결했는지 알아봤더니 에미리트, 에티하드, 카타르, 걸프에어, 쿠웨이트 항공 등 모든 항공사를 다 수소문해 요르단으로 가는 항공권을 구입했다고 한다. 200명이 머물 숙소는 요르단에 먼저 들어간 시리아 주재 대사관 직원들이 아파트, 빌라를 다 뒤져 해결했다. 10월 20일 중국 주재 요르단대사관은 200명의 입국사증을 발급했다. 이 모든 일이 단 3일 만에 완료됐다. 기적이라는 단어 외에 달리 설명할 수 없다.

200명의 응원단이 요르단의 수도 암만에 도착해 경기장을 채웠다. 입국사증 발급, 응원단 200명 선발, 항공권 예매, 숙소 확보, 입장권 구매 등 외무성의 임무는 완벽하게 끝났다. 결승 경기에서 북한이 승리하면 금상첨화였다.

10월 21일 오후 8시 암만 인터내셔널 스타디움에서 2016 FIFA U-17 여자월드컵대회 결승전이 시작됐다. 북한은 일본과의 경기에서 5대 4 승부차기로 승리했다. 이 순간을 위해 잠도 설치면서 고생한 보람이 있었다. 마음은 긍지로 부풀었고, 기쁨의 눈물이 소리 없이 흘러내렸다. 스포츠의 희열이라는 것이 이런 것이구나 하는 생각이 들었다. 모두가 자기가 맡은 역량을 충분히 발휘한 덕분에 가능한 일이었다.

삼시세끼 소꼬리탕·우족찜·천엽무침을 대접하다

시리아를 비롯한 중동 나라에서는 소와 양, 낙타 등 집짐승을 도축하면 발, 눈, 위 같은 부산물을 먹지 않는다. 도축장에 가면 소꼬리와 우족, 눈, 천엽 등 부산물을 한쪽 구석에 쌓아놓고 오물로 처리하는 모습을 볼 수 있다. 도축장은 보통 소매로 판매하는 정육점보다 육류 가격이 훨씬 저렴하다. 그래서 대사관 직원 부인들은 도축장을 즐겨 찾았는데 육류를 구입하면서 소꼬리, 우족, 눈, 천엽을 공짜로 가져왔다.

북한과 시리아의 관계가 좋다 보니 별의별 대표단이 다마스쿠스를 찾아왔다. 조선농업근로자동맹^{농근맹} 대표단, 조선민주여성동맹^{여맹} 대표단까지 방문했다. 어느 기관 대표단이 오든지 대사관 처지에서는 뒷시중 때문에 불편했다. 대사관에서는 시리아를 방문하는 대표단에 소꼬리탕과 우족찜, 천엽무침으로 식사를 대접하곤 했다. 도축장에서 공짜로 가져온 식재료. 소꼬리탕, 우족찜, 천엽무침은 북한에서는 먹기 힘든 음식이라 손님 접대 음식으로는 최고였다. 다만 음식을 준비하는 품이 몇 곱절 더 들었다. 소꼬리와 우족의 털을 제거해야 하는 것은 물론이고 몇 시간이고 서서 요리를 준비해야 하기에 직원 부인들은 대표단 식사를 준비하고 난 후 몸살을 앓기도 했다.

소문이 퍼졌는지 대표단 성원들은 시리아에서는 소꼬리탕과 우족찜을 먹어야 하는 것으로 알고 있었다. 소꼬리탕과 우족찜이 시리아 특산물처럼 여겨졌을 정도다. 2011년 2월, 당시 무역상이던 리룡남^{현 중국 주재 북한대사}을 단장으로 한 북한 대표단이 두 나라 경제공동위원회 개최를 위해 시리아를 방문한 적이 있다. 대표단에는 무역성 일꾼뿐 아니라 중동지역 담당 국장을 포함한 외무성 일꾼도 망라됐다. 대사관에서는 대표단 성원 전원을 위한 만찬 메뉴로 소꼬리탕과 우족찜, 천엽무침을 준비했다. 리룡남 무역상도 대표단 성원들과 함께 오겠다고 했다. 오래간만에 허리띠를 풀고 식사할 수 있게 됐다면서 좋아했다고 한다.

모두가 호텔 밥이 아니라 대사관에서 마음 놓고 술을 마시며 스트레스를 풀고 싶어 했다. 무역상과 대표단 성원 10명이 대사관에 도착했고 만찬이 시작됐다. 그날 무역상은 팔을 걷고 우족을 소금에 찍어 먹었다. 모두가 배부르게 먹고 취기가 올라 노래도 부르고 춤도 췄다. 웃고 떠드는 모습이 참 행복해 보였다. 그날 이후 외무성 중동지역 담당 국장과 일부 단원은 남은 시리아 체류 기간에 숙박은 호텔에서 하고 식사는 대사관에 들어와 조·중·석으로 소꼬리탕과 우족찜, 천엽무침을 먹었다. 땀을 뻘뻘 흘리며 후후 불면서 소꼬리탕을 먹는 모습이 참 인상적이었다. 우리가 삼시세끼 소꼬리탕과 우족찜을 먹으면 느끼하지 않으냐고 물었더니, "평양에 돌아가면 이 귀한 걸 언제 또 먹어보겠어. 생겼을 때 실컷 먹다 가야지"라는 답이 돌아왔다.

6층짜리 대사관은 북한 소유 건물이다. 대표단 성원들은 누구의 눈치도 보지 않고 푹 끓인 소꼬리탕과 우족찜을 실컷 먹었다. 대사관 막내이던 나는 매일 아침·점심·저녁 호텔에서 대사관으로 왕복 운전을 하며 생고생을 했다. 북한에서 소꼬리탕과 우족찜은 간부들도 못 먹는 귀물이다. 소를 잡아도 꼬리는 하나, 발은 네 개밖에 안 되기에 구하기가 어려웠다. 소의 눈이 간염에 특효가 있다면서 북한으로 보내달라는 부탁이 많았다. 소의 눈을 말린 후 도시락통에 넣어 북한에 보내는 대사관 직원들도 있었다. 일부 외교관 부인은 귀국할 때가 되면 도축장에 가서 천엽을 대량으로 구해 와 가마솥에 넣어 푹 삶은 다음 얇게 썰어 나무 대에 널어 말렸다. 말린 천엽은 물에 불리면 원래대로 부푸는데 이것으로 천엽무침을 만들면 맛이 일품이라고 한다. 천엽을 삶을 때 나는 냄새는 고약하다. '고난의 행군' 시기 굶주림이 얼마나 혹독한 것인지를 다 겪어본 터라 냄새를 탓하는 사람은 없었다.

'불경죄'로 혁명화 거치며 '폐인' 되다

내가 근무한 외무성 중동지역 담당 부서에는 나이에 비해 겉늙어 보여 '아바이'라는 별명으로 통하는 송일섭*가명*이라는 직원이 있었다. 그는 시리아 다마스쿠스종합대학 졸업생으로 아랍어를 유창하게 했고, 시리아에서만 두 차례 외교관으로 근무했다. 그런데 송일섭은 뜻밖의 사건에 말려들어 평양화력발전소 노동자로 강등돼 노동혁명화 2년이라는 고된 세월을 보냈다. 결국 그는 혁명화 때 겪은 정신·육체적 고통으로 폐인이 돼 버렸다.

그가 노동혁명화 처벌을 받은 것은 김정일에게 거짓 보고를 했다는 불경죄 때문이다. 사실 불경죄를 저지른 장본인은 당시 2인자 격이던 조선인민군 총정치국장 조명록이다. 조명록 대신 불경죄 누명을 쓰고 노동혁명화 과정을 거친 송일섭의 사연은 누가 들어도 억울하기 짝이 없다.

1998년 5월 말 조명록이 김정일의 특사 자격으로 시리아를 방문했다. 송일섭이 통역을 맡았다. 송일섭은 시리아 주재 북한대사관 1등서기관으로서 직무상으로는 국방성 대표단과 아무 연관이 없었다. 국방성에서 김정일의 특사 방문이라는 점을 강조하면서 외무성에 아랍어 통역을 원만히 할 수 있는 실력자를 동원해 달라고 요청했다. 그래서 송일섭이 현지에서 국방성 대표단에 합류한 것이다.

조명록은 당시 시리아 대통령 하페즈 알아사드를 만나 김정일의 친서를 전달했다. 친서는 "북한과 시리아는 반제반미전선의 한 전호에서 싸우는 전우의 관계"라고 강조하면서 "북한이 미국을 비롯한 적대세력의 경제제재와 연이은 큰물*홍수* 피해로 식량 부족을 겪고 있다"고 경제적 지원을 요청하는 내용이 서술돼 있었다.

'고난의 행군'으로 국가의 생사존망이 경각에 달한 북한이 체면을 가리지 않고 구걸 행각, 구걸 외교에 매달릴 때다. 북한은 그즈음 이집트에서도 영농용 디젤유 등 800만 달러분의 지원을 받아냈다. 조명록의 시리아 방문도 구걸 행각이었다. 조명록은 알아사드 대통령에게 무상 원조로 밀 20만t과 조면(목화) 5000t을 제공해 달라고 간청했다. 알아사드 대통령은 조명록의 말에 긍정하듯 머리를 끄덕이긴 했으나 확답을 피했다. 조명록은 알아사드 대통령이 머리를 끄덕인 것을 보고 승낙한 것으로 이해했다. 시리아 방문을 마치면서 밀 20만t과 조면 5000t의 무상 원조를 따내는 큰 성과를 거뒀다면서 매우 기뻐했다.

조명록은 귀국해 김정일에게 시리아 정부로부터 밀 20만t과 조면 5000t 무상 원조를 받게 됐다고 보고했다. 쌀 한 톨이 귀하던 '고난의 행군' 시기 밀 20만t을 무상으로 지원받는다는 것은 대단한 성과였다. 게다가 병사들 내의 생산에 필요한 조면 5000t도 따냈다. 김정일은 대만족을 표시하며 조명록의 수고를 높이 평가했다.

사달은 그 후에 생겼다. 시리아 정부는 고난을 겪는 북한에 원조 명목으로 밀 10만t과 조면 5000t을 지원했다. 밀을 20만t이 아니라 10만t을 준 것이다. 조명록이 김정일에게 10만t을 20만t으로 부풀려 보고한 꼴이 됐다. 그렇다고 인민군 총정치국장 조명록을 처벌할 수는 없었다. 거짓 보고라는 불경죄를 따져 물어야 할 노동당 조직지도부도 난감했다. 부득불 조명록의 통역을 맡은 시리아 주재 1등서기관 송일섭에게 책임이 전가됐다. 송일섭의 통역 실수로 20만t이 10만t으로 와전돼 일어난 사달로 결론지어졌다.

송일섭은 불경죄로 혁명화를 받는다는 사실을 모른 채 평양의 호출을 받아 조기 귀국했다. 그러곤 평양화력발전소 노동자로 강등돼 노동혁명화를 하게 됐다는 날벼락 같은 소식을 접했다. 강석주 외무성 제1부상, 궁석웅 부상 등 외무성 간부들도 아랍어 실력에서 1인자인 송일섭이 20만과 10만이라는 숫자 통역을 실수할 리 없다고 생각했으나 인민군 총정치국장 조명록에게 불경죄를 뒤집어씌울 수는 없었다.

구걸하는 북한 처지에서 10만t이든, 20만t이든 무상으로 밀을 원조받은 것은 감사한 일이다. 또한 이를 이뤄낸 관계자들은 칭찬받아야 마땅하다. 송일섭은 억울한 마음을 하소연했지만 그렇다고 조명록을 처벌할 수는 없는 일이었다. 그럼에도 거짓 보고에 대해서는 누군가 책임져야 했다.

송일섭은 평양화력발전소에서 열관리공으로 일했다. 매일 석탄과 씨름질하니 얼굴은 새까맣게 탄으로 얼룩졌다. 손등은 거북 등처럼 갈라터졌다. 탄부들은 목구멍의 석탄을 씻느라 알코올을 마시는 것이 생활화돼 있었다. 혁명화 중 가장 혹독하고 어려운 혁명화가 탄광, 광산에서 일하는 것이다. 송일섭은 땅바닥으로 굴러떨어진 신세를 타령하며 매일 술을 마시며 정신적 고통을 위로했다. 결국 병에 걸려 손을 떨었고 폐인이 됐다.

그로부터 2년 후 궁석웅 외무성 부상이 시리아를 방문했다. 밀 10만t과 조면 5000t 반입을 완료했을 때다. 시리아에 사의를 표하고자 궁석웅을 시리아로 파견한 것이다. 궁석웅은 하페즈 알아사드 대통령을 만나 김정일이 보낸 사의 친서를 전달했다. 이 자리에서 알아사드 대통령은 원래는 밀 20만t을 지원하려고 했는데 작황이 좋지 않아 부득불 10만t을 지원할 수밖에 없었다고 말했다. 중동 담당 국장 출신인 궁석웅은 송일섭이 통역을 잘못하지 않았다는 것을 알았고, 귀국한 후 강석주 외무성 제1부상에게 하페즈 알아사드 대통령에게서 들은 내용을 그대로 말해주었다.

외무성은 김정일에게 이 내용을 보고했고 송일섭을 복직시켰다. 억울한 누명을 쓴 2년간의 노동혁명화는 이로써 막을 내렸다. 정신적·육체적으로 골병이 든 송일섭은 4개월간 요양소에서 몸을 회복했다. 외무성 간부들은 시리아 주재 대사관 1등서기관 임기를 다 채우지 못하고 귀국한 송일섭을 다시 시리아로 파견하기로 결정했다. 그는 시리아에서 다시 외교관으로 근무했다. 송일섭의 육체적 아픔은 사라졌으나 마음의 상처는 세월이 흘러도 남아 있을 것이다.

IS가 납치한 북한 의사 부부 몸값 3000만 달러

2015년 5월 23일은 토요일이었다. 이날 아침 9시, 6국^{중동지역 담당국}에서 당생활총화^{생활총화란 북한 주민들이 자기가 소속된 당이나 기관, 근로 단체에서 매주, 매월, 매 분기, 연별로 각자의 업무와 공·사 생활을 반성하고 상호 비판하는 모임을 말한다}가 한창 진행되고 있었다. 그런데 똑똑 문 두드리는 소리가 나더니 6국 문서원이 국장에게 대大긴급 전보 한 장을 가져다주었다. 국장은 전보를 보고 나서 당 세포비서에게 귓속말로 뭐라고 하더니 밖으로 황급히 나갔다. 잠시 후 국장이 문을 열고 리비아 담당자를 가리키며 나오라고 손짓했다. 일이 심각하다는 것을 알았던지

당 세포비서는 생활총화를 하지 못한 당원들은 서면으로 제출하라고 말했다. 도대체 무슨 내용의 전보이기에 온 국이 '분주탕'을 피우며 난리인지 모두가 궁금했다. 리비아 주재 북한대사관에서 날아온 대긴급 전보였는데 내용을 요약하면 다음과 같다.

"22일 오후 2시경 잘루병원에서 근무하던 의사 리용과 그의 아내 서영주, 운전사 1명이 귀국을 위해 트리폴리로 올라오던 중 시르테 인근 알누플레야 지역에서 IS에 의해 납치됨. 납치된 의사 리용은 평안남도 인민병원 의사로서 2009년 11월 리비아 잘루병원에 파견되어 6년간 근무함. IS는 3시간 후 운전사를 풀어주면서 상황을 너희 대사관에 알려주라고 말했다고 함. 밤 11시, 자기들이 IS라고 자칭하는 납치범들이 대사관에 1분간 전화를 걸어왔고, 인질들의 몸값 3000만 달러를 요구함. 기간은 10일이며 자금 인계인수 방법과 인질 교환 통로는 차후 통지하겠다고 함. 약속을 어길 경우 인질들의 목숨은 담보할 수 없다고 함. 리비아 정부에 이미 우리 공민들의 납치 사건에 대해 통지했고 현재 리비아 측이 여러 파벌, 지방 유지 등 내적 선을 통해 IS와 연계 시도하고 있음. 앞으로 납치 관련 활동 방향에 대한 긴급 지시 바람. 대사."

2015년 당시 리비아에 파견된 북한 인력은 50명 미만이었다. 2006년 6월 리비아 외화벌이가 재개된 후 북한의 보건·건설 인력이 500명 정도 파견됐다. 2011년 리비아에서 내전이 확대되면서 현지 북한대사관에서 철수를 단행해야 한다는 의견이 올라오자 외무성에서는 보건성, 대외건설지도국 등 유관 기관 참석하에 북한 인력의 철수 보장을 위한 협의회가 열렸다. 이 협의회에서는 인력들의 미수금 문제가 발생할 수 있으므로 철수를 단계적으로 진행하기로 합의했다.

2012년부터 계약기간이 만료된 인력부터 단계적으로 철수가 진행됐고, 건설 부문에서는 2014년까지 철수를 100% 완료했다. 보건 부문에서도 의사, 간호사들의 계약기간이 만료되는 데 따라 단계별로 철수가 진행되고 있었다. 2015년에는 50명 미만의 인력만 남아 있었다. 그러던 중 의사 부부가 귀국하기 위해 잘루에서 트리폴리로 이동하는 과정에서 IS에 의해 납치된 것이다.

외무성 담당국이 김정은에게 보고할 문건을 작성하고 있었는데 가장 고민되는 부분이 의사 부부의 몸값 3000만 달러였다. 북한의 외화 사정을 고려할 때 3000만 달러는 매우 큰 액수였기 때문이다. 2005년 마카오의 방코델타아시아 사건 때도 김정일이 2000만 달러에 그 난리를 쳤는데 두 명의 인질 몸값으로 3000만 달러를 쓴다면 김정은이 어떤 반응을 나타낼지는 불 보듯 뻔했다.

김계관 외무성 제1부상은 리비아 정부와 협력해 IS와 흥정하면서 우리 인원들의 생사 여부를 확인하고 시간을 버는 방식으로 대응하려고 한다는 식으로 보고용 문건을 작성하라고 지시했다. 보고 문건은 김계관 제1부상이 지시한 방향대로 작성돼 김정은에게 올라갔고, 얼마 후 김정은의 전화 지시 내용이 내려왔다. 김정은은 "리비아에서 우리 사람들을 다 철수시키지 않고 지금까지 뭘 했느냐"고 질책하면서 "외화가 절실한 때에 뚱딴지같이 인질값으로 3000만 달러를 내놓으라니 이게 무슨 날벼락이냐. 어떻게든 리비아 정부와 교섭해 외교적 방법으로 인질들을 구출하라"고 지시했다.

당시 리비아 주재 북한대사 황형철은 IS와 수차례 전화로 접촉하면서 인질들의 몸값을 3000만 달러에서 2000만 달러로 낮추었다. 평양에서는 황형철 대사에게 IS와 접촉을 유지하면서 시간을 끌라는 지시를 내려보냈다. 순진한 황형철 대사는 그제야 평양이 인질들의 목숨보다 돈을 중요시한다는 것을 깨달았다. 김정은도 아버지와 마찬가지로 주민 수백만이 굶어 죽어도 눈썹 하나 까딱하지 않을 독재자다.

기적 같은 일이 벌어졌다. 2016년 9월 리비아 정부군이 IS와 격전을 벌인 끝에 북한 사람들이 억류돼 있던 도시를 탈환했다. 이 과정에 리용·서영주 부부가 리비아 정부군에 의해 구출돼 트리폴리 주재 북한대사관에 도착했다. 이들은 IS가 처음에는 몸값을 요구하더니 의사라는 것을 알고 부상자를 치료하도록 요구했고, 그 덕분에 죽이지 않고 살려준 것 같다고 말했다. 리비아 주재 대사관 3등서기관이던 오성익이 부부의 안전한 귀국을 위해 튀르키예 이스탄불, 중국 베이징을 거쳐 평양까지 동행했다.

2016년 10월 초 리용·서영주 부부는 평양에 무사히 도착해 가족들을 만났다.

양 정액조차 냉동 보관 못하는 북한의 전력 실태

2012년 9월 22일 김정은은 인민에게 이밥에 고깃국을 먹이려던 수령님과 장군님의 평생 소원을 풀어드리겠다고 강조하면서 전체 면적 501㎢의 강원도 세포지구에 대규모 축산기지를 건설하라고 명령했다. 노동당 조직지도부가 직접 세포지구 축산기지 건설의 책임을 맡았다.

조직지도부는 세포지구 축산기지 건설을 김정은 시대 '대자연개조사업'이라고 명명하고 전국 도·시·군에서 '922돌격대'[9월 22일을 의미함]를 조직했다. 조직지도부는 세포지구를 소 떼, 양 떼가 노니는 무릉도원으로 만드는 일에 청년들이 앞장서 달라고 호소하면서 당의 구상을 현실로 만드는 데 기여한 돌격대원들을 노동당에 대거 입당시키겠다고 청년들을 유혹했다.

입당을 목적에 둔 청년들이 922돌격대에 입대했다. 전국의 도·시·군에서 조직된 돌격대가 강원도 세포군으로 모여들었다. 축산기지 개간이 마감 단계에 접어들자 우량 품종 집짐승[가축]을 확보해야 하는 문제가 제기됐다.

2016년 5월 김정은은 해외 주재 대사관을 통해 우량 품종을 들여오라고 외무성에 지시했다. 외무성 경제국은 각국 주재 북한대사관에 해당 나라의 특성에 맞는 소, 양, 염소 등 집짐승 종자를 구입하는 것과 관련한 지시를 내려보냈다.

시리아 주재 북한대사관은 아와시[Awassi] 양 종자를 들여오라는 과업을 받았다. 아와시 양은 시리아, 요르단 등 중동지역에서 기르는 품종이다. 꼬리가 짧고 넓적하게 생겼다. 꼬리에는 비곗살이 많다. 시리아 양은 꼬리에 기름기를 가졌기에 몸의 기름기는 비교적 적다. 양 중에서도 맛이 좋기로 유명한 품종이다.

북한대사관은 시리아 내각과 교섭해 아와시 양 정액을 무상으로 기증받았다. 당시 대사이던 장명호가 아와시 양 정액을 들고 평양으로 날아왔다. 시리아 축산총국에서는 양 정액의 냉동 상태를 유지하기 위해 액체질소까지 확보해 줬다.

　장명호는 세포지구 축산기지 건설이 당 조직지도부에서 주관하는 사업인 터라 자신의 성과를 돋보이게 하고자 직접 운반에 나섰다. 나는 평양 순안공항에 도착한 장명호와 함께 곧바로 황해북도 사리원시 농업과학원 축산연구소로 가서 아와시 양 정액을 전달했다. 그런데 이역만리로 옮겨진 양 정액은 1주일도 못 돼 훼손되고 말았다. 농업과학원 축산연구소 소장은 양 정액을 제대로 보관하지 못했다는 죄목으로 당 조직지도부에 소환돼 호되게 비판받고 해임됐다.

　양 정액을 온전하게 보관하지 못한 것은 축산연구소 소장의 잘못이 아니라 전력난 탓이다. 평양에도 하루 4~5시간만 전기가 공급되는데 지방인 사리원에 전력이 풍족할 리 만무했다. 지방에는 하루 종일 전등이 깜빡도 하지 않을 때가 많다. 북한의 중요 기관·기업소는 디젤 발동기를 구입해 자체적으로 전기를 확보한다. 그런데 사리원의 축산연구소에 무슨 돈이 있어 디젤을 매일 구입해 전기를 확보하겠나. 양 정액이 훼손된 것은 너무나도 당연한 북한의 현실이었다.

　코로나19가 한창이던 2021년 7월 한 기자가 나에게 한국이 북한에 코로나19 백신을 지원하겠다는데 왜 받지 않는지 물은 적이 있다. 나는 백신을 줘도 쓰지 못할 것이라고 대답했다. 이유는 간단하다. 북한에는 백신을 초극동할 수 있는 냉동 설비도 없고 설사 냉동 설비가 있다고 해도 전력난으로 작동할 수 없기 때문이다. 전기가 부족해 아와시 양 정액 하나도 제대로 보관하지 못하는데 코로나19 백신을 보관한다는 것은 어불성설이다.

오죽하면 북한 조선중앙TV에서 코로나19에 대응하기 위해 버드나무잎을 달여 먹으라는 얼토당토않은 말까지 했겠나.

김정은에게 보낼 '축전' 구걸하는 북한 외교관

북한에는 1월부터 12월까지 명절이 없는 달이 없다. 4월만 해도 4월 15일 태양절, 4월 25일 조선인민혁명군 창건기념일이 있다.

명절이 다가오면 각국 주재 북한대사관은 주재국 인사들이 김정은에게 축전을 보내도록 사전 교섭을 해야 한다. 연간 대사관 사업총화 때 어김없이 평가 기준이 되는 것이 축전이다. 어느 대사관이 김정은에게 축전을 더 많이 올리도록 활동했는지가 사업 평가 기준이어서 이에 사활을 거는 대사관이 많다.

특히 북한과 관계가 좋은 나라일수록 국가수반 축전을 포함해 축전 분량이 많아야 한다. 선배들 말에 따르면 축전은 김일성 시대부터 내려온 것이라고 한다. 북한은 축전을 통해 김일성이 세계 각국 지도자들과 인민들로부터 존경과 흠모를 받는 불세출의 세계적 수령이라고 주민에게 선전했다. 한편으로 축전은 김일성을 대성인, 정치원로라고 추어주며 그의 기분을 하늘 높이 띄워주기 위한 아첨꾼들의 작품이기도 하다.

북한대사관은 매달 명절이 오면 축전 때문에 발편잠을 못 잔다. 새해 첫 달인 1월에는 1일 신정을 맞으며 축전을 준비해야 하고 좀 쉴만하면 2월 16일 광명성절과 2월 8일 조선인민군 창건기념일이 뒤따른다. 매달 축전을 준비하자면 한 달 전부터 주재국 외교 담당 부서에 축전을 보내달라는 대사관 각서를 전달해야 하고, 집권당과 각 정당·사회단체를 돌아다니면서 당수들과 단체장들의 축전을 구걸해야 한다.

축전을 보낸 뒤 한 달도 채 되지 않아 시리아 국민시대당 대외관계부장을 찾아가 당수 명의 축전을 써달라고 부탁했더니 그는 대번에 나에게 짜증을 내며 당신들 나라는 도대체 1년에 명절이 몇 번 있느냐고 핀잔을 주었다. 비단 대외관계부장 한 사람만의 의견이 아니었다. 시리아에 상주하는 팔레스타인 정당들과 무장단체들도 축전이 너무 많다는 의견을 제기하곤 했다.

2013년 3월 어느 날, 팔레스타인인민해방전선 대외관계부장을 찾아갔다. 다마스쿠스의 중심에 위치한 그의 사무실 주변은 인파로 시끌벅적했다. 나는 그에게 태양절과 관련해 팔레스타인인민해방전선 위원장 명의의 축전을 부탁했다. 그는 매달 당신이 부탁하는 축전 때문에 스트레스를 받는다며 자기 일도 바쁘니 대사관에서 축전을 써서 가져오면 거기에 자기 당 위원장의 수표와 당 인감을 찍어주겠다고 말했다.

나는 팔레스타인 사람들이 이렇게 나오는 것이 매우 불쾌했다. 북한이 팔레스타인 무장단체들에 물심양면으로 지원한 데 비하면 축전쯤은 아무것도 아니다. 나는 단도직입으로 품이 드는 일도 아닌데 이것 하나 못 해주느냐고 말했다. 북한은 평양에 팔레스타인대사관을 두고 있다. 대사관 건물과 운영비, 행사비는 물론 자동차까지 무상으로 제공한다. 그런데 축전 하나 때문에 수모를 당하니 어처구니가 없었다.

나는 북한 외교관이라는 것이 창피했다. 김정은 개인의 우상화와 만족을 위해 국가 외교가 지향되고 외교관들의 역량이 소모되는 현실이 개탄스러웠다.

북한 외교관들이 불법 장사에 나서는 이유

북한의 외교 대표부들은 태양절^{김일성 생일}, 광명성절^{김정일 생일}, 김정은의 생일, 조선인민군 창건일, 정권수립일, 노동당 창건일 등 중요 기념일 때마다 축전 외에도 친선협회와 친선 모임을 진행하고 담화문을 발표한다.

　북한은 친선협회 위원장을 정부 고위직이 맡도록 하지만 쿠웨이트, 이집트를 비롯한 많은 나라는 정부와는 관계없는 민간인이 맡는다. 쿠웨이트-조선친선협회 위원장 겸 쿠웨이트-조선통일지지위원회 위원장은 할 사람이 없어 주재국 원주민이 아닌 파키스탄 이주민이 맡기도 했다.

　'백두위인 칭송 위대성 토론회'나 각종 '친선 모임'을 개최하자면 회관이나 호텔 회의실을 임차해야 하고, 회의가 끝난 후에는 친선협회 성원들을 대사관에 초청해 저녁 식사도 대접해야 했다. 보통 호텔 회의실을 2시간 임차하면 비용이 1000달러 정도 든다. 1년에 한 번으로 끝나면 그나마 편하지만, 분기에 1건 이상을 해야 하니 1년에 4000달러 정도를 지불해야 한다.

　물론 국가에서 대주는 것은 한 푼도 없다. 모든 것을 자체로 해결해야 하니 그 몫은 개인들의 재정 부담으로 돌아온다.

　내 월급은 430유로였다. 물가가 비싼 쿠웨이트에서 이 돈은 식재롯값밖에 안 된다. 그러니 북한 외교관들이 통제 품목인 술을 유통해 자금을 마련하는 것이다. 쿠웨이트는 이슬람교 국가이기에 알코올을 금지한다. 그래서 암시장에서 술은 부르는 게 값이다. 국가가 외교관들에게 불법 장사 행위를 조장하는 것이나 다름없다.

　2017년 쿠웨이트-조선친선협회 위원장이 네팔에서 열린 선군사상 국제토론회에 참가한 적이 있다. 이때 왕복 여비와 체류비를 대주었다. 대사는 '위대성 선전'이 사업 성과이기에 임기 동안 대외 선전 사업에 몰두한다. 김정은에게 보내지는 축전 1장과 "백두위인 칭송 위대성 토론회가 쿠웨이트-조선친선협회 주최로 진행됐다"는 노동신문의 1줄 기사를 위해 외교관들이 외화벌이에 내몰리는 것이다.

노동신문 기사를 보는 북한 주민들은 '김정은 원수님이 얼마나 위대하면 세계 인민들로부터 다함 없는 흠모와 칭송을 받을까'라고 착각한다.

쌍둥이 자매의 생이별로 바뀐 외교관 자녀 해외 파견 규정

북한 외교관이 해외 발령을 받을 때마다 겪는 심리적 고충이 자녀 문제다. 북한의 해외 파견 규정에 따르면 자녀가 두 명일 경우 한 명만 동행이 가능했다. 이 규정은 외교관들의 탈북을 막기 위해 취해진 조치다.

2010년 6월경 나는 쿠바 주재 북한대사관 참사로 임명받은 라윤박 외무성 부국장을 배웅하기 위해 평양역에 나갔다. 훗날 그는 쿠바 주재 참사로 근무하면서 파나마에 억류된 '청천강호' 사건을 당의 의도에 맞게 해결해 최고의 국가 수훈인 노력영웅 칭호를 받았다. *현재 외무성 부상*

나는 잘 다녀오라고 작별 인사를 했다. 그의 얼굴에는 수심이 가득했다. 쌍둥이 딸 때문인 것 같았다. 쌍둥이 자매 중 한 명은 평양에 남아야 하는데 아이를 품에서 떼어내는 일은 마음 아픈 일이다. 라윤박 부부는 쌍둥이 중 자주 앓는 동생을 데리고 나가는 것으로 당 간부부의 비준을 받았다. 외교관은 당 간부부에서 임명을 받은 후 동반할 자녀에 대한 문건을 작성해 외무성 대표부 지도과, 간부처를 거쳐 당 간부부의 최종 승인을 받는다.

국제열차가 떠날 시간이 됐다. 한날한시에 태어나 14년 동안 분신 같은 존재이던 언니와 동생이 이별을 앞두고 꼭 껴안았다. 쌍둥이 자매의 모습을 지켜보던 엄마가 언니를 꼭 끌어안았다. 그야말로 생이별의 순간이었다. 쌍둥이 자매와 엄마는 서로 부둥켜안고 엉엉 울었다. 아빠는 흐르는 눈물을 보이지 않으려고 뒤로 돌아섰다. 이 광경을 보고 배웅하러 나온 사람들 모두가 눈물을 흘렸다. 평양역은 순식간에 울음바다가 됐다. 언니는 달리는 열차를 따라가며 동생을 향해 잘 가라고 손을 흔들었다.

쌍둥이 자매가 헤어진 지 1년 반이 지났을 무렵 우리 부서로 한 통의 전화가 걸려 왔다. 라윤박의 장모에게서 온 전화였다. 손녀가 상사병에 걸렸는지 계속 동생만 찾는다고 했다. 며칠 전부터 밥도 먹지 않는데 이러다 아이를 죽이겠다며 빨리 아이 엄마를 귀국시켜 달라고 애원했다. 라윤박의 아내는 며칠 후 평양에 도착했다. 훗날 들은 말에 따르면 순안공항에 도착한 날, 모녀 상봉을 본 많은 이들이 울었다고 한다. 엄마는 아이의 건강을 돌보느라 쿠바에 가지 않고 수개월 동안 딸과 함께 지냈다. 아빠는 쌍둥이 동생과 함께 쿠바에 있고, 엄마는 언니와 함께 평양에 있는 이산가족이 됐다.

쌍둥이의 사연이 김계관 외무성 제1부상에게 보고됐다. 김계관은 당 간부부 책임일꾼들에게 쌍둥이는 한 명으로 봐야 한다는 논거로 출국을 승인해 달라고 요청했지만 규정을 바꿀 수 없다는 원론적 대답이 돌아왔다. 김계관은 김정은과 전화 통화를 하는 기회에 쌍둥이의 사연을 보고해 직접 승인을 받았다. 그 후 외무성에서는 김정은의 '말씀 집행'을 근거로 삼아 쌍둥이에 한해 둘 다 데려갈 수 있는 해외 파견 규정을 새롭게 만들었다. 해외에 파견된 외교관들의 탈북을 막으려고 자녀까지 볼모로 잡는 나라는 21세기에 북한밖에 없을 것이다. 나는 '인권 불모지'의 오명을 쓰고 있는 북한의 김정은에게 이런 충고를 해주고 싶다.

"인간이 짐승과 다른 점은 양심이 있다는 것이다. 나는 당신이 최고 지도자이기 전에 인간이 되기를 바란다."

앞목은 짧고 뒷목은 길어야 한다

2006년 12월 말, 외무성 대회의실에서 분기 당생활총화가 몇 시간째 계속되고 있었다. 보통 분기 당생활총화는 결함을 범한 당원이 연단에 나와 자기비판을 하고 다른 당원들이 그에게 집중 비판을 한 후 초급당비서 혹은 회의 지도를 나온 상급당조직(중앙당 조직지도부 외무성 담당) 일꾼이 결론을 내리는 방식으로 진행된다. 당시 분기 당생활총화에서 집중 비판 대상이 된 당원 중에는 6국장(중동지역 담당)과 궁석웅 부상도 있었다. 이들이 사상투쟁의 대상이 된 이유는 리비아와 관련이 있다.

당시 외무성 보도국은 리비아 국경절 55돌을 맞으며 정부 기관지 《민주조선》에 소개 글을 게재해 주겠다는 내용의 합의 문건을 6국에 보내왔다. 일반적으로 보도국은 매주 수요일 국제 문제에 대한 '주간 보도 계획'을 작성해 김정은에게 보고하고, 비준이 내려오면 신문·방송을 통해 해당 글을 게재 또는 보도한다. 그래서 보도국은 '주간 보도 계획'에 반영될 내용과 제목, 게재 날짜, 신문사를 미리 선정하고 연관 부서와 합의하는 과정을 거친다. 연관 부서들은 보도국이 작성한 '주간 보도 계획' 내용이 외교정책에 부합하는지를 따져보고 합의한다.

6국 리비아 담당 직원이 서류를 따져보지도 않고 국장의 합의 수표를 받아 보도국에 넘기는 일이 벌어졌다. 며칠 후 정부 기관지 《민주조선》에 리비아에 대한 소개 글이 게재됐다. 그런데 평양 주재 리비아대사가 담당 국장에게 면담을 요청했다. 나는 국장 통역으로 리비아대사와 면담하는 자리에 참여했다. 리비아 대사는 국장에게 1969년 9월 1일^{무아마르 카다피가 군사 쿠데타를 일으킨 날} 이전에 존재한 리비아연합왕국은 완전한 자주 독립 국가가 아니기에 리비아 정부는 그날을 독립일로 기념하지 않는다면서 《민주조선》 기사에 대해 항의했다. 그리고 재발 방지를 요구했다. 사정을 구체적으로 말해 줄 수 없는 국장은 대사에게 신문사가 리비아에 관심을 가지고 더 잘해 주려고 하다가 이런 일이 벌어진 것인데 진심으로 사과한다고 대답했다. 처음에는 긴장된 분위기였으나 리비아 대사도 어느 정도 이해하고 돌아갔다.

외무성에서는 면담이 진행되면 내용에 대해 외무상, 제1부상뿐 아니라 당위원회에 통보해야 하는 규정이 있다. 리비아 대사와 국장의 면담 내용은 즉시 간부들에게 통보됐고, 당위원회에 보고됐다. 때마침 12월이라 당위원회에서는 이 사건을 분기 당생활총화 안건으로 삼았고, 사상투쟁의 대상으로는 담당 국장과 궁석웅 부상을 겨냥했다. 분기 당생활총화의 회의 지도는 중앙당 조직지도부 당생활지도2과 ^{대외부문 당생활 담당} 과장 최휘^{훗날 노동당 근로단체부장이 됨}가 지도했다. 허용복 국장이 집중 비판을 받고 다음 차례로 궁석웅 부상이 연탁에 올라왔다. 당시 궁석웅 부상이 중동지역을 담당했기에 연대책임을 진 것이다.

생활총화를 지도하던 최휘 조직지도부 과장은 궁석웅 부상을 가리키며 "여, 궁 부상. 동무 자세가 왜 그래? 대중 앞에 머리를 빳빳이 쳐들고, 잘못한 게 없다는 거야. 장군님께선 앞목이 짧고 뒷목이 길어야 한다고 말씀하셨어. 무슨 소린 줄 알아? 머리를 숙이고 항상 겸손하라는 뜻이야. 어디서 건방지게 앞목이 길고 뒷목이 짧아"라고 말했다. 최휘의 말에 회의실에 있던 당원들이 웅성거리기 시작했다. 궁석웅 부상은 나이로 보나, 연륜·경력으로 보나 최휘 과장보다 대선배였다. 직원들은 허물없이 함께 담배도 피우고 익살도 부리는 편안한 동네 아저씨 같은 궁석웅 부상을 존경했다. 그런데 최휘 과장이 10년 이상 위의 궁석웅 부상에게 "여, 동무, 앞목, 뒷목" 하면서 사람들 앞에서 망신을 준 것이다.

사람들은 윗사람도 존경할 줄 모르는 무례한 최휘를 냉담한 눈길로 바라보았다. 그런데 더 기막힌 일이 벌어졌다. 궁석웅 부상에 대한 집중 비판이 시작됐는데 간부 3명이 차례로 일어나 맹렬히 비판했다. 좀 너무하다 할 정도로 궁석웅 부상의 인격이 무참히 짓밟혔다. 그 광경을 바라보는 우리가 다 안쓰러운데 후배들에게서 맹비난을 받는 본인은 기가 막혔을 것이다. 대체로 분기 당생활총화가 진행되기 전에 당위원회는 미리 집중 비판에 참가할 사람들을 선정한다. 비판 대상자가 누구라는 것을 알려주고 그가 연탁에 올라오면 몇 번째 순서로 비판에 참가하라고 지시한다. 막말로 짜고 치는 고스톱인 것이다.

나는 생활총화를 할 때마다 왜 당이 사람들 사이에 반목과 질시를 조장하고 혁명대오의 통일 단결에 저해가 되는 호상비판을 강요하는지 이해할 수 없었다. 나는 해외에 근무하면서 생활총화와 호상비판이 존재하는 이유를 비로소 알게 됐다. 아이러니하게도 해외에 파견된 북한 주민들은 호상비판을 하지 않는다. 이유는 호상비판 과정에 서로의 앙금이 축적돼 감정이 폭발하면 탈북으로 이어지는 사례가 생기기 때문이다. 대사관 당위원회에서는 평양의 지시에 따라 해외파견 근무자들이 절대로 호상비판을 하지 못하도록 통제한다. 이렇듯 당생활총화 규정도 대내용과 대외용이 따로 존재한다. 생활총화는 김씨 일가의 독재체제 유지에 필수 요소다. 1970년대 김정일이 직접 창안한 생활총화 제도는 대오의 단합과 통일보다 서로가 반목·질시하도록 함으로써 다른 정치세력의 형성과 대중의 조직 결속을 차단하고 있다.

생활총화, 호상비판은 세상에 둘도 없는 김씨 일가가 특허를 가진 독재 유지 제도다.

'자유의 물' 먹은 자녀들 탓에 골머리 앓는 외교관

해외 주재 북한 외교관에게는 한 가지 공통된 고민거리가 있다. 자녀 교육 문제가 그것이다. 대부분 외교관은 자녀들이 외국에서 공부할 수 있는 나이에 맞춰 해외 파견 시기를 선택한다. 그만큼 자녀들의 교육과 장래에 대한 관심이 뜨겁다.

20년 넘게 금실 좋은 부부로 살아온 나도 자식 교육 문제에서만큼은 아내와 말다툼하기 일쑤다. 자녀 교육에 쏟는 부모의 열정 DNA는 남이나 북이나 똑같다. 외교관 자녀들은 대부분 주재국 학교에 다니는데 이때 인터넷을 접한다. 학교 사이트에 올려놓은 문제를 보고 숙제를 하는데 인터넷에 접속해야만 할 수 있는 일이다.

북한 주민들은 당국이 정해 준 해외생활준칙에 따라 인터넷을 이용할 수 없으나 대사, 당비서, 안전대표도 자식 키우는 부모인지라 자녀들의 학습을 위해 인터넷 접속을 암묵적으로 눈감아 주고 있다.

　　부모 처지에서는 인터넷을 통해 자녀들이 황색바람_{자본주의 날라리 바람}에 물들 수 있다는 점보다 더 무서운 것이 있다. 인터넷을 통해 알게 되는 김씨 일가의 민낯이 그것이다. 철없는 자녀들이 김씨 일가의 민낯을 발설하면 그 집안은 풍비박산이 난다. 자식들을 통제하지 못해 탈북한 외교관들도 있다. 북한에 들어가 멸문지화를 당하느니 탈북하는 편이 낫다고 판단한 것이다.

　　2016년 4월 부모를 따라 러시아 모스크바에 체류하며 공부하던 한 소년이 귀국한 후 평양외국어학원 러시아어과에 입학했다. 이 소년은 친구들과 허물없이 지내게 된 후 모스크바에 체류할 때 인터넷으로 보고 들은 김씨 일가에 대한 내밀한 이야기를 시시콜콜 말해 주기 시작했다. 김정일에게 부인이 여럿 있었고, 그중 김정은은 세 번째 부인의 아들이며 스위스에서 유학했다는 등 김씨 일가에 대한 이야기를 자랑 삼아 하나둘 털어놓은 것이다. 소년은 자신이 판도라의 상자를 열었다는 것을 몰랐다. 이야기를 들은 친구들이 집에 가서 부모형제에게 말을 옮겼다. 소년의 말을 들은 학생들과 부모들은 당 조직지도부 10호실에 불려가 심문을 받았고, 누구에게도 내용을 발설하지 않겠다는 서약서까지 썼다고 한다. 물론 장본인은 가족과 함께 3대 멸족을 당했다. 그 소년의 가족과 친척들은 하룻밤 사이에 정치범 수용소로 모두 끌려갔다.

　　2017년 6월 내가 출장차 평양에 갔을 때 일이다. 도착 보고를 하려고 외무성 당위원회에 가니 유럽의 한 나라에서 귀국한 직원이 아내와 함께 의자에 앉아 눈물을 흘리고 있었다. 당 부원에게 이야기를 들어보니 그의 가족이 대학생 딸 때문에 지방으로 추방된다는 것이다. 부모와 함께 열차로 귀국하던 대학생 딸이 구두 깔창에 SD카드를 감추고 들어오다가 신의주 세관원에게 적발됐다. SD카드에는 수십 편의 한국 드라마와 영화, 미국 드라마가 담겨 있었다고 한다. 신의주 세관은 살벌하기로 유명한 곳이다. 신의주 국경에서는 세관원뿐 아니라 출판검열관도 국제열차에 올라와 한 칸을 5시간 동안 수색한다.

지금 세계는 인터넷이 없으면 아무것도 할 수 없는 세상이다. 지구상에 오직 북한만이 김씨 일가의 세습 독재체제를 유지하기 위해 세상과 담을 쌓고 인터넷을 차단하고 있다. 북한 주민들을 영원히 무지몽매한 노예로 만들기 위해서다.

노동당 39호실이 외무성에 할당한 주체사상 선전비 30만 유로

대사관 연간 사업에는 김일성·김정일의 노작을 주재국 언어로 출판·배포하는 대외 선전 사업이 포함돼 있다. 특히 대사들에게는 '위대성 선전 사업'이 임기 기간 사업 평가 항목 1순위다.

2015년 12월 초 이집트 주재 북한대사관은 김정일의 노작 《사회주의는 과학이다》를 아랍어로 번역·출판할 계획을 세웠다. 이집트 주재 북한대사가 외무성에 교열대표단을 파견해 달라는 전문을 보내왔다. 영어로 출간된 노작을 번역사무소에 맡겨 아랍어로 번역했는데 정확하게 이뤄졌는지 확인이 필요했기 때문이다. 교열을 서둘러 끝내야 이듬해 2월

16일 ^{김정일 생일}을 맞아 출간이 가능했다.

　　교열대표단 성원으로 정세자료 및 번역국 직원 두 명^{아랍어 전공자}이 선발됐다. 교열대표단의 여비와 체류비가 문제였다. 외무성 재정경리국 외화처가 교열대표단에 필요한 여비와 체류비를 확보해 달라는 신청서를 작성해 노동당 39호실에 제출했다. 39호실은 12월은 재정총화를 할 때인데 지금 신청하면 어떻게 하느냐며 신청을 받아들이지 않았다. 교열대표단 파견은 자금 문제로 보류됐다. 며칠 후 이집트 주재 북한대사관에서 교열대표단을 빨리 파견해 달라는 독촉 전보가 왔다. 교열대표단 파견이 지체된다는 보고를 받은 외무성 당위원회는 외무성 재정경리국에 해결방법을 찾으라고 독촉했다.

　　재정경리국 부국장 심성호가 나를 찾아왔다. 심성호는 내 아내와 김일성종합대학 경제학부 동창생이다. 그는 제대군인으로 김일성종합대학에 입학했고, 졸업 후 외무성 재정경리국 외화처에 배치받았다. 심성호는 나에게 재정경리국이 해마다 39호실로부터 당 자금 30만 유로를 '주체사상 선전비'로 할당받아 주체사상연구토론회, 주체사상연구소조 결성식, 주체사상 국제회의 등을 진행하고 있다고 말했다. 그러면서 39호실에서 연말 재정총화 때문에 자금신청서를 내년에 제출하라고 한다며 외무성에 할당된 자금이 아직 남아 있으니 도와달라고 부탁했다.

　　훗날 알고 보니 39호실은 주체사상 선전비로 30만 유로를 예산으로 편성해 놓고 건별로 외무성에서 자금신청서를 받아 제공했다. 그날 나는 퇴근한 장인에게 상기 내용을 말하면서 주체사상 선전비가 아직 남아 있는데, 가능하면 해결해 달라고 부탁했다. 나는 장인에게 39호실에서 어떤 이유로 직접 연관이 없는 주체사상 선전비를 지출하는지 물었다. 장인은 1997년 1월 황장엽 노동당 비서의 탈북 이후 김정일의 지시에 따라 사상 분야에 남긴 그의 여독을 청산하면서 주체과학원을 비롯한 연관 부서를 모두 해체했는데 그때부터 해외에서 주체사상연구토론회, 주체사상 국제회의 등을 개최할 때마다 자금이 없어 운영에 차질이 생겼다고 말했다. 이에 김정일은 주체사상 선전과 관련해 필요한 자금을 39호실에서 보장하라고 지시했다고 한다. 39호실은 외무성에 주체사상 선전비로 해마다 30만 유로를 할당했다.

2006년경 당시 사회과학원 부원장 최상순이 주체사상 선전비를 자체로 해결하겠다면서 사회과학원에 외화벌이 회사를 조직하려 했다. 사회과학원은 외무성에 기구 승인을 위한 문건을 제출했다. 최상순은 조선노동당 역사연구소 부소장^{한국의 차관급}을 하면서 김일성 회고록 《세기와 더불어》 집필자 중 한 사람으로 활약했고, 김일성이 '재사'라고 평가한 인물이다.

당시 외무성 제1부상이던 강석주가 사상 사업에서 유일관리제를 문제 삼았다. 황장엽의 탈북 후 주체과학원이 해체되면서 주체사상에 대한 대외 선전은 외무성이 주관했다. 결국 최상순은 사상 사업에서 유일관리제 원칙을 어겼다는 이유로 노동당 조직지도부 검열총화를 받고 조용히 은퇴했다. 다른 사람 같으면 혁명화 대상이었으나 김일성 회고록을 집필한 공적도 있어 김정일이 조용히 은퇴시키라고 지시한 것이다.

39호실은 결국 이집트에 파견되는 교열대표단의 여비와 체류비를 내주었고, 이듬해 2월 16일을 맞아 김정일의 노작 《사회주의는 과학이다》

가 아랍어로 500부 출판됐다.

사이비종교 같은 주체사상을 신봉하는 나라는 지구촌 어디에도 없다. 망해 가는 북한을 본보기로 삼겠다는 어리석은 나라가 어디 있겠나! 나라 곳간이 넉넉하다면 30만 유로가 아닌 300만 유로를 써도 모자랄 일이지만 가난과 굶주림에 허덕이는 북한이 주체사상 선전비를 지출한다는 것은 분수에 맞지 않는 짓이다.

간부 출장 경유지로 뜬 '쇼핑 천국' 두바이

UAE 두바이 국제공항은 유럽과 아시아, 아프리카를 잇는 중동의 교통 허브다. UAE의 두바이 토후국은 1960년대부터 관광 인프라를 대대적으로 구축했다. 현재 두바이는 세계적 관광지면서 중동의 금융 중심지다. 두바이 국제공항 면세점은 럭셔리한 백화점 못지않게 상품이 다양하다. 품질이 좋은 명품 브랜드로 가득 차 있다.

북한 간부들은 해외 출장을 갈 때 두바이 경유를 여행 코스로 넣고 있다. 수행원들은 두바이를 경유하도록 일정을 조율한다. 두바이는 관광도시에 걸맞게 공항에서 관광 사증을 발급해 주기에 시내 관광지를 손쉽게 돌아볼 수 있다.

대사관 외교관 처지에서는 각종 대표단의 두바이 경유가 마뜩지 않다. 간부들에게 편의를 제공하는 처지에서는 재정 부담이 이만저만이 아니다. 쿠웨이트 주재 북한대사관은 걸프 지역의 유일한 외교대표부로서 아랍에미리트, 카타르, 바레인 등 걸프 지역 국가의 양자 관계를 겸임했다.

대표단이 두바이를 거치면 후유증이 몇 개월씩 가곤 했다. 돈 문제였다. 외교관들의 쥐꼬리만 한 월급에서 대표단 성원들에게 줄 부조금까지 바쳐야 했다. 무엇보다 아내들에게 미안한 마음이 컸다. 대사가 외교관들에게 호소해 대표단 성원들에게 줄 부조금을 모았다. 이때마다 대사도 "내가 부인들에게 죄인이 된다"며 한숨을 내쉬었다.

'쌀독에서 인심 난다'는 속담은 틀린 데가 없다. 대사도 뾰족한 수가 없으니 나누기를 할 수밖에 없었다. 해외 출장을 나온 김에 자식들에게 먹일 초콜릿 한 개라도 더 구입해 가고 싶은 게 부모의 마음이다. 그러니 얼마 되지 않는 부조금이라도 성의를 보일 수밖에 없다.

대표단의 두바이 경유 준비는 15일 전부터 해야 했다. UAE 외무부 의례국에 대표단의 두바이 국제공항 귀빈실 이용, 시내 참관 등 편의 보장을 요청하는 대사관 각서를 보내고 1주일 전부터는 두바이에 들어가 현장에서 관광 코스를 비롯한 세부 사항을 조율해야 한다. 매일 아부다비에 있는 UAE 외무부과 두바이 국제공항을 오가기도 했다.

국가재정규정에 따라 외교관의 출장비는 제한돼 있다. 외교관들은 제일 싼 호텔을 잡고 식사도 샌드위치로 때우기 일쑤다. 나라가 가난하다 보니 북한 외교관은 어깨에 힘을 줄 수가 없다.

두바이 주재 옥류관식당 지배인이 우리가 안쓰러웠던지 밥값을 안 받겠으니 자기네 식당에서 세끼 다 식사하라고 당부했다. 건설회사 사장들은 남들이 보면 북한 외교관들이 '꽃제비'_{일정한 거처 없이 먹을 것을 찾아 떠돌아다니는 빈민을 지칭하는 북한 표현}인 줄 알겠다며 순번제로 5성급 호텔 방을 예약해 주었다. 출장 다닐 때마다 이런 분들의 신세를 톡톡히 졌다.

2014년 김영남 최고인민회의 상임위원회 위원장이 아프리카를 방문하기 위해 두바이를 경유한 적이 있다. 당시 쿠웨이트 주재 대사이던 서창식이 대표단과 함께 세계에서 가장 높은 건물인 '부르즈 할리파'와 '춤추는 분수'를 둘러보았다. 대표단 성원들은 그 옆에 있는 두바이 몰까지 구경하고는 입이 쩍 벌어졌다. 그 후 죽기 전에 두바이는 꼭 한 번 가봐야 한다는 말이 입소문을 탔고, 너도나도 두바이를 경유 코스로 정했다.

2017년 2월 최태복 의장을 단장으로 한 최고인민회의 대표단도 이란 방문 후 항로를 일부러 테헤란-두바이-베이징으로 잡았다. 테헤란에서 베이징까지 직항로가 있는데도 두바이를 구경해야 한다는 대표단 성원들의 성화에 못 이겨 부득불 두바이를 거치는 것으로 여정을 잡았다고 한다.

2018년 12월 시리아를 방문한 리용호 외무상 일행이 두바이를 경유할 때 일행의 편의 보장 때문에 고생한 기억이 아직도 생생하다. 공항 면세점에서 대표단 성원들에게 조그마한 것이라도 한 가지씩 선물로 사주다 보니 지갑에 돈이 한 푼도 남지 않았다. 모두가 이구동성으로 이번에 대사관 동무들이 수고가 많았다고 말해 주니 그것으로 위안이 됐다. '그때 그들을 도와주지 않았다면 지금 내가 얼마나 후회할까' 하는 생각을 한다. 문득 어머니가 하시던 말씀이 떠올라 적어본다.

"사람이 돈이 없어 못 사는 게 아니라 명이 모자라 못 사는 거다. 어차피 세상 떠날 때 지고 가지도 못하는 돈인데 욕심부리지 말고 서로 나누면서 살아라."

암호 전문 OS는 북한이 자체 개발한 '붉은별 2.0'

사람들은 암호 전문이 첩보전에서만 사용되는 줄 알지만 각국 대사관에서도 암호 전문을 사용한다. 미국이나 중국, 러시아도 예외 없이 암호 전문을 통해 해외 주재 대사관에 활동 지령을 하달하고 대사관은 그 결과를 본국에 보고한다.

북한대사관에서는 '변신'이라는 표현을 쓴다. 변신은 전문을 암호로 바꾸거나 받은 전문의 암호를 해독하는 일을 말한다. 암호를 변환하는 툴이 '변신 프로그램'이다. 변신 프로그램이 파괴되는 일이 생기면 난수표를 이용한다. 각국 외무부에는 암호 전문 관련 업무를 전담하는 부서가 존재한다.

북한은 옛 동유럽 사회주의 국가와 상호 관계가 돈독한 나라에 평양 소유의 대사관 건물을 갖고 있다. 중국, 러시아, 폴란드, 체코, 시리아, 이집트 등에 있는 대사관 건물은 북한이 1960~1980년대에 취득한 것이다. 물론 해마다 임차료를 지불하는 대사관도 있다. 쿠웨이트 주재 북한 대사관이 임차료를 지불하는 경우였다. 임차료가 국가가 규정한 액수를 넘어서면 부득불 임차료가 저렴한 건물로 이사해야 했다.

이사할 때 대사관 변신실을 신설하는 문제가 늘 골칫거리다. 변신실은 규정상 국가보위성 전파감독국 전문가들이 해당 나라에 나와 꾸려준다. 변신실은 보통 아연판으로 벽과 천장을 덮고 그 위에 방음 재료를 덧붙여 마감한다. 아연판이 도청 등을 막는 기능을 하는 것 같다. 변신용 노트북과 인쇄기도 국가보위성 전파감독국에서 구입해 성능 검사를 마친 후 필요한 옵션을 추가해 해외 주재 대사관에 배포한다. 대사관이 이사할 때마다 전파감독국 전문가들이 1개월가량 대사관에 체류하면서 변신실을 꾸리고 귀국한다. 국가보위성 일꾼들이 출장 나오면 뒷시중이

만만치 않았다.

　2017년 9월 서창식 대사가 유엔 안보리 대북제재 결의에 따라 쿠웨이트 당국에 의해 추방됐다. 차석이던 내가 대사대리를 맡았다. 북한 당국은 규정상 대사와 부인 외에는 누구에게도 변신 업무를 맡기지 않는다. 검증되고 믿을 만한 일꾼에게만 맡기는 중요한 업무라는 뜻이다. 평양은 대사 추방 같은 극단의 외교적 조치는 상상도 못 한 터라 이에 대비하지 못했다. 큰 문제가 변신 업무의 인계인수였다. 변신에 공백이 생기면 평양과 통신이 두절되기에 대사관이 평양으로부터 활동 방향 지시를 받을 수도 없고, 대사관 사업 내용을 보고할 수도 없다.

　쿠웨이트 주재 북한대사관에서 변신 업무는 서창식 대사 부인이 담당했다. 중국, 러시아 등 큰 나라에는 외무성에서 파견한 전문 변신원이 있지만 대부분의 대사관에는 국가재정 사정 때문에 대사 부인이 변신 업무를 맡곤 했다. '고난의 행군' 시기부터 북한 당국은 긴축정책의 일환으로 대사관 변신원 직제를 없애고, 변신 업무를 대사 부인에게 맡김으로써 외화를 절약했다. 대사 부인들은 해외에 파견되기 전에 외무성 변신국에서 1개월간 변신 강습을 받는다. 서창식 대사와 부인이 당장 출국해야 하는 사정으로 대사관 변신 업무가 마비될 수 있었다. 평양에서 쿠웨이트로 긴급 암호 전문이 날아왔다. 내용은 내가 베이징 주재 북한대사관에 가서 현지 변신원에게 1주일 동안 속성 강습을 받으라는 지시였다. 나는 베이징에서 변신 업무를 강습받고 대사관으로 복귀했다.

　변신용 프로그램은 북한이 자체 개발한 '붉은별 2.0' 체계였다. 리눅스 기반의 OS 프로그램은 강습을 받지 않으면 다루기 힘들었다.

북한-이스라엘 비밀 회담

2005년 여름 외무성 6국 아프리카 담당 과장 조영만이 봉화병원 의사 4명을 데리고 우리 사무실로 찾아왔다. 조영만은 암 치료 기술을 전수받기 위해 이스라엘에 파견되는 대표단 성원이라면서 의사 4명을 차례대로 소개했다. 그는 장군님의 지시에 따라 파견되는 대표단 성원에게 이스라엘에 대해 개괄적으로 설명해 줄 것을 부탁했다.

일반적으로 대표단이 해외에 파견될 때는 외무성에서 2주간 진행하는 해외 파견 강습을 받는다. 다만 비공개 대표단인 경우 외무성 해당 부서에서 속성으로 파견되는 나라의 정치, 경제, 외교, 역사 등에 대해 개괄적으로 강습을 받는다.

그해 여름 조영만은 봉화병원 대표단에 포함돼 비밀리에 이스라엘을 방문했다. 북한 사람들이 이스라엘 땅을 밟은 것은 이때가 처음이라고 한다.

나는 2009년 하반기 인민경제대학 외교반 6개월 과정을 조영만과 함께 수료했다. 앞서 언급했듯 외교관들이 해외에 파견되려면 인민경제대학 외교반 6개월 과정을 거쳐야 했다. 조영만은 품성이 좋아 모든 사람의 칭찬을 받는 외교관이었다. 그는 훗날 남아프리카공화국과 네팔 주재 북한대사로 근무했다. 나는 조영만과 6개월 동안 기숙사 룸메이트로 생활하면서 많은 이야기를 주고받았다.

나는 그에게 2005년 봉화병원 대표단의 이스라엘 방문에 대해 물어봤다. 봉화병원은 김씨 일가와 고위 간부들만 치료받는 북한 최고의 병원이다. 조영만은 봉화병원 암 치료 기술 전습대표단의 이스라엘 방문은 김정일이 직접 제안해 추진된 일이었다고 말했다. 2004년 5월 유방암으로 프랑스에서 치료받던 고용희가 사망한 후 김정일은 봉화병원 의사들이 암 치료에 권위가 있는 외국 병원에서 의술을 전수받도록 교섭하라는 지시를 내렸다. 김정은도 생모 고용희의 유방암에 대한 트라우마가 있었던지 집권 첫해인 2012년 평양에 유선종양연구소를 건설했다.

북한 보건 분야에서는 이스라엘이 암과 심장병 치료에서 세계적으로도 손꼽힌다고 소문이 나 있었다. 봉화병원 대표단은 이스라엘 외무부 주선으로 암센터와 심장병원들을 참관했고, 암 치료 성과도 청취했다. 조영만은 이스라엘 외무부 아시아총국 부총국장과 단독 면담을 했다고 말했다.

봉화병원 대표단의 이스라엘 방문이 끝나고 몇 개월 후인 2005년 11월 이스라엘 외무부 부총국장 이탄 벤추르가 비밀리에 평양을 방문했다. 그는 평양에서 당시 외무성 미국 담당 국장 리근을 비롯한 관계자들을 만났다. 당시 이스라엘은 중동지역 안보에 위협을 주는 이란의 핵 개발을 저지하려고 힘쓰고 있었다.

북한과 이스라엘 사이의 비밀 회담은 1990년대부터 진행됐다. 노동당 39호실이 이스라엘과 비밀 회담을 이어오다가 1998년부터 외무성 중동과로 이관됐다.

이스라엘의 목적은 북한에 투자와 경제적 지원을 제공하는 대신 북한의 중동지역 미사일 수출을 차단하는 것이었다. 북한과 이스라엘 사이 수많은 비밀 회담이 있었지만 지금까지 결실을 본 회담은 단 한 건도 없다.

국제사회의
냉혹한 무시,
외교적 고립

3

**나를 보고 '은둔의 지도자'라는데
밖에 나가 소리 좀 내도록 해야겠소**

김정일은 집권 후 중국과 러시아 외에는 외국을 방문해 본 적이 없는 통치자다. 그는 2000년 6월 평양을 방문한 김대중 당시 한국 대통령에게 "내가 은둔 생활을 한다고 말하는데 김대중 대통령이 오셔서 은둔에서 해방됐다"고 농담할 만큼 '집돌이'였다. 김정일에게 '은둔'이라는 단어는 국제사회의 일원이 되지 못하고 '왕따'를 당한다는 느낌의 낱말이던 것 같다.

김정일은 '은둔의 지도자'라는 표현을 싫어했다. 김정일은 강석주 외무성 제1부상에게 다음과 같이 말했다고 한다.

"지금 남조선에서 나를 보고 '은둔의 지도자'라고 비난하는데 김영남 최고인민회의 상임위원회 위원장이 밖에 나가 소리를 좀 내도록 해야

겠소. 외무성이 상임위원장의 외국 방문을 조직하고 필요한 자금은 재정성에서 보장받도록 하시오. 헌법상 최고인민회의 상임위원회 위원장이 국가를 대표하는 수반이기 때문에 해당 나라 외무성과 방문 교섭을 할 때 그를 국가수반으로 소개하시오. 이제부터 상임위원장의 외국 방문을 관례화해야 하겠소."

김정일의 말씀 관철을 위해 외무성 간부협의회가 열렸다. 문제는 김영남 당시 상임위원장이 방문할 나라였다. 일단 북한의 핵·미사일, 인권 등에 부정적인 유럽은 방문지 선택에서 제외됐다. 상임위원장이 방문할 만한 곳은 동남아시아, 아프리카, 중동, 중남미 등지의 나라였다.

먼저 동남아시아 국가 중 북한과 관계가 좋은 베트남, 라오스, 캄보디아와 방문 교섭을 했다. 2001년 7월 김영남은 국가수반 자격으로 베트남, 라오스, 캄보디아 동남아시아 3개국을 방문했다. 이를 시작으로 중국, 이란, 쿠바, 인도네시아, 몽골, 남아프리카공화국, 나미비아, 잠비아, 앙골라, 우간다, 콩고민주공화국, 알제리, 에티오피아 등을 방문했다.

김영남이 2007년 알제리를 방문해 압델라지즈 부테플리카 대통령을 만났을 때의 일이다. 서로 몇 마디가 오간 후 부테플리카 대통령이 대화를 멈추고 말했다.

"귀측에서 통역이 프랑스어로 말해서 대화를 멈췄습니다. 알제리는 130여 년간 프랑스의 식민지였습니다. 우리는 무장투쟁을 통해 프랑스로부터 독립을 쟁취했습니다. 수많은 혁명가가 독립을 위해 고귀한 생명을 바쳤고요. 아마도 당신들의 역사와 다를 바 없을 것입니다. 우리에게는 아랍어라는 민족어가 있습니다. 의례적 회담이니 통역이 틀려도 괜찮습니다. 아랍어 아니면 영어로 통역을 해주시면 감사하겠습니다."

아랍어 통역으로 이뤄진 수뇌급 회담은 순조롭게 끝났다. 좀처럼 화를 내지 않는 김영남이 숙소에 돌아와 박의춘 외무상과 의례국장을 불렀다.

"공식 석상에서 알제리 대통령이 프랑스어를 한다면 얼마나 큰 국가적 망신이겠소. 우리에게 일본어로 통역한다면 동무들은 용납할 수 있소? 도대체 동무들은 생각이 있는 사람들이오?"

사실 이는 외교 참사였다. 외무성 의례국장은 책임을 지고 노동혁명화 6개월 책벌을 받았다.

한국 장관은 만나고 북한 국가수반은 안 만난 이집트 대통령

2015년 8월 4일 이집트 정부의 공식 초청에 따라 김영남 최고인민회의 상임위원회 위원장을 단장으로 하는 국가대표단이 새로운 수에즈운하 준공식에 참석하기 위해 평양을 출발했다. 당시 김영남은 헌법상 공식 국가수반이었기에 대외적으로는 국가를 대표하고 있었다.

그해 5월, 이집트 정부는 평양 주재 자국 대사관을 통해 수에즈운하 준공식에 국가수반이 참가해 줄 것을 요청하는 초청 편지를 보내왔다. 북한과 이집트는 오래전부터 혈맹이라고 할 만큼 가까운 나라였다. 중동전쟁 때 북한은 이집트에 전투기 조종사들과 특수 병종 전투원을 파견해 반反이스라엘 전선에서 이집트와 함께 싸웠다. 외무성에서는 이집트와의 친선 관계를 고려해 국가수반인 김영남이 수에즈운하 준공식에 참석하는 것으로 최고인민회의 상임위원회와 합의하고 김정은에게 보고 문건을 올렸다.

고위급 대표단이 외국을 방문할 때는 '김영남 최고인민회의 상임위원회 위원장을 단장으로 하는 국가대표단의 이집트 방문과 관련한 활동안 보고'식의 제목으로 대표단의 출발 및 도착 날짜, 외국 방문 기간 진행할 주요 사업 내용과 일정, 외국 국가원수 면담 시 발언할 내용, 대표단 명단 등 구체적 활동 내용을 문건으로 작성해 김정은의 비준을 받는다. 당시 이집트 담당자였던 나는 보고 문건을 작성하면서 김영남이 이집트 대통령을 만나 김정은의 구두 친서를 전달하는 내용을 삽입했다. 대표단 실무책임자는 신홍철 외무성 부상 현 러시아 주재 북한대사, 통역 아랍어은 내가 맡았다.

우리 대표단은 8월 5일 이집트 수도 카이로에 도착했다. 8월 6일 이집트에서 압둘팟타흐 시시 대통령이 참석한 가운데 새로운 수에즈운하 준공식이 성대히 열렸다. 김영남은 행사장에서 이집트 대통령과 만나 간단한 인사만 나눴다. 단독 회담이 이뤄질 것으로 예견한 것이다. 그런데 부상 신홍철이 김영남에게 단독 면담이 성사되지 못할 수도 있으니 잠깐이라도 시시 대통령을 만나 김정은의 구두 친서를 전달하는 것이 좋을 것 같다는 의견을 내놓았다. 김영남은 이집트와 관계가 돈독하고 대통령도 군부 출신이니 그런 걱정은 하지 않아도 된다고 일축했다.

시시 대통령 면담은 끝내 불발됐다. 누구든 방침을 관철하지 못한 죄를 뒤집어써야 했다. 신홍철은 이집트 주재 북한대사인 박춘일에게 대통령비서실 문 앞에서 24시간 대기해서라도 면담을 성사시키라고 독촉했다. 신홍철과 박춘일이 대통령비서실과 이집트 외무부를 찾아가 면담을 간청했지만 대통령이 현재 지방에 내려가 있어 만날 수 없다는 대답이 돌아왔다. 박춘일은 이틀간 이집트 외무부 아시아 담당 차관과 전화 통화를 하면서 김영남과 이집트 총리의 면담 날짜를 조율했다. 면담은 8월 9일 오전 10시로 확정됐다.

원래 우리 대표단이 이집트를 출발하는 날짜는 8월 8일이었다. 우리는 방문 기간을 하루 연장하고 항공편도 다음 날로 미뤘다. 다른 나라 대표단은 행사가 끝난 후 곧바로 카이로를 떠났다. 남은 것은 북한대표단뿐이었다. 이런 상황에서 대표단에 큰 충격을 주는 일이 발생했다. 이집트 신문에 시시 대통령이 수에즈운하 준공식에 참석한 당시 한국 해양수산부 장관 유기준을 만나 박근혜 대통령의 친서를 전달받은 소식이 보도된 것이다.

"개X끼들."

신홍철은 이집트에 대한 배신감에 울화가 치밀어 욕설을 입에 올렸다. 대통령이 수도에 있는데도 지방에 내려가 있다고 한 거짓말도 문제지만 한국의 장관은 만나주고 북한의 국가수반은 만나주지 않았다는 것에 분노를 느낀 것이다. 외교 관례를 따지기 전에 북한과 이집트는 중동전쟁 때 함께 피를 흘린 전우의 관계였다. 어떻게 우리에게 이럴 수 있느냐는 허무함이 대표단 성원들의 마음을 슬프게 했다. 남에게 싫은 소리를 잘 하지 않는 김영남도 분했던지 "이런 치욕을 당할 바에는 다시는 이집트에 오지 않겠소"라고 말했다.

8월 9일 김영남은 총리와 의례적인 회담을 진행하고 그날 오후 곧바로 이집트를 떠났다. 김영남은 화가 치밀어 올라 그날 점심부터 식사를 하지 않다가 베이징에 와서야 밥을 먹었다. 외무성은 김정은의 구두 친서를 전달하지 못한 일을 이집트의 대북정책 변화로 인정하는 형식으로 김정은에게 보고했다.

냉혹한 국제관계에는 영원한 벗도, 영원한 원수도 없다. 어제의 친구가 오늘은 원수가 되는 게 국제관계의 냉혹한 현실이다.

박근혜 우간다 방문이 초래한 외교 고립

북한에 아프리카 대륙은 정치·경제·군사적으로 매우 중요한 지역이었다. 정치적으로 볼 때 아프리카 국가들은 유엔 등 국제 무대에서 북한을 지지하는 표밭이었고, 경제 및 군사적으로 볼 때도 동상 제작, 군수공장 건설, 무기 판매, 군사고문단 파견 등을 통해 외화를 벌게 해준 '황금알을 낳는 거위'와 같았다. 그만큼 북한은 오랜 기간 아프리카에 많은 품을 들여왔다. 그중에서도 우간다는 대표적인 친북 국가였다.

1986년부터 장기 집권하고 있는 우간다 대통령 요웨리 무세베니는 북한을 세 차례 방문해 김일성과 만났고, 집권 초기인 1987년 북한과 군사 차관 제공과 군사고문단 파견을 내용으로 하는 군사협력협정을 체결했다. 이 협정에 근거해 북한은 오랫동안 우간다와 군사 부문에서 밀접한 협력관계를 유지했다. 우간다 군대와 경찰을 육성하던 북한 교관이 대략 60명가량이었다.

2016년 6월 우간다 정부가 북한과의 모든 군사협력 관계를 중단한다고 선언했다. 그해 10월, 인민군 및 사회안전성 고문단 전원이 우간다를 떠났다. 북한으로서는 상상도 할 수 없던 일이 벌어진 것이다.

우간다가 북한과의 군사협력을 중단하고 유엔 대북제재에 적극적으로 동참한 데는 2016년 5월 말 박근혜 한국 대통령의 우간다 방문이 큰 역할을 했다. 박근혜 대통령은 무세베니 대통령을 만나 우간다 정부가 유엔 안보리 대북제재 결의를 충실히 이행할 것을 강력히 요구했다. 그해 3월 유엔 안보리는 북한의 핵실험과 연이은 탄도미사일 발사 실험과 관련해 대북제재 결의안 2270호를 만장일치로 채택했다. 결의안 2270호 9항에는 유엔 회원국이 북한으로부터 군대 및 경찰 훈련을 위한 교관, 자문관 초청을 금지하는 내용이 포함돼 있다. 이것은 북한과 군사협력이 많은 아프리카 국가들을 타깃으로 한 조항이다.

대북제재 결의와 시점이 절묘하게 맞아떨어진 박근혜 대통령의 우간다 방문은 북한과 아프리카 국가 사이의 군사협력 관계를 중단시키는 촉매제가 됐다. 무세베니 대통령의 결단은 이른바 '의리' 때문에 북한의 눈치를 보던 국가에 명분을 줬다. 우간다에 이어 나미비아, 짐바브웨, 적도기니, 콩고민주공화국, 알제리 등 아프리카 국가들이 북한과의 군사협력 관계를 단절했다.

우간다 정부가 북한과의 모든 군사협력 관계를 중단했다는 내용이 2016년 6월 김정은에게 보고됐다. 김정은은 김계관 외무성 제1부상을 전화로 찾아 "박근혜가 우간다에 간다는 것을 알았으면 대사가 사전에 대통령을 만나든 무슨 대책을 내놓았어야 할 것 아니야? 대사는 도대체 뭘 하는 새끼야?"라며 난리를 쳤다.

그해 8월 우간다 주재 북한대사 명경철은 노동당 조직지도부의 호출을 받고 귀국했다. 2014년 9월 우간다 주재 대사로 임명된 지 2년도 안

돼 소환된 것이다. 조직지도부 당생활지도 2과에 불려가 3개월 동안 비판서^{시말서}를 썼다. 그 후 1년간 농촌에서 노동혁명화를 마치고 외무성으로 복귀했다.

2017년 7월 평양으로 출장을 간 나는 혁명화를 마친 명경철을 만났다. 한 부서에서 함께 일한 그가 안쓰러워 끼니라도 대접하려고 함께 식당에 갔다. 명경철은 나오는 요리마다 게 눈 감추듯 먹어버렸다. 얼마나 말랐는지 팔은 뼈만 앙상하고 얼굴은 해골 같았다. 억울한 마음을 어디에도 하소연하지 못하는 심정이 오죽했을까. 60세가 넘은 나이에 노동혁명화까지 갔다 온 그를 바라보면서 내 마음도 슬펐다.

광란적인 핵실험과 탄도미사일 발사 실험으로 초래된 대북제재가 문제의 원인이었지만 김정은을 입에 올릴 수는 없었다. 그야말로 죄는 도깨비가 짓고 벼락은 고목이 맞는 격이 됐다.

검둥이들은 겉만 시커먼 게 아니라 속도 시커먼 놈들이오

2016년 6월 말 나미비아 외교담당 여성 부총리 네툼보가 대통령특사로 북한을 방문했다. 북한-나미비아 관계는 나미비아가 독립을 선포한 1990년부터 가까웠다. 김일성은 나미비아 독립전쟁에 군사원조를 해주었고 독립 후에는 초대 대통령 샘 누조마를 평양에 초청해 친분 관계를 두터이 했다.

돈독한 양국 관계를 토대로 북한의 만수대해외개발회사^{MOP, Mansudae Overseas Project Group}는 나미비아에서 수많은 수주를 따내며 건설공사로 수억 달러의 외화를 벌어들였다. 나미비아의 대통령궁전, 국방성 청사, 군사박물관, 독립기념관, 국립영웅묘지 등 많은 건축물을 만수대해외개발회사가 지었다.

조선광업개발회사 KOMID, Korea Mining Development Trading Corporation 도 오래전부터 나미비아에 군수물자를 팔아 외화를 벌었다. 북한에 나미비아는 아프리카 대륙의 황금 어장과 같았다.

나미비아 부총리는 평양에 도착한 다음 날 카운터파트인 리용호 외무상을 만났다. 회담의 주제는 2016년 3월 유엔 안보리 대북제재 결의안 2270호에 따른 나미비아의 입장 통보였다. 그는 나미비아 독립전쟁을 물심양면으로 도와준 북한 당국에 감사하다고 운을 뗀 후 유엔 안보리 대북제재 결의안 2270호로 자신들이 처한 환경에 대해 설명했다. 그는 나미비아가 유엔 회원국으로서 안보리 결의를 이행할 수밖에 없다고 밝혔다.

유엔 회원국들은 안보리 결의를 준수할 의무를 가지며 해마다 결의안 이행 보고서를 작성해 제출해야 한다.

나미비아 부총리는 유엔 안보리 결의 이행이라는 불가피한 사정으로 잠정적으로 북한 회사들과 거래를 중단하기로 결정했다면서 북한이 상호 존중과 이해의 입장에서 수용하기를 당부한다고 말했다. 리용호 외무상은 사전 논의도 없이 일방적으로 통보한 것에 대해 깊은 유감을 표했다. 나미비아 부총리는 미국뿐 아니라 귀국의 우방인 중국과 러시아도 대북제재 결의에 찬성했다고 말하면서 책임은 이들과의 관계를 잘못 다룬 북한에 있다는 식으로 에둘러 말했다. 또한 일시적 조치일 뿐 대북제재가 해제되면 가장 먼저 북한과 관계를 발전시켜 나갈 것이라고 이야기했다.

회담은 이렇듯 나미비아 정부가 북한과 경제 및 군사 관계를 잠정적으로 중단한다는 일방적 통보로 끝나고 말았다. 그날 오후 회담 내용이 김정은에게 보고됐다. 김정은은 전화로 김계관 제1부상을 찾아 이렇게 말했다고 한다.

"검둥이들은 겉만 시커먼 게 아니라 속도 시커먼 놈들이오. 의리라고는 눈곱만큼도 없는 놈들! 우리가 저들을 얼마나 많이 지원해 주었는데 이렇게 배신해."

김계관은 앞으로 아프리카 국가들이 제재와 관련해 연쇄반응을 일으킬 것이 뻔하니 우리가 쫓겨난다는 인상을 주지 말고 인원들을 단계별로 철수하는 것이 좋을 것 같다는 의견을 내놓았다. 2016년 말 나미비아에 상주하던 만수대해외개발회사와 조선광업개발회사가 철수했다. 건설에 이용하던 중장비를 처리하는 문제로 남은 인원들도 2017년 8월 귀국했다. 이렇듯 2016년부터 유엔의 포괄적 대북제재 올가미가 북한의 숨통을 조이기 시작했다.

아부다비 주재 북한대사관 개설 승인 철회한 UAE

2015년 12월 신임장 봉정식에 참가하고자 UAE를 방문한 서창식 쿠웨이트 주재 북한대사는 신임장 사본을 UAE 외무부 의례국장에게 전달했다. 의례국장은 아부다비를 방문한 서창식에게 쿠웨이트 주재 북한대사관에서 UAE 대사를 겸임하는 이유가 무엇인지 물었다. UAE가 영토 크기로 보나 인구로 보나 쿠웨이트보다 큰 나라인데 UAE에 대사관이 없다는 사실이 자존심을 상하게 한 것이다.

국제관계에서 대국주의는 오랜 관습이다. 국가 간 자존심 싸움이 만만치 않다. 실례로 오만은 북한이 작은 나라인 쿠웨이트 주재 대사관에서 자국에 대한 업무를 겸하는 것을 대국의 자존심을 무너뜨리는 못마땅한 외교 처사로 여겼다. 그래서 북한은 그들의 의사대로 이집트 주재 대사관에서 오만 업무를 겸하는 것으로 바꿨다.

UAE 외무부 의례국장은 서창식에게 북한이 아부다비에 대사관을 개설하면 될 일이라면서 다음 신임장 봉정식에 참가하는 대사는 UAE 주재 첫 대사가 되기를 바란다고 말했다. UAE 대통령에게 신임장을 봉정하고 돌아온 서창식은 평양에 아부다비에서 있었던 일을 보고했다.

외무상 리수용은 개별적 인사들과 다진 친분에 기초한 외교를 중시하는 인물이었다. 리수용은 "UAE는 중동에서 중요한 나라 중 하나다. 이 나라에 뚫고 들어갈 절호의 기회를 놓쳐서는 안 된다. 당장 UAE에 대사관을 개설하도록 원수님_{김정은}께 보고드리고 비준을 받아야 한다"고 말했다. 김정은의 비준을 받은 UAE 주재 대사관 개설 사업은 일사천리로 진행됐다.

2016년 3월 UAE 주재 북한대사로 최일 외무성 행정기요국 국장이 임명됐다. 최일은 북미국 1과에서 오랫동안 근무했고, 뉴욕 주재 북한대표부에서도 참사로 근무한 외교관이다.

대사를 포함해 UAE 주재 대사관에 상주할 외교관 인선도 완료됐다. 그해 5월 대사관이 위치할 건물을 확정하고자 외무성 실무대표단 두 명이 UAE에 입국사증을 신청했다. 그런데 UAE 외무부에서 어떤 답변도 없었다. 서창식이 쿠웨이트 주재 UAE 대사를 만나 사연을 물었다. 원인은 두 가지였다. 하나는 2016년 1월 4차 핵실험과 2월 대륙간탄도미사일 발사 실험에 따른 유엔 안보리의 대북제재 결의와 국제사회의 규탄 분위기였다. 다른 하나는 북한의 외교적 고립을 추구하는 한국이 북한대사관 개설을 강력히 반대했기 때문이다. 대사관 개설 무산은 김정은의 무지막지한 핵·미사일 질주가 가져온 응당한 귀결이었다.

해외에서 근무하는 북한 외교관들은 국제적 왕따를 실감했다. 최일은 UAE 주재 북한대사로 임명된 지 6개월이 지나 간부사업을 다시 해 영국 주재 북한대사로 임명됐다.

국가수반 한 명도 참석하지 않은 전승 60돌 행사

7월 27일은 정전협정 체결일이다. 북한의 남침으로 3년간 지속된 6·25전쟁의 포성이 멈춘 날. 북한은 이날을 미국을 위시한 제국주의 연합 세력과 싸워 승리한 날이라고 주장하면서 역사적인 축제의 날로 자축하고 있다. 1973년부터 7월 27일을 '조국해방전쟁 승리의 날'이라는 기념일로 지정했고, 1996년에는 '전승절'이라는 국가 명절로 제정했다.

정전협정은 교전국 사이의 휴전협정을 의미한다. 남북은 승자와 패자가 없는 휴전 상태다. 북한은 전승절 때마다 김일성을 "미국의 강대성 신화를 깨버리고 내리막길의 시초를 열어놓은 백전백승 강철의 영장"이라며 온갖 수식어를 붙여 추앙한다. 승부욕이 강한 김정은은 승리의 상징이라는 의미에서 7·27을 특히 좋아했다. 김정은은 즐겨 피우는 담배 브랜드를 7·27로 명명했고, 간부들의 자동차 번호판도 727-○○○으로 바꾸도록 했다.

2013년 1월 중순 외무성은 '2013년 대외사업방향'을 각국 주재 대사관에 배포했다. 문건에 서술된 2013년 북한 외교의 핵심 목표는 전승 60돌 행사를 성공리에 지원하는 것이었다. 북한은 전승 60돌이 되는 7월 27일 평양에서 대규모 열병식과 무력시위, 군중 시위를 준비했다. 전승 60돌 행사의 품위를 높이고자 외국의 국가수반 초청과 당 및 정부대표단의 평양 방문이 행사 계획에 들어갔다.

재외공관들은 주재국 국가수반을 전승 60돌 행사에 참가하도록 하는 데 역량을 집중했다. 시리아 주재 대사관은 바샤르 알아사드 당시 대통령의 평양 방문을 타진하기로 했다. 북한-시리아 혈맹관계를 고려해 알아사드 대통령이 평양을 방문할 수도 있다는 한 가닥의 희망 때문이었다.

나는 대사와 관방장관의 면담을 요청하는 대사관 각서를 작성해 시리아 외무부 의례국에 발송했다. 며칠 후 날짜가 잡혔고, 최수헌 대사가 관방장관을 만나 김정은이 알아사드 대통령의 전승절 행사 참가를 요청하는 정부 명의 각서를 전달했다. 관방장관은 대통령에게 내용을 보고하고 가까운 시일에 회답을 주겠다고 약속했다.

1개월이 지나도록 아무런 소식이 오지 않았다. 4월에 접어들면서 평양에서는 국가수반 초청과 관련한 대사관의 활동을 보고하라고 매일같이 독촉 전보를 보냈다. 최수헌 대사는 또다시 관방장관의 면담을 요청했다. 며칠 후 관방장관 대신 외무부 아시아 담당 차관이 대사를 만나겠다고 연락이 왔다. 그는 대사에게 현재 시리아의 내부 정세 때문에 군 총사령관인 대통령이 자리를 비우는 것은 불가능하다며 대신 행사에 참가할 간부를 선발하고 있다고 말했다. 최수헌 대사는 "시리아의 내전 상황으로 인해 바샤르 알아사드 대통령의 행사 참가는 불가능하며, 그를 대신해 높은 급의 간부가 평양을 방문하도록 최선을 다하겠다"고 평양에 보고했다.

오래전부터 북한과 친교를 가진 시리아, 쿠바, 이란 등에 주재하는 대사들은 다른 대사들보다 중압감이 컸다. 우리는 쿠바, 이란, 베트남, 라오스, 알제리, 나이지리아 주재 북한대사관에 전화를 걸어 그쪽 형편을 알아보았다. 아무리 친교가 깊다고 해도 국가수반이 국사를 제치고 행사 하나 때문에 북한을 방문한다는 것은 말도 안 되는 일이었다. 모든 대사관이 국가수반의 행사 참가는 불가능할 것 같다고 이야기했다. 우리는 낙오자가 되지는 않았다는 안도의 숨을 내쉬었다.

시리아 정부는 집권 바트당 부총비서 아흐마드 알아흐마르를 평양에 보내기로 했다. 바트당 부총비서는 아무런 실권도 없는 상징적 존재였으며 80세가 넘은 고령이었다. 그래도 시리아 주재 북한대사관은 체면 유지는 한 셈이었다. 7월 24일 김정은이 평양을 방문한 시리아 바트당 부총비서를 만나는 장면이 TV를 통해 보도됐다. 7월 27일 전승절 경축 행사에 참가한 외국 대표단을 보니 국가수반급은 한 명도 없었다. 그나마 중국과 시리아가 직위가 높은 이를 보냈다. 중국은 리원조 국가부주석 겸 정치국원을 행사에 파견했다.

북한 외교가 총력을 기울인 전승절 행사는 북한의 고립된 처지만을 적나라하게 보여주었다. 북한에 "개꼬리 3년 두어도 황모 못 된다"는 속담이 있다. 세습과 독재, 인권유린, 자유 박해, 민주주의 결여 등 많은 문제가 산적한 북한을 정상 국가로 보는 나라는 지구상에 없다.

중국이 북한에 주는 3대 원조

2011년 7월 평양에서 "조중 우호협력 및 호상원조에 관한 조약' 체결 50돌을 맞아 각국 주재 북한대사관이 현지 중국대사관 직원을 초청해 소규모 연회와 친선 모임을 진행하라"는 전보 지시가 내려왔다.

시리아 주재 북한대사 최수헌은 대사관 조회에서 "연회장에 가라오케를 설치해 중국 노래를 부를 수 있도록 하고, 식당에서 주문하는 음식 외에 김치는 우리가 직접 담가 대접하자"고 말했다. 최수헌과 시리아 주재 중국 대사 리화신은 매우 친한 사이였다. 외교단 행사나 연회 때 중국 대사는 최수헌을 보면 먼저 다가와 반갑게 인사했으며, 관저로 초청해 식사도 함께 했다. 관저에는 중국인 전문 요리사가 있었다.

중국 쓰촨성에서 태어난 리화신은 북한과 특별한 인연을 가지고 있었다. 맏형과 둘째 형이 중국인민지원군으로 6·25전쟁에 참전했다. 맏형은 전사했고, 둘째 형은 동상을 입어 다리 하나를 절단했다. 그는 분기에 한 번씩 우리 직원들을 중국대사관에 초청해 탁구 경기를 개최하는 등 좋은 추억을 쌓았다.

중국 외교관은 가족 없이 혼자서 대사관에 파견돼 근무하는 사례가 많았다. 그들에게 물어보니 취업난 탓에 아내가 남편을 따라 해외에 나갔다가 귀국하면 직장을 다시 구하기 힘들다고 했다. 자녀의 학업 문제도 나 홀로 해외 근무 이유였다. 중국대사관 직원들은 외로움을 달래기 위해서인지 탁구를 많이 쳤다.

7월 중순 '조중 우호협력 및 호상원조에 관한 조약' 체결 50돌 기념 친선 모임과 소연회가 시리아 주재 북한대사관에서 열렸다. 중국대사관 직원들은 북한대사관에 와서 노래도 부르고 춤도 추며 즐거운 저녁 시간을 보냈다.

리화신은 최수헌과 술을 마시면서 오랜 시간 이야기를 나눴다. 그는 최수헌에게 "북한에 남다른 애정을 갖고 있으며 중국의 이웃으로서 번영하기를 바란다"면서 "온 세계가 글로벌화를 지향하는 현시점에서 북한이 쇄국정책 대신 개혁개방으로 나가야 한다"고 역설했다. 그는 또 "북한이 언제까지 중국의 원조에 의존할 것이냐"면서 "경제발전 해법은 개혁개방밖에 없다"고 조언했다.

중국은 북한에 '3대 원조'를 하고 있다. 연간 50만t의 원유 공급과 10만t의 식량 원조, 2000만 달러 상당 비료 원조가 그것이다. 평안북도 피현군 백마지구에는 1975년 중국의 원조로 건설된 봉화화학공장(정유공장)이 있다. 중국 헤이룽장성 다칭 유전에서 봉화화학공장까지 연결된 송유관을 통해 원유를 공급한다.

북한은 전체 무역의 85%를 중국에 의존한다. 김정일은 '고난의 행군' 이후부터 경제 부문 일꾼들에게 중국 일변도에서 벗어나려면 무역을 다각화해야 한다고 강조했다. 국제 제재를 받는 북한이 유럽, 동남아, 미주로 무역을 확대한다는 것은 불가능한 일이다.

리화신은 최수헌에게 "당신들은 한국과 비교도 안 되게 뒤처져 있는데 국가의 미래가 겁나지 않느냐"고 물었다. 최수헌 대사는 웃음으로만 대답했다. 최수헌 대사도 개혁개방이 열쇠라고 말하고 싶었을 것이다.

중국이나 베트남처럼 개혁개방을 통해 국가경제를 발전시키면서도 사회주의 체제와 공산당 일당독재 체제를 유지할 수는 있다. 그러나 북한은 김씨 왕조 국가다. 스위스에서 유학한 김정은이 개혁개방의 필요성을 모르는 것이 아니다. 김정은은 문호를 개방하는 즉시 김씨 일가에 대한 우상화가 무너지고 세습 권력을 잃는다는 것을 누구보다 잘 안다.

리화신은 김정은에게 중요한 것은 인민의 굶주림이 아니라 권력 유지라는 것을 잘 모르고 있었다.

코트라^{KOTRA} 맹활약에 신경 곤두선 북한 외무성

대한민국을 국가로 인정하지 않는 유엔 회원국은 지구상에 쿠바와 시리아뿐이었다. 한국은 2024년 2월 쿠바, 2025년 4월 시리아와 전격 수교했다.

북한 외교가에서는 대한무역투자진흥공사^{코트라, KOTRA}를 한국 외교의 척후병이라고 여기고 있다. 코트라는 무역, 투자 유치, 기술협력, 정부 간 수출 계약 등을 통해 한국 경제발전에 이바지하는 기관이다.

2005년 9월 코트라의 맹활약으로 북한 외무성에 비상이 걸렸다. 코트라가 쿠바의 수도 아바나 한복판에 대한민국 무역관^{Korea Business Center}을 개설했기 때문이다. 북한은 독점적 외교관계를 유지하는 쿠바와 시리아에 대한 한국의 접근을 특히 경계했다. 경계 대상의 1순위가 코트라였다. 무역 관계가 외교관계로 확장될 수 있다는 걱정 때문이었다.

두 나라 사이에 무역 관계가 발전하면 시민들의 왕래와 문화 교류가 많아지게 마련이다. 그렇게 되면 자국민의 권익 보장을 위해 영사 관계가 맺어질 수밖에 없다. 영사 관계는 외교관계 수립으로 발전한다. 따라서 북한은 코트라의 쿠바 침투를 수교의 전주곡으로 보고 어떻게 해서라도 막으려고 신경을 곤두세웠다. 쿠바 한국 무역관 개설을 계기로 북한 외무성은 코트라에 대한 경계를 더욱 강화했다.

2009년 11월 시리아의 수도 다마스쿠스에도 한국 무역관이 설치됐다. 더욱 심각한 것은 외무성과 시리아 주재 북한대사관이 이 소식을 모르고 있다가 대남 공작 기관인 노동당 통일전선부를 통해 알게 된 것이다.

시리아에는 통일전선부, 정찰총국, 225국(문화교류국)에서 파견한 공작원이 상주한다. 따라서 한국과 관련한 소식은 즉시 평양으로 보고된다. 시리아 주재 북한대사관은 외무성으로부터 욕을 바가지로 먹었다. 당시 대사이던 최수헌은 평양으로부터 호출을 받아 날아갔다.

시리아는 한국대사관이 없는 나라였으며, 북한-시리아 관계가 좋아 은퇴를 앞둔 간부가 말년에 표창 삼아 나오는 곳이 시리아 주재 대사 자리였다. 노동당 국제비서 겸 부장 김형준, 외무상 박의춘도 시리아 주재 대사로 근무한 전례가 있다.

쿠바 주재 한국 무역관 개설을 막지 못한 게 엊그제인데 또다시 시리아 주재 한국 무역관 개설을 막지 못했으니 누구든 책임져야 했다. 최수헌과 외무성 담당 국장 허용복, 부상 김형준 등 책임 간부들이 노동당 조직지도부 외무성 담당과에 불려가 호되게 욕을 먹었다. 최수헌은 '1년간 엄중 경고'라는 책벌을 받았다.

시리아 한국 무역관의 악몽이 잊힐 만하던 2010년 9월, 평양에서 "시리아가 한국과 영사급 관계를 맺으려 한다는 첩보가 입수됐다"며 "사실 여부를 확인해 긴급 보고하라"는 전보 지시가 내려왔다. 최수헌은 시리아 외무부 아시아 담당 국장 술레이만을 찾아갔다. 그는 훗날 10년간

2012~2022 평양 주재 시리아대사로 근무했다.

최수헌은 아시아 담당 국장에게 단도직입적으로 "시리아가 한국과 영사급 관계를 맺으려고 하는 것이 사실이냐"고 물었다. 아시아 담당 국장은 "최근 한국과 무역액이 12억 달러를 넘어섰으며, 한국으로부터 자동차·타이어·가전제품 등 수입이 해마다 늘고 있다"면서 "시리아 기업가들과 상인들이 사업차 한국을 자주 방문하는데 이들에 대한 사증 발급 민원이 매일같이 들어온다"고 답했다. 그는 "영사급 관계는 국민의 권익을 보호하려는 차원이지 정치적 목적은 전혀 없으므로 너그럽게 이해해달라"고 설명했다.

시리아가 한국과 접촉하고 있다는 얘기였다. 당시 시리아 거리에는 한국산 자동차가 즐비했다. 현대차와 기아가 자동차 시장점유율에서 56%를 차지해 1위를 기록했다. 북한대사관 자동차도 금호타이어와 한국타이어를 썼다. 일본제 타이어 못지않게 질이 좋았고 가격도 '착했다'. 특히 KUMHO, HANKOOK이라고 브랜드명이 영어로 적혀 있기에 눈꼭 감고 썼다. 삼성전자 휴대전화와 LG 가전제품도 인기였다. 다마스쿠스에 LG전자 대리점도 등장했다. 이즈음 시리아에서는 자본주의 상징인 주식시장을 개설하는 등 경제개혁 조치가 이뤄지고 있었다.

아시아 담당 국장의 발언이 끝나자 최수헌은 "영사 관계는 시리아의 자주권에 속하는 문제이지만 외교 원칙은 저버리지 말기를 바란다"고 말했다. 또 "우리는 아직도 아랍의 원수인 이스라엘을 국가로 인정하지 않는다는 원칙을 고수하고 있다"면서 "피로써 맺어진 두 나라 사이의 관계에 금이 가는 행동을 하지 말았으면 한다"고 말끝을 맺었다.

2011년 3월 시작된 시리아 내전으로 한국과 시리아는 영사급 관계로 나아가지는 못했다. 한국-시리아 수교는 결국 시간문제였다. 2024년 12월 바샤르 알아사드 독재정권이 붕괴했다. 시리아의 새로운 정부는 2025년 4월 한국과 수교했다.

국가의 흥망성쇠는 끊임없는 변화와 발전에 있다. 온 세계가 변화와 발전을 추구하며 질주하는 지금, 세상과 담을 쌓고 사는 폐쇄 국가 북한을 생각하면 가슴이 답답하다.

얼굴 없는 북한 외무성 대변인 정동학

2012년 6월 평양에서 시리아 주재 북한대사관 앞으로 전문 한 장이 날아왔다. 시리아 외무부의 기자회견장과 문답 진행 방식 등을 촬영해 보내라는 내용이었다. 모두가 전보를 보고 어리둥절했다. 외교관의 주관적 해석으로 당 정책의 본질이 왜곡될 수 있다며 대사들의 기자회견도 불허하는 북한 지도부가 기자회견장에 왜 관심을 갖는지 의아했다.

우리는 시리아 외무부 의례국의 도움으로 기자회견장과 외무부 대변인이 기자회견을 하는 장면도 촬영했다. 이 같은 지시는 시리아뿐 아니라 각국 주재 북한대사관에 똑같이 하달됐다. 훗날 외무성 보도국장이 된 정동학을 통해서 왜 이런 지시를 내렸는지 구체적으로 알게 됐다.

2012년부터 북한 외무성 보도국장의 직함은 보도국장 겸 대변인이다. 정동학은 북미국에서 오랫동안 일한 미국 전문가다. 그는 김정일의 총애를 받던 인민군 작전국장 김명국 대장의 사위다.

2012년 중순 김정은이 김계관 외무성 제1부상을 전화로 찾았다. 김정은은 "지금 남조선 언론 매체들이 얼굴 없는 대변인이요 뭐요 하는데, 기분에 거슬린다"며 "우리도 다른 나라들처럼 기자회견을 열고 외무성 대변인이 성명이나 담화, 대답을 발표하도록 하라"고 지시했다. 또 "대변인은 아무래도 전반적 정세를 다 알아야 하니 보도국장이 겸하면 좋을 것 같다"면서 "말주변 좋은 사람으로 물색해 보라"고 지시했다. "외무성 대변인은 나라의 얼굴과 같으므로 이왕이면 잘생긴 미남으로 뽑으라"고도 했다.

문제는 시시각각 변하는 대외 정세에 대한 정부의 입장이나 돌발 질문에 따른 정답을 즉석에서 말하기 어렵다는 점이었다. 특히 김정은의 의도와 다르게 대답해 버리면 그 후폭풍은 엄청날 수 있었다. 그래서 누구도 대변인을 맡으려 하지 않았다. 외신기자들의 질문에 대답해야 하는 중압감, 당의 의도와 빗나가는 발언을 했을 때 뒤따르는 문책을 걱정하지 않을 사람은 아무도 없었다.

김계관은 정동학을 점찍었다. 키 182㎝의 잘생긴 미남이고 말주변은 물론 대인관계도 무난했다. 정동학은 외무성 대변인에 딱 맞는 적임자였다. 이 자리의 무게가 어떤지 잘 아는 정동학은 자신은 재목이 못 된다면서 대변인직을 완강히 사양했다. 김계관은 정동학을 불러 몇 년만 좀 고생해 달라며 사정했다. 그러면서 정동학의 마음을 움직이게 하는 제안을 했다. 대사로 내보내 주겠다는 약속이었다. 정동학은 해외에서 외교관으로 근무하고 귀국한 지 10년이 넘은 상황이었다. 금전적으로도 궁핍한 형편이어서 자식들 뒷바라지하기도 버거울 정도였다. 정동학은 김계관의 제안을 수락하고 보도국장 겸 대변인으로 임명됐다.

정동학은 보도국장 겸 대변인으로 근무하다가 2017년 우간다 주재 대사로 임명됐다. 2025년 4월부터는 외무성 부상으로 일한다. 외무성에 보도국장 겸 대변인이라는 직제를 마련했지만 결국 기자들 앞에서 정책 브리핑이나 기자회견을 하지는 않았다. 김정은에게서 비준받은 문건을 발표만 하는 대변인에 지나지 않았다. 얼굴만 있는 대변인이 된 셈이다. 김정은을 제외한 그 누구에게도 정책 결정 권한이 없기 때문이다. 북한에서 김정은이 아닌 누군가에게 정책결정권이 있다면 그것은 독재 권력에 누수가 생겼음을 의미한다.

사우디아라비아에 주체사상 전파하라

김정은 집권 이듬해인 2013년부터 북한 외무성은 김정은의 신년사를 세계 각국에 선전하기 위해 '신년사 선전대표단'을 만들어 베이징에 파견하곤 했다. 1월 10일부터 보름 동안 베이징에 머무르면서 북한 대상 외교 업무를 겸하고 있는 중국 주재 대사관들을 상대로 활동했다. 대부분 아프리카, 중동, 라틴아메리카 국가다. 신년사 선전대표단은 부상 혹은 순회대사를 단장으로 삼고 영어, 스페인어, 아랍어 통역이 참여했다.

2015년 1월 중순, 나는 신년사 선전대표단의 아랍어 통역으로 베이징에 출장을 갔다. 북한 외교 업무를 겸임하는 베이징 주재 대사들을 만나 신년사 선전을 마치고 귀국했다. 평양에 돌아온 지 며칠 후 노동당 조직지도부 당생활지도2과 담당 부원이 나를 사무실로 불렀다. 외무성에는 방 2개를 따로 꾸려 중앙당 일꾼들이 지도 사업을 할 수 있도록 하고 있었다.

당생활지도2과 담당 부원은 나에게 베이징 주재 사우디아라비아 대사와의 면담록을 봤다면서 "왜 김정은 원수님의 위대성과 주체사상 선전에 대한 말은 한마디도 없느냐"고 물었다. 나는 "이번 대표단의 기본 과업은 원수님의 신년사를 선전하는 것이다. 그것이 곧 위대성 선전이고 주체사상 선전 활동"이라고 대답했다. 그러자 그는 "면담록에 김정은 원수님의 위대성에 대한 말이 한마디도 없는데 무슨 위대성 선전을 했다고 말하느냐"라며 화를 벌컥 냈다. 나는 "사우디아라비아는 이슬람교가 창시된 발원지이고 이 나라 국민의 100%가 1400년 넘게 이슬람교를 믿었기 때문에 우리가 주체사상을 선전한다면 그것은 외교적으로 그 나라의 종교와 신앙, 문화를 존중하지 않는 게 된다"면서 "주체사상의 모국인 우리에게 이슬람교를 믿으라는 말과 같다"고 설명했다. 돌아오는 그의 대답이 가관이었다.

"그러면 우리가 주체사상 선전을 활발히 벌여 그 나라 사람들이 모두 주체사상을 신봉하도록 만들어야지, 그렇게 맥 놓고 나앉으면 되오?"

이 말을 듣고 기가 막혀 답할 말이 떠오르지 않았다. 외교에 대한 당의 정책 지도를 맡은 사람의 식견과 안목이 이 정도니 더 말할 필요가 없었다.

2017년 초 노동당 선전선동부 대표단이 쿠웨이트를 방문한 적이 있다. 선전선동부는 각국 주재 대사관의 대외 선전 사업을 지도한다는 명목으로 2년에 한 번씩 대표단을 파견하곤 했다. 선전선동부 대표단은 대외 선전 사업을 돕는 것보다는 대사관 직원들의 당 정책 학습 방식을 검열하는 일에 더 집중했다. 그래야 대사관 직원들에게 돈을 뜯어낼 수 있기 때문이다.

선전선동부 대표단 단장당 선전선동부 부과장이 나에게 찾아와 "왜 사우디아라비아 국왕이 경애하는 원수님께 축전을 보내지 않는가"라고 물었다. 나는 "정상적 축전 교환은 외교관계가 있는 국가 간 가능하다"고 대답했다. 그러자 그는 "그러면 사우디아라비아와 외교관계를 수립해야 할 것 아니오. 손 놓고 나앉으면 어떻게 문제를 해결하겠소. 동무들이 김정은 원수님의 혁명전사들이라면 어떻게든 사우디아라비아 국왕이 원수님께 축전을 보내도록 해야지"라고 말했다.

북한에서는 벽도 문이라고 말하는 미욱한 사람을 가리켜 벽창호라고 한다. 국가의 외교도 수령에 대한 충성심만 있으면 가능하다고 믿는 게 북한식 '벽창호 사고방식'이다.

축전이 원수님에게 와야지, 왜 김영남에게 오나?

2015년 8월, 노동당 조직지도부 당생활지도2과 담당 부원이 외무성 당위원회 사무실로 나를 불러 물었다.

"이집트 대통령 시시가 왜 김영남 최고인민회의 상임위원회 위원장에게만 축전을 보내고 김정은 원수님께는 보내지 않는가."

나는 "김영남 상임위원장이 국가대표 자격으로 시시 대통령에게 축전을 보내기 때문에 그가 김영남에게 보내는 것은 상호성에 따른 것"이라고 대답했다.

김영남은 1998년 국가주석제가 폐지된 때부터 2019년까지 실권은 없는 허수아비되 헌법상 국가수반이었다. 대외 활동 전면에 나서기를 꺼리던 김정일은 국가수반이라는 직책을 김영남에게 주어 대외 활동을 맡도록 했다. 김영남이 해외 주재 북한대사들에게 신임장을 주고 외국의 외교 대표들로부터 신임장을 받은 이유다. 또한 국가수반 자격으로 해외를 공식 방문했다.

조직지도부 담당 부원은 "내가 권한도 없는 동무한테 말해야 소귀에 경 읽기지"라면서 전화로 담당 국장을 찾았다. 그는 국장에게 "김정은 원수님의 대외적 권위를 백방으로 보장하는 것이 우리 외교의 기본 임무가 아니냐"며 "당장 대사에게 이집트 외무성 간부들을 만나 대통령이 원수님께 축전을 보내도록 하라"고 말했다.

국장은 조직지도부 담당 부원의 말을 거역할 수 없었다. 외교에 문외한인 당 일꾼이 수령에 대한 충성심만을 강조하며 국제 규범과 관례를 무시하는 지시를 내린 것이다.

이집트 외무부 아시아 담당 차관을 만난 대사는 공화국 창건 기념일 9월 9일, 북한 정권 수립일을 맞아 시시 대통령 명의로 김정은에게 축전을 보내달라고 요청했다. 차관은 외교 관례에 맞게 준비하겠다는 의례적인 대답만 했다. 시시 대통령은 결국 김정은이 아니라 최고인민회의 상임위원회 위원장 김영남 앞으로 축전을 보내왔다.

조직지도부 담당 부원은 이 소식을 듣고는 "시시는 틀려먹은 놈"이라고 욕했다. 김정은 이름으로 외국에 축전을 보내지 않으면서 외국에서는 김정은 앞으로 축전을 보내라는 것은 결례다.

우물 안 개구리처럼 살다 보니 북한 주민들은 김씨 일가가 세계인이 흠모하는 위인인 줄로 착각하고 있다. 북한 외교의 가장 큰 약점은 남들이 자신들을 어떻게 보는지 인식하려 하지 않는 것이다.

김정은의 변덕스러운 직함 바꾸기

2012년 4월 김정은이 북한 노동당 제4차 대표자회에서 제1비서로, 최고인민회의에서는 국방위원회 제1위원장으로 취임했다. 각국 주재 북한 대사관 앞으로 주재국에 김정은의 직함을 통보하고 국가원수들이 평양으로 축전을 보내오도록 교섭하라는 지시가 떨어졌다. 축전 받기는 수령의 기분을 띄워주기 위해 외무성 아첨꾼들이 계기가 생길 때마다 벌이는 놀음으로 특별한 일은 아니다.

김정은의 외국어 직함은 용어심의위원회 심사를 거쳐 언어별로 대사관에 배포됐다. 우리는 평양에서 보내온 아랍어와 영어 문자 그대로 시리아 외무부에 통보했다. 그런데 시리아 외무부 의례국에서 대사관에 문의가 들어왔다. 김정은에게 보내는 대통령의 축전을 준비하고 있는데 국방위원회 제1위원장이라는 직함이 옳은지 묻는 것이었다. 국방위원회 제1위원장이라는 의미는 김정일 위원장 다음가는 직위인지와 두 번째, 세 번째 위원장이 있는지도 물었다.

김정은이 자기 권력의 차별화를 위해 새로운 직책을 만들어낸 것인데 지금까지 세상에 이런 직함은 없었다. 대사도 40년 동안 외교 분야에 종사하면서 '국방위원회 제1위원장'이라는 국가원수 직함은 처음 들어봤다고 말했다. 우리는 시리아 외무부에 국방위원회 제1위원장이 맞으니 그대로 써달라고 통지했다.

4년 후 김정은의 직함은 다시 바뀌었다. 2016년 5월 김정은은 노동당 제1비서 직책을 폐지하고 노동당 위원장으로, 최고인민회의에서 국방위원회를 폐지하고 국무위원회를 신설한 후 국무위원회 위원장으로 취임했다.

북한 외무성에서는 평양 주재 외교대표부 책임자들을 호출해 김정은의 새로운 직함을 통지하는 모임을 준비했다. 일부 유럽 국가 대사관에서 문서로 통보해도 될 사안인데 대사들을 호출하는 것은 무례가 아니냐는 반응이 나왔다. 당시 평양 주재 외교대표부에 통보한 김정은의 공식 직함은 '조선노동당 위원장, 조선민주주의인민공화국 국무위원회 위원장, 조선인민군 최고사령관'이다.

이 중 노동당 위원장은 김일성이 오래전에 폐지한 당직이다. 김일성은 1966년 10월 노동당 제2차 대표자회에서 위원장을 총비서로 바꿨다. 공산당에서 당직은 서기, 총서기 혹은 비서, 총비서로 일컫는데, 인민의 심부름꾼이라는 의미가 담겨 있다고 한다. 김일성은 위원장이라는 직함이 권위적이어서 인민 속에 뿌리박은 대중정당을 지향하는 노동당에 어울리지 않는다면서 초급당위원장, 세포위원장을 초급당비서, 세포비서로 바꾸었고 자신은 총비서가 됐다.

어린 나이에 정권을 이어받은 김정은이 이 같은 역사를 알 리 없었다. 김정은이 노동당 위원장이라는 직함을 가진 것은 아버지 김정일의 직함과 차별화하기 위한 것이다. 그는 김일성은 영원한 주석, 김정일은 영원한 총비서라고 말했다. 그러니 아버지의 총비서 직함을 사용할 수 없었다. 그로부터 5년 후 김정은의 당 직함이 또 바뀌었다. 2021년 1월 김정은은 노동당 제8차 대회에서 당 총비서로 취임했다. 이로써 아버지 김정일은 영원한 총비서가 아니라 전직 총비서가 됐다.

2016년 4월 태양절을 앞두고 평양 주재 시리아대사관 대사가 대동강외교단회관에서 연회를 마련했다. 초대된 손님들은 행사장 안을 돌면서 서로 안면을 익히고 이야기를 나누었다. 여성인 평양 주재 이집트대사가 외무성 국장에게 다가와 이야기를 나누다가 "조선중앙TV에 나오는 김정은 각하의 모습을 보니 양복에 김일성·김정일 수령의 초상휘장^{배지}을 달지 않았는데 주민들이 뭐라고 하지 않느냐"고 물었다. 이집트대사는 때때로 북한 사회는 너무 숨이 막힌다는 등 불평불만을 대놓고 말하는 여성이었다. 그가 작정하고 내뱉는 말이었다.

    국장은 눈이 휘둥그레져 아무 말도 하지 못하고 주변을 둘러보다가 자리를 피했다. 김정은이 왜 초상휘장을 달지 않는지에 대한 대답은 발언 요강에도 없었다.

류경식당 종업원 집단 탈북으로 바뀐 인사 규정

2016년 4월 초 중국 저장성 닝보의 류경식당 종업원이 집단 탈북하는 충격적 사건이 발생했다. 이 사건으로 당과 보위 기관이 발칵 뒤집혔다. 1~2명도 아닌 13명이 탈북했다는 사실은 김정은 정권에 큰 치욕인 동시에 북한 내부 결속에도 부정적 영향을 주는 사건이었다.

    김정은이 류경식당 종업원 집단 탈북 사건을 그냥 넘어갈 리 만무했다. 노동당 조직지도부 검열그루빠^{TF}가 조직돼 류경식당에 종업원을 파견한 기관을 검열했다. 해외에서 탈북자가 발생하는 경우 파견한 기관이 책임지게 돼 있다. 류경식당 종업원들을 파견한 기관은 대외문화련락위원회다. 대외문화련락위원회 위원장, 초급당비서, 간부처장이 검열 대상자 명단에 올랐다.

2016년 5월 쿠웨이트 주재 북한대사관 초급당비서로 근무하던 오영만이 평양으로 소환됐다. 오영만은 2015년 8월까지 대외문화련락위원회 초급당비서였다. 오영만의 처남 김성은 현재 유엔 주재 북한대표부 대사로 근무하고 있다. 한국의 일부 자료에 김성이 전 대남사업담당 비서 김용순의 아들로 기재됐는데 이는 잘못된 정보다. 김용순의 실제 아들은 동명이인인 외무성 경제국 부국장 김성이다. 오영만은 조직지도부 검열그루빠에 류경식당 집단 탈북과 자신의 연관성을 부인했다.

류경식당 종업원들은 원래 2013년 8월 지린성 옌지에서 개업한 진달래식당에서 근무했다. 파견 기관은 상납금을 적게 내던 진달래식당을 자신들의 소속에서 제외했다. 이로 인해 폐업을 눈앞에 뒀던 진달래식당은 대외문화련락위원회 부위원장이던 황호남의 도움을 받아 기사회생했다. 2015년 9월 대외문화련락위원회 소속 외화벌이 식당으로 탈바꿈하면서 류경식당으로 개명했다.

황호남은 김정일의 일본어 통역사로서 2002년 고이즈미 준이치로 당시 일본 총리의 평양 방문 때 통역을 맡은 인물이다. 황호남은 류경식당과 관련한 보고 문건을 만들어 대외문화련락위원회 위원장 김정숙[김일성의 사촌 여동생. 김정일의 모친과 동명인]을 통해 김정은의 비준을 받았다.

김정숙이 김정은에게 직접 보고해 비준을 받다 보니 간부사업[인사업무] 절차를 제대로 거치지 않은 것이 나중에 문제가 됐다. 대외문화련락위원회 간부처는 종업원들의 신원 확인부터 사업, 생활, 사상 동향에 대해 보증하는 과정을 건너뛰고 앞선 파견 기관에서 만든 간부사업 문건으로 절차와 과정을 대신했다. 간부사업 규정에는 당사자가 한 기관에서 다른 기관으로 옮기면 최소 3년간 일하면서 함께 일한 동료들의 보증을 받아야만 간부사업을 진행할 수 있었다. 그러나 류경식당 종업원들은 한 기관에서 다른 기관으로 이동했는데도 동료들의 보증 없이 간부사업이 이뤄졌다.

조직지도부 검열그루빠는 류경식당 종업원 집단 탈북 사건이 발생한 원인은 간부사업이 원칙과 규범대로 진행되지 못했기 때문이라고 결론 내렸다. 그런데 최고 존엄인 김정은 같은 김씨 일가의 구성원인 김정숙에게 책임을 물을 수는 없었다. 과녁은 대외문화련락위원회 부위원장 황호남으로 향했다. 황호남과 류경식당 담당 보위원은 집단 탈북 사건의 책임을 지고 강건종합군관학교 사격장에서 총살당했다.

이후 해외 주재 북한식당 지배인은 무조건 여성으로 파견하라는 중앙당 지시가 떨어졌다. 식당 요리사, 접대원을 비롯한 종업원 대부분이 여성이기에 지배인을 여성으로 선발하는 것이 타당하다는 방침이었다.

2016년 6월 전체 중앙기관(부처) 간부처 일꾼에 대한 강습이 평양 보통강구역 인민문화궁전에서 열렸다. 인사 대상자의 근무지에서 3년 이상 함께 생활한 3명 이상의 보증인으로부터 수표 혹은 지장을 받아 간부문건에 첨부해야 한다는 새로운 규정이 이때 나왔다. 예컨대 해외에 파견할 대상자가 1990년 9월 1일~1995년 8월 31일 김일성종합대학 졸업, 1995년 9월 1일~현재 외무성 직원으로 근무했다면 김일성종합대학과 외무성에서 3년 이상 함께 생활한 사람 각 3명으로부터 사상 동향과 경제 및 도덕 생활에서 나타난 문제가 없다는 사실을 보증한다는 수표를 받아야 한다.

탈북자에 대한 연대책임은 다음과 같이 정리됐다. 해외에 파견된 후 1년까지는 파견한 기관의 당위원회에서 탈북에 대한 책임을 지고 1년 후부터는 해외에 주재하는 당위원회에서 책임지도록 했다.

간부사업 규정을 강도 높게 바꾼다고 해도 자유를 갈망하는 탈북자의 행렬은 계속 이어지고 있다.

멀쩡한 탈북자 다리 부러뜨려 호송하는 보위원들

해외에서 일하는 북한 노동자가 제일 먼저 구입하는 물건은 삼성전자 중고 휴대전화일 것이다. 삼성전자 휴대전화는 우리말로 돼 있어 다루기 편하다. 북한 노동자들은 하루의 고된 노동을 마치고 숙소에 돌아와 스마트폰으로 한국의 예능 프로그램을 시청하고 북한 관련 뉴스도 열람한다.

해외에서 스마트폰 사용은 원칙적으로 금지돼 있다. 인터넷 접속이 가능한 스마트폰 사용을 허용하면 의식 변화는 물론이고 다양한 정보가 북한 내부로 유입될 수 있다. 그래서 외교관들조차 이른바 '막대기전화'만 사용이 가능했다. 막대기전화는 통화와 메시지 송수신만 가능한 1세대 휴대전화를 말한다.

2017년에 들어서면서 북한의 핵 및 미사일 실험은 광란적으로 벌어졌고, 그럴수록 유엔 안보리 대북제재 수위는 높아졌다. 2017년 한 해 동안 쿠웨이트, 아랍에미리트, 카타르에서만 노동자 14명이 소리 없이 사라졌다. 북한에 더는 희망이 없다고 생각하고 새로운 삶을 찾아 탈북한 것으로 보인다.

탈북자가 생기면 제일 먼저 추궁을 받는 이는 보위원이다. 사상 동향을 감시하기 위해 건설회사마다 1명의 담당 보위원을 해외에 파견한다. 자기가 맡은 건설회사에서 탈북자가 발생하면 담당 보위원이 책임져야 했다.

2017년 11월이었다. 쿠웨이트 주재 남강건설회사에서 한 노동자가 침실에 놓고 나간 스마트폰을 담당 보위원에게 압수당했다. 스마트폰을 사용한 것은 재외생활규정 위반. 보위원은 스마트폰의 사용 이력을 조사했다. 김씨 일가 및 북한 관련 뉴스, 한국 드라마, 한국 영화 등이 나왔다.

보위원은 2층 소회의실에 이 노동자를 가두고 취조했다. 북한으로 돌아가면 수용소행이라는 점을 잘 아는 노동자는 이판사판 격으로 2층에서 뛰어내려 달아났다. 이튿날 이 노동자는 다시 잡혀왔다. 건설회사 보위원과 20여 명의 노동자가 한국대사관 주변에 잠복하고 있다가 그곳에 나타난 그를 체포했다.

건설회사들에 소속된 보위원들이 모여 회의했다. 보위원 2명이 베이징까지 그를 호송하는 것으로 결론 내렸다. 그 과정에서 노동자가 또 도망갈 수 있다는 우려가 나왔다. 항공권을 예약하고 출발 하루 전 보위원 여럿이 달라붙어 노동자의 다리를 꺾었다. 다리를 부러뜨린 후 병원에 가 깁스를 하게 했다. 수면제까지 복용시켜 정신도 흐릿하게 했다. 다리를 부러뜨리는 것은 탈북자 호송 시 도주를 막기 위한 상투적 수법이라고 한다.

지금도 북한에서는 상상도 할 수 없는 인권유린이 감행되고 있다. 나는 살아 있는 김정은뿐 아니라 박제화된 김일성·김정일도 죗값을 치러야 한다고 생각한다. 그래야 북한 주민들의 한이 풀릴 것이다.

외무성 면담실에 설치된 국가보안성 도청기

2010년 9월 어느 날, 공화국 창건 기념일^{북한 정권 수립일}에 즈음해 호스니 무바라크 이집트 대통령이 김정일에게 보낸 축전을 전달하고자 평양 주재 이집트대사가 외무성을 방문했다. 외무성 부상 김형준이 면담실에서 그를 맞았다.

화기애애한 분위기에서 진행되던 대화가 끝나갈 무렵 부상이 이집트 대사에게 "이집트대사관에서 연회 때마다 김영대 조선사회민주당 위원장을 주빈으로 초대하는 이유가 무엇입니까?"라고 물었다. 대사는 대뜸 부상의 질문 의도를 알아차렸다. 그는 "연회 때 조선사회민주당뿐 아니라 조선노동당 국제부 간부들도 초대하고 있다"고 웃으며 말했다. 그러면서 "연회 주빈을 조선사회민주당 위원장으로 삼은 데는 이집트의 현 집권당인 민족민주당이 이념이나 성향 등에서 조선사회민주당과 유사하기 때문"이라고 설명했다. 그는 "조선노동당뿐 아니라 야당들과 당적 유대를 강화하는 것도 대사관 사업 내용에 속한다"고 덧붙였다. 이 대목에서 김형준이 말실수를 했다.

"우리나라에서는 조선노동당이 국가를 영도하는 향도적인 당이다. 조선노동당 이외의 모든 정당은 사실상 상부 구조만 존재할 뿐 당원도 몇 명 안 되는 조선노동당의 외곽 조직이다. 어찌 보면 같은 급의 당처럼 보이지만 조선노동당의 위성정당과 같다. 조선직업총동맹, 조선농업근로자동맹, 조선사회주의애국청년동맹과 같은 사회단체는 수백만 명의 성원을 망라하지만 조선사회민주당, 천도교청우당과 같은 당은 당원 수가 10명도 안 된다. 사실 조선사회민주당과 천도교청우당과 같은 당은 우리

나라에도 조선노동당 외에 많은 정당, 사회단체가 존재한다는 이미지를 외부에 보여주기 위한 것이다."

김형준은 이렇게 말하면서 "다음번 연회 때부터는 노동당 고위 간부를 주빈으로 초대해 달라"고 대사에게 당부했다.

김형준은 본의 아니게 노동당의 통일전선사업과 군중 노선에 이르는 비밀을 외국인에게 누설했다. 김형준은 자신이 하는 말이 녹음된다는 사실을 잊고 있었다. 외무성 의례국이 관리하는 면담실에는 국가보위성이 설치한 도청기가 설치돼 있다. 김형준은 노동당원으로서 이집트 대사에게 적절한 대응을 했지만 외교관으로서는 하지 말아야 할 실언을 했다는 잘못으로 당 책벌 형태의 하나인 '엄중 경고'를 받았다.

이 사건 이후 외무성 직원들은 면담실에서 진행하는 대화가 도청된다는 사실을 알았고, 말실수를 하지 않도록 조심했다.

알바데르 그룹 회장의 일침 "어린 학생 집단체조 동원은 인권유린"

2010년 9월 쿠웨이트 건설회사 '알바데르' 그룹 회장이 평양을 방문했다. 쿠웨이트 주재 북한대사이던 허종은 알바데르 그룹 대표단의 방북에 큰 의미를 두고 1주일 먼저 평양에 와서 그들을 맞이할 준비를 했다. 알바데르 그룹 대표단의 3박 4일 일정을 하나하나 확인하며 사전 준비를 마무리했다.

허종은 2004년 3월 쿠웨이트에 북한대사관이 개설된 후 첫 대사로 임명됐다. 강석주·김계관과 함께 북·미 회담에서 활약한 인물이다. 뉴욕 주재 북한대표부에서 두 차례 근무한 미국통 외교관이다.

외무성 간부들은 쿠웨이트 주재 대사관에 큰 기대를 걸었다. 건설, 식당, IT 분야에서 많은 인력이 쿠웨이트를 비롯한 걸프 지역에서 외화벌이를 했으며, 쿠웨이트로부터 차관이나 투자도 유치할 수 있었기 때문이다. 앞서 언급했듯 스위스 주재 대사 리수용이 쿠웨이트 국왕의 조카인 아시아올림픽평의회 회장과의 개별 외교로 차관을 확보하기도 했다.

허종에게 이 같은 기대는 압박이기도 했다. 그는 조바심을 냈다. 알바데르 그룹 회장을 통해 투자를 유치하는 게 허종의 목표였다. 그래서 그의 방북을 성사시켰고, 체류하는 동안 자신이 직접 챙겼다. 허종은 대집단체조와 예술공연 '아리랑'[매스게임] 관람을 알바데르 그룹 대표단 방문 일정에 넣었다. 그룹 회장과 대표단이 특등석인 주석단에 앉아 관람했다. 알바데르 그룹 대표단의 평양 일정을 조율한 나도 집단체조를 함께 관람했다.

알바데르 그룹 회장은 어린이들이 출연하는 부분에서 갑자기 인상을 찌푸리며 불쾌한 감정을 드러냈다. 집단체조 관람이 끝나고 감상록에 글을 남기는 일정이 있었다. 알바데르 그룹 회장이 나를 보며 "어린이들 부모에게 허락받고 저렇게 훈련하고 있느냐"고 물었다. 그때까지만 해도 질문 의도를 정확하게 이해하지 못했다. 나는 "아이들이 훈련을 통해 집단력과 조직력을 배우니 부모들도 자식들이 사회적 인간으로 성장하는 데 필요한 과정이라고 생각할 것"이라고 대답했다. 알바데르 그룹 회장이 쏘아붙이듯 다음과 같이 말했다.

"우리 맞은편에서 배경 그림 역할을 하던 아이들은 2시간 넘게 소변이나 대변이 마려워도 참았을 것이다. 병이라도 걸리면 어떻게 하겠나?

나도 당신들도 자식 있는 부모인데 아이들을 이렇게 학대하면 마음이 편하겠는가. 당신네 지도자의 자식도 저 애들과 똑같이 집단체조에 참가하는지는 모르겠지만 아이들을 이렇게 혹사하는 것은 인권유린이다. 나는 감상록에 글을 남기고 싶지 않다."

나는 북한 당국이 자랑하는 대집단체조와 예술공연 '아리랑'이 아동학대라고는 생각조차 하지 못했다. 나도 그렇고 다른 이들도 북한에서 그렇게 살아왔으니 아무런 문제의식이 없었다. 한국에 와서 우리가 북한에서 자라면서 얼마나 많은 인권유린에 시달렸는지와 인간에게 부여된 인권이 얼마나 큰지를 알았다.

두바이 서점에서 팔리는 탈북민 수기 《평양의 어항》

2017년 2월 나는 쿠웨이트 주재 북한대사관 안전대표 리영섭과 함께 UAE에 상주하는 건설회사, 식당 등을 요해하기 위해 출장을 떠났다. 안전대표는 분기에 한 번씩 노동자들의 사상 동향, 대열 관리, 비밀요원 끄나풀과의 접선, 탈북민 색출 등을 위해 담당하는 국가들을 순회하곤 했다. 나도 쿠웨이트 주재 북한대사관이 겸임하는 UAE의 두바이, 아부다비, 샤르자에 북한 노동자 3000명가량이 상주하기에 행정 문제로 출장을 함께 갔다.

두바이에 도착한 다음 날 리영섭은 나에게 서점부터 가보자고 말했다. 끄나풀로부터 중요한 정보를 보고받은 듯싶었다. 리영섭은 서점에서 탈북민 강철환이 쓴 체험 수기 《평양의 어항》 한국어판 제목, 수용소의 노래 을 판매하고 있다고 말했다. 책방에 들어가니 《The Aquariums of Pyongyang》

이라는 제목의 책이 베스트셀러 진열대에 놓여 있었다. 리영섭은 서점 주인을 불러내더니 나에게 자신이 하는 말을 통역해 달라고 부탁했다.

리영섭은 "북한 체제와 지도자를 폄훼한 저 책 판매를 당장 중단하라"고 요구했다. 서점 주인은 "당신이 무슨 자격으로 베스트셀러에 오른 책의 판매를 중단하라 마라 명령하느냐"면서 "당장 서점에서 나가지 않으면 영업방해죄로 경찰을 부르겠다"고 맞섰다. 우리는 결국 책방에서 쫓겨났다.

숙소로 돌아온 후 도대체 무슨 책이기에 안전대표가 난리를 피웠을까 궁금했다. 인터넷을 검색하니 2002년 미국의 한 언론이 선정한 베스트셀러에 이름을 올린 책이었다. 탈북민 강철환이 10년간 가족과 함께 요덕수용소에서 겪은 일과 북한의 인권 상황을 고발한 체험 수기였다. 2005년 조지 W 부시 당시 미국 대통령은 이 책을 읽고 강철환을 백악관에 초대하기도 했다.

리영섭은 출장에서 돌아와 대사에게 쿠웨이트 주재 UAE대사관 대사를 만나서 항의 각서를 전달하고 판매 금지와 재발 방지를 요구해야 한다고 주장했다. 대사는 쿠웨이트 주재 UAE 대사를 만났다. UAE 대사는 "정부가 개인의 자유를 침해할 수 없다"고 답했다. 며칠 뒤 대사와 안전대표 사이에 언성을 높이는 말다툼이 벌어졌다. "수령의 권위와 관련된 문제인데 상대방이 안 된다고 해서 그냥 속수무책으로 앉아 있으면 어떻게 하냐. 그들이 받아들일 때까지 계속 항의 각서를 제출하고, 필요하다면 UAE에 가서 외교 활동을 해야 한다."^{안전대표}

"당신이 대사냐, 월권행위를 하며 대사관 사업에 간섭하지 말라. 이

렇게 충성심이 높은 당신은 왜 두바이에 가서 책 판매를 중단시키지 못했냐."대사

대사관이 떠나갈 듯 언성이 높아 직원 모두가 《평양의 어항》을 알게 됐다. 나는 한국에 와서 《평양의 어항》 저자 강철환을 만났다. 그가 한 말 중 잊히지 않는 것은 북한의 민주화를 위해 목숨이 다하는 순간까지 싸우겠다는 말이었다. 이 말은 나에게 큰 울림을 주었다.

교과서 부족해 대물림하는 북한 초등학교

2015년 5월 나는 초등학교에 다니는 딸에게서 음악교재를 인쇄해 달라는 부탁을 받았다. 북한에서는 교과서가 절대적으로 부족해 학년이 오를 때마다 상급생 것을 대물림해서 쓰곤 한다. 형편이 괜찮은 집 아이들은 어려운 집 아이들을 배려한다는 의미에서 대물림 교과서를 양보해야 한다. 여유 있는 집 아이들은 장마당에서 돈을 주고 교과서를 구매할 수 있기 때문이다.

딸의 음악교재는 출판 부수가 적어 장마당에 드물게 나왔다. 담임선생이 갖고 있는 교재를 빌려서 복사하는 수밖에 없었다. 직장에서 딸의 음악교재를 인쇄하려면 국 당직 근무를 서는 날을 택해야 했다. 외무성 내부 규정의 하나인 '전자기기 사용 규정' 때문이었다.

2015년 4월부터 외무성에는 손전화기휴대전화, USB·플래시메모리, 인쇄기프린터 사용 규정 등으로 세분화한 '전자기기 사용 규정'이 새로 마련됐다. 새로운 전자기기 사용 규정에 따르면 직원들은 인쇄나 복사하기 전 인쇄등록대장에 제목과 내용, 날짜와 시간, 페이지 수, 신청자를 적은 후

부서 책임자 수표를 받아야 한다.

인쇄등록대장을 보면 누가, 언제, 어떤 제목과 내용으로, 몇 페이지를 출력했다는 것을 알 수 있었다. 인쇄기는 나무로 만든 함에 열쇠로 잠그게 돼 있었다. 열쇠는 국 당직 근무자에게 맡긴다. 직원들이 비공식적으로 인쇄할 수 있는 유일한 기회가 자신이 국 당직 근무를 서는 날을 이용하는 것이다. 나는 국 당직 근무를 서면서 딸의 음악교재를 마음 놓고 인쇄했다.

북한은 언론·출판의 자유가 법적으로 보장돼 있다고 주장하지만 실제로는 재갈을 물리고 통제하는 나라다. 노동당 선전선동부, 국가보위성 승인 없이는 한 편의 기사도 쓸 수 없고, 한 편의 노래 가사도 지어 부를 수 없다. 언론·출판을 비롯한 선전선동 사업이 노동당의 통제권 밖에 놓이면 종국에는 김씨 세습 독재체제를 위기에 빠뜨린다는 것은 삼척동자도 다 아는 사실이다.

김씨 일가는 주민을 세뇌하는 선전선동 사업을 노동당이 독점하는 유일관리제로 만들었다. 외무성에는 외교관들이 열람하는 '주체외교'라는 이름의 인트라넷이 구축돼 있다. 2015년 '전자기기 사용 규정'이 나온 후부터 '주체외교'는 열람용으로만 이용하게 됐다. 이전에는 인트라넷에서 필요한 자료를 '내리적재'^{다운로드}한 후 USB 메모리에 복사해 집에서도 열람할 수 있었다. 규정이 바뀐 후 사무실 컴퓨터는 밀납으로 봉인해 USB를 연결할 수 없게 됐다. 이는 외부 소식이 북한 내부로 나가는 것을 막기 위한 조치였다. '주체외교'에는 각종 국제 문제에 대한 북한의 입장과 각종 외교 의례, 세계 상식뿐 아니라 예민한 국제 정세와 관련한 자료가 올라와 있다.

　나는 한국에 온 후 딸에게 "여기 와서 제일 좋은 점이 무엇인지" 물어본 적이 있다. 딸은 두 가지를 말했는데, 하나는 인터넷을 통제 없이 마음껏 볼 수 있다는 것, 다른 하나는 머리카락을 자유롭게 기를 수 있다는 것이었다. 아이가 북한에서 얼마나 숨이 막혔을까. 내가 선택한 탈북이 옳았다는 것을 다시 한번 느꼈다.

　그렇다. 자유가 없는 삶은 살아도 죽은 목숨이다. 한국에서는 일상인 것이 북한에서는 불법이 되는 것, 그 일상이 바로 자유다.

김정은 존함을 책에 모시는 방법

2016년 3월 외무성에 교육과라는 새로운 부서가 발족했다. 오래전부터 외무성에서는 다른 나라의 외교 아카데미와 같은 교육기관이 필요하다는 의견이 나왔다. 마침내 신입 직원을 교육하는 교육과가 신설된 셈이다. 교육과는 만들어졌는데 신입 직원에게 나눠줄 참고 도서가 없었다.

　외무성 당위원회는 전문 부서 직원들과 관록 있는 노(老)외교관을 망라해 20명 규모의 상무조(TF)를 꾸렸다. 상무조는 6개월간 불철주야로 노력해 참고도서《외교관수첩》을 집필·완성했다.《외교관수첩》에는 노동당의 대외정책 이념과 외교정책, 비핵화 문제, 대미 관계, 조국 통일 등 외교관의 자질 향상을 위해 필요한 내용이 기재돼 있다.《외교관수첩》은 현재 신입 외교관뿐 아니라 모든 외교관이 읽어야 할 '필독 도서'가 됐다.

　책이 출간되자마자 큰 문제가 터졌다. 연구원 김병호가 맡은 부분에서 김정은의 존함을 정중히 모시지 못했다는 비판이 제기됐다. 김정은의 이름 석 자가 같은 줄에 배치돼야 하는데 그 줄의 마지막 부분에 자리가 모자라 '김정'이라는 글자는 한 줄에 쓰고 '은' 자가 아랫줄로 내려갔다는 것이었다.

이를 문제 삼은 것은 중앙당 조직지도부다. 조직지도부의 외무성 담당 부원이 《외교관수첩》을 살펴보던 중 김정은 이름을 한 줄에 배열하지 못한 부분을 발견했다. 그는 "수령에 대한 태도와 관점 문제"라면서 외무성 초급당위원회에 삿대질을 했다. 외무성 초급당비서는 존함과 관련해 중앙에서 내려온 문서 작성 규정이 없어 이런 일이 발생했다며 결함을 시정하겠다고 대답했다.

김정은의 이름을 한 줄에 배열하지 못해 구설에 오른 김병호는 외무성에서 40년간 근무하면서 1국장과 리비아 주재 대사를 지낸 베테랑 외교관이다. 40년간 쌓아온 공은 이름 석 자를 한 줄에 쓰지 않은 것 때문에 한순간에 무너지고 말았다. 그는 당위원회에 찾아가 고의로 한 일이 아니라는 점과 존함을 어떻게 쓰라는 규정이 없었다고 억울한 심정을 토로했다. 그러나 중앙당에서는 수령에 대한 충성심이 부족한 것으로 낙인 찍고 퇴직을 강요했다. 그는 2016년 7월 40년 동안 일해 온 외무성에서 불명예스럽게 은퇴했다. 한 달 후인 8월, 당 조직지도부에서 모든 기관과 당 조직에 문건 작성 시 지켜야 할 규정을 내려보냈다. 요점은 아래와 같았다.

"문건에 백두산 3대 장군(김씨 일가)의 존함을 모실 때는 한 줄에 배치돼야 하며 부득이하게 존함이 줄 마지막 부분에 놓이는 경우 한 글자라도 아랫줄로 떨어지면 존함을 다 같이 아랫줄에 모셔야 한다. 또한 백두산

3대 장군의 존함은 다른 글자보다 두드러지도록 고직체 14핀으로, 일반 서체는 청봉체 12핀으로 편집해야 한다."

김정은 집권 후 별의별 해괴망측한 일을 겪었다. 이름을 통째로 붙여 쓰지 않으면 수령의 권위와 위신을 훼손하는 행위가 된 것도 그중 하나다.

오토 웜비어의 불쌍한 죽음과 '인질 외교'

2017년 5월 초, 나는 출장차 평양에 갔다. 평양으로 가는 길에 베이징에서 뜻밖에 외무성 북미국 국장이던 최선희(현재 외무상)를 만났다. 최선희는 해외 출장을 마치고 귀국하는 도중 베이징 주재 북한대사관에 머무르고 있었다. 나는 어릴 적부터 최선희와 안면이 있었고 인연은 외무성에서도 이어졌다.

1970년대 나와 최선희는 주석궁(현재의 금수산태양궁전) 옆에 위치한 호위사령부 아파트에서 살았다. 최선희의 아버지 최영림은 김일성의 책임서기였고, 내 아버지는 김일성의 호위부대 경호원이었다. 최영림은 내 아버지의 첫 소대장이기도 했다. 최영림은 입양한 아들과 딸을 키웠는데 딸이 외무상 최선희다.

최선희는 마침 잘 만났다는 듯이 나에게 자기 체면을 좀 살려달라며 북미국 대표단 4명을 위한 저녁 식사를 부탁했다. 나는 북미국 대표단 단원들에게 저녁 식사를 대접했다. 오랜만에 최선희와 회포를 나누면서 외무성 내부 소식도 들었다.

최선희는 귀국할 때 면세점에서 향수를 사려는데 외신기자들과 동행한 직원들이 있어서 불편할 것 같다면서 샤넬 향수를 대신 구입해 달라고 부탁했다. 평양에 들어간 나는 베이징 공항 면세점에서 산 향수를 전달하고자 최선희의 방을 찾아갔다. 최선희와 이야기를 나누던 중 구내 전화가 걸려왔다.

북한에 억류된 미국인 오토 웜비어 사건과 관련해 국가보위성에서 걸려온 전화였다. 대화 상대가 고함을 질러 수화기 밖으로 쩌렁쩌렁하게 울렸다. 전화가 다 끝난 후 최선희는 얼굴을 붉히면서 "웜비어 사건 알지?"라고 물었다. 내가 "해외에서 떠들썩해서 잘 안다"고 답하자 최선희는 웜비어 때문에 국가보위성에서 온 전화라면서 다음과 같이 말했다.

"돌대가리 같은 것들. 우리가 스웨리예(스웨덴)대사관과 영사 회담을 하는 동시에 미국의 의중도 파악하고 끈을 놓지 말아야 한다고 할 때 무시하던 것들이 웜비어가 다 죽게 되니까 이제 와서 우리 보고 총대를 메라는 거 아니야. 외무성과 협의해서 빨리 대책을 마련하라는 원수님 방침이 떨어졌다면서 우리 보고 뒤처리를 맡으라는 거야."

당시 제1부상이던 김계관은 다리 관절 문제로 황해남도 달천으로 온천 치료를 가 있었다. 미국 담당 부상이던 한성렬은 국가보위성에 체포돼 있었다. 따라서 미국 관련 업무가 최선희에게 집중돼 있던 시기다. 최선희가 나를 바라보며 말했다.

"그런데 이 미친 것들이 잠은 왜 안 재웠는지 모르겠어. 몇 차례 평양친선병원에 데리고 가서 검진도 해보았는데 소생할 가망이 없는 것 같아. 의식불명이 됐어. 어떻게 처리할지 나도 앞이 안 보인다."

최선희는 웜비어를 억류한 후 상의도 없이 제멋대로 처리하다가 목숨이 경각에 이르자 외무성에 대책을 떠넘기며 발뺌하는 국가보위성의 행태에 격분했다.

2016년 1월, 북한은 웜비어가 평양 양각도호텔에서 북한 체제를 찬양하는 정치선전물을 훼손하려 했다는 이유로 억류했다. 그해 3월에는 노동교화형 15년형을 선고했다. 오바마 정부는 북한을 향해 '전략적 인내' 정책을 유지하면서 핵 및 미사일 실험과 같은 도발 행위에는 제재로 대응했다. 북한 처지에서는 미국 정부와 대화의 물꼬를 트기 위해 미국인 인질이 필요했다. 도널드 트럼프 미국 대통령은 2019년 2월 하노이 북·미 정상회담 직후 김정은이 웜비어에 대해 몰랐으며 사망에 유감을 표시했다고 말했다. 몰랐다는 것은 김정은이 웜비어 사건에서 발뺌하기 위한 변명에 지나지 않는다. 국가보위성이 김정은의 동의나 비준 없이 미국인을 억류한 후 노동교화형을 선고할 수는 없다. 당·보위·안전·행정 등 다양한 감시 라인을 통해 두메산골에서 바늘 떨어지는 소리까지 피라미드식으로 윗선에 집결되는 북한에서 김정은 몰래 진행되는 사업은 존재할 수 없다.

북한은 김정일 시기부터 미국과의 협상 카드로 인질 외교를 자주 활용했다. 북한은 미국인 억류자를 미끼로 미국 고위 인사의 방북을 이끌어냈으며, 정치적 흥정을 유도했다. 전 대통령 신분의 지미 카터, 빌 클린턴을 비롯한 미국 인사들이 북한에 억류된 미국인 인질을 구출하기 위해 평양을 방문했다. 김정일은 인질 외교를 통해 얻을 수 있는 딜흥정의 한계도 잘 알고 있었다.

김정은도 인질 외교를 통해 미국 고위 인사의 방북을 얻어내려 했을 것이다. 김정은의 인질 외교는 23세 미국인 청년 웜비어의 사망으로 국제사회의 규탄과 비난에 직면하는 예상 밖의 결과를 가져왔다. 북한은 혼수상태에 빠져 식물인간이 돼버린 웜비어의 치료비로 200만 달러를 요구해 또 한 번 세계를 경악하게 했다.

"자식은 부모를 땅에 묻지만, 부모는 자식을 가슴에 묻는다"는 옛말이 있다. 자식을 잃은 부모의 고통과 아픔은 세월이 아무리 지나도 가슴 속 응어리로 맺혀 있을 것이다.

북한인권결의안은 김정은의 아킬레스건

2014년 12월 북한 인권 문제가 유엔 안전보장이사회 의제로 상정됐다. 2005년부터 해마다 유엔 총회에서 거론됐지만 안보리에 북한 인권 문제가 상정되기는 이때가 처음이다. 북한인권결의안은 인권침해 책임자들을 국제형사재판소ICC에 회부하고 선별적 제재를 취하도록 안보리에 권고하는 내용을 담고 있었다. 이 결의안은 유엔 안보리 상임이사국인 중국과 러시아의 거부권 행사로 통과되지 못했다.

북한 인권 문제가 유엔 안보리 의제로 상정된 것만으로도 김정은에게 주는 심리적 충격은 상당히 컸다. 김정은은 인권침해 책임자들을 국제형사재판소에 회부한다는 말에 노발대발했다. 외무성 간부들도 '책임자 처벌' '국제형사재판소 회부'라는 표현에 신경을 곤두세웠다. 분노한 김정은이 외무성 간부들에게 의제 상정을 막지 못한 책임을 물을 수도 있었다.

2015년 1월 김정은은 외무성 제1부상에게 인권 문제에 대처하기 위한 방안을 강구할 것을 지시했다. 김정은의 지시에 따라 외무성 국제기구국에서 인권·사회·문화 등을 담당하던 3과가 인권 문제만 전담하는 인권담당과로 탈바꿈했다. 그뿐 아니라 외무성에 인권담당 순회대사 직제가 새로 마련됐다. 인권담당 순회대사에는 리흥식 외무성 국제기구국 국장이 임명됐다.

2015년 이후 국가보위성에서 정치범 수용소를 통폐합하는 조치가 취해졌다. 사회안전성이 관리하는 일반 감옥에서도 죄수들에 대한 구타를 근절하라는 지시문이 하달됐다. 국제사회의 심각한 우려와 지속적 압박이 형식적으로나마 인권 문제에 신경을 쓰게 한 것이다. 2015년 4월에는 사회과학원 법률연구소가 북한 인권 문제를 이론적으로 정립하는 임무를 맡았다. 사회과학원 법률연구소 소장에는 핵무기 연구와 생산을 전담하는 홍승무 노동당 군수공업부 제1부부장의 장남 홍철화가 임명됐다.

북한 인권 문제가 국제 이슈로 떠오른 것은 2003년 유엔 인권이사회 때부터다. 한국에 정착한 탈북자들이 유엔을 비롯한 국제 무대에서 북한의 인권 실태에 대해 증언하면서 국제사회가 관심을 갖기 시작했다. 사법절차 없이 감행되는 처형 제도와 정치범 수용소의 존재에 대해 규탄의 목소리를 높였다.

2006년부터 북한인권결의안이 유엔 인권이사회와 총회에서 의제로 상정됐다. 그때마다 해외 주재 북한대사관에는 비상이 걸렸다. "주재국이 유엔 인권이사회와 총회에서 반공화국 인권결의안 투표 시 반대 혹은 기권하도록 적극적인 외교 활동을 벌이라"는 지시가 하달됐기 때문이다.

북한 외교관들은 발에 불이 붙은 듯 주재국 외무부에 찾아가 반대 투표가 어려우면 중립만이라도 지켜달라고 애걸했다. 주재국의 찬성투표 여부에 따라 대사관의 사업 실적이 평가되기 때문이다. 특히 국제 무대에서 북한의 전통적 표밭으로 여겨지던 아시아, 아프리카, 라틴아메리카 국가에서 북한인권결의안에 찬성하면 그 나라를 담당하는 대사관은 1년 내내 외무성 사업총화보고서 결함 부분에 실려 입길에 올랐다.

　　2016년부터 북한인권결의안은 참가국의 표결 없이 전원 동의로 채택되고 있다. 대사관 처지에서는 오히려 잘된 일이다. 20년간 해마다 인권결의안이 채택되고 있지만 북한의 인권 상황은 좀처럼 개선되지 않고 있다. 최근에는 북한 주민들의 인권 증진에 역행하는 반동문화사상배격법, 평양문화어보호법 같은 악법까지 새롭게 등장했다.

　　북한 인권 문제를 근원적으로 해결하는 방법은 김씨 일가의 세습 독재체제 붕괴다.

4
대북제재가
몰아온
궁핍의 쓰나미

북한 돈줄 깡그리 말려버린 대북제재

북한은 지금 일찍이 경험하지 못한 대북제재 상황에 있다. 2016~2017년 2년간 유엔 안보리에서 채택된 5개의 대북제재 결의는 안보리 사상 전대미문의 포괄적 제재다. 포괄적 제재는 특정한 기관·단체·개인을 대상으로 한 스마트 제재와 달리 해당 국가의 무역 전체를 겨냥한다.

 북한은 포괄적 대북제재로 인해 90% 넘는 생산 품목의 수출이 금지됐고, 은행들이 국제은행간통신망^{SWIFT}에서 퇴출돼 해외 금융 활동도 완전히 차단됐다. 북한의 공식 무역 활동은 사실상 제로가 됐으며 평양으로 흘러들어 가던 돈줄은 깡그리 차단됐다. 오죽하면 김정은이 백기를 들고 하노이 회담에 나와 도널드 트럼프에게 민생과 관련해 5개의 대북제재를 해제해 달라고 애걸했겠나.

 포괄적 대북제재의 서막은 2016년 1월 4차 핵실험이 열었다. 특히

김정은의 숨겨진 비밀 금고

2017년 2월 조선중앙은행, 무역은행, 동방은행, 대성은행 등 북한 주요 은행이 SWIFT에서 퇴출당하면서 북한은 국가 운영에 심대한 타격을 입었다.

2017년 5월 내가 걸프 지역 북한 노동자들의 귀국 조치와 관련한 대책 회의를 하기 위해 평양에 출장을 갔을 때 일이다. 장인은 "노동당 39호실도 포괄적 유엔 대북제재의 후과로 외화벌이가 반토막으로 줄어들었다"며 "피해 상황을 구체적으로 보고했다"고 말했다. 김정은은 "실장 아바이, 조만간 해결할 수 있으니 조금만 견디어주시오"라고 이야기했다고 한다.

장인의 말로는 금, 아연, 석탄 등 39호실의 주력 수출품의 판로가 막혔다. 생산해도 수출할 수 없는 데다 설령 수출한다고 해도 은행들이 SWIFT에서 퇴출돼 대금을 받는 것 자체가 불가능했다. 북한 은행들의 SWIFT 퇴출은 김씨 일가의 사치품 구입과 수출입 대금의 송금 시스템을 마비시켰을 뿐만 아니라 외교 공관의 운영에도 큰 피해를 주었다. 쿠웨이트걸프은행 Gulf Bank of Kuwait의 북한대사관 계좌는 2017년 5월 폐쇄됐다.

2017년 4월 "적들의 대조선 적대시 정책으로 말미암아 부득불 긴축정책을 취하게 된다"는 평양의 지시가 해외 주재 대사관에 하달됐다. 이에 따라 대사관들은 재정지출을 절반 이상 줄여야 했다. 대사관 건물이 북한 소유가 아닌 임차 건물인 경우 그 피해는 더 심각했다. 외무성 재정경리국 외화관리처에서는 임차료가 저렴한 건물로 이사하라는 지시를 내려보냈다. 쿠웨이트 주재 북한대사관은 2017년에는 임차료가 월 5만 달러인 건물에서 월 3만 달러인 건물로 이사했으며, 2019년에는 월 1만 달러인 건물로 옮겨갔다. 대사관 밖에 살던 외교관들은 임차 주택을 정리하고 대사관 안으로 들어와 거주했다. 3층 건물이라면 1층은 사무실, 2층과 3층은 살림집으로 꾸몄다.

쿠웨이트 주재 북한대사관은 2018년 임차료를 7개월간 지급하지 못해 건물주로부터 철수 통지까지 받았다. 발등의 불부터 꺼야 하니 외교관들이 직접 베이징까지 가서 외교행낭에 대사관 운영비를 담아 왔다. 대사관 직원들은 월급이 밀려 저축한 돈으로 생활하고 나중에 월급이 나오면 채워 넣었다.

북한North Korea이라는 낱말이 들어가면 세계의 모든 은행이 문을 닫았다. 우리는 금융제재가 이렇게 무서운 줄 몰랐다.

고려항공 평양-쿠웨이트 노선 폐쇄

2017년 6월 평양에서 긴급 전보 한 장이 날아왔다. 쿠웨이트민용항공총국이 고려항공 직항기의 운항을 금지하는 조치를 취했다면서 그 이유가 무엇인지 확인해 보고하라는 지시였다. 고려항공은 2009년 북한 노동자를 수송하기 위해 평양-쿠웨이트 노선을 처음 개설했다. 매월 마지막 주 화요일 파키스탄 이슬라마바드를 경유해 쿠웨이트에 도착하는 항로다.

대사 서창식은 쿠웨이트 주재 고려항공대표부 직원들을 대사관으로 불러 사연을 물었다. 고려항공대표부 직원들은 며칠 전 쿠웨이트민용항공총국으로부터 고려항공 JS161편 직항기의 이착륙 불허를 통보받아 본사에 알렸을 뿐 구체적 이유는 모른다고 대답했다.

서창식은 쿠웨이트민용항공총국장에게 면담을 요청했지만 일정상

이유로 거절당했다. 쿠웨이트 외무부 법규국장 면담이 열흘이 지나서야 어렵게 성사됐다. 법규국장은 대사와 면담하면서 쿠웨이트민용항공총국과 고려민용항공총국 사이에 맺어진 양해각서에 따라 진행된 사업이기에 외무부는 고려항공기의 운항 금지에 대해 모른다는 원론적 답변만 했다. 서창식은 법규국장에게 쿠웨이트민용항공총국장에게 면담을 요청했지만 일정이 맞지 않아 날짜를 정하지 못했다고 말했다.

법규국장은 측은한 눈길로 서창식을 바라봤다. 대사와 헤어지면서 쿠웨이트민용항공총국장 면담에 큰 기대를 걸지 말라고 말했다. 순진한 북한 대사에게 대외 환경이 어렵게 작용하고 있음을 암시한 것이다. 그러면서 유엔 안보리 상임이사국인 중국과 외교를 어떻게 했기에 베이징이 제재 결의안에 찬성할 수 있느냐는 취지의 의미심장한 말을 덧붙였다.

대사 추방, 외교관 축소, 노동자 비자 발급 중단 등 쿠웨이트 정부의 연이은 외교 조치에 직면하면서 그가 한 말의 의도를 온전히 이해했다. 평양-쿠웨이트 직항기 운항 금지는 대사관 계좌 폐쇄와 금융 활동 전면 중단에 이은 쿠웨이트 주재 북한대사관의 두 번째 쇼크였다.

거주 비자 발급 불허된 해외 북한 노동자들

2017년 5월 쿠웨이트 정부는 북한 노동자들의 거주 비자 갱신을 중단했다. 갱신 중단 이유는 설명해 주지 않았다. 걸프 지역 국가들은 이주민 노동자에게 1~2년을 기한으로 거주 비자를 갱신해 준다. 거주 비자가 없으면 노동 허가를 받을 수 없다.

북한 건설회사 간부들이 대사관에 찾아와 거주 비자 문제를 해결해 달라고 아우성이었다. 대사관에서는 공식 문서로 쿠웨이트 외무성에 문제 제기를 했지만 수개월이 지나도록 회신이 없었다. 우리는 쿠웨이트를 비롯한 중동의 행정 시스템이 워낙 느리기에 회답이 늦는 것이라고 위안했다. 그런데 카타르와 UAE에서도 똑같은 일이 벌어졌다. 앞서 언급했듯 쿠웨이트 주재 북한대사관은 걸프 지역의 유일한 북한 외교공관이기에 카타르, UAE 대사관 업무도 겸했다. 우리는 걸프 지역 국가에서 연쇄적으로 일어난 심상치 않은 동향을 평양에 보고했다.

2017년 8월 6일 유엔 안보리 대북제재 결의안 제2371호가 채택됨으로써 유엔 회원국은 의무적으로 북한 노동자에 대한 비자 발급을 중단하게 됐다. 쿠웨이트, 카타르, UAE에서 일하던 건설 노동자들이 거주 비자가 만료되는 순서로 철수했다.

평양에서는 날마다 노동자 인원 점검을 하라고 지시했다. 심리적으로 동요한 노동자들이 집단으로 탈북하는 것을 막으려는 조치였다. 북한 노동자를 채용한 외국 회사들로부터 받지 못한 미수금이 상당했다. 북한 건설회사 일부 인원이 남아 미수금 문제를 해결해야 했다. 문제는 건설회사 인원들도 거주 비자가 갱신되지 않는다는 점이었다. 외국 회사들은 노동력 이탈로 겪는 손실을 아직 지급하지 않은 급여를 줄여 벌충하고자 했다. 당장 돈이 필요한 북한 건설회사들은 적은 금액을 받고 미수금 문제를 마무리했다. 피해는 고스란히 노동자에게 돌아갔다. 국가가 못난 탓에 죽어라 일하고도 몫이 더 줄어든 것이다. 김정은에게 '헌납'하는 '충성의 외화벌이 자금'으로 뜯기고 '국가납부금'으로 뜯기면 월급이 100달러 수준이었다.

2017년 8월 11일 쿠웨이트 국영통신사 쿠나 KUNA는 쿠웨이트 정부가 유엔 안보리 대북제재 결의안을 성실하게 이행하고 있다는 쿠웨이트 외무부 관리의 발언 내용을 보도했다. 이 관리는 쿠웨이트-평양 간 고려항공 직항기 중단, 북한 근로자에 대한 신규 비자 발급 및 거주 비자 갱신 중단, 북한과의 상업 거래 중단, 쿠웨이트 아랍경제개발기금의 대북 차관 중단, 북한과의 외교관계 축소 등 대북제재 이행 내용을 언급했다.

이 보도를 듣고 우리가 얼마나 순진하고 어리석었는지를 깨달았다. 우리는 핵과 미사일 실험으로 인한 고립을 예견하지 못하고 있었다.

"대사는 한 달 내로 쿠웨이트 떠나라"
삿대질에 고성까지 오간 면담

내가 외교관으로 재직하면서 충격을 받은 사건 중 하나가 2017년 8월 30일 서창식 대사와 쿠웨이트 외무부 아시아 담당 차관의 면담이다.

"대화와 협상을 통해 평화적으로 해결하기를 바란다"는 널리 쓰이는 외교적 관용어구가 있다. 폭력이 아니라 대화를 통해 외교적으로 문제를 해결하는 것이 바람직하다는 뜻이다. 이렇듯 외교가에서는 서로를 존중하고 배려하는 예의범절을 중시한다.

그러나 유엔 안보리 대북제재가 최고조에 달한 2017년 8월, 쿠웨이트 주재 북한 대사와 쿠웨이트 외무부 차관 사이에 진행된 면담에서 서로 삿대질하고 책상을 내려치며 고함까지 지르는 불미스러운 일이 발생했다. 외교관으로 근무한 이래 이런 외교 현장을 처음으로 목도했다.

2017년 8월 29일 오후였다. 쿠웨이트 외무부 의례국 담당자가 북한대사관에 전화를 걸어왔다. 이튿날 오전 11시 외무부 아시아 담당 차관 알리 알사이드가 중대 문제를 통보하고자 대사를 호출한다는 내용이었다. 대사 서창식은 최근 쿠웨이트 외무부가 유엔 안보리 대북제재 결의 이행에 열성을 보이는 만큼 큰일이 일어날 것 같은 불길한 예감이 든다고 말했다.

8월 15일 서창식은 쿠웨이트 외무부 의례 담당 차관 다리 알아지란을 만나 공식 각서를 받았다. 쿠웨이트 정부가 유엔 안보리 대북제재 결의에 따라 북한대사관 직원 수를 10명에서 5명으로 줄이기로 했다는 게 요지였다. 8월 말까지 출국이 확정된 5명의 명단을 쿠웨이트 외무부에 제출하고 9월 말까지 북한으로 돌아가라고 명시돼 있었다. 서창식은 일방적 통보에 놀라며 쿠웨이트 정부의 결정에 큰 실망과 유감을 표한다고 말하고 자리를 떴다.

그런데 14일이 지나 또다시 쿠웨이트 외무부의 호출을 받으니 긴장감이 증폭될 수밖에 없었다. 대사와 내가 아시아 담당 차관 방에 들어서니 아시아국 직원이 여럿 앉아 있었다. 알리 알사이드 차관은 유엔 안보리 대북제재 결의가 연이어 채택되는 것에 우려를 표한 후 쿠웨이트 정부의 결정으로 대사는 30일 내로 쿠웨이트를 떠나라고 통보했다. 서창식은 얼굴이 뻘게져 한동안 말을 못 했다. 서창식은 쿠웨이트가 북한대사관 측에 잔혹하고 악의적 조치를 하는 이유가 무엇이냐고 물었다.

"쿠웨이트에 총 한 발 쏜 적도 없고, 국제 무대에서 쿠웨이트에 반대하는 어떤 결의안에도 가담한 적이 없다. 당신들은 국제관계에서 중립을 지키는 것을 외교 원칙으로 삼고 있지 않나. 지금 쿠웨이트는 미국의 대조선 적대시 정책에 편승하는 편향적 외교를 하고 있다. 대사까지 추방하는 잔혹하고 악의적 조치를 하는 이유가 뭔가. 유엔 안보리 비상임이사국으로 당선시켜 준 미국에 보답하기 위해서인가. 쿠웨이트는 오늘 일을 후회할 것이며 그 대가를 톡톡히 치를 것이다."

쿠웨이트-평양 직항 노선 폐쇄, 노동자들에 대한 사증 발급 중단, 차관 중단, 은행 계좌 폐쇄, 외교관 축소에 이어 대사 추방에 이르는 과정을 겪으면서 쌓인 감정이 폭발한 것이다. 대사의 말을 듣고 있던 차관이 책상을 갑자기 손으로 내려치며 "스톱!"이라고 소리쳤다. 동석자들은 긴장해 숨죽이고 있었다.

"우리가 당신들에게 선전포고를 했나. 전쟁을 선포한 것도 아닌데 왜 흥분하나. 우리도 당신들도 유엔 회원국이므로 마땅히 안보리 결의를 이행할 의무를 가지고 있다. 쿠웨이트는 2018~2019년 안보리 비상임이사국 당선 국가로서 솔선수범해야 한다. 당신들의 핵·미사일 실험으로 인해 안보리가 제재를 가했으니 우리에게 행패 부리지 말고 유엔에 가서 이 문제를 해결하라. 유엔에서 대북제재가 해제되면 우리는 유엔의 결의를 존중할 것이다. 방에서 그만 나가달라."

삿대질에 고함이 오간 면담은 30분도 안 돼 종결됐다. 서창식은 대사관으로 돌아오면서 나에게 커피숍에 들러 좀 진정하고 가자고 말했다. 그는 나에게 "세상에 믿을 놈 하나 없어. 하기야 제 잔등도 믿지 못해 깔고 자는데 누굴 믿는다는 게 참 어리석지. 평양에서도 중국이 우리에게 이 정도까지 할 줄은 상상도 못 했을 거야. 원수님이 아직 나이가 어려서 그런지 외교에는 좀 미숙해"라고 말했다.

나는 외교관으로 잔뼈가 굵은 그의 감정을 이해할 수 있었다.

손님 없는 국경절 연회, 외교단의 집단 보이콧

2017년 9월 6일 쿠웨이트의 크라운 플라자호텔에서 북한 정권 수립 기념일(국경절) 연회가 열렸다. 1년에 한 번밖에 없는 북한대사관 연회인지라 국가의 체면도 걸려 있는 만큼 힘을 다해 연회를 준비하곤 했다. 대사관 자체 부담으로는 돈이 부족해 걸프 지역에 나와 있는 건설회사에 부탁해 모금하는 방식으로 연회 비용을 충당했다. 호텔 연회 비용은 200명 기준으로 1만3000달러가량이 들었다. 건설회사들이 1000달러씩 갹출하고 대사관에서 2000달러를 보태 5성급 호텔에서 국경절 연회를 치르곤 했다. 국가에서 나오는 연회 비용은 1인당 1.5유로씩 50명 한도로 계산되기에 75유로밖에 되지 않았다. 연회를 한 번 치르자면 많은 품이 들었다.

2017년 9월 3일 북한이 수소탄 실험이라고 일컬은 6차 핵실험이 진행됐다. 선을 넘어도 한참 넘은 안하무인 격의 태도에 국제사회는 규탄의 목소리를 높였다. 대사 추방이 결정된 후 치르는 연회였기에 주눅 들지 말고 행사를 당당하게 치르자고 대사관 직원들에게 호소했다. 그런데 하필이면 연회 3일 전에 6차 핵실험을 감행한 것이다. 핵실험 때문에 행사를 망칠 수 있다는 불길한 예감이 들었다.

연회는 정해진 날짜에 진행됐다. 국경절 행사인데도 연회 주빈으로 쿠웨이트 외무부 아시아 담당 부국장이 나왔다. 장관이나 차관이 오는 게 외교 관례다. 우리 행사 때는 차관이 주빈으로 오곤 했는데 부국장급을 보낸 것은 상대에 대한 모욕이다. 게다가 주빈은 인사말만 하고 행사장을 빠져나갔다. 쿠웨이트 각 부처에서 연회에 참가한 간부는 한 명도 없었다. 현지 외교단 단장인 쿠웨이트 주재 세네갈 대사가 의례적 축하

인사를 건네고 돌아갔다.

내가 놀란 것은 중국·러시아·쿠바 등 북한의 우방국 대사들조차 행사에 불참했다는 사실이다. 서로 불쾌한 감정이 있더라도 대사가 아닌 공사 혹은 참사로 급수를 낮춰 참석시킬 수 있었다. 나는 외교관 생활을 하면서 주재국 중국 대사가 북한 국경절 행사를 보이콧하는 동시에 공사나 참사조차 보내지 않은 예를 보지 못했다. 중국조차 무시하는 듯한 김정은의 태도에 시진핑은 잔뜩 화가 난 듯했다. 베이징은 평양의 버르장머리를 고치려는지 유엔 안보리 대북제재에 연거푸 손을 들어 찬성했다.

큰 연회 홀에 북한대사관 직원들과 건설회사 간부 몇 명, 접대원들 밖에 없었다. 그때의 모멸감을 생각하면 쥐구멍에라도 들어가고 싶은 심정이다. 나는 국제적 고립을 당하는 북한 외교관이라는 사실이 정말 부끄러웠다. 왕따는 학교나 직장에만 있는 게 아니라 국가 사이에도 존재한다.

마식령스키장 리프트와 곤돌라 구입하라!

2022년 1월 한국에 와서 처음으로 가족과 함께 강원도 용평에 있는 스키장으로 여행을 떠났다. 한국에 정착한 것은 2019년 12월 말이다. 불행하게도 한 달 만에 코로나19 팬데믹이 세계를 덮쳤다. 한국에 왔지만 사회적 거리두기 때문에 지방으로는 좀처럼 움직일 수 없었다. 사회적 거리두기가 제한적으로 풀려 처음으로 국내 여행을 간 곳이 용평의 스키장이다. 용평리조트에 있는 스키장은 면적도 넓고 멋있었다. 야경은 황홀했다.

스키는 탈 줄 모르지만 리프트를 타고 정상에 올라 스키장 전경을 감상했다. 스키를 타는 사람들 모습을 보면서 코로나19로 인해 답답하던 마음을 달랬다. 스키를 타는 사람들과 하얀 눈이 쌓인 슬로프를 보니 2014년 1월 북한 강원도 원산 인근에 위치한 마식령스키장에 갔던 추억이 되살아났다. 그때도 겨울이었다.

2014년 1월 초 마식령스키장을 자랑하고 싶었던 김정은은 김계관 외무성 제1부상에게 "노동당 재정경리부에 과업으로 주겠으니 평양 주재 외교단 성원들이 마식령스키장에 가서 스키를 타면서 휴식을 즐기도록 야유회를 마련하라"고 지시했다. 마식령스키장과 호텔은 노동당 재정경리부가 관할했다. 외무성 의례국은 "김정은 각하의 배려로 외교단 성원들을 위한 마식령스키장 여행을 마련했다"면서 "여비, 체류비를 무상으로 하니 희망자들의 명단을 제출해 달라"는 공문을 평양 주재 외국 대사관에 통지했다. 외무성에서는 의례국과 지역국 직원들이 동행하도록 일정을 조율했다.

우리 부서에서도 동행 인원을 선발했는데 나도 포함됐다. 마식령스키장에 도착하니 평양 주재 외교관이 모두 다 온 것 같았다. 평양 주재 중국대사관과 러시아대사관은 가족들까지 합쳐 인원이 굉장히 많았다. 외무성에서는 김형준 부상이 외교단과 함께 스키를 타면서 휴식을 즐겼다. 스키장은 물론 호텔도 잘 꾸려져 있었다.

나는 리경일 경제협력국 부국장, 김동철^{가명} 1국 연구원과 2박 3일간 한방에서 지냈다. 이들은 마식령스키장 건설상무조^{TF}에 동원돼 고생한 직원들이다. 리경일과 김동철은 리수용 외무상이 스위스 주재 대사로 근무할 때 함께 근무한 경력을 가지고 있다. 리경일과 김동철은 중국에서 유학한 터라 프랑스어는 물론 중국어도 잘했다.

리수용은 당시 합영투자위원회 위원장으로 있다가 노동당 행정부 부부장으로 승진했다. 리수영은 운 좋게도 합영투자를 담당하는 부부장으로서 마식령스키장 건설에 필요한 설비 구입을 위해 해외 출장을 가거나 합영투자위원회에 내려가 살다시피 했기에 장성택과 사업상 엮이지 않았다. 과거에 리수용은 장성택과 친한 탓에 김정일의 눈 밖에 나 일정한 기간 소외됐던 전례가 있다. 리수용은 장성택이 김정일에게 찍혀 지방에 내려가 여러 차례 노동혁명화를 하는 것을 보면서 권력 2인자의 운명이 얼마나 파란만장한지를 일찍부터 알고 있었다. 영리한 리수용은 이후 장성택을 은근히 멀리했다. 그래서인지 리수용은 장성택이 수장이던 노동당 행정부에서 유일하게 살아남은 간부다. 리수용은 김정은에게 특별 과업을 받아 스위스와 오스트리아에서 스키장 설비를 구입하는 일을 맡았다. 리경일과 김동철은 리수용의 추천으로 마식령스키장 건설상무조TF에 소속돼 스키장 설비를 구입하는 일을 했다.

일정 마지막 날 마식령호텔에서 외교단 구성원을 위한 뷔페가 준비됐다. 김형준 부상이 외무성을 대표해 발언했고, 평양 주재 외교단 단장이던 팔레스타인 대사가 화답 형식으로 발언했다. 모두가 기분 좋게 식사했고, 행사가 끝난 후 방으로 돌아왔다. 김동철이 마식령의 마지막 밤을 이렇게 보낼 수 있느냐며 가져온 술을 꺼내놓았다. 취기가 오른 김동철은 "마식령스키장에 설치할 600만 달러분의 리프트를 스위스 업체에서 구매하기로 최종 합의까지 했는데 스위스 정부가 왼새끼를 꼬는 바람에 성사되지 못했다"며 당시 일화를 들려줬다.

스위스 정부가 유엔 안보리 대북제재 결의에 따라 리프트와 곤돌라를 사치품으로 규정해 북한 수출을 막았다고 한다. 북한 양강도 베개봉 스키장에서 리프트와 곤돌라를 뜯어와 맞추고 모자라는 것은 중국에서 수입했다고 한다. 그러고 보니 오전에 내가 입은 스키복과 장비도 다 중국산이었다. 김동철은 "사치품 수입 금지는 버러지 같은 우리 백성들이야 아무것이나 써도 괜찮지만 나라님은 야단날 일"이라며 야유 절반, 걱정 절반으로 말했다. 술에 취해 나라님_{김정은을 가리키는 은어}이라고 말한 것이지만 취중진담이라고 김정은에 대한 사치품 제재가 후련하다는 뉘앙스가 깔려 있었다.

김계관 "개혁개방은 말조차 꺼내지 말라"

2015년 초, 김정은은 '원산갈마해안관광지구를 비롯한 관광지구들을 현대적으로 건설할 데 대한 지시'를 하달했다. 김정은은 관광업의 매력은 자금 회전이 빠르고 단기간에 투자금을 회수할 수 있다는 점이라면서 대대적으로 전개해야 한다고 강조했다. 그러면서 외무성에 관광지구 건설에 필요한 투자 유치와 관련한 과업을 주었다.

김정은의 지시에 따라 외무성에 경제협력국 부국장을 책임자로 하는 투자유치상무조^{TF}가 꾸려졌다. 김정은이 관심을 가진 것은 원산갈마해안관광지구에 건설할 카지노장 사업이었다. 북한에서 운영되는 카지노장은 두 개였는데, 하나는 평양 양각도국제호텔 지하 카지노장, 다른 하나는 라선시에 있는 엠페러호텔 카지노장이다. 이 두 카지노장은 홍콩 부호 앨버트 영과 마카오 카지노 왕 스탠리 호가 각각 투자한 곳이다. 1990년대 말 이들은 북한에서 카지노 사업권을 따내기 위해 장성택을 만났다. 장성택은 자신을 김정일의 동생이면서 김정일의 위임을 받은 유일한 중재인으로 소개했다. 장성택은 이들에게 카지노 사업권을 주는 대가로 2000만 달러를 뜯어내 김정일에게 바쳤다.

외무성 투자유치상무조에서는 원산갈마해안관광지구 카지노장에 대한 투자 유치를 어떻게 할 것인지에 대해 토론을 거듭했다. 투자 유치와 관련한 보고서를 작성하기 위해 외국의 자료를 연구하고, 북한 현실과 해외 사례를 대비하기도 했다. 상무조 성원들은 보고서 초안에서 원산갈마해안관광지구 카지노장에 대한 투자 유치를 기대하려면 두 가지 문제점이 해결돼야 한다고 주장했다. 하나는 입출금이 용이한 금융시스템을 갖춰야 한다는 것이고, 다른 하나는 카지노장으로의 자유로운 왕래를 보장하기 위한 출입국 시스템의 간소화였다. 카지노장에 오는 사람이 현금 다발을 들고 올 수 없기에 입출금이 가능한 금융시스템을 구축하는 게 중요했다. 즉 인터넷뱅킹을 비롯한 자유로운 금융시스템이 마련돼야 하는데 이는 북한의 경제 '개혁'을 의미했다. 또한 출입국 시스템이 간소화돼야 손님들이 원산갈마해안관광지구에 찾아올 수 있는데 지금처럼 입국사증 발급에만 한 달 넘게 걸리는 시스템으로는 관광이 활성화될 수 없었다. 출입국 시스템 간소화는 북한의 '개방'을 의미했다.

이 두 가지 의견을 담은 보고서가 김계관 제1부상에게 올라갔다. 김계관은 상무조 책임자인 경제협력국 부국장 신규삼을 불렀다. 김계관은 신규삼에게 "부국장 동무, 개혁개방이 금기어라는 걸 몰라. 동무 목이 몇 개요?"라고 물었다. 김계관은 북한에서 개혁개방이 결코 실현될 수 없다는 것과 이를 주장한 사람들이 어떻게 형장의 이슬로 사라졌는지를 누구보다 잘 알고 있었다. 금융시스템의 변화는 대북제재 해제와 잇닿아 있고, 나아가 북한 비핵화와 직결된 문제이기에 경제적 관점보다는 체제 유지라는 정치적 관점에서 접근해야 하는 문제였다. 김계관은 개혁개방이라는 단어가 없는 보고서를 만들라고 지시했다. 외무성이 숙청의 피바다가 되는 것을 미연에 방지한 셈이다.

관광업으로 단기간에 외화를 벌어보려던 김정은의 야무진 꿈은 2016년 시작된 포괄적 대북제재로 물거품이 돼버렸다.

이집트 오라스콤의 북한 투자는 어떻게 시작됐나

2008년 12월 15일 이집트의 오라스콤이 조선체신회사와 합작으로 '체오회사CHEO를 설립하고 '고려링크'라는 이름으로 북한에서 휴대전화 서비스를 시작했다. 합작회사의 지분은 오라스콤이 75%, 조선체신회사가 25%를 차지했다. 평양에서 '3세대 이동통신서비스 개통식'도 성대히 열렸다. 2006년부터 2년간 이어온 오라스콤과 북한의 합작이 결실을 본 것이다.

오라스콤이 북한 이동통신 분야에 관심을 보인 시기는 2006년 9월부터다. 북한과 오라스콤 사이의 첫 끈을 맨 사람은 제네바 주재 북한대표부 1등서기관 리경일이다. 당시 리경일은 국제전기통신연맹ITU을 담당했다. 어느 날 리경일은 국제전기통신연맹 직원과 이야기하는 과정에 오라스콤 회장 나기브 사위리스가 북한의 이동통신 분야에 관심을 가졌다는 말을 들었다. 그 직원은 오랜 친구인 사위리스로부터 이동통신 분야에 대한 투자 문제를 논의하기 위해 북한대표부 관계자를 소개해 달라는 요청을 받았다면서 만날 의향이 있느냐고 물었다. 리경일은 쾌히 승낙했고, 사위리스를 만난 결과를 리수용 당시 스위스 주재 북한 대사에게 보고했다. 면담 결과를 청취한 리수용은 오라스콤의 대북 투자 의지를 확인하고자 직접 그를 만났다. 사위리스와 만난 리수용은 북한의 이동통신 분야에 거액을 투자하겠다는 그의 결심이 확고하다는 사실을 알았다.

북한은 2002년 11월 태국의 록슬리 퍼시픽과의 합작회사인 동북아전화통신회사 NEAT&T를 설립했으며, 이 회사에 30년간의 이동통신 사업을 허락했다. 2004년 4월 평안북도 용천역에서 대규모 폭발 사고가 발생한 직후 전국에 휴대전화 사용 금지를 선포하고, 모든 단말기를 회수했다. 김정일을 태운 특별열차를 폭발시킬 목적으로 원격조종 무선기기를 기폭장치로 사용했다는 주장이 제기됐기 때문이었다. 수령을 암살하려던 특대형 사건이 발생한 지 2년도 안 됐는데 이동통신 사업을 재개하는 것은 무리수였다. 자칫 잘못하면 국가보위성 눈 밖에 나는 것은 물론 수령을 암살할 수 있는 물리적 시스템을 마련한 반동분자로 몰릴 수 있다.

리수용은 김정일의 '말씀'에 따라 투자 유치가 이뤄지는 그림을 만들어야 훗날 용천역 폭발 사고와 같은 일이 발생하더라도 자신이 살아날 수 있다는 것을 누구보다 잘 알았다. 국가의 신경망 격인 이동통신 사업은 김정일 외에 누구도 결론을 낼 수 없는 일이기도 했다. 김정일이 당시 투자 유치와 관련해 관심을 가진 것은 당연히 이동통신이 아니었다. 이동통신서비스가 필요했다면 태국의 록슬리 퍼시픽과 다시 합작하면 되는 일이었다.

리수용은 김정일의 의중을 잘 읽는 사람이다. 2002년 우간다 주재 북한 대사의 신임장 봉정식과 관련한 전보가 김정일에게 보고됐는데, 당시 일이 리수용에게 자극을 줬다고 한다. 신임장 봉정식이 끝나고 북한 대사와 담화를 나누던 요웨리 무세베니 우간다 대통령은 평양 방문을 회고하다가 건설 중이던 류경호텔이 완공됐느냐고 물었다. 대사가 아직 완공하지 못했다고 대답하자 무세베니 대통령은 "기적이 일어나 류경호텔이 하루빨리 완공되기를 바란다"고 말했다. 전보로 이 같은 내용을 보고받은 김정일은 "'흰코끼리'로 전락한 105층 류경호텔이 평양시 한복판에 들어앉아 나라 망신을 시킨다"면서 "저놈의 개뼈다귀 같은 건물을 콱 폭파해 버리고 싶다"고 말했다고 한다.

리수용은 이때부터 자나 깨나 류경호텔에 대한 투자 유치를 고민했다. 리수용은 오라스콤 회장에게 류경호텔에 투자하면 이동통신 사업권을 따낼 수 있다는 취지로 말했다. 사위리스는 이동통신 분야에서 독점권을 주면 수억 달러를 투자하겠다고 답했다. 리수용은 김정일에게 류경호텔을 비롯한 북한의 여러 대상에 대한 오라스콤의 투자 약속을 보고했다. 김정일은 류경호텔 건설과 상원시멘트공장 개건현대화 공사에 투자하는 조건으로 오라스콤의 이동통신 사업을 승인했다. 2008년 1월 오라스콤은 북한으로부터 25년간 이동통신 분야의 독점권을 부여받았고, 4억 달러의 투자를 약속했다.

오라스콤은 북한 경제에 숨겨진 '환율'이라는 함정을 보지 못했다. 북한에는 공식환율과 협동환율, 시장환율이 존재했는데 오라스콤은 공식환율 시세로 통신 이용 요금을 계산했다.

김정일 "나기브 선생, 류경호텔에 유리를 씌워줘서 고맙소"

2014년 10월 초 리수용 외무상은 나와 리경일 경제협력국 부국장을 자기 방으로 불렀다. 당시 나는 중동과에서 이집트를 담당했다. 리수용은 나를 보며 "며칠 있으면 나기브 사위리스 오라스콤 회장이 평양을 방문하지?"라고 물었다. 나는 "네, 이동통신 수익금 반출 문제를 논의하기 위해 평양에 옵니다"라고 대답했다. 리수용은 시간이 없으니 함께 차를 타고 가면서 이야기하자고 했다.

우리는 외무상의 차에 올라 류경호텔 건설 현장으로 향했다. 리수용은 2011년 1월 사위리스가 김정일을 만난 이야기를 했다. 당시 리수용은 합영투자위원회 위원장으로 일했다. 2011년 1월 23일 김정일은 평양을 방문한 사위리스를 만났다. 뇌졸중으로 반신불수가 된 김정일은 불편한 몸이지만 담화를 나누고 기념사진도 찍으며 성의를 보였다. 기념사진을 찍을 때도 "오늘의 주인공은 당신이니 가운데 서라"면서 자리를 양보했다. 오라스콤 회장이 중앙, 양옆에 김정일과 장성택이 선 사진이 연출된 것이다.

장성택이 회담에 동석한 것은 노동당 행정부가 오라스콤 관련 사업을 진행한 합영투자위원회를 관할했기 때문이다. 김정일은 사위리스에게 "나기브 선생, 내가 당신한테 제일 고마운 건 류경호텔 유리를 씌워준 거요. 그게 고마워 당신을 만나자고 했소"라고 말했다. 10년 묵은 체증과도 같은 류경호텔에 유리를 씌워준 사위리스가 더없이 고마웠다. 김정일은 체면을 살려준 그를 위해 목란관에서 만찬을 준비했다. 사위리스는 아랍인이지만 이슬람교가 아닌 기독교인이기에 술도 괜찮게 했다. 사위리스는 김정일에게 "105층 류경호텔 꼭대기에 회전하는 식당을 완공해 위원장 각하를 꼭 모시겠다"고 약속했다. 김정일은 그해 12월 사망했다. 류경호텔 완공은 '장군님의 유훈'이 되고 말았다.

자동차가 어느덧 류경호텔 건설 현장에 도착했다. 105호 돌격대 참모장이 우리를 맞았다. 건설 현장을 돌아보면서 경악하지 않을 수 없었다. 겉은 유리를 씌워 멀끔해 보였지만 안에 들어가 보니 발이 닿는 곳마다 콘크리트가 부식해 푸석푸석 먼지가 올라왔다. 류경호텔은 북한이 한국과 체제 경쟁 일환으로 1987년 착공한 건물이다. 극심한 경제난으로 골조 공사만 완료한 채 20여 년 동안 방치했다. 다행히도 오라스콤 투자를 받아 2011년 외벽 공사를 완료한 상태다.

류경호텔 건설을 완공하자면 난제를 해결해야 한다. 초고속 승강기, 고성능 양수기, 대형 변전설비 등 핵심 설비가 대북제재 대상에 포함돼 있어 수입이 불가능하다. 더 큰 문제는 외부의 유리 공사를 먼저 진행해 시공 순서가 거꾸로 된 것이다. 기중기, 화물용 승강기 등 기계·장비를 설치한 상태에서 자재를 운반해야 마감 공사를 할 수 있다. 유리 공사를 먼저 하다 보니 공사가 몇 곱절 힘들게 됐다. 김정일이 공법을 몰라서 유리부터 씌우도록 지시하지는 않았을 것이다. 김정일은 제대로 된 호텔로 완공하려면 수십억 달러가 필요하다는 것을 누구보다 잘 알았다. 당장은 호텔 외부에 유리라도 씌워 '평양시의 애물단지'를 없애는 게 최선이라고 생각했을 것이다.

오라스콤 회장은 류경호텔 꼭대기에 회전하는 식당을 꾸리겠다고 약속했지만 허황한 꿈이었다. 초고속 승강기 없이 어떻게 손님이 올라갈 수 있으며, 고성능 양수기 없이 어떻게 식당에 급수를 보장한단 말인가. 북한은 류경호텔 외벽에 LED를 설치했다. 주요 기념일마다 조명 쇼를 벌이는 체제 선전용 대형 전광판으로 활용한다.

지금도 류경호텔 완공은 '장군님의 유훈'으로 남아 있다

강석주와 리수용은 사이 나쁜 개와 고양이 관계

오라스콤의 북한 투자가 활발해지던 2009년 10월경이었다. 이라크와 캐나다에서 보내온 우편물 두 개가 국가보위성을 경유해 외무성에 도착했다. 발신자의 이름과 주소는 달랐지만 두 통의 편지가 모두 아랍어로 돼 있는 것으로 보아 한 사람이 보낸 것 같았다. 편지봉투 앞면에는 '최고영도자 김정일 각하께'라고 씌어 있었다. 외국 우편물은 절차상 국가보위성의 검열을 거쳐 해당 부서로 이관됐다. 편지를 접수해 번역해 보니 나기브 사위리스 오라스콤 회장과 관련한 이야기였다. 편지 내용을 요약하면 다음과 같다.

"나기브 사위리스는 이스라엘 간첩이다. 오라스콤이 이동통신을 독점한 파키스탄, 알제리, 이라크, 튀니지 등 여러 국가에서 중요한 비밀이 이스라엘로 들어간다. 조선의 기밀을 보호하려면 오라스콤에 이동통신을 맡겨서는 안 된다. 미국이 오라스콤의 북한 투자를 용인한 것은 이해할 수 없는 미스터리다."

강석주 외무성 제1부상은 "국가안전과 관련된 일이니 장군님께 보고해 대책을 세워야 한다"고 말했다. 김정일의 반응은 의외였다. "류경호텔 외벽 공사가 한창인데 무슨 호들갑이냐"며 "오라스콤 투자 유치 사업

을 그대로 진척시키라"고 지시했다. 훗날 안 사실이지만 김정일은 그때 당, 국가, 군대 기관들이 사용하는 '강성망'을 별도로 구축하고 있었다.

그해 12월 평양에 온 리수용은 "다른 사람이 실적을 내면 제일로 배 아파하는 사람이 강석주"라고 맹비난했다. "조국의 발전을 위해 노력하는 사람의 뒷다리를 잡아당기는 인물"이라는 것이다. 리수용과 강석주는 사이가 안 좋은 개와 고양이 같았다. 리수용은 투자 유치에 관심이 컸다. 국가 외교가 평양을 중심으로 돌아갔기에 스위스에 주재한 리수용은 외교정책 수립에는 큰 영향력을 행사할 수 없었다.

김정일의 자녀들이 스위스에 유학하던 1990년대 리수용의 지위는 외교 사령탑이던 강석주 제1부상보다 높았다. 나의 장인 말에 따르면 이즈음 리수용은 1주일에 한 번꼴로 평양에 들어왔는데 비행기 한 번 타보지 못한 간부들은 평생 하늘에 떠 있는 그를 부러워했다고 한다. 그는 해외에서는 당연히 대사였고, 국내에서는 중앙당 조직지도부 부부장 신분이었다. 국내에 들어올 때마다 조직지도부 부부장 대우를 받았으며 전용차를 이용했다. 외무상, 제1부상 사무실이 위치한 3층에 사무실이 있었다. 사무실에는 김정일과 직통으로 연결된 유선전화와 팩스, 컴퓨터가 있었다. 2014년 4월 리수용이 외무상에 임명된 후인 2014년 10월 외무성 경제협력국에 투자 유치를 전담하는 과를 새롭게 신설하고 직원 수도 많이 늘렸다. 오라스콤과의 투자 유치 사업을 이 과에서 담당하도록 했다. 2016년 리수용이 노동당 국제비서로 임명된 후 외무성 경제협력국은 오라스콤과의 투자 유치 사업을 대외경제성 합영투자국으로 이관했다.

오라은행에서 사라진 100만 유로

2014년 10월 12일 나기브 사위리스 오라스콤 회장이 평양에 도착했다. 사위리스는 북한에 올 때마다 대동강초대소를 숙소로 이용했다. 김정일의 특별 지시 덕분이다. 김정일은 류경호텔에 유리를 씌워준 사위리스에게 감사의 마음을 전하고 싶었다. 그래서 국빈에게만 제공되는 대동강초대소를 내주었다. 나는 대표단 통역으로 사위리스와 함께 대동강초대소에서 숙박했다. 2009년 재건축한 대동강초대소 내부는 말할 나위 없이 화려했다. 마당에 나오니 초대소를 감돌아 흐르는 대동강이 한눈에 안겨왔다.

이튿날 사위리스는 조선체신회사 사장 겸 체신성 부상 박명철과 만나 회담을 진행했다. 평양에 오기 전에 안건으로 내놓은 것은 이동통신 수익금 일부를 해외로 반출하는 문제와 수익금인 북한 화폐를 외화로 환전하는 문제였다. 그는 토의 안건과 상반되게 수익금을 반출하지 않고 북한의 다른 곳에 재투자하겠다고 언급했다. 대신 수익금의 절반을 외화로 환전해 달라고 요구했다. 북한의 당시 공식환율은 1달러=100원. 시장에서 실질적으로 거래되는 환율은 1달러=8400원이었다. 오라스콤이 이동통신 이용료로 거두어들인 현금은 모두 북한 원화였다. 오라스콤이 수익금으로 6억 달러를 벌었다는 언론 보도는 북한 원화를 공식환율로 계산한 추산치일 뿐이다. 시장환율을 적용하면 북한 원화의 가치가 크게 떨어져 오라스콤은 손해를 봐야 했다.

오라스콤 처지에서는 수익금을 반출하든, 재투자하든 북한 원화를 공식환율로 환전하는 것이 급선무였다. 오라스콤은 시장환율을 적용해 손해를 감수할 생각이 없었다. 북한은 애당초 돈을 줄 생각도, 능력도 없었다. 동상이몽하는 쌍방이 회담해 봐야 출구는 보이지 않았다. 사위리스가 평양에 체류하는 기간 기절초풍할 일도 발생했다. 대표단 구성원 중에는 오라은행 총재도 있었다. 오라은행은 2008년 12월 오라스콤이 이동통신 사업을 시작하면서 북한 무역은행과 합작으로 평양에 개설한 금융기관이다. 오라은행 총재는 재무 상태를 점검하던 중 예금돼 있던 100만 유로가 온데간데없이 사라진 것을 발견했다. 이 소식을 들은 사위리스는 한마디 통보도 없이 은행 돈을 처리한 일에 대해 북한 측에 강력히 항의했다.

문제가 심각해지자 리수용 외무상이 사건 수습에 나섰다. 이 사건을 일으킨 장본인은 대외경제성 합영투자 담당 부상 리광근이다. 리광근은 어느 기관이 추진하는 금광 개발사업에 투자하면 투자금의 15%를 이익금으로 배당받는다는 말에 넘어가 오라스콤에 통보도 없이 100만 유로를 지출했다. 굴삭기, 로더, 불도저 등 중장비를 임차해 땅을 팠지만 금맥은 발견되지 않았다. 중장비 사용료와 유류비 등으로 지출된 100만 유로는 하늘로 날아갔다. 리수용은 어처구니없는 표정을 지으며 리광근에게 "동무는 대외경제성 부상이 맞소?"라고 화를 냈다.

이미 엎질러진 물이었다. 100만 유로는 북한 당국이 오라은행에 진 빚으로 정리됐다. 2016년 12월 미국 재무부 해외자산통제국^{OFAC}의 대북제재안이 발의되고 유엔 안보리 대북제재가 전방위, 초강도로 강화되자 오라은행은 폐쇄되고 말았다. 오라스콤은 이동통신 사업을 개시한 2008년부터 현재까지 한 푼의 수익금도 북한 밖으로 반출하지 못하고 있다.

오라스콤의 북한 투자는 잘못 고른 장소에, 잘못 고른 시간에, 잘못 고른 대상에 대한 잘못된 선택이었다.

마식령스키장은 '김정은 전용' 겨울 오락장

김정은이 좋아하는 스포츠는 농구와 스키다. 스위스에서 공부할 때부터 농구와 스키에 관심이 많았다.

김정은은 스키를 타기 위해 해마다 북한 양강도 베개봉스키장을 찾았다. 백두산 기슭에 지은 베개봉스키장은 김씨 일가의 겨울철 오락장이었다. 평양에서 백두산 기슭의 베개봉까지 가는 육로는 포장도로가 아닌 토사 도로가 많아 길이 험했다. 그래서 항공기로 삼지연공항까지 간 후 차를 타고 베개봉스키장으로 이동했다. 겨울이면 삼지연공항에 눈이 많이 내려 항공기 이착륙이 어려울 때가 많다. 사전에 기상 조건을 확인해야 한다. 전날 눈이 내렸다면 활주로에 쌓인 눈을 치워야 한다. 넓은 활주로에 쌓인 눈을 다 치우려면 군부대 군인을 동원해야 했다. 이뿐만 아니다. 김정은의 자동차와 스키 장비, 식료품을 공수해야 하기에 수송기까지 동원한다.

김정은은 평양에서 육로로 가까운 곳에 스키장을 건설해야 하겠다고 생각했다. 그것이 현실이 된 게 강원도 마식령스키장이다. 마식령스키장은 2012년 박명철이 체육상으로 있을 때 위치를 선정했다. 박명철의 아버지는 박정호 남파 간첩으로 1959년 사형, 장인은 김신락 프로레슬링 선수 역도산이다. 박명철의 아내 김영숙은 김정은의 생모 고용희 재일동포와 언니, 동생으로 가깝게 지낸 사이다. 김정은은 어머니와 친교가 깊던 박명철의 가족에게 각별한 관심을 가졌다.

    2013년 12월 30일 개장식 행사 때 김정은이 측근 간부들과 마식령 스키장에 도착했다. 김정은은 박명철을 가리키며 "저 아바이가 마식령스키장의 조상"이라면서 "엊그제까지 스키를 타려면 백두산 밑 삼지연까지 비행기나 기차를 타고 갔는데 이제는 육로로 몇 시간이면 마식령에 내려와서 스키를 타게 됐다"고 기뻐했다.

    김정은은 마식령스키장을 인민의 휴식 장소라고 자랑한다. 실제로는 자신의 취미와 기호를 위해 만든 전용 스키장이라고 해야 옳을 것이다. 수백 달러를 들여 마식령스키장에 놀러 갈 북한 주민이 과연 얼마나 될까. 당 조직에 묶여 사는 북한 주민이 직장에 안 나가고 스키장에 놀러 가는 것을 승인할 간부도 없거니와 설사 가더라도 자가용 승용차도 없는 형편에 만만치 않은 여비, 체류비를 내면서 여행할 사람이 과연 있을까.

    마식령스키장은 주민에게는 그림의 떡일 뿐 김정은의 오락장이면서 전용 스키장이라고 말해야 맞을 것이다.

'에이즈 청정국'이라고 자랑하더니…

2019년 4월, 각국 주재 대사관에 주재국과 겸임하는 국가의 에이즈[AIDS] 발병 실태와 치료 체계를 구체적으로 파악해 보고하라는 평양의 지시가 떨어졌다. 보균자 수와 검사 체계, 연구 및 치료 방법, 치료 체계, 격리 조치 방법, 인권 기관의 대응 등 항목별로 각국이 취하는 조치를 파악하라는 것이다.

    북한은 지금껏 에이즈 환자가 한 명도 없는 청정국이라고 자랑했다.

뜬금없이 에이즈에 대해 파악하라는 것은 누가 봐도 이상했다. 에이즈가 창궐한 게 아닌가 하는 예감이 뇌리를 스쳤다. 나는 베이징 주재 보건1국 무역지사에 근무하던 친구^{대학 동창}를 전화로 찾아 대관절 무슨 영문인지 물었다. 보건1국은 김씨 일가와 고위 간부의 건강을 책임지는 봉화병원의 설비, 약품을 확보하기 위해 설립한 중앙당 과학교육부 소속 행정 부서다.

내 친구는 "현재까지 수만 명 정도의 에이즈 환자가 나왔다고 한다. 대북제재로 해외 파견 북한 노동자들이 귀국하면서 에이즈가 급속히 전파돼 보건당국에 비상이 걸렸다"고 말했다. "중국에 인신매매로 팔린 후 성매매를 강요당한 일부 여성이 감염된 채 북한에 돌아와 에이즈를 퍼뜨리기도 했다."

친구는 다음과 같이 덧붙여 말했다.

"에이즈가 확산한다는 보고를 받은 김정은은 당장 대책을 내놓으라고 노동당 과학교육부에 지시했다. 해외에서 귀국한 이들은 무조건 1주일 내로 국가위생방역소에 가서 에이즈 검사를 받고 있다. 보균자로 판정되면 수용소에 몰아넣어 격리한다. 평양에는 에이즈 검사 약이 있으나 지방에는 없어 누가 에이즈에 걸렸는지도 모른다. 전국적으로 조사하면 에이즈 환자가 수만 명은 될 것이다. 엎친 데 덮친 격으로 최근에는 매독까지 성행해 보건 부문이 난리가 났다."

친구의 이야기를 들으니 에이즈 발병 실태와 치료 체계를 파악하라는 평양의 지시가 이해됐다. 에이즈 검사와 치료에 필요한 것은 무엇보다도 약품이다. 청정국이라고 자랑하던 북한이 에이즈가 창궐한다고 동네

방네 소리치며 구제를 요청할 리는 만무했다. 어쨌거나 우리는 에이즈와 관련한 자료를 수집해서 평양에 보고했다.

피자보다는 냉면 한 그릇 더 먹겠다는 평양 시민

평양시 만경대구역 축전동에 '이딸리아료리전문식당'이 있다. 이 식당은 평양 최고의 이탈리아 음식 전문 식당으로 평가받는다. 2009년 2월 어느 날, 퇴근한 장인이 나에게 김계관 외무성 제1부상이 전화를 걸어왔는데, 미국인들이 피자를 먹고는 평양에서 이탈리아 음식을 제대로 즐길 줄 몰랐다며 대만족했다는 보고 자료가 올라왔다고 이야기했다는 것이다. 김계관은 이탈리아 요리 식당이 있는 줄도 몰랐다고 한다. 김계관은 장인에게 미국인들의 평가가 아주 좋아 그들의 반응을 종합해 김정일에게 보고했다고 말했다.

당시 미국 정부가 지원하는 식량 50만t의 분배를 모니터링하기 위해 미국의 비정부기구NGO 관계자들이 평양에 체류하고 있었다. 장인은 이탈리아 요리 전문 식당이 설립된 경위를 나에게 얘기해 주었다.

2007년 2월 김정일은 장인에게 "우리나라에는 세계적인 요리를 전문으로 하는 특색 있는 식당이 없다"면서 "평양에 피자, 스파게티, 파스타 같은 이탈리아 요리를 전문으로 하는 식당을 만들라"고 지시했다. 노동당 39호실에서는 산하기관인 대성지도국이 식당 설립과 관리 및 운영을 맡도록 했다. 대성지도국은 이탈리아에 지사를 두고 있었다. 이탈리아 주재 대성지사를 통해 피자용 밀가루, 모차렐라 치즈, 토마토 소스, 올리브유 등을 현지에서 조달할 수 있었다. 문제는 이탈리아 음식 조리법을 아는 요리사가 없다는 점이었다. 결국 요리사들을 이탈리아에 유학 보내 조리 방법을 배워오도록 하는 것밖에 방법이 없었다.

김정일은 요리사들의 유학을 승인하면서 본부서기실 소속 81과 요리사 두 명도 함께 보내라고 지시했다. 81과 요리사는 김정일의 음식을 전담한다. 5명으로 구성된 유학조가 6개월간 이탈리아에 파견됐다. 숙식비와 강의료는 모두 국비에서 나왔다. 2007년부터 2008년까지 세 차례에 걸쳐 요리사들이 이탈리아에 가서 요리를 공부했다.

이탈리아 요리전문학원 강의와 실습은 현지의 대성지사에서 일하던 김명철2015년 탈북, 이탈리아 망명의 주선으로 이뤄졌다. 2008년 12월 평양에 '이딸리아료리전문식당'이 개업했다. 김정일은 개업 직후 평양 시민이 골고루 이탈리아 요리를 맛볼 수 있도록 배정표로 공급제를 실시하라고 지시했다. 그래서 매일 인민반별로 배정표가 나갔다. 배정표가 없이 이탈리아 음식을 맛보려는 주민과 외국인은 외화로 음식값을 지불해야 했다.

장인은 이야기를 마치면서 미국인의 반응도 좋은 걸 보니 요리사들이 헛공부를 하지는 않았다며 재능을 칭찬했다. 며칠 후 김정일은 장인에게 "최근 이탈리아 요리에 대한 외국인들의 반응이 굉장히 좋다"면서 "평양 주재 러시아 대사를 비롯한 대사관 성원들도 단체로 가서 피자를 먹어보고 모두 엄지척을 보였다"고 했다. 그러면서 "평양 시민의 반응을 들어보고 싶으니 자료를 종합해 보고하라"고 지시했다. 어느 날, 장인이 김정일에게 보고해야 할 평양 시민들의 반응이 영 좋지 않다고 말하는 것이다. "차라리 이걸 먹을 것 같으면 냉면 한 그릇 배불리 먹었으면 좋겠다" "배에 기름이 없는 우리들은 이런 기름진 음식을 먹으면 설사한다"

같은 내용이었다. 치즈 냄새가 역겨워 먹다 뱉기도 했다고 한다. 하기야 나도 2010년 베이징의 한 식당에서 모차렐라 치즈를 처음 맛보았으니 더 말해 뭐 하겠나.

만성적 식량난에 허덕이는 북한에서 피자, 스파게티는 사치일 뿐이다. 김정일은 이탈리아 요리 전문 식당까지 세워 인민들의 식생활까지 친히 돌보는 '인민의 지도자'라는 이미지를 부각하려고 했겠지만 북한 주민들에게 피자와 스파게티는 낯선 별나라 음식이다. "이밥에 고깃국"은 이젠 그림의 떡이니, 끼니만 거르지 않게 해달라는 것이 북한 주민들의 소박한 바람이다.

나는 지금도 '몸무게가 140kg인 김정은이 한 끼 먹을 쌀 한 톨이 없는 북한 주민의 고독하고 지친 삶을 이해할까' 하는 생각을 한다. 굶어보지 못한 사람은 굶주린 자의 고통을 알 수 없는 법이다.

중동에 범람하는 평양의 무기

5

외교행낭에 담겨 평양으로 운반된 2160만 유로

2011년 1월 초 어느 날, 나는 최수헌 대사의 호출을 받고 그의 방으로 갔다. 문을 여니 대사가 소파를 가리키며 어서 와 앉으라고 손짓했다. 대사 옆에는 시리아 주재 원흥대표부 대표 김중정^{가명}이 앉아 있었다. 둘이 무엇인가를 진지하게 이야기하고 있었던 것 같다.

원흥대표부는 노동당 군수공업부 산하 23지도국^{단천상업은행}에서 시리아에 파견한 지부다. 북한은 오래전부터 무기 수출, 기술자 파견 등 군수 부문 협력을 통해 시리아에서 막대한 외화를 벌어들였다. 노동당 군수공업부는 군수품 생산에 필요한 자금조달과 관리를 위해 여러 나라에 거점 대표부를 개설·운영했는데 그중 하나가 시리아 주재 원흥대표부다.

대표부 책임자 김중정은 싱가포르, 말레이시아 등 동남아에서 근무하다가 미국 정보기관에 노출돼 시리아로 옮겨 왔다. 금융 전문가였는데 영어를 원어민처럼 구사했다. 그는 신분 위장을 위해 여권 이름도 바꾸고 외출 시에는 항상 선글라스를 끼고 다녔다.

대사는 나와 김중정을 바라보며 "이제부터 우리가 하는 일은 모두 극비이니 임무를 완수할 때까지 절대 외부에 발설하지 말라"고 서두를 뗐다. 그러곤 "2월 초 23지도국^{단천상업은행} 대표단 4명이 자금 운반을 위해 시리아에 온다"면서 "그들의 자금 운반을 최우선으로 보장해 주라는 평양의 긴급 지령이 떨어졌다"고 말했다.

각자의 임무를 분담한 대사는 평양으로 운반할 자금의 액수가 2160만 달러라고 했다. 나는 엄청난 액수에 깜짝 놀랐다. 2160이라는 숫자에서 대뜸 김정일의 생일인 2월 16일과 연관이 있음을 알았다. 2월 16일을 맞아 노동당 군수공업부에서 김정일에게 돈다발 선물을 준비했다는 직감이 들었다. 나는 비로소 대사가 이 일에 열성을 부리는 이유를 알았다. 일반적으로 대사가 주재국에서 정부를 대표한다고 하지만 당 군수공업부와 인민군 정찰총국 같은 특수 기관과 관련된 일에는 개입할 수 없다. 한마디로 평양의 지시 없이는 대사라 할지라도 특수 기관에서 파견한 인원의 사업 내용과 활동 정형^{이행 상태}을 보고받을 수 없다.

당 군수공업부도 2160만 달러라는 큰 액수를 움직이려면 대사의 조력이 필요하다는 것을 알기에 외무성에 협조를 요청했을 것이다. 협의회가 끝난 후 나는 시리아중앙은행 총재와 대사 면담 요청 각서를 작성해 시리아 외무부에 제출했다. 그러곤 매일 전화로 면담 날짜를 확인하며 독촉했다. 마침내 시리아 외무부에서 중앙은행 총재와의 면담 날짜를 대사관에 통보했다.

대사와 나, 김중정이 동행했다. 김중정은 중앙은행 총재에게 줄 신형 아이폰과 맥북, 디지털 사진기를 선물로 마련했다. 대사는 총재와 인사를 나누고 첫 만남을 기념하는 선물을 건넸다. 총재는 신형 아이폰이 들어 있는 것을 보고는 "스마트폰을 구매하려고 했는데 마침 잘됐다"며 몹시 좋아했다. 이렇듯 분위기를 띄운 대사는 총재에게 시리아와 북한의 군수 부문 협력에 대해 말을 꺼내며 대담을 이어갔다. 총재는 대사의 말을 듣고 단도직입적으로 필요한 현금 액수가 얼마인지 물었다. 대사가 2160만 달러라고 대답했다. 총재는 곧바로 구내전화를 들고 담당자에게 출금 가능 액수를 확인했다. 곧이어 "오케이"라고 말하며 국방부에서 동의가 오면 그날로 출금할 수 있다고 대답했다. 그러면서 "돈 액수가 많으니 날짜를 알려주면 무장경찰을 붙여 대사관까지 안전하게 돈을 운반하도록 해주겠다"고 호의까지 베풀었다. 대사는 감사하다고 거듭 인사하고 나서 요청을 이어갔다.

대사는 "미국의 금융제재로 인해 송금이 힘들어 부득불 인력으로 평양까지 돈을 운반해야 하는 어려움이 있다"면서 "2160만 달러를 100달러 지폐로 마련하면 부피가 엄청나게 큰 것이 문제"라고 이야기했다. 그러면서 시리아중앙은행에서 500유로 지폐로 바꾸어 2160만 유로를 맞춰줄 수 없겠느냐고 물었다. 물론 2160만 달러와 2160만 유로 사이 환율 시세 차액은 계산해서 드리겠다고 말했다. 총재는 500유로 지폐가 충분한지 확인해 봐야 한다며 또다시 담당자에게 전화를 걸어 알아봤다. 500유로 지폐가 충분하지 못해 10일가량 기다려야 한다고 했다. 그러면서 현금 담당 국장을 방으로 불렀다. 앞으로 실무는 이 사람과 상의하면

된다는 것이었다.

　　면담은 대성공이었다. 현금 담당 국장을 통해 세 차례에 걸쳐 2160만 유로를 확보해 대사관 금고에 보관했다. 2월 초 외교관으로 위장한 단천상업은행 대표단 4명이 시리아에 도착했다. 그들은 2박 3일간 대사관에서 숙식했다. 금고에서 2160만 유로를 꺼내 책상 위에 올려놓았는데 산더미처럼 보였다. 대사관 누구에게도 노출돼서는 안 되는 일이었다. 모두가 퇴근한 저녁에 대사와 나, 김중정이 외교행낭을 포장했다. 은행에서 나온 돈이라 500유로 지폐 100장 5만 유로를 한 묶음으로 비닐에 꽁꽁 포장돼 있었다. 돈에서 기계 기름 냄새가 물씬 풍겼다.

　　김중정이 단천상업은행 대표단 4명과 동행하기로 했다. 토의 끝에 항로는 다마스쿠스-테헤란-베이징-평양 구간으로 잡았다. 이전 사례를 보아 안전이 가장 중요했기 때문이다. 2010년 7월 군수 부문 관계자들이 다마스쿠스에서 평양으로 외화를 운반한 적이 있다. 그때는 카타르항공 회사가 운영하는 다마스쿠스-도하-베이징 항로를 이용했다. 카타르 도하에서 6시간을 머물렀는데 안전요원들이 돈이 들어 있는 외교행낭을 X-Ray에 넣으라고 요구해 옥신각신 말다툼이 생겼다. 그래서 안전한 경로인 이란으로 항로를 잡았다.

　　이란은 북한과 관계가 좋으니 무슨 일이 생겨도 현지에서 해결할 수 있는 장점이 있다. 김중정에 따르면 자금을 운반할 때 부서 규정에 따라 최소 3명이 동행하며 비즈니스석을 이용한다고 한다. 한 사람씩 순번을 정한 후 자지 않고 자금이 들어 있는 외교행낭을 지킨다고 한다. 나는 대표단과 함께 다마스쿠스공항에 나가 그들의 출국을 도왔다. 다마스쿠스

공항에는 시리아군 공군정보부 요원들이 근무하는 사무실이 있다. 나는 그곳으로 가서 외교행낭을 X-Ray로 검사하지 말아달라고 당부했다. 돈을 운반하는 이들은 출발지부터 목적지까지 이상 정황이 발생하지 않는 한 일체의 전화 통화를 할 수 없다. 2160만 유로가 평양으로 무사히 운반되기까지 대사도 나도 발편잠을 잘 수 없었다.

단천상업은행 대표단 성원들은 항공기에 탑승했고, 테헤란·베이징을 거쳐 평양에 무사히 도착했다.

두바이의 암호화폐 탈취 전문 해커 전사 19人

2023년 4월 뉴스를 통해 미국 재무부가 북한 사람 심현섭에게 500만 달러의 현상금을 내걸었다는 놀라운 소식을 접했다. 심현섭이 외국에 불법 체류하면서 차명 계정 생성, 자금세탁 등 불법 금융 활동을 통해 북한의 핵·미사일 개발 자금 조달에 관여했다는 것이다. 보도에 따르면 그는 신분을 위장해 활동하는 북한 IT 인력이 벌어들인 암호화폐를 포함한 수백만 달러에 달하는 불법 자금을 세탁하고, IT 인력에게 금전적 지원을 제공하는 등 북한의 불법 사이버 활동을 통한 외화벌이와 대량살상무기 자금 조달에 일조했다.

나는 심현섭의 수배 사진을 유심히 살펴보았다. UAE 두바이에서 근무한 심현섭이 맞았다. 그와의 인연은 2017년 11월 시작됐다. 그해 8월 쿠웨이트 정부는 유엔 안보리 대북제재 결의에 따라 북한 대사를 추방하는 극단의 조치를 취했다. 대사 추방 조치로 대사대리가 된 나는 그해 11월 UAE와 카타르에 나와 있는 북한 회사들을 점검하고자 양국을 방문했다. 쿠웨이트와 UAE, 카타르에는 건설, 서비스, IT 등 여러 업종에 종사하는 북한 인력이 각 나라마다 3000명가량 체류했다. UAE에는 인민군 정찰총국에서 파견한 IT 인력 19명이 있었다. 그들은 프로그램 및 앱 개발자다. 나는 두바이 주재 정찰총국 총책임자 김모 씨를 만나 정찰총국 소속 IT 인력이 2016년 11월부터 두바이에 상주한다는 것과 그들이 현지 IT 회사에 취직해 프로그램 개발에 종사한다는 것을 알게 됐다. IT인력 19명은 김모 씨가 두바이에 있는 IT회사와 계약한 후 끌어들인 프로그램 전문가다.

정찰총국에서 해외에 파견한 이들 중에는 외화벌이를 전문으로 하면서 상납금을 바쳐야 하는 이른바 '외화벌이 공작원'도 있다. 두바이 주재 총책인 김모 씨가 바로 이런 경우다. 이들의 임무는 외화벌이를 통해 정찰총국에 필요한 공작 자금을 확보하는 것이다. 이들은 훈련받은 '공작원'은 아니지만 공작 자금을 확보한다는 전제하에 '공작원'이라는 외피를 쓰고 장기간 해외에 상주할 수 있다. 김모 씨는 70세에 가까워오는 연장자였는데 30년간 해외에서 상주하면서 외화를 벌어 정찰총국에 상납했다. UAE에는 정찰총국뿐 아니라 옥류관, 묘향식당 등 5개의 봉사기관과 8개의 건설회사가 나와 있었다.

미국 재무부가 현상금을 건 심현섭은 벌어들인 외화를 북한으로 송출하는 일을 맡고 있었다. 심현섭은 두바이 주재 조선광선은행 대표였다. 그는 북한 인력이 번 돈을 중국을 경유해 북한으로 보내주는 대가로 총액의 25%를 받았다. 잘나가던 심현섭의 외화벌이는 유엔 안보리 대북제재 결의로 난관을 겪었다. UAE 정부가 북한 인력에 대한 거주 비자 갱신을 불허했기 때문이었다. 2019년 서비스 및 건설 부문 인력이 거주 비자

만기로 귀국했다. 정찰총국 소속 IT 인력 19명은 불법으로 두바이에 남았다. 그들은 해킹을 통해 암호화폐를 탈취하는 방법으로 외화벌이에 전념했다. 암호화폐 탈취는 인터넷이 되는 곳이면 어디든 가능했다. 탈취한 암호화폐를 현금화하는 과정을 맡은 인물이 금융 전문가 심현섭이다.

북한 해커들은 외국인 신분으로 가장해 세계적인 구인·구직 사이트 링크드인Linkedin에서 원격근무가 가능한 회사를 찾아 취업했다. 이들이 탈취한 암호화폐는 심현섭이 만들어놓은 전자지갑에 송금됐다. 중국의 동업자들과 암호화폐를 여러 번 세탁해 현금으로 바꿨다. 2019년 4월 출장차 두바이에 간 나는 거주 기한이 만료된 심현섭에게 차후 거취에 대해 물었다. 그는 중국이나 러시아로 옮겨 활동하려고 한다고 대답했다. 그 후 정찰총국 IT 인력은 중국과 라오스, 캄보디아로 근거지를 옮겼다. 심현섭도 중국으로 활동 거점을 바꿨다.

대북제재로 최악의 경제 상황에 직면한 북한은 오늘도 불법 해킹을 통한 암호화폐 탈취에 전력을 쏟아붓고 있다. 해킹을 통한 암호화폐 탈취가 외화벌이 아이템으로 자리 잡았다.

하마스 자금 운반한 공작원 최진명

시리아에는 노동당 대남 공작 부서 요원이 상당수 활동하고 있다. 기존에는 노동당 중앙위원회가 해외 정보 및 대남 공작을 총괄했기에 시리아에서 활동하는 공작원은 노동당 35호실전 대외정보조사부과 작전부, 내각 225국전 노동당 대외연락부 소속이었다.

2009년 2월 인민군 정찰국이 통폐합 과정을 거쳐 정찰총국으로 승격되면서 노동당 35호실과 작전부는 인민군 정찰총국으로 편입됐다. 대남 공작 기관인 내각 225국은 노동당 통일전선부 문화교류국으로 탈바꿈했다. 인민군 정찰총국 요원과 대남공작원은 세계 각지에서 북한과 관련된 해외 정보를 수집하고 한국인을 포섭해 간첩망을 조직하는 등 첩보활동과 대남 공작을 벌이고 있다.

시리아에 체류하는 정찰총국 요원들과 문화교류국 대남공작원들은 하나같이 아랍어와 영어를 수준급으로 구사한다. 대부분은 평양외국어학원 혹은 지방 외국어학원 학생 때 공작원 후보로 선발된다. 이후 혹독한 특수훈련 과정을 거친 후 대남공작원 양성 학교인 김정일정치군사대학을 졸업하고 5년 넘게 해외 어학연수까지 마친 베테랑 공작원들이다.

내가 시리아에서 본 대남공작원들은 한결같이 품성이 좋았다. 예절을 잘 지켰고 타인을 존중하고 배려했으며 특히 아이들을 무척 사랑했다. 대사관 아이들이 자전거를 타다 넘어지면 먼저 달려가 일으켜주고 옷도 털어주곤 했는데 이런 행동은 몸에 배지 않고는 나올 수 없다. 공작원들은 아마도 인성을 기본으로 살핀 후 선발하는 것 같다.

중동의 정보 및 대남 공작 거점인 시리아에는 현재도 인민군 정찰총국 요원들과 노동당 통일전선부 문화교류국 요원들이 활동하고 있다. 이들은 사업 내용을 대사관에 보고하지 않으며 오직 당 생활에 대해서만 대사관 당비서에게 구두로 보고한다. 이들은 모두 가명으로 활동하는데 통상 '선생님'으로 호칭한다. 공작원들은 통상 자식 한 명을 북한에 두고 해외에 파견된다. 가령 두 명이면 한 명, 한 명이면 한 명을 남겨야 한다. 탈북을 막기 위한 물리적 수단으로 자식만 한 인질이 없기 때문이다.

그들은 평양에 있는 본부에서 활동비를 한 푼도 지원받지 못하며 오히려 연간 5만~10만 달러의 외화를 벌어 상납해야 한다. 나라가 빈곤하니 정보요원들이 국가로부터 활동비를 받기는커녕 납부금을 바치는 구조다.

인민군 정찰총국과 노동당 통일전선부 문화교류국도 해외 상주 요원에게 외화벌이 상납 과제를 할당하기에 시리아에 상주하는 공작원 역시 너도나도 불법 장사에 뛰어들었다. 누구는 제약회사에 북한 인삼을 납품해 돈을 벌고, 또 누구는 북한 만화영화를 판매하는 등 수단과 방법을 가리지 않고 외화벌이를 한다. 장사가 안되는 시즌에는 집에서 숙주나물과 김치라도 만들어 식당에 납품해 돈을 번다. 집 임차료와 통신비, 유류비, 자녀 교육비 등 모든 비용을 자체 부담하는 것도 힘겨운데 외화를 벌어 상납해야 하니 대남공작원들의 생활도 만만치 않다. 한 공작원은 "본부^{정찰총국}에서 연간 10만 달러를 벌어 상납하라고 하기에 힘들어서 이젠 조국에 들어가겠다"고 말하는 정도였다.

인민군 정찰총국은 요원들을 장기간 해외에 파견한다는 특혜 조건으로 연간 5만 달러 이상의 외화를 벌어 상납하라고 요구한다. 북한 주민의 해외 상주 기간은 보통 3~4년이다. 그러니 10년 이상 해외에 산다는 것은 특혜라고 할 수 있다. 시리아에 파견된 요원들은 한결같이 간첩 훈련을 받은 공작원인지, 외화벌이하는 무역일꾼인지 모르겠다고 한탄하기도 한다.

나는 시리아에서 근무하는 기간 문화교류국 요원인 최진명^{가명}과 가깝게 지냈다. 그는 평양외국어학원 아랍어과를 졸업한 나의 선배였다. 그는 노동당 대외연락부^{현 문화교류국}가 발탁한 공작원이다. 리비아에서 한국인 노동자를 상대로 대남 공작을 하다가 정체가 노출되면서 시리아로 활동 거점을 옮겼다. 그는 시리아에서 팔레스타인 무장단체인 하마스와 연계해 외화를 벌었다. 처음에는 시리아에 있는 하마스 지도부가 이집트를 통해 가자 지역의 전투원들에게 보내는 현금을 날라주며 수고비를 챙겼다. 이집트 시나이반도와 팔레스타인 가자 지역은 땅굴로 서로 연결돼 있어 하마스는 이 비밀 통로를 통해 자금과 물자를 조달했다. 그가 나른 현금은 한 번에 수백만 달러였는데 모두 외교행낭으로 운반했다. 외교행낭은 외교신서장 발급, 대사관 공인, 밀랍 봉인 등 외교신서물 운반 절차를 거치기에 대사의 승인 없이 외교행낭을 운반한다는 것은 불가능한 일이다. 이는 대사가 최진명으로부터 수익금 일부를 받기로 약속하고 불법으로 외교행낭을 허용해 줬다는 것을 의미한다.

2011년 시리아 내전에 대한 하마스 지도부의 비판적 입장으로 하마스 정치국이 시리아에서 추방되면서 현금 운반 일감이 사라졌다. 최진명은 하마스에 군수용 무선전화기를 판매하기로 마음먹었다. 그래서 인민군 정찰총국 산하 청송연합회사 무역일꾼을 통해 판매 계약을 맺고, 군수용 무선전화기를 시리아로 공수해 왔다. 수화물 트렁크 2개를 대사관 물자로 속여 시리아까지 가져왔기에 대사가 내용을 당연히 알고 있었다. 하루는 대사가 퇴근하려는 나를 방으로 불렀다. 나에게 최진명과 함께 이집트 카이로에 이틀 동안 출장을 다녀오라고 말했다. 당시 나는 대사관에서 막둥이였고, 대사는 나의 아버지뻘 되는 분이었다. 나는 대사의 지시대로 최진명과 함께 이집트로 출발했다.

각자가 무선전화기가 들어 있는 수화물 캐리어를 가지고 탑승 수속을 했다. 일반적으로 각국 국제공항에는 출입국 수속을 간소화한 외교관 통로가 따로 있다. 우리는 외교관 통로를 통해 수화물 캐리어를 공항 밖으로 가지고 나왔다. 밖에서는 이집트 주재 북한대사관 참사 양호식^{가명}이 우리를 기다렸다. 양호식은 나와 한 부서에서 일한 직장 선배이면서 최진명과는 평양외국어학원 동창생이다. 우리는 양호식과 인사를 나누고 수화물 캐리어 2개를 그의 차에 실었다. 그러곤 양호식의 차를 타고 카이로의 한 공원으로 향했다. 공원에 도착한 최진명은 차에서 내려 혼자서 쇼핑몰로 향했다. 쇼핑몰에서 한 사람과 같이 나온 최진명은 그의 차를 타고 공원 주변을 여러 번 돌았다. 아마도 꼬리가 붙었는지 확인하려는 것 같았다. 잠시 후 양호식이 최진명의 전화를 받더니 호텔로 차를 몰았다. 호텔에 도착한 우리는 짐을 내렸고, 잠시 후 최진명이 탄 차에 수화물 캐리어 2개를 옮겨 실었다. 최진명이 내리자 그 차는 쏜살같이 어디론가 사라졌다. 팔레스타인 하마스 관계자가 짐을 챙겨간 것이다. 첩보영화 같은 일은 1시간 만에 마무리됐다.

　양호식과 최진명의 호흡이 잘 맞는 것을 보면 오래전부터 이런 일을 함께 한 것이 분명했다. 최진명이 "일도 잘 마무리됐으니 나일강을 구경하면서 유람선에서 저녁 식사를 하자"고 말했다. 우리는 근사한 곳에서 이집트 예술인의 공연을 보면서 저녁 식사를 했다. 곰곰이 생각하니 나는 수화물 캐리어 2개 중 1개를 운반하는 데 필요한 인력에 불과했던 것 같은 느낌이 들었다. 훗날 최진명은 나에게 수고비를 챙겨주지 못한 것이 미안했던지 속사정을 털어놓았다. 그는 처음에 하마스의 자금을 운반하다가 그것이 막혀 그 후부터 하마스에 북한산 통신설비를 팔았다고 했다. 그러면서 부서에서 10년 넘게 해외에서 근무한 공작원들에게 한 해 7만 달러 이상의 외화벌이 과제를 주는데, 해마다 상납금 때문에 고민이라고 토로했다.

항상 자기 직업에 대한 긍지와 자부심으로 떳떳하던 최진명의 모습은 그날따라 매우 초라해 보였다. 나는 그의 말을 들으며 생존을 위해 외화벌이에 뛰어든 공작원들의 심정을 이해하게 됐다.

RPG-7 로켓 1만 발 이란으로 운반하라!

2013년 7월경 나는 대사의 전화 호출을 받고 그의 방으로 갔다. 대사 방에는 시리아 주재 국방성 53부^{전 기술장비국} 대표부 책임자 장영호^{가명·대좌}가 앉아 있었다. 국방성 53부는 오래전부터 시리아에 대표부를 개설하고 군수품 조달로 외화벌이를 했다. 장영호와 이야기를 나누던 대사는 나를 바라보며 시리아 외무부 아시아 담당 차관과 긴급 면담을 요청하는 각서를 작성해 오늘 중으로 제출하라고 지시했다.

나는 부랴부랴 대사관 각서를 작성해 시리아 외무부에 전달했고, 다음 날 의례국 담당자가 면담 날짜와 시간을 전화로 통보했다. 외무부 아시아 담당 차관은 최수헌 대사와 오래전부터 가까운 사이였다. 아흐메드 아르누스 차관은 미국의 워싱턴과 뉴욕에서 외교관으로 근무했다. 최수헌 대사 역시 북한 외무성에서 국제기구 담당 부상으로 근무하던 시기 유엔 회의차 자주 뉴욕에 가곤 했다. 유엔에서 시작된 두 사람의 인연은 시리아에서도 계속 이어졌다.

대사는 차관에게 단도직입적으로 시리아군에 납품할 방독면 1만

5000개와 RPG-7 로켓 1만 발 운반 때문에 찾아왔다고 운을 뗐다. 그러곤 북한의 모든 항만이 미국 정찰위성의 항시적 감시를 받고 있어 선박으로 군수물자를 운송하기가 어렵다고 설명했다. 또한 시리아로 들어오는 항로가 봉쇄돼 부득불 육로를 이용해야 하는데, 인접국인 레바논·요르단·이라크에는 북한대사관이 없으며 더욱이 이라크와는 외교관계마저 없다고 했다. 대사는 미국이 점점 감시망을 조이기에 하늘, 땅, 바다가 완전히 막혔다고 어려움을 토로했다. 그의 말을 다 듣고 난 차관은 국방부 관계 부서와 의논하겠다고 답했다.

면담에 동석한 나는 대화 과정에서 시리아 정부군이 화학무기를 사용하고 있음을 직감했다. 방독면이 필요하다는 것은 독가스를 사용한다는 것을 의미했다. 아니나 다를까 2013년 8월 시리아 다마스쿠스 교외에서 정부군의 독가스 공격으로 수백 명의 민간인 사상자가 발생했고, 국제사회가 이를 강력히 규탄하는 사건이 있었다.

며칠 지나 나는 대사와 함께 차관을 만나러 외무부로 갔다. 차관은 북한 쪽에서 군수물자를 이란까지 가져오면 이란에서부터는 자신들이 안전한 경로로 반입하겠다고 이야기했다. 안전한 경로라는 것은 이란과 국경을 맞댄 이라크를 의미하는 것 같았다. 이란에서 육로로 시리아로 가자면 반드시 이라크를 거쳐야 한다. 시리아와 이라크, 이란은 공히 이슬람교 시아파 정권이었기에 시아파 종주국인 이란의 영향력이 강했다. 차관은 이란 관계자들과 충분히 토의했으니 군수물자를 이란 영내에만 반입하면 된다고 강조했다. 역시 시리아는 이란을 떼어놓고 생각할 수 없었다. 이란은 시리아 내전 과정에서 이란혁명수비대 병력까지 파견한 나라다.

　대사는 면담을 마치고 돌아와 국방성 53부 대표부 장영호를 불러 차관과 토의된 내용을 알려주었다. 다음 날 장영호는 군수물자 운반 준비를 위해 평양으로 급히 날아갔다. 그러나 방독면과 RPG-7 로켓을 항로를 이용해 이란으로 반입하려던 작전은 결국 중국 때문에 실패하고 말았다. 당시 북·중 관계가 악화 일로로 치닫던 시기여서 중국은 북한 수화물에 대해 유엔 안보리 대북제재 조치를 준수하고 있었다.

　중국은 이즈음 북한 외교관에게도 똑같은 잣대로 유엔 안보리 대북제재 조치를 적용했다. 심지어 한 외교관은 가정에서 쓰던 피아노를 수화물로 부치려다가 사치품이라는 이유로 중국 세관에 압수당했다.

로켓추진식 RPG 2만4000발 이집트로 운반한 '지선호'

2016년 8월 초, 이집트 주재 북한대사관에서 대긴급 전보가 평양으로 날아왔다. 전보 내용은 다음과 같았다.

　"이집트 외무부의 호출을 받은 박춘일 대사가 아시아 담당 차관을 만나 면담 진행. 부상은 선박 '지선호'에서 로켓추진식 수류탄RPG 2만4000개와 부품 6000개, 자동소총 등 나무상자 79개를 발견, 군수품이 실려 있었기에 유엔 안보리 대북제재 결의 위반에 따라 선박과 선원 23명 억류, 선박은 압류하고 북한 선원들은 이집트법에 따라 재판을 받게 될 것 통보. 차후 활동 방향 긴급 지시 바람."

　이집트 주재 북한대사관은 "무기 거래를 주관한 사람으로 의심되는 이집트 주재 청송연합회사Green Pine Associated Corporation 대표 안종혁이 어제부터 전화 연계가 완전히 끊겨 알아볼 방법이 없으니 평양에서 요해·대책해 달라"는 의견도 첨부했다.

청송연합회사는 노동당 작전부장 오극렬이 1990년대 김일성·김정일 부자의 호화 요트 제작과 남파 간첩 침투용 함정 제작을 위해 창설한 무역회사다. 청송연합회사는 공작 자금 조달과 함선 제작을 위해 해외 지사를 통해 무기를 수출하며 외화벌이를 했다. 2009년 노동당 작전부와 35호실이 인민군 정찰총국으로 통폐합될 때 청송연합회사도 편입됐다. 당시 청송연합회사는 정찰총국장의 직속 부서로 돼 있었다.

당시 외무성 담당 국장 허용복이 청송연합회사에 전화했다. 청송연합회사는 국가 간 외교 문제이니 외무성에서 처리를 좀 해달라는 식으로 대답했다. 며칠 후 이집트에서 종적을 감춘 안종혁 대표가 러시아 비행기를 타고 카이로-모스크바-블라디보스토크 항로를 이용해 평양으로 귀국했다. 안종혁은 평양외국어대학 아랍어과를 졸업한 나의 선배였다. 그의 말에 따르면 2014년부터 이집트 국방부 브로커와 로켓 수류탄을 비롯한 2300만 달러의 무기 거래를 논의했다고 한다. 그는 구매자가 이집트 국영 복합방위산업체인 AOI^(Arab Organization for Industrialization)라고 밝히면서 이 거래에 이집트 국방부 관계자들도 개입했으니 문제가 확산하지 않을 것이라고 내다봤다. 또한 김영철^(당시 노동당 통일전선부장)이 인민군 정찰총국장일 때 김정은의 비준을 받은 사업이라고 강조했다.

안종혁의 예견과 달리 이집트 국방부는 북한 무기를 모조리 압수했다. 미국은 '지선호'가 북한 해주항에서 무기를 실을 때부터 군사위성으로 감시했으며 선박이 수에즈운하를 거쳐 알렉산드리아항에 도착했을 때 이집트 정부에 알려 단속하도록 했다고 한다.

문제는 더 있었다. 이번에는 노동당 39호실 소속 묘향지도국 선박관리처에서 외무성으로 문의가 들어왔다. 묘향지도국 관계자에 따르면 '지선호'는 캄보디아 국적으로 국제해사기구에 등록됐고, 묘향지도국이 합영 방식으로 선박을 관리했으며 선주인 중국인에게 해마다 선박 이용료를 지불하는 형태로 운영됐다.

나는 억류된 북한 선원들을 구출하기 위한 비상설 TF에 차출돼 2개월간 '구출 작전'을 지휘했다. 선박은 중국인 선주가 벌금을 지불한 후 압류가 해지됐고, 북한 선원 23명은 석방돼 전원 귀국했다. 2300만 달러분의 무기는 압수됐고, 북한은 국제사회에서 또다시 망신을 당했다. 안종혁은 국가적 망신을 초래하고 막대한 손해를 끼쳤다는 죄로 출당·철직돼 탄광에 내려갔다.

알제리 특수부대에 훈련교관 파견하다

2014년 7월, 알제리 외무부 대표단이 고려항공기로 평양에 도착했다. 이 대표단의 평양 방문을 북한 언론은 전혀 다루지 않았다. 알제리 외무부 대표단은 단장이 국장급(아시아총국장)인데도 이례적으로 정부초대소인 모란봉초대소에서 체류했다. 모란봉초대소는 총리 혹은 장관급이 묵는 숙소다. 북한 처지에서는 그 나름대로 대표단 급수를 높여 대우한 것이다.

나는 대표단 안내 통역으로 동원됐다. 이튿날 아침 나는 외무성 의례국장한테서 알제리 외무부 대표단과 동행하지 말고 숙소에 일단 남으라는 전화 지시를 받았다. 한 시간 후 초대소 회의실에 가니 대표단 성원 3명이 앉아 있었다. 이들은 외무부 대표단으로 평양에 왔지만 독립적으로 활동하는 알제리 국방부 장교 2명과 주중 알제리대사관 국방무관이었다. 잠시 후 북한 국방성 대외사업국 대표단이 초대소 회의실에 도착했다.

단장은 북한 국방성 대외사업국 부국장 전진 대좌였다. 시리아 주재 북한대사관 국방무관으로 나와 함께 근무한 인연이 있다. 훗날 그는 소장으로 진급해 2023년 8월까지 주중 북한대사관 국방무관으로 근무했다. 회담은 곧 시작됐다. 토의된 내용은 알제리군 특수부대 훈련교관 파견이었다. 나는 통역 과정에서 2000년대 초부터 북한이 알제리군 특수부대 양성을 위해 훈련교관을 지속적으로 파견했다는 사실을 알게 됐다. 2013년 1월 알제리 가스공장 인질 구출 작전 때 테러리스트들을 소탕한 특수부대가 북한군 훈련교관들의 지도를 받은 부대였다고 한다.

이번에 평양에 온 알제리 국방부 장교들은 테러 대응을 위해 훈련교관 30여 명을 증파해 줄 것을 제안했다. 월급은 알제리 측이 숙식을 보장하는 조건에서 1인당 1000달러로 합의했다. 또 군수 부문 협력을 강화하기 위해 알제리 수도 알제에 북한 국방성 대표부(2명)를 개설하기로 했다. 2015년 1월, 북한 국방성 대표부가 알제리에 개설됐으나 2017년 8월, 유엔 안보리 대북제재로 전원 철수했다.

알제리 국방부 장교들과 무관은 새로 건설된 조선인민군 무장장비관을 돌아보았다. 그들은 무장장비관에 전시된 무기들에 대해 매우 흥미를 가졌고, 군수품 수출을 전문으로 하는 노동당 군수공업부 소속 광업개발지도국(KOMID) 관계자들과도 만났다. 알제리와의 군사협력 관계는 유엔 안보리 대북제재로 2017년 말 깨끗하게 정리됐다.

외국 정보기관에 노출되지 않도록 항로 바꿔라!

시리아 주재 광업개발대표부KOMID는 해외에 파견된 노동당 군수공업부 소속 기관 중에서도 돈을 많이 벌어들이는 곳으로 소문났다. 그만큼 시리아는 국방 분야에서 북한과 긴밀한 관계를 유지했다.

노동당 군수공업부 산하 광업개발지도국은 시리아에 판매하는 군수품뿐만 아니라 국방과학자, 기술자 등 브레인을 파견해 외화벌이를 다각화했다. 시리아에는 북한이 지어준 장사정포방사포 공장이 있다. 북한 기술자들이 운영을 전적으로 맡았다. 북한은 공장 운영을 위해 4년 기한으로 30명가량의 군수공장 기술자, 기능공을 선발해 파견했다. 그 외에도 반항공 미사일요격시스템을 구축하는 프로그램 전문가, 기술자도 있었다. 이들은 이스라엘의 미사일요격시스템을 연구하는 등 시리아 국방부 전자전국을 도왔다.

2010년 8월 노동당 군수공업부에서 시리아 주재 광업개발대표부에 비밀 지령이 떨어졌다. 북한에서 시리아로 가는 군수 부문 과학자, 기술자의 개인 자료가 외국 항공사를 통해 한국 국가정보원과 미국 CIA, 이스라엘 모사드로 흘러간다는 첩보가 있으므로 북한 기술자들의 왕복 비행은 아에로플로트 러시아 항공을 이용하라는 지시였다.

지금까지 북한에서 시리아로 들어오는 북한 군수 부문 전문가, 기술자는 에미레이트항공과 에티하드항공, 카타르항공 등 UAE와 카타르의 여객기를 많이 이용했다. 이 여객기들은 베이징에서 UAE의 두바이나 아부다비, 카타르 도하를 경유해 다마스쿠스로 가는 장거리 노선이어서 서비스가 좋았고 비행거리와 경유 시간이 길지 않아 편리한 점이 많았다.

노동당 군수공업부의 지령은 UAE나 카타르 항공사가 북한 국적의 탑승자 명단을 한국과 미국의 정보기관에 제공한다는 뜻으로 해석된다. 한국과 미국을 비롯한 자유세계 국가들은 상호 정보 공유가 용이하지만 러시아가 미국과 정보 공유를 한다는 것은 생각하기 어렵기에 러시아 항공을 이용하라는 의미이기도 했다.

아에로플로트 러시아 항공을 이용하면 가격은 저렴하지만 비행거리가 너무 길었다. 평양에서 블라디보스토크까지 고려항공, 블라디보스토크에서 모스크바까지 러시아 국내 항공, 모스크바에서 다마스쿠스까지 러시아 국제항공을 이용해야 했기에 긴 비행시간으로 피로감이 클 수밖에 없었다.

시리아 주재 광업개발대표부 책임자 김종수^{가명}는 대사관에 찾아와 최수헌 대사에게 이제부터 러시아 항공을 이용하는 것으로 대사관 각서에 적힌 항로 번호, 출발 및 도착 시간을 변경해 달라고 요구했다. 북한 군수 부문 과학자, 기술자는 다마스쿠스공항에서 입출국할 때 신변 노출 방지를 위해 일반 승객과 다른 비상 통로를 이용했다. 이 통로를 이용하려면 대사관 각서를 공항 안전사무소에 제출해야 했다. 시리아 공군 정보국 소속인 공항 안전사무소는 대사관 각서에 적힌 여객기의 출발 및 도착 시간에 맞춰 비상 통로를 열어줬다. 나는 비상 통로를 이용해 출입국하는 그들의 수속을 도왔다. 내가 인도해 비상 통로를 거쳐 공항 밖으로 나오면 대기하던 광업개발대표부 직원이 그들을 버스에 태워 옮겼다.

시리아 외무부는 당시 각 나라 대사관에 대사 외 1명^{외교관}에게 공항 내부를 자유롭게 드나들 수 있는 통행증^{PASS}을 제공했다. 내가 이 통행증을 소유했다. 나는 출입국 수속을 대행하는 과정에 그들 대부분이 함흥, 청진 등 억양이 센 함경도 지방 사투리를 쓰는 것을 알게 됐다. 그들은 함경도에 있는 군수공장에서 근무하는 기술자였다.

러시아 항공 이용은 오래가지 못했다. 시리아 내전으로 2012년 9월부터 아에로플로트 항공사가 다마스쿠스-모스크바 항로를 잠정 폐쇄했다. 2015년 말부터 북한 국방 부문 과학자, 기술자는 비정기 항로인 테헤란-다마스쿠스 구간을 이용해 시리아에 입국했다.

북한 군부가 "알을 낳는 리비아"라고 일컬은 이유

북한-리비아 군사협력은 1993년부터 2004년까지가 최전성기다. 10여 년간 북한 군부가 '알 낳는 리비아'라고 할 만큼 외화벌이가 활발했다. 당시 리비아의 대부분 군사 장비는 옛 소련제다. 그렇다 보니 러시아 기술자가 리비아군 탱크, 전투기, 미사일, 방사포 등 군사 장비를 정비·관리했다.

1990년대 소련과 동유럽에서 사회주의가 붕괴하면서 러시아도 리비아에 기술자들의 월급을 높게 책정해 달라고 요구했다. 당시 리비아의 정치·경제 상황은 미국의 경제봉쇄 조치로 열악했다.

리비아의 경제력 악화는 미국의 팬암 민간항공기 폭파 사건을 계기로 최고조에 달했다. 1988년 12월 리비아의 테러 행위로 미국의 팬암 민간항공기가 영국 스코틀랜드 로커비 상공에서 폭파돼 270명의 승객이 목숨을 잃었다. 미국은 270명의 목숨을 앗아간 리비아의 끔찍한 테러 행위를 강도 높은 보복으로 응징했다. 리비아산 석유제품 수입 금지와 미국 내 리비아 자산 동결에 이어 1992년에는 리비아로 향하는 항공기 운항 금지와 무기 금수 제재가 추가됐다. 리비아에 대한 경제제재는 유엔 안보리 결의로 채택돼 국제 제재로 이어졌다.

리비아는 러시아를 대신할 나라로 노동력을 값싸게 제공하는 북한을 눈여겨보기 시작했다. 1993년 평양 주재 리비아대사가 외무성 중동지역 담당 부상을 만나 북한이 러시아 군사기술자를 대체할 수 있는지 타진했다. 리비아 대사와 면담한 내용은 즉시 김정일에게 보고됐고, 무슨 일이 있어도 거래를 성사시키라는 지시가 하달됐다. 당시 북한은 국가경제가 나락으로 떨어져 '고난의 행군'에 직면한 때다. 어느 때보다 외화가 절실했다. 경제적으로 궁핍한 북한은 '리비아'라는 노다지를 놓칠 수 없었다.

북한군 실무대표단이 리비아를 전격 방문해 계약을 위한 실무회담을 진행했다. 북한은 리비아에 군수 부문 기술자, 기능공 월급 500달러를 계약조건으로 내세웠다. 리비아 처지에서는 전문기술 인력 월급 500달러는 횡재나 다름없었다. 리비아는 흔쾌히 북한의 요구 조건을 받아들였고 기술자뿐 아니라 가족들도 함께 생활하도록 주택과 식품을 무상으로 공급하겠다고 했다. 북한은 '고난의 행군'으로 식량 사정이 어려운 상황에서 리비아에 많은 인력을 파견하면 식량 문제도 해결하고 돈까지 벌어들이는 셈이었다. 그야말로 꿩 먹고, 알 먹고, 둥지 털어 불 때는 격이었다.

계약은 일사천리로 이뤄졌다. 1994년부터 방현항공기수리공장, 구성탱크공장, 청진조선소, 신포조선소 등 군수품을 생산하는 공장에서 기술자·기능공이 선발·파견됐다. 북한 기술자가 받는 월급은 100달러였고, 나머지 400달러는 군부가 가져갔다. 북한 기술자·기능공은 리비아의 비행장과 군항, 미사일 기지, 탱크 부대, 방사포 부대 등에 군사기술협력단이라는 이름으로 파견됐다. 전체 인원은 대략 500명 규모였다. 기술자들은 3년 6개월을 주기로 교대했다.

북한 군부는 리비아에 전개한 군사기술협력단을 종합적으로 지휘·관리하고자 수도 트리폴리에 3명으로 구성된 군사기술대표부를 꾸렸다. 인민무력부 53부^{기술장비국의 후신}가 당시 리비아와의 군사협력을 총괄해 53부 대표부라고도 했다. 53부 대표부는 북한 군사기술협력단의 당 및 행정 사업과 리비아 군부와 관련한 대외 업무를 맡았다.

잘나가던 외화벌이는 2004년 1월 리비아의 일방적 계약 파기로 종료됐다. 2003년 12월 19일 무아마르 카다피가 핵 프로그램과 생화학무기를 포함한 대량살상무기 폐기를 선언하면서다.

카다피의 핵 포기 요구에 분노한 김정일 "양대가리 새끼가…"

2003년 12월 19일 무아마르 카다피는 비밀리에 추진하던 핵 프로그램 폐기를 선언했다. 핵물질과 핵시설뿐 아니라 생화학무기도 폐기하겠다고 국제사회에 공언했다. 카다피는 북한과 이란에 리비아의 모범을 따르라고 역설했다. 미국은 카다피의 결단을 환영하며 리비아의 핵 폐기가 다른 나라의 모델이 돼야 한다고 홍보했다. 카다피는 훗날 미국을 비롯한 서방국가가 자신에게 이란과 북한에 핵을 폐기하라고 조언하라는 요구를 했다고 밝히기도 했다.

북한에 핵을 포기하라고 한 카다피의 조언은 김정일을 극도로 자극했다. 2004년 3월 리비아 외무장관이 당시 트리폴리 주재 북한대사 김병호를 호출했다. 외무장관은 김병호에게 리비아가 핵 프로그램을 비롯한 대량살상무기를 폐기함으로써 경제제재를 해소하고 국제적인 투자 유치와 미국과 관계 개선을 이뤄냈다고 설명하면서 북한도 리비아의 모범을 본받아 핵을 포기할 것을 희망한다고 말했다. 미국과 비밀 회담이 진행되도록 중재하겠다는 제안도 덧붙였다.

김병호와 리비아 외무장관 회담 내용은 외무성을 통해 긴급 전보로 김정일에게 보고됐다. 다음 날 강석주 외무성 제1부상이 리비아 주재 북한 대사에게 보낼 전보 지시 작성에 참고하도록 김정일의 '말씀' 내용_{김정일-강석주 대화 내용}을 6국에 내려보냈다. 대화 내용에는 김정일의 분노가 그대로 표출돼 있었다. 김정일은 카다피를 향해 "주제넘은 새끼"라느니 "양대가리"라느니 "한때는 반미 투사의 본보기로 자처하더니 이제는 비겁쟁이가 됐다"느니, "미국 놈한테 우리에게 핵 포기를 조언해 보라고 침을 맞았다"느니 "우리 일은 리비아의 중재 없이도 우리가 알아서 하겠다고 말해주라"는 등 욕 세례를 퍼부었다. 이때부터 북한 외무성 직원들은 파마를 한 곱슬머리인 카다피를 '양대가리'라고 칭했다.

리비아의 핵 포기를 두고는 경제제재의 효과라는 분석과 함께 핵기술 확보에 실제로 실패했다는 평가도 있다. 카다피가 핵을 포기하기로 한 것은 무엇보다도 미국에 대한 공포심 때문이다. 경제제재가 핵 포기 결심에 일정한 작용을 한 것은 사실이지만 10년 넘는 제재 기간에도 카다피는 반미·반이스라엘 정책에서 후퇴하지 않았다. 카다피가 핵 포기를 마음먹은 것은 2003년 3월 미국의 이라크 침공이 계기다. 이라크의 대량살상무기_{Weapon of Mass Destruction} 개발과 테러 지원을 명분으로 한 미국의 이라크 침공은 카다피의 불안과 공포를 키웠다.

　리비아는 영국의 중재로 미국과 비밀 회담을 진행했다. 비밀 회담 와중인 2003년 10월 미국 CIA가 농축우라늄 제조용 원심분리기 부품을 싣고 리비아로 향하던 선박을 적발하기도 했다. 핵 보유로 가는 길은 중중첩첩 험난했고, 카다피는 핵기술 확보가 현실적으로 불가능하다는 결론에 도달했을 것이다. 그해 12월 13일에는 이라크의 독재자 사담 후세인이 미군에 체포되는 사건이 발생했다. 카다피는 미국의 다음 과녁이 자신이 될 것이라는 공포에 빠졌다. 후세인 체포 5일 후인 12월 19일 카다피는 핵 프로그램 포기와 생화학무기를 포함한 모든 대량살상무기의 폐기를 선언했다. 이라크의 전철을 밟지 않고 독재체제를 유지하려는 카다피에게는 그것이 최선이었다.

　김정일은 10년 넘게 이어지던 군사협력을 사전 설명도 없이 일방적으로 파기한 카다피에게 열받은 상태였다. 김정일은 보건·건설 분야에 종사하는 의사와 간호사, 건설노동자 등 북한 인력을 리비아에서 전부 철수시키라고 지시했다. 2004년을 기점으로 리비아와의 모든 군사 및 경제 관계가 전면 중단됐다.

리비아 외화벌이 되살린 '용기 있는' 인민군 군의국장

2004년 4월부터 리비아에서 북한 인력의 철수가 시작됐다. 당시 리비아에 상주하던 북한 인력은 건설 부분 800명, 의료 부분 300명가량이다. 김정일의 지시에 따라 인원 철수 총지휘는 외무성이 맡았다. 리비아에 인력을 파견한 기관들이 철수 계획을 세워 외무성에 보고했으며, 현지 대사관에서도 몇 명이 언제 어느 항로로 귀국하는지를 알려왔다.

외무성 담당 국에서는 철수한 인원의 통계를 집계·종합했다. 매일 외무성 당위원회에 보고했고, 당위원회는 중앙당 조직지도부 당생활지도 2과에 보고했다. 북한에는 일보체계^{일 보고체계}에 따라 날마다 사업 정형을 당위원회를 통해 중앙당에 보고하는 당 중심의 보고 체계가 존재한다.

철수 과정에 여러 난제가 발생했다. 리비아 정부가 의사·간호사의 철수를 재고해 달라고 간청한 것이다. 북한 의료단은 대부분 리비아의 지방 병원에서 근무했는데 다른 나라 의사·간호사는 돈을 더 주어도 생활 조건이 열악한 사막 지역에서 근무하려 하지 않았다. 북한 의료진이 떠나자 지방의 자치주에서는 의사와 간호사가 부족해 난리가 나기 시작했다. 지방정부들은 중앙정부에 새로운 의료진을 빨리 확보해 달라고 요구했다. 문제의 심각성을 인지한 리비아 외무장관이 트리폴리 주재 북한대사를 만나 지방 병원에 새 의료진이 도착할 때까지 1년 만이라도 체류를 연장해 달라고 요청했다. 김병호는 북한 내부 사정으로 의료진이 필요하기에 부득불 철수해야 한다는 외교적 발언밖에 할 수 없었다. 갑자기 철수하다 보니 북한 건설회사에는 미수금 문제가 발생하기도 했다.

외무성 담당 국에서는 제기된 문제를 강석주 제1부상에게 보고했다. 강석주는 김정일의 전화를 받는 기회에 철수 과정에서 나타난 행정 및 실무 문제에 대해 보고하면서 "우리의 실리도 챙기고 리비아에 양심의 빚도 지워놓는 의미에서 1년간 의료단이 더 체류해도 나쁘지 않을 것 같다"고 말했다. 그러자 김정일이 "내가 한번 지시했으면 그대로 하지. 무슨 말이 많아"라고 화를 내며 전화를 일방적으로 끊어버렸다고 한다. 그 이후 강석주는 "장군님께서 노하시니 다시는 리비아와 관련한 문제를 꺼내지 말라"고 강조했다. 2004년 12월 리비아에 파견된 1100여 명의 보건·건설 부문 인력과 500여 명의 군사 부문 인력의 철수가 완료됐다.

2006년 3월 어느 날 중장 계급장을 단 인민군 군의국장이 외무성에 찾아왔다. 그는 외무성 간부들을 찾아다니며 군대 병원의 실태에 대해 설명했다. 군대 병원에서는 1970년대 생산한 수술용 메스를 쓰며 현대적이라는 11호병원_{군대종합병원}과 어은병원_{군 장성 병원}조차 낡은 의료 설비를 교체하지 못하는 형편이라고 토로했다. 그러면서 사회기관들은 오래전부터 리비아 등 중동지역에 나가 외화를 버는데 자신들은 이제야 겨우 눈을 떴다면서 방도가 없어 외무성에 찾아왔다고 말했다. 그는 "우리 아이들이 모두 군사복무를 하는 데 외무성 직원들도 학부형이라고 생각하고 인민군대를 좀 도와달라"고 절절하게 호소했다.

우리가 리비아와의 모든 경제 관계가 중단돼 지금은 외화벌이를 알아봐 주기 힘든 상태라고 말하자 군의국장은 "직접 장군님께 군의국 실태를 보고드리겠으니 보건 부문 외화벌이가 시작되면 리비아든 어디든 인민군대 군의국에 제일 먼저 선택권을 달라"고 당부했다. 그로부터 1개월 후 김정일이 강석주에게 전화를 걸어왔다. 김정일은 외무성이 인민군 군의국의 대외 협력 사업을 책임지고 도와주라는 지시를 내렸다. 군의국장의 절절한 호소가 김정일을 감동시킨 것이 분명했다. 훗날 인민군 군의국장의 말에 따르면 김정일이 군대 종합병원의 X-ray 같은 일반적 의료 설비도 변변치 못하다는 보고를 받고 한동안 말이 없었다고 한다.

리비아와의 경제협력은 용기 있는 인민군 군의국장에 의해 부활됐다. 2006년 6월부터 리비아에서 보건·건설 부문 협력 사업이 재개됐다. 리비아에서 외화벌이가 활기를 되찾은 것이다. 리비아와의 경제협력은 2011년 3월 중동지역을 휩쓴 '아랍의 봄'의 영향으로 중단되고 말았다.

"무관부는 7개 국가에만 남기고 모두 철수시키시오"

1990년대 '고난의 행군'이라는 최악의 상황으로 북한 국고는 바닥을 드러냈다. 당시 얼마나 자금난에 허덕였으면 김정일이 측근들에게 "오늘 꿈에서 수령님을 뵈었는데 나에게 돈 한 마대를 주시더라"고 말했다고 한다. 그만큼 온 나라가 허리띠를 졸라맸다. 긴축정책으로 한 푼 두 푼 세어가며 대사관에 공급하던 외화도 고갈되기 시작했고, 대사관 직원 월급마저 몇 개월씩 밀렸다. 당시 해외 주재 대사관 한 해 운영비로 나가는 외화는 800만~1000만 달러다.

외무성은 고심 끝에 대사관을 정리하는 방향으로 가닥을 모았다. 외무성은 국가 긴축정책에 따른 대사관 폐쇄 관련 사안을 김정일에게 보고했다. 김정일은 강석주 외무성 제1부상에게 대사관 철수는 외교 문제로 이어질 수 있는 예민한 일이므로 심사숙고해 처리하라고 했다.

1998년 알제리 주재 북한대사관을 철수시키자 알제리 정부는 자국을 무시하고 자존심을 훼손했다며 맞대응으로 평양 주재 알제리대사관을 폐쇄했다. 이렇듯 대사관 철수는 국격과 관련한 예민한 사안이다. 어느 대사관은 그대로 두고 어느 대사관을 없애는가 하는 기준이 필요했다. 우선 대사관 유지비에서 임차료가 높은 비중을 차지하는 만큼 건물이 북한 소유인지 아닌지를 기준으로 폐쇄를 결정했다. 다음은 양자 관계와 경제적 실리에 따라 국가별 순위를 정해 폐쇄 여부를 정했다.

외무성에서는 토론에 토론을 거듭한 후 56개 대사관·총영사관만 남겨두기로 결론 내렸다. 이렇게 100여 개 국가에 전개된 대사관·총영사관에 대한 정리가 시작됐다. 먼저 아프리카 국가에 주재하는 대사관 대부분이 철수했다. 북한이 "온 세계의 자주화, 쁠럭불가담^{비동맹}"이라는 명목으로 경제·군사 원조를 제공한 아프리카 나라들을 더는 도와줄 형편이 아니었기 때문이다. 자기 나라 인민도 먹지 못해 아사자가 속출하는 형편에 아프리카 국가를 지원한다는 것은 누가 봐도 웃기는 일 아닌가. 아프리카 위주로 유럽, 중동, 라틴아메리카에서도 일부 대사관이 단계별로 폐쇄됐다. 그 결과 해외 주재 대사관·총영사관은 100여 개에서 50여 개만 남았다.

대사관 폐쇄와 함께 외무성 활동 영역과 사업 범위가 줄었고, 직원도 절반 이상 축소됐다. 2000명가량이던 직원을 1000명 미만으로 감원했다. 국방성에서 파견한 대사관 무관부도 사정은 비슷했다. 대사관이 철수한 곳에서는 무관부도 철수해야 했다.

국방성에서는 대사관이 있는 나라에는 무관부도 존재해야 한다면서 기관 본위주의를 내세웠다. 국방성 역시 해외 주재 무관부 수가 줄어드는 것을 바라지 않았다. 외무성은 특수 기관인 국방성과 마찰을 피하고자 한발 물러섰지만 재정성은 끝까지 반발했다. 실제로 대사관 운영비를 지출하는 부서가 재정성이다. 임차료, 월급, 운영비 등 대사관 유지비는 국가 예산에 반영해 책정하기에 재정성의 발언권이 만만치 않았다. 재정성은 국가 외화 사정을 아랑곳하지 않고 불필요하게 무관부를 놔두는 것은 국가 이익 견지에서 손해라고 지적했다. 대사관 무관부 폐쇄 문제는 결국 김정일이 결심해야 했다. 김정일은 인민군 총정치국장 조명록에게 "상호성이 원칙인 만큼 평양에 무관부를 둔 국가를 제외하고는 우리 무관부를 모두 철수시키라"고 지시했다.

    시리아는 평양에 무관부를 두지 않았다. 시리아 주재 북한대사관에는 국방무관과 육군무관 총 2명이 일했다. 군수공업뿐 아니라 조면(목화)을 비롯한 군인 생활용품에 필요한 원자재 수입에서 시리아가 차지하는 비중이 컸기 때문이다. 북한과 시리아 사이에 군수 부문 협력의 유일한 창구가 시리아 주재 북한대사관 무관부였다. 평양에 무관이 있는 나라는 중국, 러시아, 쿠바, 베트남, 이란, 이집트 6개 국가밖에 없다.

    국방성은 시리아를 포함해 총 7개국에 무관부를 남겨두겠다는 내용이 담긴 합의 문건을 외무성에 보냈다. 김정일에게 보고하기에 앞서 외무성과 합의했다는 문구를 넣으면 비준이 순조롭게 나올 수 있기 때문이다. 김정일은 시리아까지 포함해 "무관부는 7개만 남겨두고 모두 철수시키시오"라는 사인을 보고 문건 앞장에 남겼다. 현재까지 북한 무관부가 상주하는 국가는 중국, 러시아, 쿠바, 베트남, 이란, 이집트, 시리아 7개국이다.

평양 엘리트의 이중생활 6

간부 사모님들 "남조선 물건이면 무조건 OK"

북한에서는 장기 혹은 단기로 해외 출장을 다녀오면 친척·친우와 같은 인민반 가구에 물질적으로 인사를 표하는 게 관례처럼 돼 있다. 의무는 아니나 내가 없는 기간 내 몫까지 맡아 빈자리를 메워줘 감사하다는 의미에서 담배 한 갑, 볼펜 한 자루일지라도 나누는 것이 예의다. 내가 출장을 가면 인민반에서 수행하는 마당 청소, 눈 치우기, 오물장 청소 등 아파트 일에 참가하지 못하기에 공백을 다른 세대가 대신 메워준다. 그래서 고마움의 표시로, 또 예의의 표시로 자그마한 선물을 주는 것이다.

2013년 10월 나는 시리아 주재 대사관 근무를 마치고 귀국길에 올랐다. 친척·친우와 인민반 가구에 무엇을 선물할지 고민이 많았다. 나는 집이 없어 처가에서 동거했다. 내 장인은 성품이 꼬장꼬장하고 청렴한 양반이다. 그런 성품을 가졌으니 김씨 일가가 신임해 노동당 39호실장을 맡겼을 것이다. 한번은 아내가 친정집에 얹혀사는 것이 불편해 단칸이라도 좋으니 집 문제를 해결해 달라는 식으로 장인에게 말했다. 장인은 "내가 집을 낳는 사람이냐? 내가 산하기관에 집을 내놓으라면 그 기관에서 오랫동안 근무한 사람은 나 때문에 집을 못 받게 되지 않나. 내가 그들의 집을 사취해 딸한테 줬다고 신소^{민원}가 제기되면 어떻게 되겠느냐. 아버지보고 비행^{비리}을 저지르라는 말이냐"라고 했다.

외무성에서 내 순서가 돼 집을 배정받으려면 퇴직 때까지 기다려야 할 듯하고, 돈을 주고 집을 사자니 달러가 부족했다. 일찌감치 내 집 마련의 꿈을 단념했다. 우리 부부는 17년 동안 처가에서 살았다. 귀국하면서 인민반 사람들에게 줄 선물을 준비하려니 너무나도 높은 간부들이기에 무엇을 어떻게 준비해야 할지 몰랐다. 아파트 아래층에는 김양건 노동당 통일전선부장, 위층에는 오극렬 노동당 작전부장, 오일정 노동당 군정지도부장, 한광상 노동당 재정경리부장 등 실세 간부가 살았다. 특히 '아바이'들과 부인들에게 줄 선물이 문제였다. 북한에서는 고위 간부를 '아바이'라는 은어로 칭한다. 아내와 논의를 거쳐 '아바이'들에게는 속옷과 내의류, 부인들에게는 속옷과 외출복을 한 벌씩 선물하기로 했다. 내의류를 선택한 것은 간부 대부분이 단체복과 같은 인민복을 입고 다니므로 속옷이 더 좋을 것 같았기 때문이다. 김씨 일가가 간부들에게 선물로 하사하는 품목에도 일본산 여름·겨울용 내의가 포함돼 있었다.

중국에 도착한 우리 부부는 대사관 후문에 나란히 터 잡은 조선족 상점을 돌아봤다. 조선족 상인들은 중국 주재 북한대사관 후문에 상점을 차려놓고 식료품, 의류, 전자제품 등 한국산 제품을 들여와 서너 배

불려 팔아 이득을 챙겼다. 어느 한 조선족 상점에 들어갔는데 우리가 찾는 내의가 종류별로 계절별로 다 있었다. 우리는 그 집에서 BYC와 TRY 내의를 구매했다. 그리고 부인들에게 선물할 반코트 스타일의 외출복도 샀다.

우리는 귀국 후 같은 인민반에 속한 '아바이'들과 부인들에게 내의와 외출복을 선물했다. 며칠 지나 오일정 군정지도부장의 부인이 내 장모에게 찾아와 속옷이 몸에 딱 붙는다고 말했다. 특히 BYC 모시 속옷이 대인기였다. 일본산 속옷과 내의를 입어본 간부들이라 인사치례로 말하는 줄 알았는데 속옷이 정말로 좋다며 어느 나라 제품인지 브랜드를 알려달라고도 했다. 귀국할 때 세관에서 한국 상품이라는 이유로 압수할지도 몰라 품을 들여가며 상표를 가위로 다 잘랐다. 장모가 "남조선 제품"이라고 말해 주자 부인들이 "어쩐지 속옷이 몸에 딱 붙는다 했어. 아랫동네에서 만든 거였네. 하기야 한 핏줄이니 우리와 체형이 똑같지. 난 골반에 딱 맞아 내 몸을 재고 만든 줄 알았어"라고 웃으며 말했다고 한다.

아내가 대학생 손녀가 있는 집에는 BYC 검은색 팬티스타킹을 하나씩 주었는데 아이들이 너무 좋아해 입이 귀밑까지 째졌다고 한다. 한국 화장품 '설화수'도 북한에서 폭발적 인기를 누렸다. 설화수는 브랜드가 한글이 아니라 영어로 쓰여 있어 한국 물품이냐고 묻는 사람도 없었다. 내가 외국 출장을 갈 때마다 설화수를 사달라고 부탁하는 사람이 많았다. 누이를 비롯한 집안 식구뿐 아니라 지인들도 설화수를 구입해 달라고 부탁했다. 화장품은 깨질 위험이 있고 부피가 나가는 짐이기에 부탁을 받으면 난감했지만 여성들의 부탁을 안 들어주기 어려워 어쩔 수 없이 가져오곤 했다. 내가 외국 출장을 다니면서 가져온 설화수만 해도 100상자가 넘을 것 같다.

간부들이 환장하는 제품 중에 맥심커피도 있다. 외무성 간부뿐 아니라 중앙당 간부들도 맥심커피특히 모카골드를 안 마시는 이들이 없었다. 내 장인도 맥심커피의 혼합 비율은 특허를 받아야 한다고 말할 만큼 북한 간부들이 인정하는 제품이다. 쿠쿠 전기밥솥은 웬만한 평양시 가정집에 다 있는 필수품이다. 평양시에는 아침에 2시간, 저녁에 2시간 정도 전기가 공급된다. 고층아파트는 이 시간에 승강기를 가동하고 가정에서는 이 시간에 전기밥솥으로 밥을 짓는다. 북한에서 전기는 공짜이고 가스는 돈을 내고 사서 쓴다. 평양 시내 모든 세대에서 아침에 전기밥솥을 쓰기에 전압이 내려가 승강기가 제대로 작동하지 않을 때도 있다. 쿠쿠 전기밥솥에 대한 웃기는 일화도 있다. 전기검열원이 한 집에 들어와 전기 상태를 검열하다가 쿠쿠 전기밥솥에서 나오는 "백미 취사가 완료되었습니다. 밥을 잘 저어주세요"라는 음성을 들었다. 그런데 전기검열원이 하는 말이 "아주머니, 남조선 제품을 이렇게 노골적으로 쓰면 어떻게 해요. 말소리가 나오지 않게 차단하고 써야죠"라면서 말소리 차단 기능을 알려줬다고 한다.

나는 한국 제품이 북한에 들어가면 1주일 안팎에 시장을 장악할 것이라고 본다. 그만큼 북한 주민은 한국 제품에 열광한다. 한국산 코스모스 보온밥통, 락앤락 보온물통텀블러도 최고의 제품으로 여긴다. 외국에서 귀국할 때 구매하는 상품으로 아이들 점심 도시락을 위한 보온밥통과 보온물통도 빼놓을 수 없다.

'1등 신랑감' 외무성 총각에게 인기가 '꽝'인 간부 따님들

폐쇄적인 북한에서 해외에 나가 근무하는 것은 특권이다. 외교관이나 무역일꾼 같은 직업은 선망의 대상이다. 특히 혼기 찬 딸을 가진 간부들 사이에서 외교관과 무역일꾼의 인기는 대단하다. 간부들은 딸이 외교관이나 무역일꾼에게 시집가 세상 구경도 하고 호강하며 살기를 원한다. 딸 가진 당 간부들은 외무성, 대외경제성을 비롯한 대외 부문의 간부들에게 사윗감을 찾아달라고 부탁한다. 그래서 대외 부문에서 근무하는 간부들은 상급 간부들 딸의 중매를 서는 부담까지 끌어안곤 했다.

한때 간부들 사이에서 '사위 취재'(사윗감 찾기)가 유행한 적이 있다. 당, 군대, 보위안전, 내각의 고위 간부는 외교관 등 좋은 직업을 가진 총각이나 나중에 간부가 될 자질을 갖춘('간부 표징'을 갖춘) 대학생을 대상으로 사위 취재를 했다. '간부 표징'을 갖춘 대학생이란 김일성종합대학, 김책공업종합대학 등 일류 대학에 재학 중이며 제대군인, 노동당원, 계급적 토대 등 간부 등용에 필요한 조건을 갖춘 대학생을 의미한다. 이런 표징을 갖춘 대학생은 간부들이 조금만 힘을 써주면 중요 국가기관에 취직할 수 있고, 그곳에서도 빠른 승진으로 간부로 등용될 수 있다.

10년 전만 해도 외무성 간부들은 고위 간부의 딸을 외무성 총각과 붙여주는 중매인 노릇에 열심이었다. 보통 간부들은 "그 처녀와 결혼하면 동무가 선택하는 외국으로 내보내 주겠어"라는 전제를 붙였다. 결혼을 성사시키지 못하면 윗 간부들을 대할 면목이 없기 때문이다. 사실 사위 취재에 걸린 총각들은 '싫든 좋든 이것은 내 운명이구나' 하고 간부 딸과 결혼을 전제로 만났다. 지금은 세상이 많이 변했다. 북한의 MZ세대

외무성 총각들은 소견을 과감하게 피력하는 스타일이다. 아무리 간부들이 중매를 서도 상대가 싫으면 이상형이 아니라고 단도직입적으로 말한다. 더욱이 김정은이 집권하면서부터 간부 딸에 대한 선호도는 최하로 떨어졌다. 지금 간부들은 못 해먹을 자리라고 할 정도로 한 해가 멀게 승진과 강등을 거듭한다. 김정은이 대북제재로 되는 일이 없으니 간부에게 화풀이를 하는 것 같기도 하다.

고위 간부는 어느 순간에 풍전등화의 운명에 처할지 모른다. 김정은의 공포정치로 많은 간부가 총살당하고, 정치범 수용소로 끌려가고, 혁명화로 지방에 추방됐다. 한번은 한 동네에 살던 노동당 간부의 부인이 내가 외무성에 다닌다는 것을 알고 우리 장모를 찾아와 날더러 자기 딸 중매를 서달라고 부탁했다. 사실 중매는 잘되면 술이 석 잔, 잘못되면 뺨이 석 대라는 말이 있듯 잘되면 별문제가 없지만 잘 안되면 구설에 오를 수 있다. 나를 예쁘게 보시는 장모의 부탁이라 할 수 없이 중매꾼 노릇을 하기로 마음먹었다. 나는 점찍어 놓은 총각에게 처녀는 어느 대학을 나왔고, 현직은 무엇이며, 부모님은 무슨 일을 하신다고 구체적으로 설명하면서 소개했다. 그런데 그 친구가 자기는 간부 딸에게 관심이 없다고 두부 모 자르듯 말했다. 그가 한 말이 걸작이다.

"10층에서 떨어지면 머리가 깨져 즉사하지만 1, 2층에서 떨어지면 다리는 부러져도 죽지는 않는다."

그의 말에는 언제 죽을지, 언제 정치범 수용소로 끌려갈지 모르는 간부 사위가 되면 자기도 그 가족의 일원으로 연좌되는데, 내가 왜 호박 쓰고 돼지우리에 들어가겠느냐는 의미가 담겨 있다. 장성택 숙청 때 종파로 몰린 간부들의 사돈 되는 대사급 외교관들이 어떻게 처리되는지를 직접 목격하면서 간부 딸이 화를 부르는 부메랑이 될 수 있다는 교훈을 얻은 것이다. 그는 훗날 부모가 무역일꾼으로 해외에서 10년 이상 사업하던 부잣집 무남독녀와 결혼했다. 현재 해외 주재 외교관으로 근무하고 있다.

지금 '1등 신랑감' 외무성 총각들이 제일 선호하는 여성은 간부 딸이 아니라 해외에서 오랫동안 사업해 돈을 축적한 갑부의 딸이다. 김정은의 공포정치 속에 북한도 돈이 갑이 되는 세상으로 변했다.

대동강반에서 열린 맥주 축제… 북한산 '대동강맥주'의 비밀

2016년 8월 12일 식료일용공업성에서 주최한 평양대동강맥주축제 개막식이 대동강반 _강반은 강가의 판판한 땅을 가리키는 말_ 에서 열렸다. 북한에서 처음으로 열리는 맥주 축제였지만 시민들의 폭발적 호응으로 9월 9일까지 기간이 연장됐다. 축제는 기대 이상으로 성황리에 진행됐다.

대동강맥주축제 개막식 행사에 평양 주재 외교대표부 성원들과 외무성 관계자들도 초대됐다. 나도 행사에 참가했다. 개막식은 저녁 7시에 시작될 예정이었지만 대동강반에는 일찍부터 사람들로 붐볐다. 우리는 대동강 기슭에 위치한 련광정 앞에서 기다리고 있다가 개막식 10분 전 행사장으로 들어갔다. 노동당 경공업부장 안정수가 차에서 내려 행사장을 둘러보고 있었다. 그는 행사 분위기를 살펴보고자 나온 듯했다.

우리는 평양 주재 외교단 성원들과 함께 대동강 유람선 VIP석에 자리를 잡았다. 접대원들이 대동강맥주를 유람선으로 나르느라 몹시 바빴다. 우리가 마신 대동강맥주는 전통 방법으로 만들어진 1번이었다. 1번 맥주는 순수 맥아로 만든 보리맥주로 맛이 구수하다. 대동강맥주는 룡성·봉학·금강맥주와 함께 북한의 4대 맥주로 일컬어진다. 그중에서도 대동강맥주는 최고의 맥주로 평가받는다. 대동강맥주 공장은 2002년 6월 김정일의 제안에 따라 일떠섰다. 2001년 러시아 상트페테르부르크를 방문한 김정일은 발찌까 맥주공장을 참관했다. 김정일은 발찌까 맥주가 맛이 좋다면서 평양의 상징이 될 만한 맥주를 만들라고 지시했다. 북한은 경영난으로 폐업한 영국 어셔스 양조장을 인수한 후 공장 설비를 해체해 평양으로 통째로 옮겨왔다. 북한 주민들은 대동강맥주가 영국 중고 설비를 들여와 제조한 맥주라는 것을 모른다. 북한 조선중앙TV는 "대동강맥주가 장군님의 인민 사랑에 의해 태어난 우리식 맥주"라고 소개·선전한다. 대동강맥주는 황해도산 보리와 흰쌀, 양강도산 홉, 평양의 지하수로 빚는다. 맥주잔이 너무 커서 두 컵만 먹으면 배가 부르다.

유람선에 탄 외교관들과 부인들은 맥주를 마시며 신나게 노래도 부르고 춤도 추었다. 그들은 맥주 축제에 푹 빠졌다. 오후 10시에 끝날 예정이던 맥주 축제는 오후 11시까지 이어졌다. 우리는 외국인들의 반응을 종합해 문건을 만들어 김정은에게 보고해야 했다. 외국인들의 반응이라야 맥주를 마시며 노래 부르고 춤춘 것뿐이다. 보고서 주제에 맞게 그들의 발언을 실어야 하지만 쓸 내용이 별로 없었다. 담당 국장이 자정이 넘었다며 문건을 서둘러 작성하라고 독촉했다. 담당 국장은 "반응이 없긴 왜 없어. 그들이 노래를 부르고 춤을 춘 것은 맥주 축제를 마련해 주신 김정은 원수님에 대한 감사의 마음을 표현한 것이 아닌가"라고 힌트를 주었다. 외국인들이 부른 노래와 춤을 글로 빚어내라는 뜻이었다. '김정은 원수님께 기쁨과 만족을 드리기 위해' 우리는 선의의 거짓말로 보고 문건을 완성했다. 맥주 축제 이튿날 오전 제1부상, 외무상의 수표를 받아 문건이 김정은에게 보고됐다. 김정은은 맥주 축제가 외국인들의 높은 호평을 받으며 성황리에 진행됐다는 보고를 받고는 "이제부터 맥주 축제를 연례화하라"고 지시했다.

북한이 대북제재의 직격탄을 맞으면서 2017년 7월 제2차를 끝으로 평양 대동강맥주축제는 중단됐다.

'솔soul 푸드' 찾아 한국 식당·마트 찾는 북한 사람들

걸프 지역은 땅이 척박한 데다 기온이 높아 배추와 무가 재배되지 않는다. 외국에서 배추와 무를 수입하지만 가격이 만만치 않다. 한국인이 배추와 무를 찾는 이유는 김치를 만들어 먹기 위해서인데, 가격이 비싸니 북한 사람들은 살 엄두를 못 냈다. 김치를 먹을 수 있는 유일한 방법은 한국 식품 마트나 한국 식당에 가는 것밖에 없었다. 쿠웨이트에 도착해 3개월이 지나니 밥 먹을 때마다 김치 생각이 간절했다. 김치를 먹지 못하니 목구멍에 털이 나는 것 같았다. 한국인만이 느끼는 김치에 대한 식탐이라고 해야 할 것 같다.

북한 당국은 해외에 파견되는 북한 주민에게 "남조선 식당과 마트에 가지 말며 남조선 사람들을 만나도 절대 말하지 말라고 훈육한다. 김치를 먹지 않으면 병을 만날 것만 같아 나는 "에라, 될 대로 되라, 나중에 '아오지' 탄광에 가더라도 먹고부터 보자"라는 심정으로 한국 식당을 찾아갔다. 거기에 가면 분명히 김치가 있다는 확신이 있었다. 내가 식당에 들어가니 대사관 안전대표^{보위원}가 가족과 함께 식사를 끝내고 나오고 있었다. 우리는 서로 못 본 척하고 스쳤다. 대적 투쟁에 앞장서야 할 보위원이 한국 식당을 들락거렸다는 것이 알려지면 출당을 당할 뿐 아니라 옷을 벗고 정치범 수용소로 갈 것이 불 보듯 뻔했다.

　우리는 무언의 약속으로 각자가 한국 식당을 찾아갔던 비밀을 지켰다. 그날 나는 한국 식당에서 김치와 불고기를 배부르게 먹었다. 김치 앞에서는 사상교육도 무용지물이었다. 내가 북한 사람인 걸 알았는지 사장님이 식탁에 다가와 슬그머니 김치 한 접시를 더 놓아주셨다. 나 말고도 많은 북한 사람이 김치를 먹으려고 이 식당에 오는 것 같았다. 식당에 자주 가는 것은 금전적으로 부담스러운 일이다. 훗날 나는 유튜브를 통해 쿠웨이트에 있는 한국 식품 마트를 알게 됐다. 한국 식품 마트에 가보니 종갓집 포기김치·열무김치·총각김치 등 각종 김치뿐 아니라 라면, 고추장, 된장, 청국장, 명란젓, 동태, 새우, 가자미, 고춧가루 등 별의별 식품이 많았다. 마트에 있다 보니 한 무리의 북한 노동자가 들어와 신라면을 10박스 넘게 사서 갔다. 나와 아내는 매대에 서서 상품을 보는 척하며 등을 돌렸다.

　우리는 한 달에 한 번씩 한국 식품 마트를 찾아갔다. 카운터에서 계산할 때마다 한국인 사장을 보며 좀 어색했지만 사장님은 "감사합니다. 또 오세요"라고 밝게 웃으며 한국말로 인사했다. 아프리카에서 근무하는 친구는 자신들은 "한국 식품 마트에 찾아가서 남조선 사장님에게 시원한 평양냉면도 부탁해 먹는다"고 자랑했다. 한국 식품 마트는 해외에 거주하는 북한 주민에게 없어서는 안 될 솔^(soul) 푸드의 성지다.

　　냉장기 수리 때문에 외국인 기사 2명이 우리 집에 온 적이 있다. 아내가 김치찌개를 끓이고 있었다. 이들은 김치찌개 냄새를 맡더니 토하는 시늉을 하며 밖으로 나갔다. 젓갈 냄새가 자극적인지 거부반응을 보였다. 그러거나 말거나 아내는 김치찌개를 맛있게 끓였다. 외국인이 어떻게 반응하든 우리 가족에게 솔 푸드는 김치찌개다. 최근 '어서와 한국은 처음이지'라는 TV 프로그램에서 한 외국인이 한국인은 왜 뜨거운 된장국을 먹으면서 시원하다고 하는지 이해할 수 없다고 말하는 장면을 보았다. 왜 시원하다고 하는지는 우리만 이해할 수 있다.

　　반만년을 함께 살아온 우리 민족이 하나이며 통일해야 하는 또 다른 이유는 남과 북이 공유하는 입맛이다.

북한 외교관이 일하고 싶어 하는 나라는?

세상과 담을 쌓은 북한에서 해외에 나가는 것은 특전이다. 특혜를 누리는 행운의 직업이 외교관이다. 북한 당국은 외교관을 파견할 때 보통 그 나라의 언어를 구사할 줄 아는 이를 파견한다. 즉 베트남, 캄보디아, 이란, 이탈리아, 브라질 등에는 그 나라의 말을 구사할 줄 아는 외교관을 파견한다. 아랍어를 전공한 외교관이 중국이나 이탈리아, 베트남에 파견될 가능성은 전혀 없다. 사업상 필요에 따라 대사관에 1명가량 영어 전공자를 파견하기도 하지만 원칙적으로는 파견국 언어를 구사하는 외교관을 선택한다. 북한 외교관은 대학에서 영어를 제2외국어로 배우기에 영어회화를 할 수 있다.

희귀한 언어를 전공한 외교관은 해외 부임이 비교적 빠르다. 3~5년 주기로 평양과 외국을 오간다. 영어나 프랑스어를 전공한 외교관은 사람 수가 많아 차례가 오기까지 10년이 걸릴지 그 이상이 될지 장담하기 어렵다. 북한 외교의 전성기이던 1970~1980년대에는 영어와 프랑스어가 인기였지만 1990년대부터 중국어를 비롯한 다른 언어가 주목받았다. 중국어는 정치·경제·문화·군사를 비롯한 모든 영역에서 대외관계 1순위 언어로 자리매김했다. 중국어를 모르면 무역회사에 입사할 수 없는 수준이다. 대외무역의 90% 이상을 중국과 진행하기에 중국어 구사자 수요가 급증했다.

북한 외교관은 파견지가 어느 곳인지 신경을 많이 쓴다. 파견지에 따라 돈을 버는 규모가 달라지기 때문이다. 북한 외교관들의 월급은 지역마다 다른데 평균 400~500유로 정도다. 이 월급으로 교육비, 생계비는 물론 저축까지 해야 한다. 북한 외교관들은 다음번 해외 발령을 받으려면 5년을 기다려야 하는 것으로 간주한다. 귀국 후 5년 동안 해외에서 저축한 돈으로 먹고산다. 뉴욕이나 스위스와 같은 나라는 물가가 비싸기에 외교관 월급이 다른 지역보다 2배 정도 많다. 그럼에도 중국, 아프리카, 중동, 라틴아메리카를 비롯한 개발도상국을 선호한다. 그 이유는 매우 단순하다. 돈을 많이 벌 수 있어서다. 아프리카는 코뿔소 뿔, 코끼리 상아, 중동은 위스키, 중남미는 시가라는 인기 상품이 있다.

비엔나협약에는 외교관이 영리활동을 할 수 없게 돼 있다. 한국에서는 미국과 같은 서방 나라에 외교관으로 나가는 것을 선호하지만 월급에만 의존해서는 살 수 없는 북한 외교관의 실정은 다르다. 유엔 주재 북한

대표부보다 개발도상국의 인기가 더 높다. 미국·영국 등 서방국가는 금융·유통·정보·안전·세관 시스템이 정교하기에 외교관들이 불법으로 장사하기 어렵다.

특히 미국은 최대의 적국이기에 뉴욕에 파견된 북한 외교관은 긴장 속에서 근무해야 한다. CIA가 도청, 미행, 감시한다고 생각하고 움직인다. 외교관들은 해외 발령을 받은 후 국가보위성이 주관하는 안전교육을 이수하는데, 미국 파견 외교관에게는 정보기관들의 모략에 빠져들지 않도록 일거일동을 항상 주의하라고 강조한다. 뉴욕 주재 북한 외교관들은 도청 방지를 위해 매주 토요일 당생활총화 때 내용을 종이 위에 글로 써서 당 세포비서에게 낸다. 뉴욕에서 근무한 내 친구는 "유엔 안보리에서 채택되는 핵·미사일 관련 제재 결의뿐 아니라 인권 문제 탓에 항상 바늘방석에 앉아 있는 것 같았다"고 회고했다.

그렇다고 뉴욕이나 제네바가 중요하지 않다는 의미는 아니다. 어느 곳보다 더 능력 있는 외교관이 일해야 할 곳이 뉴욕과 제네바다.

해외에 파견되는 북한 외교관, 무역업자, 노동자에게 다음과 같은 말이 유행한다. "물고기는 얕은 바다, 깊은 바다, 가까운 바다, 먼바다 가리지 말고 잡아야 한다. 어선을 타고 바다로 나가면서 잡고, 항구로 들어오면서 잡아야 만선기를 휘날릴 수 있다." 해외에 나가면 수단, 방법 가리지 말고 외화를 벌어야 한다는 뜻이다.

"정성품은 봉건시대 왕에게 상납하던 진상품과 같다"

해외에 상주하는 일꾼은 귀국할 때마다 큰 고민거리를 안는다. 수령의 기쁨과 만족, 만수무강을 위해 의미 있는 정성품을 마련해야 하기 때문이다. 정성품 제도는 1970년대 말 김일성의 만수무강을 빌고자 김정일이 창안한 것이라고 한다. 수령의 전사들은 바다제비 둥지와 상어 지느러미 같은 진귀한 식재료를 비롯해 최상의 제품을 마련하는 것으로 충성심을 표현해야 한다.

외무성 의례국 선물과가 귀국하는 외교관들로부터 정성품을 받아 중앙당 재정경리부 선물과로 올려보낸다. 재정경리부 선물과에서는 외무성뿐 아니라 각 기관에서 해외에 파견됐던 일꾼이 상납하는 정성품을 받아 김씨 일가에게 보낸다. 그중 식재료는 재정경리부 선물과의 식품 검사를 거쳐 합격품으로 인증받아야 했다.

2010년 2월 러시아 나홋카 주재 총영사관에서 근무하던 한 외교관이 대게(킹크랩)와 캐비아 등을 정성품으로 바쳐 김정일의 감사 표창장을 받기도 했다. 정성품에는 식료품뿐 아니라 몽블랑 금촉 만년필, 보헤미아 수정, 영국 스카발 원단 등 진귀한 특제품, 심지어 김씨 일가의 동상 제작에 쓰이는 금가루까지 각종 공업품이 포함돼 있다. 한마디로 수령에게 충성심을 표현할 모든 제품이 정성품에 해당한다.

김정은이 집권한 2012년 2월 각 대사관에 정성품 제도를 없앤다는 방침이 하달됐다. 김정은이 "정성품은 봉건시대 왕에게 상납하던 진상품과 같다"면서 충성심이라는 외피를 쓰고 일꾼들을 괴롭히는 일을 당장 걷어치우라고 지시했다는 것이다. 사람들은 아버지와 다른 행보를 걷는 김정은이 이른바 '개혁군주'가 되지 않을까 하는 희망을 가졌다. 그런 희망은 얼마 안 가 물거품처럼 사라졌다. 2015년 1월 김정은의 30세 생일을 계기로 정성품 제도가 부활했다. 3년간 권력의 맛을 느껴보니 아첨과 향락이 좋은 모양이었다.

2015년 1월 나는 '신년사 선전대표단' 일원으로 베이징을 방문했다. 대표단은 북한 업무를 겸하는 베이징 주재 외국 대사들에게 김정은의 신년사를 선전하는 게 업무였다. 단장은 송순룡 참사_현 멕시코 주재 대사_였다. 체류 기간이 2주일이었기에 정성품을 서둘러 준비해야 했다. 정성품 제도가 부활한 지 1개월도 안 된 시기인지라 송순룡의 모든 신경은 정성품 마련에 집중돼 있었다.

송화단_오리알이나 계란을 진흙·왕겨·석회 등으로 삭혀 만든 발효식품_이 중국 특산품인 데다 가격도 저렴해 정성품에 알맞겠다는 추천을 받았다. 송화단은 중국 후난성 이양 지방의 것을 일품으로 쳐준다고 했다. 대표단 사업을 마친 우리는 후난성 이양 지방의 송화단을 한 상자 구입해 귀국했다. 송화단은 외무성 의례국 선물과를 통해 당 재정경리부 선물과로 이관됐다. 그런데 1주일 후 우리가 정성품으로 올린 송화단이 불합격품으로 처리됐다는 통보를 받았다. 송화단에 중금속이 포함돼 있어 김정은의 만수무강에 적합한 식품이 아니라는 결과가 나왔다. 주민들은 구경도 못 하는 송화단이 누구에게는 중금속이 섞였다는 이유로 거절된다니 참으로 '웃픈' 이야기다. 대표단 성원들의 친구들로부터 받은 부조금까지 털어 마련한 송화단은 결국 김정은에게 올라가지 못했다.

30세 젊은 지도자의 만수무강을 위해 정성품을 구입해 바치는 우리 신세가 참 가긍하기 그지없었다. 아직도 봉건적인 진상품 제도가 운영되는 북한의 암담한 현실이 부끄러울 뿐이다.

남조선 영화 시청한 '죄'로 노동혁명화 간 여직원들

2016년 4월 외무성 대회의실에서 사상투쟁회의가 진행됐다. 사상투쟁의 대상자는 평양 주재 국제기구에서 '민족공무원'으로 근무하는 5명의 여성이었다. 외무성에서는 해외에 나가지 못하는 직원들을 배려해 3~4년간 평양 주재 세계식량기구^{WFP}, 유엔개발계획^{UNDP} 세계보건기구^{WHO}, 유니세프^{UNISEF} 등 국제기구에 직원들을 계약직 민족공무원으로 파견하고 있다.

여성 외교관의 해외 근무는 북한에서 전무하다. 민족공무원은 외무성 여직원들이 가장 선호하는 직업이다. 특히 기혼 여성의 경우 외화로 월급을 받을 뿐 아니라 정시 퇴근에 통근버스까지 제공해 주는 금상첨화의 자리다.

민족공무원으로 근무하는 여직원 사이에서 한국 영화와 드라마를 시청·유포한 사건이 발생했다. 북한에서 유일하게 인터넷 사용이 허가된 지역이 평양시 대동강구역에 위치한 외교단 지역이다. 북한 당국은 통신 연락을 위해 평양 주재 외교대표부와 국제기구 사무소에 인터넷 사용을 허용하고 있다. 민족공무원으로 근무하는 여직원들이 인터넷이 허용된 국제기구 사무소에서 한국 드라마, 영화 수십 편을 내리적재^{다운로드}한 후 서로 공유하면서 시청했다. 여직원들이 내리적재한 '명량' '국제시장' '별에서 온 그대' 같은 영화와 드라마가 외무성 직원들에게도 유포됐다. 신의주 세관의 눈을 피해 영화와 드라마를 밀반입하는 방법이 아니라 인터넷을 통해 손쉽게 시청한 것이다.

국가보위성은 오랜 기간 그들의 동향과 내리적재되는 모든 자료를

100% 감시했다. 도청·미행·감시도 이뤄졌다. 김정은은 국가보위성이 보고한 자료를 김계관 외무성 제1부상에게 내려보내며 보고 문건 앞 페이지에 "이 동무들의 정신상태가 썩었소. 강하게 대책하시오"라는 '친필 지시'를 남겼다. '친필 지시'는 '말씀'과 동급으로 취급되는 김정은의 방침이다.

김정은의 친필 지시를 집행하고자 외무성 당위원회에서 이들에 대한 사상투쟁을 조직했다. 사상투쟁회의를 지도하기 위해 중앙당 조직지도부 당생활지도2과 과장이 참석했다. 사상투쟁 무대에 올라간 여직원들은 닭똥 같은 눈물을 흘리며 잘못했다고 용서를 빌었다. 여기저기에서 여직원들에 대한 집중 비판이 나왔다. 한 직원이 "이 동무들은 우리 사회에 퇴폐적인 반동사상문화를 침투시키려는 적들의 책동에 동조했고, 남조선에 대한 환상을 조장시켜 우리 사회의 일심단결을 흔들려 했기 때문에 이들의 반당 행위를 가볍게 봐서는 안 된다"고 열변을 토했다. 연단에서 비판을 받던 여직원은 이 말을 듣고 졸도했다. 북한에서 반당 분자, 반당 행위로 낙인찍히면 3대가 멸족된다.

비판 무대에 올랐던 여직원 5명 중 한국 드라마와 영화를 내리적재해 4명의 민족공무원과 직원들에게 유포한 여직원은 사상투쟁 후 외무성에서 쫓겨나 가족과 함께 지방으로 추방됐다. 이 여직원에게서 넘겨받은 USB를 통해 한국 드라마와 영화를 본 국제기구에서 일하는 여직원 4명과 외무성 직원들은 '엄중 경고'를 받고 농장에서 6개월간 노동혁명화를 했다.

이뿐만이 아니었다. 김정은은 김계관에게 "외무성 보고 문건에 '~차원에서' '챙기다' '부상하다' 같은 남조선 말투가 너무 많이 들어 있다"고 지적했다. 이 단어들은 북한 주민이 일상생활에서 많이 쓰는 대중적 낱말이다. 김정은이 우리말 기초를 배워야 할 나이에 스위스에서 유학하다 보니 한글에 대한 이해가 부족한 것이 아닌가 싶다. 이때부터 외무성에는 보고 문건에 한국식 말투를 걸러내는 후열^{재검토} 매뉴얼이 생겨났다. 그런데 어떤 단어와 표현이 한국식인지를 가르는 기준이 명확하지 않았다. 당시 많은 직원이 이것저것 다 못 쓰게 하면 우리가 쓸 단어나 표현이 어디 있느냐며 불편한 심기를 간접적으로 드러내기도 했다.

최근 김정은은 주민을 통제하는 3대 악법인 반동사상문화배격법, 평양문화어보존법, 청년교양법과 같은 법률을 만들어놓고 북한 주민에게 한국 영화와 드라마를 시청하는 경우 최고 사형이라는 형벌까지 적용하고 있다. 2012년 7월 모란봉악단이 짧은 치마를 입고 야한 춤과 노래를 부르게 한 장본인이 김정은이다. 모란봉악단은 미국의 영화음악 '록'을 부르면서 허벅다리를 번쩍 들어 속옷을 보이기도 했다.

김정은은 한국 영화와 드라마에 열광하는 북한 주민, 특히 청년을 통제하지 않으면 독재체제가 뿌리째 흔들린다는 것을 직감하고 있는 듯하다.

외무성 제1부상 김계관 방에 침입한 신원불명자 2人

2015년 3월 외무성에서 특대형 사건이 발생했다. 이 사건은 외부에 노출되지 않은 채 흑막 속에 덮였다.

3월의 어느 날 새벽 5시 30분경 호위사령부 정부통신국에서 근무하는 통신 군관 2명이 외무성 후문 초소에 나타났다. 보초병에게는 외무상, 제1부상 방의 통신선로를 점검하기 위해 왔다고 말했다. 상과 1부상의 방에는 김정은과 직접 전화 통화를 할 수 있는 유선전화기와 김정은의 사무실과 망으로 연결된 컴퓨터^{아이맥}가 있다. 최고지도자와 직접 연결되는 유선전화기와 컴퓨터는 사소한 잡음도, 도청과 해킹도 있어서는 안 되기에 호위사령부 정부통신국에서 책임지고 관리한다.

    호위사령부 정부통신국은 매달 한 차례 유선전화기와 컴퓨터의 선로를 점검했다. 이 내용은 보초병뿐 아니라 직원들도 다 아는 공개된 비밀이다. 보초병은 신분증을 내밀며 통신선로를 점검하러 왔다고 말하는 통신 군관들에게 알았다고 공손히 대답한 후 구내전화로 책임경비실^{외무성 경비를 총괄하는 조종실}을 찾았다. 보초병의 보고를 받은 경비책임자는 그들을 책임경비실로 들여보내라고 말했다. 외무성 청사 외부는 사회안전성^{경찰} 경비중대가 무장보초를 서지만 내부는 외무성 직원들이 순번제로 돌면서 경비를 선다.

    통신 군관 2명은 후문으로 들어와 책임경비실로 올라갔다. 경비책임자에게 자신들의 임무에 대해 이야기하고 경비 성원의 입회하에 제1부상 방으로 향했다. 그들은 제1부상 방에 들어가 책상 위에 놓여 있는 1호 전화기와 아이맥의 연결 상태를 점검했다. 그들이 방에서 서성거리던 때 다른 편에서 인기척이 나며 사람이 불쑥 나타났다. 모두가 화들짝 놀라 넋을 잃고 바라본 사람은 김계관 제1부상. 김계관이 그날따라 밤을 새우며 일하다가 사무실에서 잠을 잔 것이다. 김계관은 첨예한 대외 정세가 발생하면 김정은에게 수시로 상황을 보고해야 하기에 집에 들어가지 못하는 횟수가 많았다. 특히 북·미 회담이 진행되는 시기에는 김정은이 미국의 동향과 회담 정형, 진척 과정 등 세부 문제에 이르기까지 수시로 전화를 걸어 물어보기에 사무실에서 밤을 새우는 경우가 잦았다.

외무상과 제1부상 사무실에는 1평 정도의 1인 침실이 딸려 있다. 방에서 말소리가 들리자 김계관이 잠에서 깨어 무슨 일인지 확인하려 침실에서 나온 것이다. 갑작스러운 제1부상의 출현으로 경비 성원과 통신 군관들은 긴장해 얼굴만 마주 보았다. 제1부상이 무슨 일이냐고 묻자 통신 군관들이 정부통신국에서 선로 점검 때문에 나왔다고 말했다. 제1부상은 이전부터 진행되던 일이라 그들의 말에 조그마한 의심도 없이 하던 일을 마저 하라고 말했다. 그들은 일을 마무리하고 자리를 떴다.

사건은 그 이후에 터졌다. 며칠이 지난 어느 날 오전 10시 호위사령부 정부통신국 통신 군관 2명이 또다시 외무성에 찾아왔다. 제1부상 방으로 안내받은 그들이 전화기와 전화선, 컴퓨터망을 점검했다. 사무실에 앉아 있던 김계관은 며칠 전에도 정부통신국 군관들이 왔었는데 이제는 한 달에 두 번씩 점검하는 것으로 규정이 달라졌느냐고 물었다. 그러자 그들은 아니라고 하면서 자신들은 규정에 따라 매달 한 차례씩 오게 돼 있다고 대답했다.

김계관은 며칠 전 찾아온 군관들이 가짜라는 것을 직감했다. 곧바로 정부통신국에 문의해 그때의 군관들이 가짜라는 것을 확인했다. 신원불명자가 북한 외교를 총괄하는 외무성 제1부상 방에 침입했다는 것은 국가안보 차원에서 비상사태나 다름없었다. 외부 세계와 연계를 완전 차단하고 국경을 원천 봉쇄한 폐쇄적인 북한에서, 그것도 김정은이 있는 수도 평양에서, 지도부를 노린 첩보활동을 벌이는 간첩이 활동한다는 것은 국가안보에 붉은 신호등이 켜진 최대의 비상사건이 아닐 수 없었다. 간첩의 침입 목적은 북·미, 북·중, 북·러 관계 등 북한 외교와 관련된 극비 문건 확보 혹은 컴퓨터 해킹일 수 있다.

사건의 심각함을 알아차린 김계관은 김정은에게 보고해야겠다고 마음먹었다. 김정은은 매일같이 국제 정세와 관련해 김계관과 전화 통화를 하곤 했다. 마침 김정은이 전화를 걸어왔는데 김계관이 이 사건에 대해 자초지종을 설명했다. 다음 날 국가보위성 수사원들이 극비리에 외무성으로 왔다. 그리고 제1부상 방에 도청 장치가 설치돼 있는지, 컴퓨터망과 전화선에 어떤 장치가 부착되지 않았는지 등을 확인하며 방을 샅샅이 탐지했다. 수사가 몇 개월 동안 비밀리에 진행됐지만 용의자를 찾을 수 없었다. 북한에는 CCTV가 없기에 그들의 행방과 얼굴 모습에 대해 특정할 수 없었다. 지문 등 단서가 될 만한 것도 없었다.

외무성 제1부상 사무실에 김정은과 연결된 전화기와 컴퓨터가 있다는 것, 매달 1번씩 통신선로 점검을 위해 통신 군관들이 제1부상 방에 온다는 것, 그들이 정확히 김계관의 사무실을 겨냥했다는 것은 신원불명자들이 외무성 청사 내부를 손금 보듯이 구체적으로 알고 있었으며, 사전 모의훈련도 했다는 것을 시사했다. 외무성 직원 중 스파이가 있거나 해외 정보기관과 연계된 누군가가 내부 구조에 대한 비밀을 누설하지 않고는 이런 사건이 발생할 수 없다. 용의자들을 찾는 것은 '서울에서 김 서방 찾기'였다. 이 사건은 미해결로 아직도 수사가 현재진행형이다.

외무성에서는 CCTV를 구매하기 위한 장비구입대표단을 구성했다. 단장으로 중국 주재 북한대사관 영접 참사이던 김기두가 임명됐다. 대표단은 보안을 위해 베이징뿐 아니라 지방 도시 톈진에 내려가 설비, 자재를 동시에 구매했다. 한곳에서만 물자를 구매하면 도청, 해킹 등 전자기기에 문제가 생길 수 있었다. 대표단은 구매를 완료한 후 물자들을 평양에 가져왔다. 2015년 가을 외무성 곳곳마다 CCTV가 설치됐다. 외무상과 제1부상 사무실 출입문과 사무실 내부에도 CCTV를 설치했으며 퇴근한 후에도 내부를 계속 감시하도록 했다.

외무성 직원들은 "왜 느닷없이 CCTV가 설치되고 항시적 감시 속에 불편을 느껴야 하는지 모르겠다"는 탄식이 나왔다.

청사에서 날아간 이상한 전파… 외무성에 '간첩' 있다

2016년 1월 어느 날 밤, 나는 국 당직 근무를 서고 있었다.

독자의 이해를 돕기 위해 외무성 지역담당국 당직근무제에 대해 먼저 언급한다. 2006년 10월 9일 제1차 핵실험 직후 김정일은 '핵실험에 대한 국제사회의 반응을 실시간으로 장악·보고할 데 대한 지시'를 외무성에 하달했다. 당시 외무성 제1부상이던 강석주는 유엔 회원국의 동향을 김정일에게 신속히 보고할 수 있도록 철야 당직 근무를 조직했다. 아시아, 유럽, 중동, 아프리카, 아메리카 등 지역 담당국에 당직 근무를 신설한 것이다. 지역담당국 당직 근무자는 매일 저녁 8시부터 다음 날 아침 8시까지 해외 공관에서 올라오는 담당 나라의 '대조선 동향'을 정리해 보고했다. 몇 달이면 없어질 줄 알았던 당직근무제는 정세 악화로 계속 이어졌다. 핵실험과 미사일 발사는 외무성의 노동강도를 키웠다.

나는 당직 근무를 서면서 김정은의 2016년 신년사를 외웠다. 김정은은 집권한 2012년부터 TV로 신년사를 했다. 김일성이 사망한 이듬해인 1995년부터 2011년까지 17년간 김정일은 한 번도 육성으로 신년사를 내놓지 않았다. 김정일은 아버지 김일성과 다르게 성격이 내향적이고 키도 작았으며 대중 앞에서 연설하기를 꺼렸다. 북한 주민의 기억에서 사라진 신년사는 2012년 김정은 시대에 들어서면서 부활했다. 김정은이 신년사를 하면 노동당의 노_老간부부터 시작해 노동자, 농민에 이르기까지 누구도 예외 없이 신년사의 기본 내용을 100% 통달해야 했다. 그래서 나도 당직 근무를 서면서 신년사를 암송하느라 여념이 없었다.

밤 11시경 사무실에 전화 종소리가 요란히 울렸다. 경비책임자인 신홍철 부상_{현 러시아 주재 북한대사}에게서 온 전화였다. 신홍철은 나에게 국가보위성에서 사람들이 올 것이니 조용히 동행하라고 말했다. 나는 영문도 모르고 "알았다"고 대답했다.

자정이 넘은 새벽 1시, 사복 차림을 한 국가보위성 전파감독국 군관 3명이 외무성으로 들어왔다. 외무성 담당 보위원이 후문에서 그들을 맞이했다. 국가보위성 요원들은 외무성 담당 보위원과 함께 청사 2층 영사국으로 향했다. 그들은 가지고 온 장비를 가동하면서 무엇인가를 찾고 있었다.

나는 옆에 있던 외무성 담당 보위원 박림에게 도대체 무슨 일이냐고 물었다. 담당 보위원은 나와 친한 사이였다. 북한에서 해외 출장자는 자신이 일하는 기관 담당 보위원에게 출장 기간 사업 내용에 대한 보고서를 작성해 제출해야 한다. 그런데 이런 총화를 무난히 넘기려면 담당 보위원에게 담배, 술, 커피를 선물로 주는 게 관례다. 북한에서 담배와 술은 뇌물로 취급되지 않아 공개적으로 선물한다. 담배는 장마당에 내다 팔면 즉시 현금으로 전환된다. 특히 말보로, 세븐스타 등 외국 담배일수록 가격이 높다. 간부의 등급에 따라 선물하는 담배의 급수도 달라진다. 간부들은 담배를 피우지 않고 장사꾼에게 넘겨 현금을 챙긴다. 장마당에서 거래되는 말보로, 세븐스타는 계속해서 간부들과 장사꾼을 돌고 돈다. 나는 해외 출장을 다녀오면 담당 보위원이 오라 가라 괴롭히는 것이 번거로워 아무래도 줄 것인데 빨리 주자고 생각하고, 먼저 찾아가 공손히 담배와 커피를 주곤 했다. 그런 인연으로 박림은 나를 좋게 대해줬고, 동갑내기라 차츰 친하게 지냈다.

박림은 나에게 며칠 전 외무성에서 이상한 전파가 송신됐다면서 정확한 발신 위치를 찾으려고 국가보위성 전파감독국 전문가들이 왔다고 말했다. 국가보위성 전문가들은 건물의 동쪽 방향 맨 끝에 위치한 방을 1층부터 5층까지 확인했다. 구석구석 기계장치를 사용해 검사했다. 자신들끼리 소곤거리며 말하고 나서는 2층에 위치한 영사국을 집중적으로 훑었다. 일은 새벽 3시에 마무리됐다. 나는 어안이 벙벙했다. 나는 박림에게 여기서 전파를 내보내더라도 출력이 높지 않으면 멀리 못 가기에 별일 아니지 않느냐고 말했다. 내가 근무한 시리아 주재 대사관이 중동지역의 통신기지국 역할을 했기에 송수신과 관련한 약간의 지식은 갖고 있었다. 그는 나를 향해 천진하다고 조롱하듯 웃으면서 말했다.

"이 전파를 잡은 또 다른 간첩이 있다고 생각해 봐. 그놈이 해외 출장을 나가서 첩보기관 스파이와 접선해 정보를 넘겨줄 수 있지. 방법은 여러 가지야."

평양 한복판 외무성 청사에서 이상한 전파가 날아올랐다는 것은 직원들 사이에 해외 정보기관과 내통하는 '간첩'이 있다는 것이었다. 나는 첩보영화 같은 일에 등골이 오싹했다.

최선희 북미국장 인사 둘러싼 알력 다툼

2016년은 외무성의 간부사업^{인사 업무}이 활발한 해였다. 북미국장 최선희, 스위스 주재 대사 한대성, 블라디보스토크 주재 총영사 조석철 등의 간부사업이 이뤄졌다.

당시 공백이던 북미국장 자리에 최선희 부국장이 거론되고 있었다. 외무성에서 가장 중요한 북미국장 자리는 미국 전문가가 아니면 감당하기 어렵다. 김계관 제1부상은 미국을 잘 아는 최선희 부국장이 적임자라고 보고 간부사업을 추진했다. 그런데 중앙당 간부부에서 최선희가 이혼한 이력이 있기에 국장으로 적합하지 않다고 부결했다. 북한에서는 가정혁명화도 간부 등용에서 중요한 몫을 차지한다. 이혼한 이력이 있으면 간부사업에서 문제가 됐다. 김계관은 북·미 회담 초기부터 현재까지 북·미 관계를 잘 아는 최선희가 적임자라며 중앙당 간부부 책임일꾼들을 설득했지만 마이동풍이었다.

스위스 주재 북한대사 한대성의 간부사업도 중앙당 간부부에서 부결됐다. 자식이 없기에 외교관의 해외 파견 원칙에 어긋난다는 것이다. 해외에 나가려면 평양에 남을 인질이 있어야 했다. 한대성의 아들은 익사 사고, 딸은 심장 수술 중 불상사로 세상을 떠났다. 본처도 유방암으로 사망했다. 몇 년간 홀아비로 지내다가 독신인 여성과 재혼했는데 둘 사이에는 자식이 없었다.

김계관은 노동당 간부부 외무성 담당 부부장 허철만에게 "이 사람은 이래서 안 되고, 저 사람은 저래서 안 되면 누가 외교 1선에서 공화국을 수호하겠는가. 해마다 우리 인권 문제가 거론되는 제네바는 인권 대적 투쟁의 전초선이나 다름없다. 적들과 맞서 싸울 만한 배짱과 외교적 수완을 가지고 있는 재사들을 보내야 하는데 인권 전문가인 그보다 더 적합한 인물은 없다"고 말했다.

허철만은 간부사업 원칙에는 어긋나지만 외무성 당위원회에서 한대성의 당 생활을 보증한다면 담당 부부장으로서 임명을 강하게 주장하겠다고 이야기했다. 그가 외무성 당위원회의 보증을 요구한 것은 훗날 탈북과 같은 정치적 문제가 발생했을 때 발뺌하기 위한 보험과 같은 것이다. 당 간부부가 외무성 초급당위원회에 한대성의 당 생활 보증을 요구했지만 당비서 허철^{허담 전 노동당 국제비서의 아들}은 이를 거절했다. 허철은 "내가 한대성 부국장과 같이 생활한 적도 없는데 그의 당 생활을 어떻게 보증하나. 그가 탈북하면 내가 책임지라는 말인가. 당에서 제정한 해외 파견 원칙에 맞게 간부사업을 하면 될 것 아닌가. 보증을 설 수 없다"고 반발했다.

김계관은 "한대성이 반당 행위를 했소? 우리가 수십 년을 함께 일하면서 사람됨을 잘 알지 않소. 당비서가 자기 사람을 책임지지 못하겠다면 내가 책임지겠다고 말하시오"라면서 격한 심정을 누르지 못했다. 김계관은 김정은이 전화를 걸어온 기회를 이용해 여러 제약 조건 때문에 외교관들을 적재적소에 배치하지 못하고 있다면서 관련 내용을 상세하게 보고했다. 김정은은 김계관이 자기 사람들을 책임지겠다는 태도가 긍정적이라면서 내가 비준할 테니 그 사람들의 간부사업 문건을 직접 올려보내라고 했다.

김정은이 비준한 간부사업 문건은 형식적 절차로 노동당 간부부 담당 비서인 김평해에게 하달됐다. 간부부는 김정은의 비준이기에 군말 없이 외무성 간부들을 임명했지만 전문 부서인 자신들을 무시하고 월권행위를 한 김계관을 별렀다.

2016년 9월 리광일 전 체코 주재 북한대사이 궁석웅 유럽 담당 부상 후임으로 임명됐다가 3일 만에 부상에서 해임돼 평양시인민위원회 대외사업과 부원으로 강직 직위 강등됐다. 이유는 2년 전 겹사돈이 된 김계관과의 친척관계를 말하지 않았다는 것이다. 북한에서는 '당의 유일적 영도체계 확립 10대 원칙'에 따라 종파의 온상이 될 수 있다는 이유로 친척들은 한 직장에서 일할 수 없다. 물론 예외가 되는 경우가 있지만 대부분은 그렇다. 다만 간부사업 문건에 오르지도 않는 겹사돈 관계로 피해를 보는 것은 전례 없는 일이었다.

노동당 간부부는 김계관에 대한 복수를 외무성 리광일에게 토해냈다. 리광일은 일생을 바쳐 온 직장에서 쫓겨났다. 이 일을 두고 외무성 직원 사이에서 말이 많았다. 직원들을 끝까지 책임지고 지켜주는 모습을 보인 김계관은 '우리 제1부상'으로 일컬어졌다.

베이징 공연 직전 평양으로 되돌아간 모란봉악단

2015년 12월 중국공산당 대외연락부 초청으로 북한 예술단이 중국을 방문했다. 중국공산당 초청으로 이뤄진 방중이므로 북한에서도 노동당 선전선동부 제1부부장 최휘가 대표단을 인솔했다. 모란봉악단과 공훈국가합창단으로 구성된 예술단 단장은 현송월이었다. 2015년 12월 12일 베이징의 국가대극원에서 시연회^{리허설}를 하던 북한 예술단은 갑자기 공연을 취소하고 서우두 공항을 통해 귀국했다. 중국과 북한 모두가 공연 취소 이유를 밝히지 않았지만 국가 간 외교에서는 보기 드문 촌극이 펼쳐진 셈이었다.

북한 예술단의 돌발적 귀국을 막으려고 전 대외연락부장 왕자루이가 숙소인 베이징 민족호텔에 찾아가 최휘와 지재룡 중국 주재 북한 대사를 만나 설득했지만 끝내 떠나가고 말았다. 사연은 다음과 같다.

북한 예술단이 시연회를 하면서 무대 화면에 대륙간탄도미사일이 하늘로 올라가는 장면을 선보였다. 중국공산당 대외연락부 부부장이 그 장면을 없애라고 지적하면서 문제가 심각해지기 시작했다. 모란봉악단과 공훈국가합창단은 리허설을 중지했다. 북한대표단을 책임진 최휘의 발기로 예술인들의 긴급 공개 당총회가 소집됐다. 최휘와 현송월은 한목소리로 이렇게 제안했다.

"대륙간탄도로케트 발사는 주권국가의 합법적인 권리인데 왜 중국 것들이 오만하게 우리에게 감 놔라, 배 놔라 하면서 지시하는가. 더욱이 우리의 모든 공연은 무대 화면에 이르기까지 김정은 원수님께서 직접 지도해 주신 내용이 아닌가. 원수님께서 승인해 주신 공연 프로와 배경 화면은 누구도 바꿀 권리가 없다. 원수님께서 비준해 주신 공연 프로와 무대 화면대로 공연할 수 없다면 차라리 공연을 그만두자. 공연을 중지하고 철수하겠다는 공개 당총회 결정 내용을 원수님께 보고드리자."

중국 주재 북한대사관에서는 대긴급 전보로 김정은에게 상기 내용을 보고했다. 김정은은 "동무들의 결심을 지지한다. 철수를 승인한다"고 회신을 보냈다. 중국공산당 대외연락부가 모란봉악단을 초청한 것은 냉각됐던 북·중 관계를 복원하고자 내린 결단이다. 2014년 시진핑 중국 국가주석의 방한과 2013년 6월, 2015년 9월 박근혜 당시 한국 대통령의 두 차례 방중으로 북·중 관계는 최악으로 치달았다. 당시 외무성 중국 담당 국장 정현우는 평양 주재 중국 대사와 면담한 결과를 보고하는 문건에 "피로써 맺어진 조중 친선"이라는 문구를 썼다가 김정은의 기분을 상하게 해 6개월간 노동혁명화를 다녀왔다

김정은은 시진핑에게 단단히 화가 나 있었다. "중국과는 정면충돌하지 말고 에돌아가라"는 선대의 유훈을 망각했다. 김정은의 정치 연륜이 너무 짧았다. 국가의 전반적 이익을 추구하는 세련된 지도자라기보다는 자기감정을 자제하지 못하는 동시에 폭력적이라는 이미지가 더 컸다. 당시 북한의 돌발 행동은 중국 지도부를 경악시켰고, 시진핑의 외교 리더십에 적지 않은 손상을 줬다. 예술단이 평양에 도착하자 김정은은 이렇게 말했다.

"동무들이 이번에 당의 의도를 잘 파악해 중국 것들에게 본때를 보여주었소. 장하오."

돈 주고 평양으로 '모셔 오는' 러시아 예술단

2015년 8월, 김계관 외무성 제1부상의 호출을 받았다. 서기[비서]의 안내를 받으며 방으로 들어가니 김계관이 기다렸다는 듯이 나를 반기며 어

서 앉으라고 의자를 가리켰다. 김계관은 나에게 당시 미국이 주도한 이란 핵 합의에 대해 이것저것 물어보았다. 그는 1970년대 알제리에서 외교관 생활을 한 경력을 가지고 있어 중동의 문화와 정세를 어느 정도 알고 있었다.

김계관은 상대의 특성에 맞게 대화를 이끄는 노하우가 몸에 푹 밴 회담의 달인이다. 이날도 내 관심사를 배려해 이란 핵 합의를 두고 대화한 것이다. 김계관과 나는 한동네에 같이 사는 이웃이다. 내가 처가에서 살다 보니 당과 국가의 요직에 있는 간부들과 이웃이 되는 행운을 누렸다. 1부상네 집과 우리 처가는 특별한 인연이 있다.

2009년 말, 내 장인이 교통사고로 인한 대퇴골절로 수술을 받기 위해 베를린에 간 적이 있다. 그때 독일 주재 북한대사관에서 근무하던 김계관의 딸과 사위가 지극정성으로 장인의 시중을 들었다. 이날 김계관은 장인에게 전화를 걸었는데, 서기가 지방 출장 중이라고 하더라며 언제 돌아오느냐고 나에게 물었다. 그러곤 김계관이 본론을 얘기하기 시작했다.

김정은의 지시에 따라 러시아 내무군 협주단이 평양을 방문하는 것과 관련된 것이었다. 항공권, 숙식비, 공연비 등의 부담이 커 합의가 이뤄지지 않고 있다며 노동당 창건 기념일인 10월 10일까지 한 달밖에 시간이 없어 내 장인의 도움을 받아야 할 것 같다고 이야기했다. 그제야 김계관이 나를 찾은 이유를 알았다.

김정일 시기에도 러시아의 예술단이 북한을 방문해 지방을 순회하며 공연하거나 북한 예술단과 합동으로 공연한 적이 여러 차례 있었다.

그때마다 외무성이 러시아 예술단의 평양 초청을 교섭했고, 노동당 39호실이 여비·숙박비·공연비 등 방북 비용을 부담했다. 내무군 협주단, 모이세예프 국립아카데미 민속무용단, 21세기 관현악단 등 러시아 예술단은 귀빈 대우를 받으며 북한을 방문했다.

2013년 10월 김정은·리설주가 관람한 21세기 관현악단의 공연도 외무성이 방북을 교섭하고 39호실에서 비용을 지출했다. 러시아 예술단이 한 번 방북할 때 항공비와 호텔 숙식비, 공연비, 교통비 등에 드는 비용은 50만 달러 정도였다.

김계관은 나에게 장인이 지방 출장에서 돌아오면 잘 말씀드려 달라고 당부했다. 다음 날 나는 출장에서 돌아온 장인에게 김계관의 말을 전달하면서 외무성 일이니 좀 도와달라고 간곡히 부탁했다. 장인은 "원수님의 비준 없이 당 자금을 한 푼도 자의대로 쓸 수 없다며 계획 외에 추가로 지출하려면 건별로 보고 올려 비준을 받아야 한다"고 말했다. 그러면서 방도를 이야기했다.

외무성에서 보고 문건을 올릴 때 "러시아 예술단의 방문 비용을 당 39호실에서 받도록 배려하여 주시었으면 합니다. 당 39호실과 합의하였습니다"라는 문구를 써서 김정은의 비준을 받으라고 말했다. 그렇게 되면 비준된 문건이 자동으로 39호실에 배포되니 그때 지출하는 것으로 하자고 약속했다. 외무성에서 김정은에게 보고한 러시아 내무군 협주단과 관련된 문건이 비준돼 내려왔다. 그런데 문건을 본 김정은이 김계관을 전화로 찾아 러시아 예술단 비용 문제는 직접 39호실장에게 과업을 주겠다고 말했다고 한다. 훗날 장인에게 러시아 예술단 비용 문제를 물어보니 전화로 지시를 받았고 원만히 해결됐다고 말했다.

나는 북한이 50만 달러의 방북 비용을 전액 부담하면서 러시아 예술단을 평양에 초청하는 사실을 그때 처음 알았다.

김일성·김정일기금 헌금액으로 충성도 평가

2016년 태양절을 앞둔 4월 어느 날이었다. 외무성 당위원회 부원인 김모 씨가 구내전화로 나를 찾았다. 우리는 평양외국어학원 동창생으로 학창 시절 둘도 없는 친구였다. 그는 나에게 꼭 알려줘야 할 문제가 있으니 퇴근 시간에 자기 방으로 오라고 말했다. 퇴근 시간에 맞춰 찾아갔다.

그는 "지금 너의 해외 파견과 관련한 간부사업이 진행 중인 것 같다"며 간부처에서 내 당 생활평정서와 김일성·김정일기금기부 내용을 요구했다고 말해줬다. 다행히 자신이 전화를 받았기에 김일성·김정일기금기부 내역을 알아봤는데 내 기부금이 연간 100만 원도 안 된다고 했다. 그는 "전국 당위원회에서 '김일성·김정일기금기부 대장'을 만들어놓고 그에 근거해 개인의 충성심을 평가하는 당생활평정서를 작성한다"면서 "간부사업에서도 기금에 얼마만큼 기부했는지에 따라 당원의 충성심을 평가한다"고 말했다. 그러면서 "이번 태양절을 계기로 추가로 기부금을 더 바쳐야 할 것 같다"고 힌트를 주었다.

내가 다른 사람들은 얼마나 기부하느냐고 묻자 해외 생활 경력이 있는 사람들은 연간 300만 원가량이라고 알려주었다. 김일성·김정일기금이 생겨난 것은 2012년이다. 김일성·김정일기금위원회라는 새로운 기관이 창설됐고, 이곳을 통해 김일성·김정일 부자의 시신 보존과 금수산태양궁전 관리에 필요한 자금을 주민들로부터 빨아들였다. 북한에서는 숨 쉬는 사람이라면 누구나 김일성·김정일기금에 헌금해야 한다. 자발적으로 내는 게 원칙이기에 기부금을 강요하지 않는다. 하지만 이를 통해 충성심이 평가된다.

김일성·김정일 부자 시신이 안치된 금수산태양궁전의 재건축 비용만 수억 달러가 소비됐다. 방부처리 비용만 연간 40만 달러다. 시신 방부처리를 위해 초청하는 러시아 기술자들에게 비즈니스 항공권과 숙식비, 체류비를 제공한다. 주민들이 피땀 흘려 번 외화를 나라의 부강 발전을 위해 쓰는 것이 아니라 개인의 우상화를 위해 탕진하는 셈이다. 김정은은 백두혈통으로 이어지는 3대 세습의 정당성을 강조하고자 이들의 시신을 활용한다.

김일성·김정일기금에 헌금하지 않으면 불이익을 받을 수 있기에 나 몰라라 할 수 없는 게 현실이다. 당시 북한 주민의 평균 월급이 2500~4000원, 시장환율은 1달러당 8300원이다. 월급이 4000원이라고 해도 0.5달러가 되지 않는다. 월급만 가지고는 도저히 살아갈 수 없는 경제구조지만 당 일꾼도, 무역일꾼도, 장사꾼도 김일성·김정일기금에 기부하고 있다. 돈에 의해 충성심이 평가되고 돈에 따라 국가 수훈도 하사하는 북한이 더 철저한 자본주의가 아닌가 하는 생각도 든다.

북한에는 김일성·김정일 부자의 동상과 석고상, 흉상이 3만여 개 있다. 도·시·군 소재지뿐 아니라 공장, 기업소, 협동농장에도 동상이 서 있다. 주택가에 전기를 공급하지 못해도 동상 주변에는 전기가 들어가야 한다. 그러지 않으면 그 지역 당 책임비서는 동상 보존 관리를 잘못한 죄로 처벌받는다. 주민들은 매일 저녁 자기 지역에 있는 김일성·김정일 부자의 동상 보위를 위해 경비도 선다.

김일성·김정일 부자는 죽어서도 '영원한 수령'으로 군림하고 있다.

당 세포비서는 북한판 '홍위병'

2015년 4월 어느 일요일이었다. 오전 국 당직 근무를 마친 나는 탁구를 치려고 외무성 체육관으로 향했다.

해마다 4월이면 모든 성·중앙기관에서 연례적으로 태양절 기념 체육대회가 열린다. 외무성에서도 배구, 탁구, 줄다리기, 국방체육 등 종목을 선정해 국별로 조를 만들어 경기를 진행한다. 1등, 2등, 3등을 쟁취한 국에는 등수에 맞게 상품도 시상했다. 나는 국 탁구선수로 선발됐다. 체육관에 들어가니 당위원회 부원으로 근무하는 내 친구가 탁구 경기를 하고 있었다. 나와 6년 동안 평양외국어학원에서 같이 공부한 동창생이다. 몇 시간 동안 땀을 내며 탁구를 친 후 퇴근길에 올랐다. 땀도 식힐 겸 시원한 맥주를 마시자고 그에게 말했다. 우리는 맥줏집에 들어갔다. 그는 나에게 뭔가를 말하려고 별렀던지 "너 요즘 말이 많더라"라고 운을 뗐다.

"뜬금없이 무슨 말이야?"

"너 요즘 장인이 행사파티에 참가했다느니, 그 행사에 어느 간부들이 참가했다느니, 원수님께서 무슨 말씀을 하셨다느니, 어느 간부가 무슨 직위에 임명될 것 같다느니 하면서 할 말, 못할 말 막 쏟아낸다더구나. 간부사업 비밀이 노출되면 해당 간부사업이 중단된다는 당내 규율을 모르니? 너도 입 덕에 망한 사람들 많이 봤지?"

그가 계속해서 나에게 충고했다.

"너 세포비서가 무슨 일 하는 사람인지 알지? 세포에 속한 당원들의 발언과 행동을 장악해 매일 당위원회에 보고하는 사람이 세포비서야. 네 세포비서 송창식_{알제리 주재 대사로 근무 중 사망}이 당위원회에 너에 대한 안 좋은 내용을 보고하고 있단 말이야. 네가 구설에 오르는 걸 보고만 있을 수 없어 말해주는 거다. 제발 입 좀 조심해."

곰곰이 생각하니 간부사업에 대해 아는 척하면서 한 말이 많았다. 김씨 일가와 고위 간부에 대한 주민들의 동향은 당과 보위부 라인에서 귀를 도사리는 첫째가는 관심사다. 전국의 당 세포비서들은 매일 오후 4시가 되면 세포당원들의 사업 내용과 동향을 초급당위원회에 보고한다. 누가 언제, 어디서, 어떤 내용으로 발언했다는 것을 매일 초급당위원회 담당부원을 찾아가 일보로 보고한다. 이것을 세포당원들의 '동향보고'라고 한다. 세포 내 당원들의 동향을 2건 이상 보고해야 하기에 세포비서는 때로는 사람들과 함께 맞장구를 쳐가면서 당 정책에 대한 불평불만을 유도하기도 한다. 비밀을 염탐하기 위해 적진 속에 침투한 간첩과도 비슷하다. 당 세포비서들은 해마다 세포 내 당원들의 사상 동향을 내용으로 하는 '연간 당생활평정서'를 작성해 당위원회에 제출한다. 직원 대부분은 약점을 드러내지 않으려고 당 세포비서들과 거리를 두고 생활한다. 외무성 직원들은 당 세포비서를 '홍위병'이라는 은어로 부른다. 이야기하다가도 세포비서가 다가오면 "홍위병 온다"라면서 하던 말을 끊고 다른 이야기로 주제를 돌린다.

2017년 9월, 내가 대사관 초급당비서를 겸임할 때였다. 전 당비서가 유엔 안보리 대북제재에 의해 대사관 인원이 축소돼 귀국하면서 당에서 나를 초급당비서로 임명한 것이다. 나는 당 일꾼을 해본 적도 없어 사실 아무것도 몰랐다. 매일 저녁 6시 쿠웨이트 주재 7개 건설회사 초급당비서들이 대사관 초급당비서 방으로 모였다. 사업 보고 시간이었다. 회사별로 노동자들의 사상 동향, 유동 인원, 사고 유무를 보고한다. UAE와 카타르에서도 쿠웨이트 주재 북한대사관 초급당위원회 앞으로 보고가 올라온다. 대사관에서는 일보를 종합해 평양에 보고한다. 나는 2년간 대사관 초급당비서 노릇을 하면서 이렇게까지 보고 체계가 정교하고 촘촘한지 처음 알았다.

거미줄 같은 통제·감시 시스템이 지금도 김씨 세습 독재체제를 지탱하는 요소로 작용하고 있다.

인터넷이 끊기면 평양은 어떻게 교신하나요?

2022년 2월 한 미국인의 해킹으로 조선중앙통신을 비롯한 북한 언론 사이트가 열리지 않는 사건이 발생했다.

한국 한 언론사의 북한 전문 기자가 나에게 인터넷이 마비되면 평양과 해외 주재 북한대사관은 어떻게 통신하느냐고 물었다. 신경이 마비되면 신체가 어떻게 움직이냐는 질문이었다. 나는 그에게 북한 외무성은 무전기로 교신하기에 인터넷 중단의 영향을 받지 않는다고 말해줬다. 해외 주재 북한대사관은 아직도 안테나를 이용해 전파를 송·수신한다. 북한 전문 기자는 지금 같은 문명시대에 무전기로 교신하는 것이 믿어지지 않는다며 놀라워했다. 나도 놀라운데 그가 놀라지 않으면 정상이 아니다.

지금 해외에 주재하는 북한의 다른 부서나 기관은 e메일로 교신한다. 유독 외무성만 대사관 건물 옥상에 큰 안테나를 세우고 구닥다리 무전기를 사용한다. 평양시 만경대구역에 외무성 대외통신국 산하 통신결속소에 굉장히 큰 미국산 안테나가 여러 개 설치돼 있다. 이 안테나로 해외 주재 모든 대사관과 암호 전문을 송·수신한다. 아이러니하게도 북한은 '미국 제국주의'가 만든 세계 최고의 고성능 안테나를 쓰고 있다. 각국 주재 북한대사관에서도 미국산 안테나를 사용한다.

평양은 중국, 러시아, 시리아 등 중계지로 지정된 대사관을 통해 각국 주재 대사관에 암호 전문을 송·수신한다. 거리가 먼 평양까지 전파를 보내려면 지역마다 중계지를 만들어야 한다. 유럽에 있는 대사관들은 러시아 주재 북한대사관을 중계지로 이용하고 있다. 중계지 역할을 하는 대사관에는 외무성 대외통신국에서 파견한 전문 무전수가 일한다. 이들은 담당한 지역의 여러 대사관과 교신 시간을 정해놓고 그 시간에 맞추어 송·수신한다.

다수의 대사관에서는 외교관 부인이 무전 업무를 맡는다. 무전을 통해 송·수신하는 암호 전문은 변신 업무를 맡은 대사 부인을 통해 해독된다. 북한은 '고난의 행군' 시기인 1990년대 중반부터 자금난에 직면하면서 긴축정책을 실시했고, 중계지 대사관만 남겨두고 다른 대사관에서는 무전수 직제를 없앴다. 외교관 부인은 변신이나 무전 업무를 맡아도 월급 없이 무보수로 일한다.

쿠웨이트 주재 북한대사관에 무전 업무를 맡은 서기관 부인이 있었다. 2017년 9월 유엔 대북제재로 쿠웨이트 주재 북한대사관 외교관이

10명에서 4명으로 줄어 업무 부담이 배로 늘었다. 무전 변신 업무를 맡은 서기관 부인은 남편과 아이를 뒷바라지하면서 무전 해야 하니 매우 힘들어했다. 2018년 4월 서기관 부인이 둘째 아이 출산을 위해 병원에 입원했다. 나는 대사관 식구가 한 명 더 늘어난다는 소식에 기뻐했지만 한편으로 대사관 무전은 어떻게 할지 걱정이 앞섰다.

당 고위간부 태우고 덜커덩 멈춘 엘리베이터

한국에 와서 북한 관련 뉴스를 접할 때마다 평양시에 살림집^{주택} 건설 착공식이 열렸다는 소식을 자주 듣는다.

2020년 김정은이 첫 삽을 직접 뜨며 평양종합병원 건설의 시작을 알리더니 2021년 3월 평양시 사동구역 송신·송화지구 살림집 건설 착공식, 2022년 2월 평양시 화성지구 1만 세대 살림집 건설 착공식이 열렸다. 2021년 9월에는 평양시 보통강구역 경루동에 800세대 다락식 주택단지를 완공했다.

김정은이 주택 문제를 해결한다면서 노동당 제8차 대회에서 앞으로 5년간 평양시 5만 세대 살림집 건설을 선포했다. 한계점을 초과한 평양의 인프라가 5만 세대 아파트 대단지를 버텨내기 어렵다. 아파트 단지를 건설할 때는 배전소를 비롯한 전기공급망과 지하철, 버스와 같은 대중교통망, 도로망, 급수탱크, 상하수도망, 오수정화장 등 인프라가 중요하다.

지금의 평양시 상하수도망과 전력공급망은 1960년대 완성된 인프라여서 구조적으로 많은 용량을 수용하기 힘들다. 하수도 용량은 제한돼 있는데 오수의 양을 고려하지 않고 아파트 단지만 늘리는 꼴이다.

북한 도시경영성 전문가들에 따르면 오수는 위에서 아래로 내려오는 흐름식이지만 급수는 양수기를 이용해 높은 곳으로 올려보내야 하기에 처리가 더 어렵다고 한다. 양수기를 돌리자면 전기가 있어야 하는데 북한에서 절대적으로 부족한 것이 전기다.

한국에서는 고층일수록 집값이 높고 저층일수록 저렴하다. 북한은 정반대. 고층에 사는 사람들의 불편함은 이루 말할 수 없다. 화장실에서 용변을 여러 번 본 후 한 번에 내려보낼 것, 쌀뜨물도 버리지 말고 모아두었다가 화장실에서 이용할 것 등은 고층에 사는 주민들의 기본적인 생활 매뉴얼이다. 엘리베이터도 문제. 엘리베이터는 출퇴근 시간에만 2시간씩 작동하는데 전압이 낮아 4명 넘게 탈 수 없다. 신흥 부유층인 '돈주'들은 로열층인 3~6층을 선호한다.

2010년 어느 날 장인과 함께 출근하는데 엘리베이터 안에 노동당 작전부장 오극렬이 타고 있었다. 장인과 오극렬이 인사를 나누는데 아래층에서 김양건 노동당 통일전선부장이 탔다. 그런데 엘리베이터가 정전으로 2층에서 덜커덩하고 멈췄다. 순간 엘리베이터 안이 새까맣게 돼버렸다. 오극렬이 "전기 사정이 굉장히 어려운 모양이로구먼. 여기까지 정전이 되는 걸 보니!"라고 말했다. 김양건이 휴대전화로 아들을 찾아 건물관리반에 빨리 알리라고 말했다.

노동당 중앙위원회 부장들이 사는 아파트도 정전이 되는 상황이니 평양의 전기 사정이 얼마나 어려운지 짐작할 수 있다.

PART 2

백두혈통

통제받지 않는 권력, 1
백두혈통

"주애는 나에게 포도당이야" 김정은의 딸 김주애

김정은의 가족은 항상 베일에 싸여 있다. 김정은의 자녀 중 언론에 공개된 자녀는 김주애가 유일하다. 그래서 김정은에게 후계자가 될 아들이 있는지, 자식은 몇 명인지에 대한 관심이 뜨겁다. 김주애 위에 아들이 있다는 이야기가 여러 뉴스를 통해 나왔다. 물론 김주애가 맏이냐, 김정은에게 아들이 있느냐 하는 문제를 논하는 것이 의미 있는 일은 아니다.

그러나 북한 정권에서 후계자가 누가 되는지는 북한의 현재와 미래를 예측하는 데 중요한 문제다. 더욱이 핵을 보유한 북한이 우리 안보에 실질적 위협이 되는 상황에서 결코 무관한 일이 아니다. 그래서 한국뿐 아니라 여러 나라에서 김정은의 자녀들에 대한 관심이 커지고 있다.

세상의 모든 아버지처럼 김정은도 딸 주애에 대한 사랑과 애정이 남다르다. 2015년 9월, 나의 장인은 대동강 유람선 '무지개호' 개관식 행사에 참석했다. 이 행사에 김정은이 리설주와 함께 어린 김주애를 안고 나왔다. 이 유람선의 이름인 '무지개호'는 김정은이 대동강의 칠색 영롱한 무지개 같다며 지어준 이름이었다.

당시 김주애의 나이는 두 살 반이었다. 행사에 참가한 간부들이 서로 김주애를 안아보겠다고 팔을 내밀었다. 그때 맨 앞에 서 있던 김경옥 당 조직지도부 제1부부장^{군 당생활지도 담당}이 김주애를 품에 안았다고 했다. 그런데 주애가 그의 얼굴을 보고 기겁을 했는지 울음을 터뜨렸다고 했다. 김경옥은 입이 커서 간부들 사이에서 '메사구^{메기} 입'이라는 별명으로 불렸다. 아마도 못생기고 입이 큰 그의 얼굴을 보고 기겁한 모양이었다.

그래서 다음에 서 있던 장인이 김주애를 안았는데 낯가림을 하지 않았다고 했다. 그때 주애를 지켜보던 김정은이 "우리 애도 돈 많은 사람이 실장 아바이라는 걸 아는 모양이오"라고 말해 장내가 웃음바다가 됐다고 장인은 전했다.

장인은 훗날 주애를 안고 찍은 기념사진을 집에 가져왔다. 나는 그때 김주애의 얼굴을 처음 봤다. 사진 속 주애는 옛 일본식 교복인 세라복^{세일러복}을 입고 있었고, 목에는 북한 소년단원들이 착용하는 붉은 넥타이^{스카프}를 매고 있었다. 사진 뒷면에는 장인이 직접 적은 '주애^{主愛} 공주님과 함께'라는 문구가 있었다. 내가 이름의 뜻을 묻자, 장인은 "원수님께서 '만 사람의 사랑을 독차지하는 예쁜 딸이 되라'는 의미에서 주애라고 이름을 지었다고 말씀하셨다"고 전했다.

2014년 1월 8일은 김정은의 생일 30주년이 되는 날이었다. 김정은은 장인^{전일춘}을 포함해 황병서와 김양건, 김원홍 등 고위 간부 4명을 초대소로 초청했다. 김정은은 이들과 함께 사우나에서 땀을 한껏 뺀 뒤 저녁 식사 자리를 가졌다. 장인은 그 자리에 있었던 일을 내게 들려줬다.

김정은은 "국정 운영을 혼자 맡아 하자니 정말 힘에 부친다"면서 "모든 걸 다 집어치우고 싶을 때도 있다"고 속내를 털어놨다고 했다. 김정일은 아버지 김일성의 그늘 아래에서 20년간 차분하게 권력을 승계했다. 그러나 김정은의 후계자 수업 기간은 매우 짧았다. 그는 아버지 김정일이 사망한 후 4개월 만에 당·군대·정권의 모든 권력을 차지했으나, 국정 운영은 녹록지 않았다. 그날 김정은은 주애에 대해 이렇게 말했다고 했다.

"집에 들어가면 우리 주애가 막 기어 나와 내 품에 안기는데, 내가 포기하면 앞으로 저 아이의 운명은 어떻게 되겠나 싶어 온 정신을 가다듬지. 저 애의 미래를 위해서도 내가 나약해지면 안 되겠구나 하는 자각으로 나를 다잡아. 주애는 나에게 포도당이야."

앞으로 김주애가 후계자가 될지는 나 역시 단정할 수 없다. 다만 내가 직접 본 사진과 장인에게서 들은 이야기만 놓고 보더라도, 김정은의 김주애에 대한 애정이 각별하다는 점, 그리고 부녀 관계가 상징적으로 활용되고 있다는 느낌은 분명했다.

목란관에서 열린 김여정 결혼식 "공주님 남편이 미남이더라"

2013년 3월 초, 시리아에서 근무하던 나는 출장차 평양에 다녀오게 됐다. 그보다 한 달 전, '부모 따라 해외에 나가 있는 학령기 아동을 2월 말까지 들여보내라'는 평양의 지시가 내려와 아내가 딸을 데리고 먼저 들어가 있었다. 학령기 아동은 무조건 귀국시켜 소학교(초등학교)에서 우리말을 가르쳐야 한다는 것이 김일성의 교시였다. 그러니 누구에게도 에누리가 없었다. 평양에 도착해 오랜만에 아내와 딸, 장인, 장모를 모두 함께 만나니 반가웠다.

며칠 뒤, 장인과 장모가 새벽이 되도록 집에 들어오지 않았다. 두 분이 함께 행사에 초대받는 일은 흔치 않았다. 처가에서는 장인이 김정은과 함께 참석하는 자리를 '행사파티'라고 했다. 우리는 보통 장인이 돌아올 때까지 기다렸지만, 그날은 새벽 가까이 소식이 없어 결국 먼저 잠들고 말았다. 두 분은 새벽 4시가 넘어 날이 훤해져서야 집에 돌아왔다. 그런데 장인의 얼굴이 새벽이라고 믿기지 않을 만큼 밝고 행복해 보였다. 장인은 궁금해하는 아내를 보며 말했다.

"오늘 여정 공주님이 결혼식을 했단다."

사실 장인과 장모는 집 안에 도청 장치가 돼 있기 때문에 항상 말을 아꼈다. 행여 궁금증이 있거나 물어볼 내용이 있어도 정치적으로 예민한 질문에는 절대 답하지 않았다. 그런데 그날은 장인이 흥분돼 먼저 말을 꺼냈고, 나와 아내는 궁금증이 폭발했다.

"어디서 했어요?"

"목란관."

"공주님은 누구와 결혼했나요? 신랑은 잘생겼나요?"

북한 고위 간부들은 김주애가 태어난 뒤 일정 기간까지 김여정에게 '공주님'이라는 호칭을 썼다. 김정일이 살아 있을 때 김여정의 호칭이 '공주님'이었기 때문이다.

"공주님 남편이 미남이더라. 공주님과 김일성종합대학 동창이라고 하더라고. 결혼식에서 장성택 부장이 신랑에게 '인민군 총정치국 군관으로, 군사칭호^{계급}는 소좌!' 하면서 신분증까지 수여했어."

김일성종합대학 경제학부 특설반에서 김여정과 함께 공부했으니, 남편은 아마도 졸업 후 인민군 총정치국 군관으로 졸업 배치를 받은 것 같았다.

장인은 결혼식 당시 김정은과 리설주는 결혼식 내내 기뻐했다고 전했다. 전통에 따라 신랑 신부가 하객 한 사람 한 사람에게 술을 따라 감사 인사를 올렸고, 전반적 분위기는 장성택이 주도했다고 했다. 장성택은 2002년 한국을 방문해 폭탄주를 배워온 뒤 '행사' 때마다 출입문 앞에서 잔을 비우게 했다. 주량이 약한 일부 간부들은 독한 술과 맥주를 섞은 폭탄주를 마시고 그 자리에서 쓰러지기도 했다. 김정일은 "그 남조선 폭탄주 때문에 간부들이 초절임 배추처럼 늘어져 있어 이야기할 재미도 없다"며 적당히 하라고 했지만, 장성택은 "남자는 취했을 때 취중의 진담이 나온다"며 계속 밀어붙였다.

그 습관은 김여정의 결혼식에서도 나타났다. 장성택이 신랑에게도 도수 높은 양주와 맥주를 섞은 폭탄주를 권했고, 김경희가 말려도 "우리 조카사위가 얼마나 담이 큰가 보자"라며 잔을 내밀었다고 했다. 신랑이 한 컵을 단숨에 비우자 모두가 손뼉을 쳤고, 장성택은 "주량이 도량"이라며 술을 잘 마시는 상남자라고 추켜세웠다고 했다.

장인은 2012년 4월 김정은과 리설주의 결혼식 때도 장성택이 너스레를 떨며 분위기를 이끌었다고 기억했다. 그날 김정은과 리설주는 부부 이중창으로 '축배를 들자'를 불렀고, 김경희가 가문의 연장자로서 축사를 했다. 김정철 부부도 참석했지만, 말없이 조용히 앉아 있었다고 했다. 김여정의 결혼식에서는 모란봉악단이 축하 공연을 했고, 마지막에는 참석자 전원이 '세상에 부럼 없어라'를 함께 부르며 막을 내렸다고 했다. 며칠 뒤 장인이 결혼식 사진을 가져왔는데, 김여정은 한복을 입고 있었다.

북한에서는 보통 부모 중 한쪽이 상을 당하면 결혼 같은 집안 대사를 미루는 경향이 있다. 유교문화의 영향이 큰 탓이다. 김일성 사망 이후에는 3년간 결혼식이 사실상 사회적으로 금지된 적도 있었다. 법적 강제는 아니었지만 모두가 상제喪制의 심정으로 애도했고, 그 기간에 결혼 같은 큰일을 미루는 분위기였다. 그래서 혼기가 찬 젊은이들이 집에서 작은 축하 모임으로 대신하기도 했고, 분위기 탓에 혼인신고·출생신고를 제때 못 하는 비정상적 경우도 있었다.

그런데 김여정의 결혼식은 아버지 김정일의 3년상이 채 끝나기도 전, 1년 만에 모란봉악단까지 동원해 요란하게 치러졌다. 주민들에게는 충성을 강요하면서 정작 자신들은 이중적 삶을 사는 김씨 일가의 면모가 그대로 드러난 장면이었다. 그 뒤로 나는 장인에게서 김여정이 첫째 딸을 출산했다는 이야기를 들었다.

김정은 생모 고용희 묘소에서 만난 김여정 부부

2014년 9월 추석이었다. 해마다 추석이 오면 북한 간부들은 가족별로 대성산 혁명열사릉이나 신미리 애국열사릉을 참배하는 것이 관례였다. 참배 여부가 간부 동향으로 반영돼 김정은에게 보고되기 때문이었다. 추석 전날 밤, 장인은 "내일 다 같이 대성산 혁명열사릉에 인사드리러 가자"고

했다. 추석날 아침, 어린 딸도 나들이 기분에 들떠 어른들을 따라나섰다.

대성산 혁명열사릉에서 헌화를 마친 뒤 장인은 "선군의 어머니 묘소에도 들렀다 가자"고 했다. 지금은 혁명열사릉과 고용희 묘소 참배가 하나의 코스로 묶여 있다. 열사릉 주작봉을 마주하고 오른쪽 길을 따라 내려가면 고용희의 묘소가 나온다. 묘비에는 '선군조선의 어머니 고용희, 1952년 6월 26일생, 2004년 5월 24일 서거'라고 새겨져 있었다. '6월 26일'이라는 글자를 보는 순간, 장인이 들려준 이야기가 문득 떠올랐다.

'고난의 행군' 직후 어느 해 6월 26일, 김정일이 장인을 비롯한 몇몇 간부를 저택으로 불러 이렇게 말했다고 했다.

"우리 집사람 생일이 6·25전쟁 다음 날이라, 해마다 집에서 조용히 지내곤 했소. 고난의 행군 시기 나를 뒷바라지하느라 수고한 집사람에게 고마워 오늘은 특별히 내가 조리한 냉면을 함께 먹자고 동무들을 불렀소. 생일날 미역국을 먹는다고도 하지만, 오래 장수하라는 뜻으로 오늘은 냉면을 먹읍시다."

우리가 헌화하려고 고용희 묘소로 다가가는데 뒤에서 "실장 아바이! 안녕하십니까?" 하는 목소리가 들렸다. 돌아보니 김여정이었다. 마침 김여정이 남편과 함께 어머니 묘소를 찾은 것이었다. 그는 장인과 장모의 손을 잡고 반가워하며 "우리 어머니 묘를 찾아주셔서 감사합니다"라고 말했다. 나와 아내는 TV에서 보던 김여정을 알아보고, 그녀의 남편과 함께 인사를 나눴다. 김여정의 남편은 인민군 상좌 계급장을 단 군복을 입고 있었는데, 키가 180㎝쯤 돼 보였고 이목구비가 단정한 미남이었다.

그 순간 결혼식에서 장성택이 신랑에게 '인민군 총정치국 군관' 신분증을 건넸다는 기억이 되살아났다. 장인은 그가 당시 인민군 총정치국 조직부 군단지도과 담당 부부장으로 근무한다고 알려줬다. 김여정은 잠시 담소를 나눈 뒤 묘소를 떠났다. 장인의 말에 따르면 김여정은 체육을 무척 좋아해 남자들도 어려워하는 앞공·뒷공^{공중회전}은 물론 달리기까지 잘해 간부들을 깜짝 놀라게 했다고 했다.

그날 나는 처음으로 고용희의 묘비를 가까이서 보았다. 상단에 사진과 함께 이름, 생년월일, 사망일 등이 적혀 있었다. 그러나 일반 주민들은 고용희의 출신 배경과 경력을 거의 모른다. 김정은의 생모 고용희가 재일동포 출신이라는 사실이 알려질 경우 '백두혈통'의 정통성이 훼손될 수 있다는 판단 때문이다.

북한에서 재일동포와 남조선 출신은 '간첩' 이미지가 덧씌워져 이방인 취급을 받는다. 게다가 김정은에게는 이모 고용숙과 이모부 리강, 외삼촌 고동훈의 가족, 이복형 김정남의 가족 등 '탈북자 가족'이라는 딱지까지 붙었다. 북한의 기준으로 엄밀히 따지면, 김정은의 집안은 재일동포 출신이자 탈북자 집안과 연루돼 성분^{계급적 토대}이 나쁘게 분류된다. 당과 보위, 안전, 사법검찰 등 권력기관에서는 재일동포와 남조선 출신, 탈북자 등 성분이 나쁜 주민들의 취직이 철저히 배제된다.

더구나 고용희는 김일성에게 며느리로 인정받지 못했고, 혼외 자식으로 숨겨진 김정은은 할아버지 김일성과 함께 찍은 사진이 한 장도 없다. 냉정히 말하면 김정은에게 '백두혈통의 순수한 피'가 흐른다고 보긴 어렵다고 나는 생각한다.

김정은은 이런 혈통 콤플렉스를 극복하려는 듯, 집권 초기부터 김일성의 말투와 제스처를 자주 따라 했다. 북한 주민들이 배고프지 않던 1960~1970년대를 그리워한다는 점을 의식해, 집권 첫해부터 김일성처럼 육성 신년사를 했고, 외투 단추 사이로 오른손을 끼우는 자세와 뿔테 안경까지 흉내 냈다. 서른 안팎의 김정은이 나이에 맞지 않게 70대 김일성이 입던 카키색 패딩과 농민모를 쓰는 모습은 김일성 향수를 자극하려는 의도가 분명했다. 외모 또한 조부 김일성을 닮아 사람들로 하여금 김일성을 연상하게 했다.

나는 최근 뉴스에서 김정은이 인민군 고문 현철해의 영구를 붉은 끈으로 메고 나가는 장면을 보았다. 북한 기록영화 속 김책의 영구를 멘 김일성의 모습과 놀랄 만큼 흡사했다. 집권 10년이 훌쩍 지난 지금까지도 김정은이 생모 고용희와 '탈북자 연루'가 있는 자신의 가계도를 구체적으로 공개하지 못하는 이유는 결국 백두혈통의 정통성을 훼손할 수 있는 출생 콤플렉스에 있다고 본다.

김정일 생일 파티 빛낸 '큰 대장' 김정철

2007년 2월 어느 날, 장모가 장인의 새 기념사진을 벽에 걸어달라고 내게 부탁했다. 북한에서 기념사진은 김정일 또는 김정은과 함께 찍은 사진을 뜻한다. 집집마다 그 사진을 가보처럼 여기고 가장 밝은 벽면에 건다. 나는 벽에 못을 박아 사진을 걸었다. 폭포를 배경으로 가운데에 김정일이 서 있고, 양옆으로 장성택과 현철해 등 간부들, 그리고 아주 젊은 여성 한 명이 함께 있었다.

저녁에 퇴근한 장인이 거실 벽의 사진을 보며 수고했다고 말했다. 나는 그 젊은 여자가 누군지 궁금했다.

"이 젊은 여성은 누군가요?"

"조직지도부 행사과장이다."

나이와 경력상 평범한 젊은 여성이 당 조직지도부 과장 자리에 오르기는 불가능하다.

"장군님 자제분이신가요?"

"응, 장군님 따님이시다."

2011년 7월, 김정일이 평양 제1백화점을 방문했을 때 그 사진 속 여성이 장녀 김설송이다. 이 사진은 인터넷에서도 쉽게 찾을 수 있다. 장인의 말로는, 김정일이 가장 신임한 딸이 김설송이다. 언젠가 김정일이 측근들에게 "저 애가 바지만 입고 태어났어도 큰일을 맡길 애다"라고 칭찬한 적도 있다.

김일성의 호위 군관으로 43년을 근무한 내 아버지의 회고에 따르면, 1980년대 중반 김일성이 묘향산에 갈 때마다 김설송을 데리고 다녔고, 손녀의 볼에 뽀뽀를 해주고 손을 꼭 잡고 걸었다. 그만큼 김일성은 장손녀 김설송을 각별히 사랑했다.

장인은 사진을 보며 2007년 2월 16일 김정일의 65돌 생일에 묘향산에서 열린 파티 얘기를 꺼냈다. 그날 자리에는 넷째 부인 김옥과 장녀 김설송도 있었다. 측근 간부들은 오래전부터 김정일의 자녀들을 호칭할 때 김정철은 '큰 대장님', 김정은은 '작은 대장님', 김여정은 '공주님'이라고 불렀다. 김정일과 고용희가 집안에서 쓰던 호칭을 그대로 따른 것이다.

그날 '큰 대장' 김정철은 '큰별악단'과 함께 축하 공연을 했다. '큰별악단'은 김정철이 자신의 무대를 위해 왕재산경음악단 출신 연주자들을 모아 꾸린 밴드였다. 김정철은 직접 작사·작곡한 '심장을 바쳐, 넋을 바쳐'를 김정일 앞에서 불렀다. 가사는 아버지에게 충효와 충성을 다하겠다는 맹세를 담고 있었다. '작은 대장' 김정은과 '공주' 김여정도 아버지 생일을 축하하며 각자 노래를 불렀지만, 인기는 김정철이 압도적이었다. 그는 기타와 드럼을 번갈아 연주했는데, 전문가들도 인정할 수준급 기량이었다.

북한 음악계의 거물로 불리는 장룡식 노동당 선전선동부 부부장도 김정철이 절대음감을 가졌다며 김정일 앞에서 아부를 떨었다. 그날 김정일은 "우리 큰 대장이 마음먹고 준비했구먼"이라며 흡족해했다고 했다.

김정철, 아편 달라고 떼쓰다

"쾅! 쾅! 쾅!"

2006년 9월 어느 날 새벽 1시쯤, 갑자기 누군가 집 문을 세게 두드리는 소리에 잠에서 깼다. 무슨 큰일이 난 줄 알고 현관 쪽으로 달려갔더니, 장인이 먼저 나와 있었다. 장인은 나에게 입에 손가락을 갖다 대며 '쉿' 하고 조용히 하라는 신호를 보냈다. 두드리는 소리를 들어보니 서너 명쯤 되는 듯했다.

"부부장 동지, 본부서기실에서 왔습니다. 문 여세요."

누군가 문밖에서 소리쳤다. 어느새 장모도 나와 있었다. 장인은 조용히 속삭이듯 말했다.

"미친놈들이다. 열어주지 말라. 조용히 있으면 이내 갈 거야."

정체를 알 수 없는 그들은 15분쯤 문을 두드리다가 지쳤는지 조용해졌다. 잠시 후 자동차 시동 거는 소리가 들리더니 곧 멀어져 갔다. 장인은 안도의 숨을 내쉬며 "이젠 너희도 자라"고 말하고 방 안으로 들어갔다. 그러나 나와 아내는 영문을 몰라 눈을 붙일 수가 없었다.

잠시 후 부엌 쪽에서 장인과 장모의 말소리가 들렸다. 나는 문을 살짝 열고 귀를 기울였다. 장모가 무슨 일인지 묻자, 장인이 낮은 목소리로 말했다.

"큰 대장 김정철이 사무실에 와서 아편을 달라고 몇 시간째 떼를 썼어. 우리가 어떻게 아편을 갖고 있나. 당 39호실은 아편을 판매하지도 않고, 생길 데도 없다고 했더니 '외국에서는 당 39호실이 아편을 독점한다는 소문이 파다하다' '그러지 말고 좀 달라'면서 버티더라고."

장인은 마침 회의 소집 전화가 와서 자리를 빠져나왔지만, 그가 집까지 찾아올 줄은 몰랐다고 했다. 한때 북한에서 마약으로 외화벌이를 하던 부서는 오극렬이 부장으로 있던 당 작전부였고, 중국이나 러시아 마피아와 거래하며 마약과 소총을 판매한 적이 있다.

다음 날 아침, 출근하려고 집 문을 열고 나가려는 순간 장모가 다가와 당부했다.

"어제 일은 누구에게도 발설하면 안 돼. 장군님 자제분과 관련된 일이니 자그마한 실수라도 하면 가문이 망한다. 직장에서도 절대 입조심해라."

그런데 그날 저녁, 김정철이 또다시 처가에 찾아왔다. 그는 문짝이 떨어질 정도로 쾅쾅 두드리며 장인을 불렀다. 이번에는 물러설 기세가 아니었다. 장모가 막았지만, 나는 결국 출입문을 열었다. 술기운이 도는 얼굴로 그가 물었다.

"넌 누구냐?"

"실장 동지 사위입니다."

그가 다시 물었다.

"실장 아바이 집에 있느냐?"

옆에 있던 장모가 답했다.

"장군님께서 부르셔서 지금 행사에 참가했습니다."

"그럼, 언제 올지 모르겠구나."

그는 이내 돌아갔다. 새벽에 돌아온 장인에게 장모가 상황을 알리자, 장인은 "어제 장군님께 큰 대장님이 우리 집에 왔다 간 이야기를 말씀드렸더니, 낯빛이 갑자기 어두워지면서 아무 말씀도 하지 않았다. 괜히 말씀드린 것 같다"며 걱정스러워하셨다.

2017년, 출장을 겸해 평양에 들어갔을 때 오랜만에 만난 외무성 친구가 내게 말했다.

"김정철의 아편중독 사실이 사회에 새지 않도록 국가보위성이 별별 고생을 다 했어. 장군님도 '사람 구실 못할 놈'이라며 꾸짖곤 하셨지."

그 친구의 장인은 전 국가안전보위부 정치국장 김창섭이었다. 김정철이 아버지 김정일의 눈 밖에 난 이유는 성격적 특성과 정치에 대한 무관심 등 여러 요인이 겹쳤겠지만, 아편중독이 결정적으로 작용했다고 나는 본다.

정치범 수용소로 사라진 '김정일 넷째 부인' 김옥 일가

김옥은 김정일의 넷째 부인이다. 1964년생으로 아버지 김효, 어머니 황숙 사이 1남 2녀 중 맏딸로 태어났다. 평양음악무용대학에서 피아노를 전공했고, 졸업 후 1년간 왕재산경음악단 피아니스트로 있다가 당중앙위원회 본부서기실 서기^{비서}로 발탁됐다.

아버지 김효는 기초과학연구원^{만수무강연구소} 부원장을 거쳐 당 재정경리부 부부장으로 근무했다. 그가 재정경리부에서 맡은 일은 김씨 일가 건강 관련 연구사업 총괄이었다. 어느 날 파티에서 김정일이 김효에게 "김옥이 본부서기실에 와서 단 한 건의 실수도 없이 일을 잘한다"며 "딸을 똑 부러지게 잘 키웠다"고 칭찬했다는 말이 돌았다.

고용희 사망 이후, 김정일은 김옥과 사실상 동거를 시작했다. 2005년 무렵부터 우리 처가에는 김정일과 김옥을 가운데 두고 양옆에 간부들이 선 기념사진이 많아졌다. 이 시기부터 간부들은 김옥을 '서기 동지'라고 불렀다.

장인의 말에 따르면 2008년 8월 김정일이 뇌졸중 치료를 받을 때 김옥이 곁을 지켰다. 김정일은 오른쪽 전신마비로 팔·다리는 물론 입술까지 잘 움직이지 못해 침을 흘리곤 했고, 그때마다 김옥이 수건으로 닦아줬다고 했다. 그 광경을 본 간부들은 김옥의 정성에 감탄했다고 한다.

김옥의 어머니 황숙은 말이 많은 편이었고, 우리 처가와 같은 아파트에 살았다. 당시 우리가 살던 곳은 평양시 중구역 동흥동의 노동당 부부장 아파트였다. 그는 "우리 딸이 장군님 부인이 됐다"고 동네방네 자랑하고 다녔다. 2009년 10월, 김정일은 입단속을 위해 김효 부부를 본부서기실 서기 아파트로 이사시켰다.

김옥의 남동생 김균은 김일성종합대학 화학학부를 졸업하고 대학 교원으로 일했다. 2010년 4월, 김정일이 대학을 현지 지도할 때 현장에서 김균을 '과학부총장'으로 임명했다. 그 후 김균은 누이의 뒷배를 믿고 오만해졌고, 교직원들에게 "우리 집은 장군님 가계다. 우리 누이가 장군님 부인인 거 알지"라며 자랑을 늘어놓고 다녔다. 교직원들은 "실력도 안 되는 젊은 놈이 누이를 믿고 나댄다"며 곱지 않게 봤다. 이런저런 구설에 오르내리던 김균은 끝내 돌이킬 수 없는 사고를 쳤다.

2013년 2월 어느 날의 일이다. 술김에 그는 북한에서 금기어로 취급되는 김정일 가족 내력을 거리낌 없이 입에 올렸다.

"장군님이 돌아가시니 요즘 어떤 놈들은 우리 집안을 곁가지라고 하더라. 그렇게 따지면 지금 원산댁[김정은 가계]도 곁가지 아니야? 사실 원가지는 설송이네지."

원래 곁가지와 원가지라는 표현은 김정일이 이복동생 김평일과의 후계 구도 경쟁에서 정통성을 내세울 때 썼던 말로, 나무가 잘 자라려면 곁가지를 치고 원가지를 살려야 한다는 뜻이다. 말하자면 정통 대 비정통의 은유다.

'구시화문[口是禍門]'이라는 말이 있다. 곧 모든 화는 입에서 나온다는 뜻으로, 항상 말을 조심하라는 의미다. 김균은 김정은의 가장 약한 고리인 '백두혈통의 정통성'을 건드렸다.

그의 말은 국가보위성 귀때기[프락치]들의 보고를 통해 김정은의 귀에 들어갔다. 곁가지라는 표현에 김정은이 어떤 반응을 보였을지는 굳이 설명할 필요 없을 것 같다. 2013년 3월, 김균은 '수령모독죄'로 처형됐다. 수령을 모독한 가족이라는 이유로 김옥의 일가족은 영영 바깥세상을 볼 수 없는 정치범 수용소로 끌려갔다.

40년 유랑 생활 끝내고 평양으로 귀환한 김평일

김일성의 둘째 부인 김성애에게는 2남 1녀^{김평일, 김영일, 김경진}의 자식이 있었다. 이들은 이복형 김정일이 김일성의 후계자로 확정된 후부터 '곁가지'로 불리며 모든 권력에서 철저히 배제됐다. 그 결과, 장남 김평일은 1981년부터 40년 가까이 유럽에서 떠돌이 생활을 했다.

하지만 김정일은 늘 김평일의 존재를 두려워했다. 그래서 김평일이 국내에 정치적 기반을 만들지 못하도록 해외에 내보내 살게 했고, 그곳에서도 주변과 얽히지 못하도록 철저히 감시했다. 또한 김평일의 고등학교·대학 동창들을 당·군·보위 등 모든 권력기관에서 원천 배제했고, 김평일이 호위사령부 복무 시절 친했던 군관들은 제대시켜 탄광·광산에 내려보냈다. 말 그대로 김평일의 수족이 될 만한 사람들은 모두 제거해 버린 것이다.

이런 조치는 김평일뿐 아니라 김영일, 김경진^딸에게도 똑같이 적용됐다. 당시 김평일은 불가리아, 김경진과 남편 김광섭은 오스트리아, 막내 김영일은 독일 베를린에서 각각 외교관 신분으로 사실상 유배 생활을 했다.

이들 중 막내 김영일은 성격이 과격했다. 그는 김일성에게 자주 전화를 걸어 "우리는 아버지의 자식이 아니냐. 왜 조국을 떠나 가족과 갈라져 살아야 하느냐"고 푸념했다고 한다. 이를 들은 김일성이 마음이 아팠던지 매년 봄과 가을, 자식들을 평양으로 불러 함께 백두산과 묘향산, 칠보산 등을 돌아다녔다. 하지만 김영일은 울화병에 술을 매일 마시다 간경변으로 일찍 세상을 떠났다.

이들은 해외에 근무하면서 김일성이 살아 있었을 때와 마찬가지로 해마다 평양에 들어와 몇 달간 병 치료와 휴가를 보낸 뒤 주재국으로 돌아가곤 했다. 그렇다고 평양 체류가 자유로운 것은 아니었다. 도청과 미행이 순간순간 뒤따랐고, 일거수일투족을 샅샅이 감시당했다.

이들과 관련한 재외공관 전보는 외무성에서 특수 분류됐다. 현지 대사관에서 '치료차 평양 입경' 전보가 올라오면, 전보 분류실은 이를 곧바로 '봉투'로 처리했다. 봉투는 김씨 일가 관련 전보를 뜻하는 내부 용어로, 이런 전보는 봉인돼 제1부상 앞으로 전달된다. 이후 제1부상은 집무실의 모사전송기를 통해 김정은에게 직접 보고한다. 다시 말해 김씨 일가와 관련된 전보는 말해서도, 들어서도 안 되는 것으로 취급됐다.

2015년 7월 대사 회의에서는 웃지 못할 일이 벌어졌다. 참석한 대사들이 김평일과 김광섭 좌우의 자리를 하나씩 건너뛰어 앉은 것이다. 옆자리에 앉아 말이라도 섞었다가 당 위원회나 보위부에 불려가 추궁당할까 두려워, 애초에 가까이하지 않는 게 상책이라고들 여겼다. 그렇게 투명인간 취급을 받는 상황에도, 두 사람은 익숙한 듯 말없이 자리를 지켰다.

그러던 2019년 7월, 김정은은 최선희 제1부상에게 김평일과 김광섭을 소환하라는 지시를 내렸다. 당시 김평일은 체코 주재 대사, 김광섭은 오스트리아 주재 대사로 근무하고 있었다. 김평일은 거의 40년 만에, 김광섭은 26년 만에 본국으로 돌아갈 수 있게 된 것이다.

후임 인사도 빠르게 진행됐다. 김평일의 후임 체코 주재 대사에는 유럽국 과장 주원철, 김광섭의 후임 오스트리아 주재 대사에는 북미국 부국장 김광일이 각각 임명됐다. 당시 외교관들 사이에서는 죽을 때까지 해외에 있을 줄 알았던 두 사람이 같은 날에 소환된 것을 두고 의구심이 컸다.

내 판단으로는, 김정은이 김평일을 소환함으로써 자기 권력의 상징적 위험 요소들을 최종 정리하려 했다고 본다. 김평일은 40년 가까이 해외에서 살아 정치적 기반과 세력을 구축하지 못했고, 북한 주민들 사이에서도 존재감이 희미해졌다. 결국 2019년, 김평일과 김경진·김광섭 부부는 기나긴 해외 유배 생활을 마치고 평양으로 돌아왔다.

한국 영화·드라마 마니아는 다름 아닌 김씨 일가

한국 드라마와 영화는 북한 주민들의 일상에서 없어서는 안 될 문화 영역으로 자리 잡았다. 주민들이 한국 드라마와 영화를 애청하기 시작한 때는 '고난의 행군' 시기부터였다. 국가경제의 붕괴로 주민 사상교양 수단이던 영화·예술 부문이 심각한 자금난에 빠졌고, 많은 투자를 요구하는 사극 드라마는 꿈도 꿀 수 없었다. 그 결과 언어 장벽이 없고 역사를 공유하는 한국 드라마와 영화가 주민들 속에 급속히 파급돼 갔다.

발 빠른 중국 전자 회사들은 만성적 전기 부족에 시달리는 북한에 '노트텔EVD/DVD 플레이어'을 대량 수출해 떼돈을 벌었다. 노트텔은 USB로 영상 재생이 가능하고, 12V 자동차 배터리로 가동·충전할 수 있는 장점이 있다. 지금도 노트텔은 북한 가정에 필수 가전으로 호평받는다.

김정일 시대에는 고위 간부들까지 한국 사극 드라마를 애청했다. 영화광 김정일은 새로운 한국 드라마와 영화가 나오면 꼭 챙겨 봤고, 사극 드라마는 컴퓨터로 측근 간부들에게 전송해 주기도 했다. 때로는 영화관에서 측근들과 함께 한국 드라마와 영화를 보기도 했다.

김정일이 영화광인 것을 알았던지 2007년 10월 북한을 방문한 노무현 전 대통령은 한국 드라마와 영화 150여 편을 담은 DVD를 선물했다. 특히 사극을 좋아한 김정일은 '허준' '대장금'을 보고 시대의 걸작이라고 높이 평가했다.

내가 처음 본 한국 드라마는 '이브의 모든 것'이었다. 아직도 나는 배우 김소연 씨의 이름을 허영미로 부르고 있다. 그만큼 드라마가 준 감명은 대단히 컸다. 처음에는 한국의 발전상에 놀랐고, 다음에는 우리는 왜 변화와 진보를 허용하지 않는가 하는 의문이 따라왔다.

최근 양강도 혜산에서 한국 드라마와 영화를 시청·유포했다는 죄로 10대 학생 2명이 공개 처형됐다는 안타까운 소식을 들었다. 한국 영화를 봤다는 죄 아닌 죄로, 꽃도 피워보지 못한 채 형장의 이슬로 사라진 어린 생명들을 생각하면 마음이 너무 아프다.

이들을 처형한 법적 근거는 2020년 12월 공표된 '반동문화사상배격법'이라고 한다. 사실 이 법으로 처벌을 받아야 한다면 김씨 일가가 가장 먼저 받아야 마땅하다. 북한 공작원에게 살해된 이한영 씨의 책 《대동강 로열 패밀리》에는 김정일과 그의 가족이 관저에서 남조선 TV를 자유롭게 시청했다는 내용이 담겨 있다.

아버지 김정일 못지않게 아들 김정은도 한국 영화와 드라마를 좋아한다. 2014년 말, 장인은 김정은과 함께 영화 '명량'을 봤다고 했다. 이 영화를 보고 깊은 감명을 받은 김정은은 간부들에게 "우리는 왜 이런 영화를 못 만드나"라며 질책하면서, 당 선전선동부 산하에 무역회사를 조직해 영화제작에 필요한 자금을 확보하라고 지시했다. 그러나 막대한 제작비가 드는 사극영화를 북한의 경제 형편에서 만들기란 무리였다. 내가 아는 한, 북한에서는 '고난의 행군' 이후 사극 드라마나 영화는 단 한 편도 나오지 못했다.

해외에는 김정은 일가의 문화생활을 위해 새로 나오는 한국 드라마와 외국 영화, 예능 프로그램, 일본 애니메이션, 심지어 게임 DVD까지 구입하는 당 소속 파견 일꾼이 존재한다. 김정은은 한국 드라마가 북한 주민들의 의식을 변화시켜 김씨 일가의 세습 독재체제를 무너뜨릴까 두려워하고 있다.

김정일이 달아준 장인의 별명 '고압밥가마'

2003년 새해를 맞으며 김정일이 고위 간부들에게 강장 식품 뱀장어를 선물로 하사한 적이 있다. 노동당 본부서기실 선물과 직원들이 집집마다 돌며 뱀장어를 공급했다. '선물'이라고 적힌 박스를 열자 살아 있는 뱀장어가 꿈틀거렸다. 뱀장어를 선물로 받은 것은 그때가 처음이었다.

2000년 이후 김정일은 양어養魚에 큰 힘을 쏟아 전국에 양어 열풍을 일으켰다. 2000년 메기 공장이 건설된 데 이어 뱀장어와 자라 공장이 잇달아 생겨났다. 그날 선물받은 뱀장어 손질을 시작하던 장모가 방에 있던 나를 불렀다. 뱀장어 손질이 처음인 데다 힘센 뱀장어를 혼자 감당하기가 어려웠던 모양이었다. 나와 장모는 힘을 합쳐 어렵사리 손질을 마쳤다.

그런데 두 사람 다 뱀장어를 어떻게 해 먹어야 하는지 요리 방법을 몰랐다. 장모는 평안북도 룡천군 출신으로, 내륙에서 자라 생선 요리를 해본 적이 없었다. 장모는 고압밥가마압력밥솥를 가져와 손질한 뱀장어를 몽땅 넣고 푹 끓였다. 한참 뒤 뚜껑을 열자 장어는 형체 없이 사라지고 생선 가시만 남아 있었다. 이렇게 될 줄 몰랐다는 듯 장모의 눈이 휘둥그레졌다.

그날 저녁 우리 가족은 죽이 된 뱀장엇국을 먹었다. 퇴근한 장인은 고압밥가마에 넣어 끓인 뱀장엇국을 보고 어처구니없다는 듯 웃기만 했다. 사실 우리 가족은 살면서 뱀장어를 한 번도 먹어본 적이 없었다. 그러니 당연히 조리법을 모를 수밖에 없었다.

며칠 뒤 장인은 김정일이 부른 파티에 참석했다. 김정일이 모인 간부들에게 "이번 설에 나눠준 뱀장어, 먹어봤소?"라고 물었다. 모두가 맛있게 먹었다고 답했지만, 장인만은 말없이 가만히 있었다. 김정일이 "전일춘이는 왜 대답이 없소? 아직 못 먹어봤소?"라고 묻자, 장인은 고압밥가마에 넣고 삶았다가 형체가 사라진 사연을 털어놓았다. 이야기를 들은 김정일이 폭소를 터뜨리자, 장내가 한바탕 웃음바다가 됐다.

김정일은 "우리나라에 '음식 잘하는 아내는 소박맞지 않는다'는 옛말이 있다"면서 "아무래도 남편한테 소박맞지 않으려면 내가 동무들 아내들에게 요리 방법을 알려줘야 할 것 같다"고 웃으며 말했다. 이후 김정일은 장인을 볼 때마다 "고압밥가마!"라고 별명을 붙여 불렀다. 그리고 얼마 후 장모는 본부서기실 81과 요리사가 진행한 요리 강습을 받아야 했다.

"실장 아바이…" 병원에서 만난 '대장 동지' 김정은

2008년 6월, 장인은 함경남·북도 일대 광산 현지 요해^{현장 점검}를 위해 북부 지역으로 출장을 떠났다. 도로 상태가 열악한 북한에서 함경도 방면으로 이동하려면 우선 평양−원산 고속도로를 타고 원산까지 간다. 그나마 원산까지는 아스팔트^{피치} 포장이지만, 원산에서 함경남도로 올라가는 동해선 도로는 전부 토사 도로다. 앞차가 속도를 내면 흙먼지가 뒤차로 그대로 날아들어, 이 지역은 교통사고가 잦았다.

불행하게도 리원군 구간의 토사 도로에서 장인이 탄 차와 군 차량이 충돌하는 사고가 발생했다. 차는 도로 밖으로 구르며 전복됐고, 장인은 대퇴부골절로 걸을 수 없는 상태였다. 사고를 낸 군 차량 운전병이 전복된 차량 번호를 보니 216-0000이었다. 운전병들은 '216'이 김정일의 생일을 뜻하고, 그 앞 번호를 단 차량이 당 고위 간부용이라는 사실을 알고 있었다. 그는 장인을 자기 차에 태워 리원군 인민병원으로 급히 이송했다. 그러나 군 인민병원의 의료시설은 매우 열악했다. 병원장이 사고를 군당에 보고했고, 군당-도당-중앙당을 거쳐 김정일에게까지 보고가 올라갔다. 김정일의 지시로 군용 헬리콥터가 출동해 장인을 태우고 평양으로 긴급 후송했다.

그날 저녁, 장인은 조선적십자종합병원 정형외과에서 수술을 받았다. 원래 장인은 김씨 일가와 고위 간부들이 치료받는 봉화병원 진료 대상자였지만, 정형외과 최고 권위자가 적십자종합병원에 있어 그곳에서 수술을 받았던 것이다. 그러나 북한의 의술은 의사 실력도, 의료 설비도 낙후해 있었다. 수술 후에도 장인은 다리가 아파 계속 지팡이를 짚고 다녀야 했다.

1년 뒤인 2009년 6월, 장인은 봉화병원에서 또다시 수술을 받았다. 교통사고 당시 대퇴부뿐 아니라 무릎관절도 손상됐는데, 인공 연골이 없어 외국에서 공수한 뒤에 하기로 수술을 미뤄뒀던 것이다.

어느 일요일, 나는 아내와 함께 입원 중인 장인에게 면회를 갔다. 입원실에서 이야기를 나누던 중 문 두드리는 소리가 났고, 젊은 경호원 한 명이 들어오더니 그 뒤로 김정은이 들어섰다. 2009년 1월부터 김정은은 당내에서 후계자로 공인돼 있었다. 나는 장인의 기념사진에서 김정은과 김정철, 김여정을 보아온 터라, 그가 김정은임을 단박에 알아봤다. 우리는 일어서서 인사했다. 장인이 침대에서 일어나 맞이하려 하자, 김정은이 달려와 장인의 팔을 잡고 말했다.

"실장 아바이, 다리도 아픈데 그냥 앉아 계십시오. 아직 불편하시지요?"

장인이 괜찮다고 하자, 그는 "수술 직후이니 며칠 더 입원하시라"고 당부했다. 그때 장인은 김정은을 '대장 동지'라고 불렀다. 후계자 시절이라서인지, 김정은은 장인에게 말할 때마다 어른에게 쓰는 존칭을 붙여 예절 바르게 대했다.

나와 아내는 김정은을 주의 깊게 살폈다. 애티 나는 얼굴에, 키높이 구두를 신어서인지 키가 172cm 정도로 보였다. 목소리는 걸걸한 쉰소리를 내는 아버지 김정일과 달리 맑고 쩌렁쩌렁했다. 머리는 '패기머리'였는데, 1945년 10월 평양 공설운동장에서 개선 연설을 하던 젊은 김일성의 모습이 떠오를 만큼 닮았다는 인상을 받았다. 그날 김정은의 병원 방문에는 황병서^{노동당 조직지도부 62과 담당 부부장}와 허환철^{노동당 과학교육부 보건담당 부부장 겸 봉화병원 원장}이 동행했다.

김정은이 우리 부부를 쳐다보자, 장인이 딸과 사위라고 소개했다. 내가 "외무성에 근무한다"고 하자, 김정은은 "당에서 우리 외교 전사들에 대한 기대가 크다. 일을 잘하기 바란다"고 말했다. 그 일로 나와 아내는 김정은과 직접 말을 주고받은 접견자가 됐다. 잠시 후 김정은은 장인과 한참 이야기를 나누더니 "갈 때가 됐다"며 자리에서 일어났다.

그때 내가 본 김정은의 체격과 언행은 최고지도자가 된 지금의 모습과는 영 딴판이었다.

"경애하는 장군님, 고맙습니다" 김정일·고용희가 준 결혼 선물

2002년 3월, 나와 아내는 가족과 친지들의 축복 속에 조용히 결혼식을 올렸다. 그때는 식량난으로 아사자가 속출하던 '고난의 행군' 직후라, 결혼식을 크게 하면 사회적 지탄의 대상이 되던 때였다. 그래서 우리의 결혼식은 가정적인 분위기 속에서 조용히 치렀다.

장인은 중앙당 본부 당위원회에 딸 결혼식을 통보하고, 오후에 시간을 내 집으로 왔다. 중앙당 부부장급 이상 간부들은 주간 사업 일정을 사전에 김정일에게 보고하고 비준받은 뒤 집행해야 했다. 그래서 간부들의 주간 일정은 일주일 전에 김정일에게 보고된다.

그런데 그날, 장인의 사무실로 김정일의 전화가 걸려왔다. 사무실 전화가 연결되지 않자 집으로도 전화가 왔다. 아마도 김정일이 모든 간부의 일정을 일일이 확인하고 기억하기는 어려웠던 모양이다. 장인이 전화를 받고 말했다.

"장군님, 안녕하십니까. 전일춘 전화받습니다."

그리고 딸 결혼식 때문에 오후에 집으로 들어온 사정을 설명했다. 몇 분간 사업상 통화가 오간 뒤 전화를 끊은 장인은 급히 사무실에 나가봐야겠다며 우리에게 양해를 구했다. 그러고는 이렇게 덧붙였다.

"장군님께서 너희들 결혼을 축하한다고 하셨다."

이틀 뒤, 본부서기실 선물과 직원이 결혼 선물을 들고 우리 집으로 찾아왔다.

"장군님의 선물을 전달하니, 깨끗한 옷으로 갈아입으십시오."

우리가 정장으로 갈아입자, 그가 말했다.

"경애하는 장군님의 선물을 전달하겠습니다."

선물 명세에는 '남녀 내의, 오리털 이불, 경질 그릇 한 조'라고 적혀 있었다. 직원은 "선군 어머님 고용희께서 직접 준비하신 선물"이라고 설명했다. 우리는 김부자 초상화 앞에서 인사를 올렸다.

"경애하는 장군님, 고맙습니다."

북한에서는 김부자가 하사한 선물을 받으면 가정에 걸린 초상화 앞에 감사 인사를 표해야 한다. 선물 전달 전 과정은 수령자의 반영反映, 소감과 발언, 태도 등을 적은 보고서과 함께 김정일에게 보고된다.

선물 지함상자을 열어보니 사계절용 내의와 속옷이 들어 있었다. 오리털 이불은 일본산이었는데, 나는 그때 솜이불이 아닌 오리털 이불이 있다는 사실을 처음 알았다. 깃털로 만든 이불은 놀라울 만큼 가볍고 따뜻했다. 경질 그릇 세트는 프랑스산이었는데 문양이 곱고, 바닥에 떨어뜨려도 잘 깨지지 않는 점이 놀라웠다.

그로부터 6개월 후, 장인 장모는 답례 차원에서 김정일과 고용희에게 집에서 직접 키운 해바라기씨와 팥으로 만든 베개를 선물로 올렸다. 선물은 본부서기실 선물과에서 하나하나 확인한 뒤 접수됐다. 며칠 뒤, 김정일이 장인에게 전화를 걸어왔다.

"일춘아, 지금 집사람하고 네가 보낸 해바라기씨를 까먹는 중이야. 근데 쭉정이도 좀 있어. 이걸 까먹다 보니 우리 학교 때 생각이 나더라."

그러고는 해바라기씨를 입으로 까서 서로 얼굴에 뿌리던 고등학교 시절의 기억을 떠올리며 대화를 주고받았다. 이어 김정일은 이렇게 덧붙였다.

"요즘 네가 보내준 팥 베개를 베고 자는데, 머리가 참 시원해서 좋다야. 네 집사람에게도 고맙다고 전해."

장인은 "장군님께서 고등학교 다닐 때 해바라기씨 까먹는 걸 제일 좋아해서 선물로 올렸는데, 정말 드실 줄은 몰랐다"며 장모에게 김정일의 감사 인사를 전했다. 김정일 시대에는 선물 정치가 기본 통치 방식 중 하나였지만, 김정은 시대에 들어서면서 선물 정치의 비중은 점차 줄었다. 선물을 구매할 외화가 고갈돼 가는 탓일 것이라 나는 짐작한다.

끊이지 않는 김정은 건강 이상설, 그리고 봉화병원 의료진

김정은의 건강 이상설은 한국 언론뿐 아니라 해외 언론에서도 해마다 거론됐다. 2020년에는 SNS를 통해 사망설까지 나돌았다. 아마도 140kg 전후에 달하는 체중으로 인한 초고도비만이 각종 질병을 유발할 것이라는 추측과 가정에서 비롯된 결과라고 본다.

실제로 2018년 9월, 김정은이 백두산 천지에서 남측 대표단과 함께 기념사진을 찍을 때 걸으면서 숨차 하는 영상이 공개되기도 했다. 충분히 합리적 의심을 할 수 있는 장면이었다. 그러나 여러 추측과는 달리 김정은의 건강 이상 징후는 아직까지 명확하게 드러나지 않았다.

물론 가족력인 선천적 심장질환과 호흡기질환이 있고, 초고도비만이 고혈압과 당뇨, 통풍을 비롯한 각종 질병의 위험인자라는 사실은 부정할 수 없다. 김정은의 사망설과 건강 이상설 등 각종 루머가 반복되는 것은 북한 체제의 폐쇄성과도 관련된다. 그렇다면 김정은의 건강은 어떤 의료시스템으로 관리되고 있을까.

북한에는 김정은과 김씨 일가의 건강을 위해 수백 명의 의료진과 의료서비스를 갖춘 병원이 운영되고 있다. 그 병원이 바로 북한에서 최고로 손꼽히는 봉화병원이다. 이 병원은 평양시 보통강구역 석암동에 위치해 있으며, 호위사령부 군인들이 경비 근무를 선다. 봉화병원 대상자는 김씨 일가와 노동당 정치국 위원, 후보위원, 노동당 비서와 부장, 내각 총리, 부총리, 상(장관)들까지 포함된다. 김정은과 그 일가는 특별과에서, 나머지 고위 간부들은 주치의 일대일 담당 체계로 관리한다. 가족 범위는 고위 간부의 아내까지만 해당되고, 자녀는 제외된다.

봉화병원에서는 김씨 일가뿐 아니라 고위 간부들도 연 1회 종합검진을 받는다. 봉화병원 의사들의 임무는 첫째도, 둘째도 김정은의 건강을 책임지는 일이다. 그래서 봉화병원 원장은 노동당 과학교육부 보건담당 부부장이 겸임한다. 의사들은 김정은의 건강에 만전을 기하기 위해 풍부한 임상 경험을 쌓아야 한다.

봉화병원 의사들은 조선적십자종합병원, 평양의학대학병원 등 중앙 병원에서 10년 이상 환자 치료 경험과 인성을 겸비한 실력 있는 의사들 가운데서 선발한다. 이들은 2017년 포괄적 대북제재가 본격화하기 전까지 독일과 러시아, 중국, 싱가포르 등에서 1~2년 동안 해외 병원 연수(의료실습)를 하곤 했다. 또 주 3회 조선적십자종합병원 외래 전문과에 내려가 환자 진료를 본다.

　간부 치료에만 국한된 봉화병원과는 달리 조선적십자종합병원은 전국 각지 환자가 몰려 임상 사례를 풍부하게 확보할 수 있기 때문이다. 그래서 김정은 주치의로 임명되는 봉화병원 전문과^{안과·호흡기내과 등} 과장들은 조선적십자종합병원 전문병원 기술부원장을 겸임하기도 한다.

　봉화병원 의사들은 조선적십자종합병원에 내려가 수술에도 다수 참여한다. 반대로 정확한 진단이 필요할 때는 봉화병원에만 있는 현대적 의료기기를 사용할 수 있다. 이 경우 조선적십자종합병원은 봉화병원 앞으로 '환자 파송증'을 발급한다. 파송증에는 혈액 검사표^{결핵, B형 간염 항원, 에이즈 등 전염병 지표}도 동봉되며, 음성^{합격}이어야 한다. 나도 2016년 초, 망막 촬영^{OCT}을 위해 봉화병원 장비를 이용한 적이 있고, 그때 환자 파송증 발급을 위한 혈액검사를 받았다.

　이처럼 김정은의 건강을 보장하기 위해 존재하는 봉화병원 의료진은 의술을 꾸준히 연마하고, 조선적십자종합병원 등과 연계한 임상시험으로 필요한 관리 지표를 축적해야 한다.

　2014년 9월, 나는 미열이 떨어지지 않아 조선적십자종합병원 호흡기전문병원에 1주일간 입원한 적이 있다. 담당 의사는 내게 임상시험 대상자 명단에 이름을 올리면 좋은 약을 정식 투약할 수 있다고 말했다. 그의 말로는 김정은이 하루 두 갑 반을 피우는 골초여서 숨가쁨 등 호흡기질환을 앓고 있는데, 흡연자 50명을 대상으로 고가 약물을 투여하고 약물 반응을 관찰하는 시험을 진행 중이라고 했다. 심장전문병원과 호흡기전문병원 등 각 전문병원도 같은 방식으로 대상자를 선발해 약을 투여하고, 6개월마다 추적 검사를 한다.

이 병원에 있는 MRI와 CT는 모두 독일 지멘스^{Siemens}사 제품으로, 10년 이상 된 중고품을 들여온 것이다. 값비싼 의료기기는 대북제재 항목에 포함돼 북한에 반입하기 어려웠다. 그럼에도 중고품이라도 독일 회사의 의료기기를 들여온 공로로, 독일 주재 봉화병원 파견원 리윤택은 '노력영웅' 칭호를 받았다.

그러나 그는 제재 명단에 올라 독일에서 추방돼 현재 러시아 모스크바에서 근무하고 있다. 독일 유학생 출신인 그는 과거 독일로 치료받으러 온 간부들에게 의료서비스를 제공하곤 했다. 하지만 지금은 독일과 싱가포르 등 유엔 회원국들의 대북제재 동참으로 북한 간부의 해외 치료가 금지됐다.

결국 북한에서 가장 중요한 문제는 김정은의 건강이다. 독재자 김정은도 오래 살기를 원하겠지만, 생사의 문제는 무소불위의 권력으로도 어찌할 수 없는 하늘의 뜻에 달려 있다고 나는 본다.

김정은 만취로 생사 갈림길에 서다

2016년 1월 어느 토요일이었다. 그날은 중앙당 간부들(부부장 이상급)이 모여 토요학습을 하던 중이었다. 북한에서는 매주 토요일을 '토요학습의 날'로 정해 김부자의 교시와 말씀, 당 정책 등을 학습한다. 한마디로 토요일은 주민들을 세뇌시키는 사상 교육을 하는 날이다.

토요학습이 한창일 때 창광안전부(중앙당 보위안전기관) 요원 두 명이 회의실로 들어와 선전선동부 부부장 김병호를 불렀다. 그들은 김병호의 양팔을 붙잡고 창광안전부로 연행했다. 회의에 참가한 중앙당 간부들은 너무도 갑작스러운 장면에 모두 의아해했다. 김병호가 김정은의 신임을 받던 일꾼이라는 사실을 다들 잘 알고 있었기 때문이다.

김병호는 원래 조선중앙통신사에서 잔뼈가 굵은 사람이었다. 논설과 정론 등 무게 있는 글을 잘 써 김정일의 총애를 받던 기자였다. 그 후 부사장에 이어 사장을 거쳐 노동당 선전선동부 출판·보도 담당 부부장으로 승진했다. 그는 여러 직책을 오르내리다가 현재 조선중앙통신사 사장으로 근무하고 있다.

장인의 말에 따르면 그는 성격이 호방하고 품성이 좋아 많은 이의 칭찬을 받는 간부였다. 특히 체육을 좋아해 김정은의 스키 친구이기도 했다. 겨울이 오면 김정은은 김병호와 함께 마식령스키장에 다녔는데, 두 사람이 스키 친구라는 사실은 웬만한 간부들이 다 알 정도였다.

우리 처가와 김병호네 집은 한 동네 이웃이었다. 나의 장모와 김병호 부인은 같은 동네에서 인민반장을 맡고 있어 서로 친하게 지냈다. 김병호 부인은 남편이 김정은과 함께 마식령스키장에 가는 날이면 우리 처가에 놀러 오곤 했다. 그는 남편이 김정은에게서 스키복과 스키 안경, 스키 장갑 등 스키 장비를 선물로 받았다며 자랑을 늘어놓곤 했다.

사실 나와 장모는 김병호 딸의 중매를 서기도 했다. 장모가 "김병호 부인이 외무성 총각을 소개해 달라고 한다"며 내게 부탁했고, 나는 당시 같은 국 아프리카담당과에서 일하던 석원혁을 소개해 줬다.

천생연분이었는지 석원혁과 그 딸은 몇 달 뒤 결혼했고, 훗날 아들도 얻었다. 그 후 석원혁은 중매를 선 나를 형님이라 부르며 따랐다. 그는

2019년 6월 30일 트럼프-김정은 판문점 회동 때 김정은의 통역을 맡았다. 영어 실력이 뛰어나 외무성 아프리카담당과에서 북미국으로 옮겼고, 지금은 당 국제부 8과 1호 통역 담당 부원으로 일하고 있다.

나는 김병호 부부장이 무슨 과오를 범했기에 창광안전부에 연행됐는지 궁금했다. 이틀쯤 지나자 동네에서 그가 사라진 일에 대해 소문이 돌기 시작했다. 신경이 쓰여 장인에게 물었지만, 장인도 모른다고 했다. 일주일 뒤 김병호는 중앙당 선전선동부 부부장에서 조선중앙통신사 사장으로 임명돼 나타났다. 장모가 김병호 부인을 만났을 때 무슨 일이 있었느냐고 묻자, 그 부인은 "오해가 있었다"며 말을 아꼈다.

훗날 나는 석원혁을 통해 사건의 진실을 알게 됐다. 어느 날 김병호가 김정은이 부른 파티에 참석했는데, 김정은이 술에 취해 "병호, 이 새끼는 반당 분자란 말이야. 감방에 처넣어"라고 말했다고 했다. 김정은의 술버릇을 아는 담당자들이 그 자리에서 분위기를 깰 수 없어 다음 날로 미뤘고, 이후 그를 실제로 연행했다는 것이다.

김병호는 연행 사유가 며칠 전 일 때문이라고 생각했다고 한다. 김정은이 전화로 "왜 노동신문이나 조선중앙통신에 아직도 '김정은 동지'라는 내 이름을 싣느냐"고 꾸짖었다는 것이다. 여기에 "인민이 '당중앙'이라는 표현만 써도 나를 가리키는 줄 안다. 내가 모든 일을 다 책임질 수는 없지 않으냐. 내 이름 대신 '당중앙'을 쓰라고 한 지가 언젠데 아직도 시정하지 않느냐"며 "당 선전선동부 부부장이 제 역할을 못 한다"고 욕설을 퍼붓기까지 했다. 아마 그 일이 술기운 속의 폭언으로 이어진 듯했다.

그런데 며칠 뒤 김정은이 담당자에게 "김병호 불러. 스키 타러 같이 가게"라고 하자, 담당자가 "지난번 행사 때 원수님 말씀이 있어 지금 창광안전부에서 조사 중"이라고 답했다. 그러자 김정은이 "내가 언제 그런 말을 했나? 당장 데려와"라고 했고, 그 길로 김병호가 풀려났다고 했다. 듣고 보니 정말 어처구니없고 허무한 이야기였다.

석원혁은 간부 집안이 이런 줄은 몰랐다며 크게 후회했다. 그는 무섭고 마음이 조여 못 살겠다며, 평범하게 마음 편히 살고 싶다고 털어놓았다. 마치 중매를 선 나에게 왜 이런 처가를 소개했느냐는 푸념처럼 들렸다.

요즘 외무성 총각들은 간부의 집 딸과 맞선이 들어오면 애인이 있다며 피한다. 이유를 물어보니 대부분 "언제 무슨 일이 벌어질지 모르기 때문"이라고 했다. 김정은 시대에 들어 처형된 차관급 이상 간부만 해도 200명이 넘는다. 연좌제로 가족까지 합치면 피해자는 수만 명에 이른다. 반당·반혁명으로 몰려 처형되거나 혁명화로 지방에 추방된 사례가 워낙 많다 보니, 북한 사회에서 간부에 대한 선호는 예전만 못하다. 한 발은 늘 지옥을 딛고 사는 기분이라 가족들도 가슴을 졸인다.

북한 사람들은 이렇게 말하곤 한다. "태양 곁에 너무 가까이 가면 타 죽고, 너무 멀리 있으면 얼어 죽는다." 여기서 '태양'은 최고지도자를 뜻한다. 김정은에게 가까이 가기보다는, 적당한 거리를 두고 제 살 궁리를 하는 것이 더 현명하다는 말이다.

"동무, 오늘 이 닦았소?" 입냄새 영감들은 나타나지 말라

TV에서 북한 뉴스를 볼 때마다 김정은 앞에 선 노간부들이 손으로 입을 가린 채 말하는 모습을 자주 본다. 그럴 때마다 지인들은 왜 그러느냐고 내게 묻곤 한다.

사실 김정은 주변 당·국가·군 간부들의 평균 나이는 65세 안팎이다. 그의 또래는 찾기 어렵다. 김정은은 국내에서 정규 학교교육을 받지 않아 초·중·고교는 물론 대학 동창이 없다. 그래서 지금도 아버지 김정일이 검증해 키운 노간부들을 그대로 쓰고 있다. 나는 이 사정이 그의 미숙한 도덕관을 드러내는 단적인 사례로 이어졌다고 본다.

2013년 9월, 김정은이 김일성종합대학 교직원 살림집 건설 현장을 현지 지도하던 때였다. 그는 동행 간부들에게 보고를 받다가, 얼굴을 찡그리며 현황을 설명하던 중앙당 과학교육부 김 모 부부장의 말을 갑자기 끊었다.

"부부장 동무, 오늘 이 닦았소?"

그가 어리둥절해 "예, 닦았습니다"라고 답하자 김정은이 말했다.

"그런데 무슨 입냄새가 그리 역하게 나오. 몸에서 영감 냄새 나는 것까지는 참겠는데, 입에서 구린내가 나니 숨을 못 쉬겠소. 가서 이 좀 닦고 오시오."

얼굴이 벌게진 김 부부장은 머리를 숙이고 자리를 떴다. 다른 간부들은 혹시 자기에게서 냄새가 나지 않나 싶어 저마다 손으로 입을 가린 채 숨을 내쉬어 보았다. 김정은은 김 부부장이 사라지자, 자리에 있던 간부들 모두에게 말했다.

"내가 찾는다고 하면 입냄새 안 나도록 이빨도 몇 번 닦고 오시오. 입냄새에 영감 냄새까지 겹쳐 메스꺼워 죽을 뻔했소. 이제부터 입냄새 나는 영감들은 내 앞에 나타나지 마시오."

그 후로 노간부들은 김정은의 현지 지도에 대비해 사무실에 칫솔과 치약, 향수까지 상비해 뒀다. 그리고 김정은의 눈 밖에 날까 두려워, 말을 건넬 때 습관처럼 입을 가리기 시작했다.

북한 간부들은 왜 김정은 앞에서 무릎 꿇을까

우리가 북한 뉴스를 보면서 이해하기 힘든 장면은 또 있다. 중대 회의 때면 주석단 중앙에 앉은 김정은 앞에서 간부들이 무릎을 꿇고 보고하는 모습을 볼 수 있다. 김일성과 김정일 시기에는 볼 수 없었던 광경이다. 두 사람은 회의장 주석단에 앉아 있어도 참석자를 앞으로 불러 세워 이야기한 적은 단 한 번도 없었다. 적어도 회의 참석자들이 연단의 발언자에게 집중하도록 최소한의 예의는 지켰다.

그러나 김정은은 자신이 어린 정치 초짜가 아니라는 점, 노간부들의 꼭두각시가 아니라 권력의 중심이라는 점을 강조하려는 듯 간부들이 자기 앞에서 무릎을 꿇고 보고하는 장면을 의도적으로 연출하고 있다. 이런 변화는 김정은의 권위적 성향을 분명히 드러낸다.

2015년 4월 어느 회의 때였다. 주석단에 앉아 있던 김정은이 조연준 노동당 조직지도부 제1부부장을 불렀다. 조연준이 무릎을 꿇고 앉아 보고를 마치고 일어서려는 순간, 무릎을 펴지 못했다. 그는 여든에 가까운 고령이었다. 회의장의 시선은 연단의 발언자가 아니라 조연준에게 쏠렸다. 옆에 있던 간부들이 다가가 부축했고, 그는 겨우 무릎을 떼고 일어섰다. 당시 31세의 김정은은 78세 조연준이 자기 앞에서 조아리는 모습을 회의장 전체에 보여줬다.

그날 회의에 참석했던 장인은 이 광경이 너무 가슴 아팠다고 했다. 집으로 돌아온 뒤 장인은 조연준의 무릎관절이 나갔을 수도 있겠다며 회의장에서 있었던 일을 전했다. 장모는 씁쓸한 표정으로 이야기를 들었다. 타인에 대한 존중과 배려는 지도자가 반드시 갖춰야 할 덕목이자, 사회 속에서 관계를 맺고 사는 모든 이가 지녀야 할 기본 품성이다. 지도자가 되기 전에 인간이 되는 것이 먼저다.

"왜 그랬어!" '애주가' 김정은에게 뺨 맞은 한광상

김정은은 제 아버지를 닮아 애주가다. 문제는 취할 때까지 마시는 버릇이 있어 술이 오르면 난폭한 기질을 드러낸다는 점이다. 집권 초기 2012~2013에는 취하면 자주 울었다고 한다. 파티에 참석한 간부들은 "어린 나이에 부모를 잃고 20대에 국가 지도자의 짐을 졌으니 스트레스가 많을 것"이라며 측은하게 여기기도 했다.

그는 술을 마시기 시작하면 참석자들에게 잔을 비우라고 강요했다. 마시지 않으면 "다시는 파티에 부르지 않겠다"며 끝까지 강권했다. 그러다 취한 뒤에는 무슨 일이 있었는지 기억하지 못했다.

2014년 4월, 당시 노동당 재정경리부 부장이던 한광상현 노동당 경공업부장은 김정은의 술자리에 호출을 받았다. 그날 초대된 인원은 20여 명이었다. 항상 그랬듯이 김정은은 술을 마신 후 주정을 부리기 시작했다. 한광상 앞에 다가온 김정은은 "야, 이 새끼야"라며 뺨을 연거푸 때렸다. 아들뻘 되는 지도자에게 뺨을 맞는 모습을 보자 참석자들은 보기 민망해 눈을 감았다고 한다.

한광상은 어떻게 처신해야 하는지 너무도 잘 알았다. 그는 무릎을 꿇고 "원수님, 잘못했습니다. 용서해 주십시오"라고 빌었다. 무엇을 잘못했는지도 모른 채 무릎을 꿇는 그를 보며 간부들은 김정은에 대한 분노와 한광상에 대한 연민을 동시에 느꼈다. 김정은은 술병을 든 채 바닥에 마주 앉아 그의 뺨을 계속 때리며 "왜 그랬어, 이 새끼야…"라고 중얼거렸다고 한다.

그런데 이상하게도 파티가 끝난 뒤 한광상은 아무런 책벌도 받지 않았다. 문책을 받을 만한 잘못이 있었다면 수용소로 쫓겨나든 처벌이 뒤따르는 게 정상이었다. 그제야 참석자들은 그 소동이 김정은의 나쁜 술버릇에서 비롯됐다고 판단했다. 이후 노간부들은 김정은이 부르는 자리를 지옥 문턱처럼 두려워했다. 아들뻘 되는 지도자에게 뺨을 맞는 치욕을 피하는 유일한 방법은 술에 취한 권력자에게서 멀리 떨어져 있는 것뿐이었다.

2 보이지 않는 실세들

노동당 조직지도부는 왜 힘이 막강한가

노동당 조직지도부는 북한을 움직이는 최고 권력기관이다. 그 앞에서는 군대나 보위, 안전, 사법, 검찰도 무력하다. 김정은은 조직지도부를 통해 세습 권력을 유지한다. 그렇다면 조직지도부는 어떤 힘이 있어 최상위 권력으로 군림할까. 답은 조직권과 간부권^{인사}, 검열권^{감사}, 이 3대 핵심 권력을 독점하고 있기 때문이다.

먼저 조직권이다. 일당독재 국가인 북한에서 조직지도부는 '당생활지도'라는 통제 시스템으로 주민들의 사상 동향을 장악하고, 세뇌를 통해 김씨 일가에 절대복종하도록 만든다. 전국 말단 조직인 당세포가 주민 동향을 매일 상급 당 조직에 보고하면, 중앙당 조직지도부 당생활지도과가 이를 일보^{일일 보고}로 종합한다. 김정은은 조직지도부를 통해 "두메산골에서 바늘 떨어지는 소리까지 다 듣고 있다"는 말이 나오는 이유다.

또 조직지도부의 승인 없이 어느 기관이나 기업소, 사회단체도 신설할 수 없다. 반드시 조직지도부 규약기구과의 심의와 승인 아래서만 창립이 가능하다. 각종 군중 시위나 궐기 모임 역시 조직지도부 승인 없이 조직할 수 없다.

다음은 간부권이다. 김정일은 조직지도부에 간부과를 신설해 각 기관의 책임일꾼(간부) 인사를 조직지도부 라인으로 묶었다. 당 간부부가 성·중앙기관(부·처) 국장급까지를 다루는 반면, 상(장관)·부상(차관)급 인사는 조직지도부 간부 8과의 소관이다. 이 밖에 간부 1과와 2과 등 여러 과가 당·군·보위·안전·사법·검찰·행정 부문 책임일꾼 인사를 나눠 맡았다.

마지막은 검열권이다. 조직지도부 검열과는 2016년 12월 국가보위성, 2017년 11월 인민군 총정치국에 대한 검열을 통해 숙청을 주도했다. 일단 검열을 시작하면 없는 죄도 만들어 숙청하는 것으로 악명이 높다. 검열을 받고 나면 해당 기관은 쑥대밭이 되고, 간부들은 자기 목을 건사하려 검열 성원에게 아양을 떨 수밖에 없다. 조직지도부 검열과에 엮인다는 것은 해임·철직·혁명화·숙청 같은 악재가 닥친다는 뜻과 같다.

2002년 5월의 일이다. 장인이 말 한마디 때문에 조직지도부 검열과에 불려가 당생활 검토를 받았다. 당시 장인은 김정은을 처음 보고 젊은 시절의 김일성이 환생한 것 같아 놀랐다고 했다. 며칠 뒤 장인은 부서의 한 간부에게 "김정은이 수령님을 닮았다"고 말했는데, 이 한마디가 화근이 됐다. 김씨 일가의 비밀을 흘렸다는 이유로 며칠간 조사를 받은 장인은 장모에게 탄광 혁명화에 나갈 준비를 하라고까지 말했다. 집안 식구들도 아버지를 따라 탄광에 갈 각오를 했다.

그 무렵 행사장에서 김정일이 장인을 보더니 "왜 그렇게 얼굴빛이 어둡냐"고 물었다. 장인이 자초지종을 이야기하자 김정일은 웃으며 "난 무슨 불상사라도 난 줄 알았소"라고 했다. 훗날 김정일은 이제강^{당 조직지도부 제1부부장 겸 본부당위원회 책임비서}에게 "전일춘이는 내가 보증하니 문제를 복잡하게 만들지 말라"고 지시했다. 그 한마디로 우리 처가는 위기를 넘겼다. 하루하루 가슴을 졸이던 장모는 한숨을 쉬며 차라리 지방에 가 마음 편히 살았으면 좋겠다는 말까지 했다. 도청과 감시 속에 숨죽여 사는 간부들의 삶을 과연 김씨 일가와 운명 공동체의 삶이라 할 수 있을까.

당 조직지도부는 거미줄처럼 북한을 휘감고, 김정은은 그 거미줄 위의 독거미처럼 나라를 움켜쥐고 있다. 황장엽은 외신기자들에게 "북한은 초등학생을 앉혀놔도 자동으로 굴러가게 돼 있다. 시스템이 그렇게 돼 있다"고 말한 적이 있다. 김씨 일가는 대를 이은 세습 독재를 유지하려 그런 시스템을 만들었다. 하지만 인류 역사에 강성한 국가는 있어도 영원한 국가는 없다. 시작이 있으면 끝이 있는 것이 세상 이치고 순리다.

노동당 중앙위원회 본부서기실의 사명

노동당에는 김정은의 사업을 직접 보좌하는 부서가 있다. 정식 명칭은 조선노동당 중앙위원회 본부서기실이다. 한국에서 흔히 말하는 '3층 서기실'이 바로 이곳이다. 나는 본부서기실에서 장인에게 걸려오는 전화를 여러 차례 들었다. 예컨대 김정은이 39호 실장을 찾을 때면, 먼저 본부서기실 교환이 전화를 걸어왔다.

"안녕하십니까, 본부서기실 교환입니다. 잠시 후 원수님께서 전화 말씀이 있으시니 대기해 주십시오."

김정은의 집무실이 있는 건물은 노동당 중앙위원회 본부청사라고 한다. 노동신문 등 북한의 공식 매체에도 '당중앙위원회 본부청사'라는 표현이 자주 등장한다. 한마디로 노동당에서 '본부'라는 단어는 곧 김정은을 가리킨다.

참고로 북한에서 '서기실'이라 할 만한 곳은 본부서기실뿐이다. 김정은의 오른팔로 알려진 조용원 당 조직지도부 담당비서나 인민군 총정치국장도 서기^{비서} 1명만 둘 수 있다. 본부서기실은 한국의 대통령비서실 같은 정책 보좌 기관이라기보다는 김정은의 개인 비서실 성격이 강하다.

한국에서는 본부서기실을 실세 중의 실세, 최고의 정책 결정 부서로 오해하는 경우가 있다. 그러나 본부서기실은 김정은의 정책 결정에 참여하지 않는다. 김정일은 예전에 "나에게는 정책 서기가 필요 없다"고 말한 바 있다. 북한의 정책 결정은 노동당이나 내각, 국방성, 외무성 등 해당 부서가 정책건의안을 만들어 문건으로 올리고, 수령이 비준하는 방식으로 집행돼 왔다. 다시 말해 각 부문의 수장이 직접 책임지고 보고하는 구조이며, 이 시스템은 김정은 시기에도 그대로 계승되고 있다.

그러면 본부서기실은 무엇을 맡을까. 김정은의 일정 관리와 의전, 경호, 문서 정리·타자 같은 일상 업무는 물론 비자금 관리와 물자 조달까지 챙긴다. 김씨 일가의 사생활 보호도 그들의 소관이다. 본부서기실은 의전과 문서 정리를 맡은 서기실장^{대외 직함은 국무위원회 부장}이 총괄한다. 서기실장이던 김창선이 2019년과 2023년 김정은의 러시아 방문을 앞두고 블라디보스토크에서 동선을 사전 점검하는 임무를 맡은 것도 그 때문이다.

김정은의 숨겨진 비밀 금고

PART 2. 백두혈통

각 부서에서 김정은에게 올라오는 문건은 본부서기실이 부문별, 용건별로 분류해 집무실 책상 위에 올린다. 문건은 '주보'와 '일보'로 나뉜다. 주보는 매주 수요일에 올리는 정기 보고로, 중앙당과 내각·국방성·외무성 등 전 부문의 비준 문건이 이날 집중된다. 일보는 당일 비준이 필요한 긴급 보고다. 이런 문서 정리 역시 본부서기실의 핵심 업무다.

또 하나 중요한 점은 서기실 소속 일부 부서의 경우 김정은에게 직접 보고한다는 사실이다. 김정은의 경호를 맡은 중앙당 6처는 서기실 소속이지만 서기실장에게 보고하지 않는다. 김정은의 동선 보안이 곧 생명과 직결되기 때문이다. 전국의 별장 관리와 경비도 6처가 독자 관할한다. 이 밖에 36과, 81과 등 일부 과도 본부서기실 소속이지만 업무 내용을 서기실장에게 보고하지 않는다. 6처장과 36과장, 81과장은 서기실장과 사실상 동급이다.

본부서기실 정직원은 '서기', 보조 직원(문서원, 방송원, 교환수, 운전기사, 청사 관리원 등)은 '부원'이라 부른다. 이들이 거주하는 아파트는 중앙당 청사 안에 있으며, 과거 김정일의 요리사 후지모토 겐지가 살았던 곳으로 알려져 있다.

김정은의 숨겨진 비밀 금고, 국무위원회 36국

김정은의 숨겨진 비밀 금고를 처음으로 공개하려 한다. 북한 내부에서도 극소수 고위 간부를 빼면 김정은의 비자금이 어떤 경로로 모이고, 어디에 적립돼 사용되는지 거의 알지 못한다. 2인자로 불리는 노동당 조직지도부 비서조차 이 자금에는 접근하지 못하며, 알아서도 안 된다. 그 결과 김정은의 비자금은 어느 기관도 감사할 수 없는 영역으로 남아 있다.

지금까지 알려진 북한 경제는 공식 경제$^{인민\ 경제·내각}$와 비공식 경제$^{당·군수\ 경제}$로 구분된다. 노동당 39호실은 비공식 경제에 속하는 김정은의 '통치 자금'을 관리하는 부서로 알려져 왔다. 국가 예산과 별개로, 오로지 김정은의 지시에 따라 독자적으로 집행되는 비자금이 곧 통치 자금이다.

그런데 이런 비자금에도 공적 비자금과 사적 비자금이 존재한다. 여기서 내가 밝히려는 핵심 내용은 김정은의 사적 비자금을 관리하는 부서가 따로 존재한다는 사실이다. 그 부서가 바로 본부서기실 36과다.

부연하자면, 통상 39호실 자금을 '당 자금', 그리고 별도의 본부서기실 36과$^{현재\ 국무위원회\ 36국}$ 자금을 '혁명 자금'이라 한다. 당 자금과 혁명 자금은 엄연히 다른 지갑이지만, 둘 다 김정은의 지배 아래 있다. 한마디로 혁명 자금은 김정은이 숨겨둔 개인 비자금인 셈이다.

2016년 6월 국무위원회 신설 이후 본부서기실 36과는 국무위원회 36국으로 개편됐다. 36과의 존재가 노출되면 김정은의 권위가 훼손될 수 있다는 판단에서 간판만 바꾼 것이며, 임무는 종전과 동일하다.

그렇다면 36국은 무엇을 하는 곳일까. 36국은 김정은의 경호 장비와 방탄차, 요트, 고급 시계, 의류, 향수뿐만 아니라 제비집과 상어지느러미, 고베 와규, 남방 과일 같은 식료품에 이르기까지 김씨 일가 관련된 모든 물품의 해외 구매와 공수를 맡는다. 또한 김정은의 지시로 완공된 시설과 설비, 예컨대 2015년 건조된 대동강 유람선 '무지개호'와 2017년 7월 문을 연 '능라곱등어관^{돌고래관}', 2013년 10월 개장한 '문수물놀이장^{워터파크}' 등에 필요한 모든 장비와 설비의 수입 실무도 담당한다. 36국이 집행하는 자산 규모는 수백억 원에 달한다

한편 노동당 39호실은 김정은의 개인사와 관련된 비자금을 관리하지 않는다. 다만 39호실과 국무위원회 36국은 업무상 긴밀히 맞물려 있다. 36국의 혁명 자금의 현금 인출과 계정 관리 등은 39호실을 통해 이뤄진다. 또 해외에서 36국의 과업을 집행하는 '파견원'들은 대체로 39호실 소속이다. 이들은 주재 대사관 초급당위원회의 통제를 받지 않으며, 업무 보고 의무도 사실상 없다. 이들이 평양으로 보내는 물품은 항공편이나 열차편을 불문하고 최우선으로 발송된다.

핵심은 이것이다. 혁명 자금은 어디에서 발생하며, 어디에 은닉되고, 어떻게 관리되는가. 또 핵과 미사일에 쓰이는 자금은 어느 주머니에서 나오는가. 지금도 여러 국가와 기관이 이 수수께끼의 퍼즐을 맞춰가고 있다.

수령을 전지전능한 하느님으로 만드는 노동당 문서정리실

노동당에는 김정은을 전지전능한 하느님처럼 보이게 만드는 부서가 있다. 노동당 문서정리실이다. 내가 살던 은덕촌에는 노동당 부장급 이상 간부들이 모여 살았는데, 그중에 문서정리실 부장 김중협도 있었다. 그는 노동신문사 책임주필을 거쳐 2012년부터 문서정리실 부장을 맡았다. 장인은 문서정리실을 "김정일의 생각을 글로 옮기는 정책 부서"라고 설명했다. 한마디로 김정은의 두뇌 역할을 하는 실무 집단이 문서정리실이다. 외부에 잘 알려지지 않았지만, 김씨 일가의 두터운 신임을 받는 부서다. 문서정리실이 하는 일을 보면 그 이유를 알 수 있다.

문서정리실의 임무는 김정은의 말씀[발언] 편찬, 신년사, 노작, 당대회 및 전원회의 보고서, 결정서 등 당내 주요 문건을 작성·정리하는 일이다.

이 부서는 도와 시·군에 하부 조직이 없고 중앙당에만 존재하지만, 조직지도부 못지않은 신임을 받는다. 구성원은 정치, 경제, 문화, 군사 등 각 분야에서 실력이 검증된 최정예 엘리트들이다. 주체사상의 이론적 기초를 세운 황장엽 선생도 한때 이곳에서 근무했을 만큼 필력이 뛰어난 인재가 모인다.

이들은 김정은의 발언을 부문별로 정리해 해당 부문의 당 정책으로 만든다. 이유는 간단하다. 김정은의 말이 곧 정책이자 법이기 때문이다. 예를 들어 0000년 00월 00일 김정은이 고산과수농장을 현지 지도했다고 하자. 문서정리실은 현지 지도 이전에는 과수 분야 실태 자료와 말씀 참고 자료를 만들어 보고한다. 김정은은 이를 검토한 뒤 현지 지도를 진행한다. 이후에는 현장에서 나온 발언을 받아 살을 붙여 문장화한다.

"경애하는 최고영도자 김정은 동지께서 0000년 00월 00일 고산과수농장을 현지 지도하시면서 하신 말씀."

이렇게 정리된 말씀은 곧 과수 부문이 틀어쥐고 나가야 할 강령적 지침이 된다. 요컨대 문서정리실은 김정은을 사상 이론과 창조·건설의 '영재'로 포장하는 작업을 하는 것이다.

이 밖에도 문서정리실은 김정은의 신년사, 당대회나 당 전원회의 보고서와 결정서를 작성한다. 최근 신년사를 대신한 노동당 전원회의 결론 '2025년 투쟁과업에 대하여' 역시 문서정리실의 작품이다.

조용원은 어떻게 2인자로 등극했는가

조용원은 노동당 중앙위원회 조직지도부 비서 겸 부장이며 당 정치국 상무위원회 위원이다. 조직지도부는 군, 보위, 안전, 사법, 검찰 등 권력기관 전반을 틀어쥐고 북한을 움직이는 핵심 조직이다.

조용원은 1990년대 조직지도부 당생활지도과^{종합} 부원으로 시작해 부과장과 과장을 거쳤다. 2000년대에는 리제강 제1부부장의 두터운 신임을 받았고, 2005년 조직지도부^{종합} 부부장으로 발탁됐다.

그가 김정은의 절대적 신임을 얻은 계기는 2014년 12월의 일이었다. 당시 김정은은 주민들 속에 '백두의 혁명 정신, 칼바람 정신'을 새롭게 강조하며, "어떤 고난과 역풍이 불어와도 항일 빨치산 대원의 희생정신으로 일해야 한다"고 독려했다. 그는 "직접 백두의 칼바람을 맞으며 생눈길을 헤쳐가는 모습을 보여주겠다"며 백두산을 찾았고, "조직지도부 간부들이 앞장서야 한다"며 백두산 답사를 직접 조직했다.

김정은이 고위 간부들과 차량으로 먼저 정상에 오른 사이, 조직지도부 부부장들이 탄 버스가 산 중턱에서 고장이 났다. 수리에 시간이 걸린다는 운전기사의 말에 모두가 차에 남아 있었지만, 조용원 부부장만은 한 시간 반을 걸어 김정은이 있는 정상에 도착했다.

그를 본 김정은이 "조직지도부 부부장들은 왜 올라오지 않느냐"고 묻자, 조용원이 버스 고장을 설명했다. 그러자 김정은은 "덜돼 먹은 것들, 백두의 혁명 정신과 칼바람 정신을 배우자고 답사를 조직했는데, 버스가 고장 났다고 그 안에 그냥 앉아 있는 게 말이 되느냐"며 분노했다. 이어 "당의 전위부대인 조직지도부 일꾼들의 정신 상태가 일반 주민보다도 못하다"고 질타하며, 조용원과 다른 부부장들의 대조적인 행동을 지적했다.

김정은은 동행한 최룡해 당 중앙위원회^{조직 담당} 부위원장에게 부부장 전원을 농장에 내려보내 노동혁명화를 시키라고 지시했다. 조용원을 제외한 부부장들은 과장들에게 업무를 인계하고 석 달간 농촌에서 혁명화를 받고 복귀했다. 당 핵심 부서인 조직지도부 부부장 전원이 한날한시에 혁명화를 받은 것은 당 역사에서도 이례적이었다. 이때부터 조용원은 강직하고 고지식한 일꾼으로 각인돼 승승장구의 길을 걸었다.

또 하나의 에피소드가 있다. 2019년 초, 조용원의 아들이 장마당에서 산 가짜 술 '송악소주'를 마시고 시력을 잃었다. 보고를 받은 김정은은 그를 즉시 베이징으로 보내 안과 수술을 받게 했고, 그 술을 판 식당 지배인은 처형됐다. 조용원은 "눈을 잃을 뻔한 아들에게 광명을 찾아주셨다"며 "대를 이어 충성하겠다"는 감사 편지를 올렸다.

김정은 후계 체제 확립 '일등 공신' 황병서

김정은이 처음으로 후계 수업을 받은 곳은 인민군과 국가보위성이다. 2009년 1월 김정일은 고위 간부들에게 삼남 김정은을 후계자로 공식 선포하고, 인민군 간부사업권^{인사권}을 그에게 위임했다. 군을 장악하려면 장성의 별을 떼고 붙이는 인사권을 쥐어야 한다.

군 간부사업은 인민군 총정치국을 거쳐 노동당 조직지도부 62과^{군 간부 담당}로 올라온다. 노동당 규약에는 인민군 총정치국이 노동당의 도당급 기능을 수행한다고 규정돼 있다. 조직지도부 62과는 최종 검토한 간부사업 문건을 김정은에게 보고해 비준을 받고, 그에 따라 군 간부를 임명한다.

당시 62과 담당 부부장이 바로 황병서였다. 그는 원래 인민군 총정치국에서 간부사업을 맡다가 1990년대 초 조직지도부 간부4과 인민무력기관 담당 간부과로 발탁돼 부원→과장→부부장으로 승진했다. 이후 간부4과는 62과로 개칭됐다. 군 간부사업을 책임진 그는 2009~2011년 김정은의 군 장악과 후계 체제 확립에 핵심 역할을 했다.

    2009년부터 김정은은 실제 전투 단위 지휘관인 중대장과 대대장을 모두 20대로 교체하라고 지시했다. 또 전투 단위 지휘관들의 슬로건을 "돌격 앞으로!"에서 "나를 따라 앞으로!"로 바꾸게 했다. 지휘관이 뒤에서 외치지 말고 대오의 선두에서 솔선수범하라는 뜻이었다.

    이 시기 황병서에 대한 김정은의 신임은 두드러졌다. 2014년 그는 군 부문의 당생활을 책임지는 조직지도부 제1부부장으로 진급했고, 몇 년 사이 중장·상장·대장·차수로 고속 승진했다. 이어 인민군 총정치국장에 올라 군 서열 1위로 등극했다.

    하지만 이후 매관매직 문제가 불거지며 조직지도부가 총정치국에 대한 집중 검열을 실시했고, 황병서는 연대책임을 지고 철직됐다. 당시 총정치국 간부들은 사단장 인사까지 돈과 뇌물을 받고 챙겼으며, 특히 총정치국 산하 외화벌이 회사에 돈과 선물까지 요구했다. 국방성 대열보충국은 병종·부대·지역별로 가격표를 정해놓고 노골적으로 뒷돈을 받고 신병들을 배치했다. 검열 이후 일부 장성은 군사재판을 거쳐 즉결 처형됐다. 황병서는 총정치국장 신분이었지만 당 책벌로 혁명화를 받는 선에서 마무리됐고, 김원홍은 국가보위상에서 총정치국 제1부국장으로 옮긴 지 6개월밖에 되지 않았던 터라 제대하는 것으로 책벌을 대신했다.

    사실 황병서는 품성이 좋다는 평을 듣던 인물이다. 중앙당 62과 담당 부부장 시절부터 나의 장인과 매우 가까웠다. 그는 장인에게 "대성은 행39호실 소속에 있는 셋째 사위가 내 이름을 팔아 외화벌이를 하는 것 같다. 그러다 큰 사고라도 칠까 봐 두렵다"며 "절대로 해외 출장을 내보내지 말아달라"고 부탁한 적도 있다. 많은 간부가 자식의 해외 발령을 청탁하던 분위기에서, 오히려 막아달라고 한 그의 태도는 의외였다.

장인의 말에 따르면 그는 아들을 보려고 무척 애를 썼지만, 아들 없이 딸만 줄줄이 여섯을 낳았다. 간부들은 그를 "딸딸이 아버지"라고 불렀다. 본처가 유방암으로 세상을 떠난 뒤 그는 3년 동안 딸들이 지어주는 밥을 먹으며 상을 치렀다.

2014년 어느 날, 김정은은 "남자가 어떻게 혼자 살겠는가"라며 결혼을 종용했고, 원산초대소에서 생모 고용희의 담당 간호사였던 여성을 황병서에게 소개했다. 김정은의 중매로 황병서는 일흔을 넘겨 재혼했다. 이후 외손자가 태어나자 김정은이 직접 '충로忠路'라는 이름까지 지어주며 각별한 신임을 보였다. 충로는 '당을 따라 영원히 충성의 한길로만 가라'는 뜻이라고 했다.

인민군 총정치국장에서 해임된 황병서는 혁명화를 마친 뒤 노동당 조직지도부 62과 담당 부부장으로 복귀했으나, 그 후에도 몇 차례 우여곡절을 겪었다. 다만 2023년 7월 27일 전승절 행사와 2025년 여러 행사에서 그가 인민군 차수 계급장을 단 노병으로 김정은 옆에 앉은 장면이 종종 포착되는 것을 보면, 영예롭게 은퇴했을 가능성이 높다.

또 다른 에피소드도 있다. 2015년 11월 황병서는 싱가포르에서 척추 수술을 받았다. 귀국 후 그는 김정은에게 "치료 기간 대사관 직원들의 방조助로 조속히 회복할 수 있었다"고 보고하자, 김정은은 김계관 제1부상에게 "싱가포르 주재 대사관 직원들에게 구두 감사를 전하라"고 지시했다. 그 덕분에 싱가포르 주재 정성일 대사는 연임에 성공했다.

북한 간부들은 유럽연합EU의 여행 금지 조치 이후인 2010년부터 싱가포르에서 치료를 받기 시작했는데, 나의 장인도 2011년 교통사고로 다친 다리를 그곳에서 재수술했다. 2012년에는 김경희가 싱가포르에서 심장과 구강 치료를 받았고, 2011년에는 김정철이 에릭 클랩턴 공연을 보기 위해 1주일간 머무르기도 했다.

김양건·리제강 사망은 암살 아닌 교통사고

한국에서 나를 만난 이들 가운데 "김양건·리제강의 교통사고가 암살 아니냐"고 묻는 분이 많았다. 그래서 내가 아는 김양건 노동당 통일전선부장의 사고 경위를 먼저 정리해 본다.

2015년 12월 29일 새벽, 김양건은 김정은의 파티에 참석하기 위해 직접 운전해 초대소로 향했다. 통상 절차는 이렇다. 김정은의 호출을 받은 간부들은 정해진 시각에 자기 직무차업무용 차량로 지정 장소에 집결한다. 거기서 중앙당 6처김정은 경호실 버스로 갈아타고 초대소에 들어가 파티에 참석한다. 끝나면 집 방향별로 나뉘어 차량에 분승한다. 김정일 시대부터 만취 상태로 직접 운전하다 사고로 숨진 간부가 여럿 있었던 탓에, 급한 경우가 아니면 버스 이용이 원칙이다.

하지만 그날 김양건은 자기 차를 몰고 약간 늦게 도착했다. 그는 장인에게 다가와 "맏아들의 싱가포르 여비와 병원 검진비를 넉넉히 보장해 달라"고 당부했다. 맏아들이 조선적십자종합병원에서 뇌종양 의심 판정을 받아, 싱가포르에서 정밀진단을 받도록 김정은에게 보고했고, 당 39호실에서 자금 지원을 승인받았다는 것이었다.

김양건 부장은 우리 처가와 한 아파트의 위아래 층에 살았다. 성품이 고지식하고 청렴했다. 그래서인지 집안 사정이 넉넉지 않아 두 아들 부부와 함께 살았고, 다세대 살림을 하다 보니 아이 다툼이 부부 싸움으로 번지는 날이 잦았다. 아래층에서 큰소리가 나면 딸아이가 바닥에 귀를 대고 듣다가 "아빠, 현영이네 또 싸워. 무서워"라며 내게 달려오곤 했다. 김양건은 두 아들의 가정사로도 마음이 복잡해 보였다.

새벽 4시쯤 파티가 끝났고, 간부들은 버스에 나눠 타고 귀가했다. 김양건은 차를 가져왔기에 취기가 가라앉을 때까지 자리에 남아 쉬었다고 한다. 새벽 6시경, 그는 직접 운전해 순안고속도로를 타고 평양 시내로 들어오다 4·25 문화회관 앞 사거리에서 콘크리트 화단 구조물을 들이받아 그 자리에서 즉사했다. 훗날 그 구조물은 김정은의 지시로 철거됐다.

장례식에서 김정은은 부인에게 "무엇이든 들어줄 테니 필요한 것이 있으면 말하라"고 했다. 부인은 "집이 없어 두 아들 부부와 함께 사는데 주택 문제를 해결해 주면 고맙겠다"고 했다. 김정은은 믿기지 않는다는 표정으로 되물었다.

"김양건 부장이 집이 없어 다세대로 살았는가?"

속담에 "자기 배부르면 남이 배고픈 줄 모른다"고 했다. 호화 별장에서 산해진미를 누리는 김정은은 아랫사람이 집이 없어 결혼한 자식들과 한 지붕 살림을 하는 현실조차 모르고 있었다.

당 조직지도부 제1부부장 리제강 역시 평양시 력포구역 동명왕릉 인근에서 교통사고로 사망했다. 2010년 6월 초 새벽 3시경, 김정일이 조직한 파티에 참석했던 간부들이 귀가하려고 방향별 소형 버스에 올랐는데, 유독 리제강 제1부부장^{본부당 책임비서}과 김경옥 제1부부장^{군정 담당}, 김창섭 국가안전보위부 정치국장만은 한 대뿐인 승용차를 탔다. 좌석 배치는 운전기사 옆자리에 김창섭, 뒷좌석 왼쪽에 김경옥, 오른쪽에 리제강이었다.

운전기사는 갓난아기 아버지였다. 갓난아기를 돌보느라 수면 부족이 누적된 상태였을 가능성이 컸다. 게다가 평양 시내를 제외하면 북한 도로 대부분은 가로등이 없고, 동명왕릉 인근은 교외의 인적 드문 구간이라 시야 확보가 어렵다.

모두가 만취해 잠든 새벽 3시, 고요한 도로 위에서 운전기사가 깜빡 졸았다. 그 순간의 해이가 사고로 이어졌다. 운전대가 오른쪽으로 꺾이며 차량이 가로수를 들이받아 운전기사는 즉사했고, 뒷좌석 오른쪽의 리제강은 문이 열리며 밖으로 튕겨 나가 나무에 부딪혀 복부 파열과 뇌진탕으로 현장에서 숨졌다. 다른 두 사람은 날벼락 같은 사고를 당했지만 목숨은 건졌고, 이후 오랜 기간 요양소에서 허리 치료와 물리치료를 받아야 했다.

북한의 고위 인사가 '암살'당한 것 아니냐는 추측은 북한의 정치 풍토를 잘 모르기 때문에 생기는 착오라고 본다. 폐쇄적인 북한에서 굳이 교통사고로 위장할 이유가 없다. 마음만 먹으면 독약을 쓰고 '급성 심장마비'라는 의학 감정서로 정리하면 그만이다.

더구나 간부들이 타는 벤츠 공무용 차량은 김정은이 하사한 고가 수입차다. 귀한 외화를 들여 들여온 차량을 폐차로 만들면서까지 암살

할 까닭이 없다. 실제로 암살하려면 다른 수단은 얼마든지 있다. 또한 북한에서 암살이 관행이라면, 그것은 곧 김정은에 대한 암살 가능성을 시사해 사회적 불안을 키운다. 한마디로, 북한에서 암살은 당의 통일과 단결, 사회적 결속을 해치는 사건으로 간주된다.

김정일 용인술 "금처럼 영원히 변치 말자"

2009년 5월 말, 제2차 핵실험의 성공적 진행을 축하하려고 김정일이 소규모 파티를 열었다. 이날 파티에는 나의 장인을 포함해 15명이 참석했다. 김정일은 간부들을 한 사람씩 호명하며 순금 오메가 시계를 선물했다. 그는 오래전부터 간부들을 자기 곁으로 끌어들이고 충성을 유도하기 위해 이른바 선물 정치를 활용해 왔다. 그날 김정일은 '고난의 행군' 시절을 이렇게 회고했다.

"어느 날 수령님께서 꿈에 나타나 '힘들지' 하시며 돈 한 자루를 놓고 가셨다. 정말 돈 한 푼이 귀하던 때였다. 나는 그 얼마 안 되는 종잣돈을 CNC(Computerized Numerical Control, 컴퓨터 수치 제어) 공작기계 생산에 전부 투자하기로 마음먹었다. CNC가 있어야 군수공업이 살아나고 사회주의 조국을 수호할 수 있었다. 나는 경공업 일꾼들에게 '사탕 없이는 살아도 총알 없이는 살 수 없다'고 말했다. 먼 훗날 우리 인민이 조국을 수호하기 위해 내가 내린 결심을 이해해 줄 것이라 믿었다. 그래서 나는 예술영화 '14번째 겨울'의 주제가 '희망 안고 이 길을 가리라'를 가장 즐겨 부른다. '그 누가 내 마음 몰라주어도, 희망 안고 이 길을 가고 가리라'는 가사가 내 심정을 그대로 말해준다. 나는 동무들을 믿고, 동무들은 나를 믿고 생사고락을 함께했기에 혹독했던 '고난의 행군'을 이겨낼 수 있었다. 나를 굳게 믿고 따라준 동무들에게 고맙다."

이어 김정일은 "선물 받은 금시계를 차보라"고 하며 이렇게 덧붙였다.

"금은 변하지 않는다. 앞으로 '고난의 행군'보다 더 험한 난관과 시련이 닥쳐올 수 있다. 아무리 천지풍파가 몰아쳐도 우리도 이 금시계처럼 절대불변의 동지가 되자."

그가 '고난의 행군' 시절 종잣돈을 군수공업에 투입한 결정은 붕괴 직전의 세습 독재체제를 지키려는 선택이었지 북한 주민의 더 나은 미래를 위한 것은 아니었다.

김정일은 용인술의 달인이었다. 새벽 3시, 파티가 끝나 간부들이 집으로 돌아갈 무렵이었다. 김정일이 문득 "동무들이 나한테 왔다 가는데 할아버지만 금시계를 받았다면 손주들이 섭섭해 하지. 뭘 좀 보내야겠어"라고 말하며 본부서기실 선물과장에게 당과류 한 꾸러미씩을 준비해 각 집에 나눠주라고 지시했다.

집에 도착한 선물 꾸러미를 열어보니 빵 한 개가 들어 있었다. 나는 그때 처음 맛본 빵이 늘 기억에 남아 한국에 온 뒤 지인들에게 빵 이름이 무엇인지, 어디서 살 수 있는지 물어보았다. 설명을 들은 한 지인이 "파네토네 같은데"라며 인터넷에서 찾아 보여줬다. 이탈리아 전통 과일빵 '파네토네'였다. 가격은 4만 원 정도였다. 김정일은 4만 원도 안 되는 빵으로 아이들의 충성심까지 끌어냈던 것이다.

훗날 장인에게는 금시계와 관련한 에피소드도 생겼다. 어느 날 지방 현지 시찰 중 김정일과 사업 토의를 하다가, 김정일이 갑자기 "전일춘이,

너 금시계 안 차고 다녀?"라고 물었다. 김정일의 현지 시찰은 동행 간부들도 모른 채 갑자기 포치(布置, 배치 또는 통보)되는 경우가 많았는데, 동선 노출을 막기 위해서라고 했다.

그날 장인은 집에 들러 출장 가방에 속옷과 세면도구를 챙겨서 급히 나갔다. 그때 서두르다 보니 금시계를 화장실에 풀어놓고 나온 것이다. 장인이 말없이 고개를 숙이자 김정일은 "금시계를 안 찰 거면 아이들한테 넘겨줘"라고 했다. 금처럼 변치 말고 충성하라는 뜻으로 선물한 시계를 차지 않는 모습이 몹시 언짢았던 것이다.

며칠 후 장인은 김정일과 예술 공연을 함께 관람했다. 김정일이 공연장에 들어서자, 장인은 금시계를 찬 손목을 들어 올려 그가 지나갈 때 힘차게 물개박수를 쳤다. 자신이 시계를 차고 있음을 보여주려는 행동이었다. 김정일은 그 모습이 우스웠는지 지나가며 "알았어, 시계가 아니라 네 팔이 빠지겠다"라며 농담을 건넸다. 집에 돌아온 장인의 물개박수 이야기에 온 가족이 한바탕 크게 웃었다.

김정은과 직통으로 연결되는 '영도전화기'

2009년 2월, 김정일은 '아리랑' 브랜드의 영도전화기(수뇌부 직통 휴대전화)를 일부 고위 간부에게 하사했다. 이 전화는 수뇌부와 직접 연결되므로, 간부가 은퇴하면 즉시 회수된다. 2014년 4월경 김정은은 구형 영도전화기를 신형으로 교체 지급하고, 측근 간부들과 수시로 통화했다.

해외에서 부품을 들여와 북한에서 자체 조립한 영도전화기는 완전 비화(암호화) 체계를 갖춘 기기였다. 김정일은 고위 간부들에게 이 전화를 하사하며 "감청에 걸리지 않으니 안심하고 쓰라"고 말하곤 했다. 동시에 인민군 정찰총국과 국가보위성 등 첩보·방첩기관에 비화 체계를 추적해 감청을 시도하라고 임무를 내렸으나, 여러 차례 시도에도 뚫지 못했다. 이에 김정일은 이 프로그램과 앱을 만든 91국 IT 기술자들을 높이 치하했다. 91국 기술자들은 김씨 일가와 고위 간부들이 쓰는 맥북과 아이맥의 프로그램 설정과 스마트폰용 앱도 제작·관리한다.

영도전화기를 가진 고위 간부들은 각자 고유 번호가 있다. 원칙상 김정은 발신 전화만을 받는 체계이지만, 번호를 알고 있으면 영도전화기 소지자끼리 상호 통화도 가능하다. 한번은 파티에서 장인이 리수용 외무상의 영도전화 번호를 받아 등록해 뒀다가, 호기심에 전화를 걸어본 적이 있었다. 뜻밖에도 리수용이 "경애하는 원수님, 건강하십니까. 외무상 리수용 전화 받습니다"라고 응대했고, 장인이 "수용 동무, 나야. 전일춘이야"라고 답하자 둘이 한바탕 웃은 적이 있다고 했다.

2009년 말 장인이 수술차 베를린에 갔을 때, 리수용 대사는 제네바에서 비행기를 타고 병문안을 왔다. 그때 장인은 무척 고마워했다. 그만큼 두 사람은 또래에다 업무 연계도 있어 허물없이 지내는 가까운 사이였다. 참고로 내가 평양에 있을 때 시중에서 판매되는 일반 '아리랑' 휴대전화를 썼는데, 영도전화기와는 기능과 보안 수준에서 큰 차이가 있었다.

존경과 신뢰받는 '북한 외교 사령탑' 김계관

김계관 외무성 제1부상은 북한 외교의 한 획을 그은 베테랑 외교관으로 꼽힌다. 이는 그를 상대했던 한·미·중·러·일 외교관들의 공통된 평가다.

그는 김정일과 김정은의 외교 책사로서 북한의 외교정책을 수립하고 대미 외교를 주도한 핵심 인물이다. 성격이 유하고 타인을 존중해 화를 내는 얼굴을 보기 힘들다는 평을 들었다. 외무성 참사, 북·미 회담 수석대표, 미국담당 부상, 제1부상을 거치며 명실상부한 대미 전문가로 실력을 인정받았다.

그가 미국담당 부상으로 승진한 데에는 남다른 사연이 있다. 1994년 11월, 북·미 간 제네바 합의가 타결된 직후 김정일은 크게 만족해하며 회담 대표단 전원을 불러 목란관에서 성대한 파티를 열었다. 속기원까지 빠짐없이 초대됐다. 당시 북한 처지에서 맹아 단계 핵 프로그램을 포기하는 대가로 북·미 수교, 평화협정, 경수로 건설, 중유 제공 등을 약속받은 것은 이례적 성과였다. 훗날 클린턴 행정부의 한 관리가 "북한이 몇 년 안에 붕괴할 것이라 보고 합의했다"고 말하기도 했다.

김정일은 연회장에서 대표단 전원에게 선물을 하사하며 분위기를 띄웠다. 연회 도중 김정일이 뒷자리의 김계관을 보며 손짓했다.

"계관 부부장! 뒤에 있지 말고 앞으로 나오라우!"

김계관이 앞으로 나와 김정일과 이런저런 대화를 하다가 자신의 정확한 직책을 말했다.

"장군님, 저는 부부장이 아닙니다."

"응? 부부장이 아니야?"

"네, 외무성 참사입니다."

"그럼, 동무는 오늘부터 부부장, 미국담당 부부장이야."

그해 12월, 김계관은 그렇게 외무성 미국담당 부부장이 됐다.

2007년 6월, 방코델타아시아^BDA 사건이 완전히 해결된 직후 김정일은 몇 년 동안 문제 해결에 애쓴 외무성 간부들을 다시 파티에 불렀다. 그는 2005년 BDA 사태 이후 대북 금융제재를 완화하기 위해 '9·19 공동성명' 이행 보류, 미사일 발사, 핵실험 등 초강수를 두며 이른바 벼랑 끝 전술을 이어갔다.

그날 김정일은 김계관의 잔을 채워주며 회담 대표로서 기울인 노고를 치하했다. 김계관은 이에 "장군님께서 대미 관계에서 나아갈 방향과 방도를 가르쳐주셨기에 오늘의 성과를 거둘 수 있었다"라며 "우리는 장군님의 사상과 의도에 맞게 실천했을 뿐"이라고 공을 돌렸다.

그러자 김정일은 "영화 한 편을 찍자고 해도 삼위일체가 보장돼야 한다. 시나리오를 쓰는 작가도 중요하지만, 연출을 맡은 감독, 연기하는 배우가 제 역할을 해야 훌륭한 작품이 나온다. 내가 아무리 좋은 구상을 했어도 동무들이 제 역할을 못 했다면 오늘의 성과는 없었을 것"이라며 그의 노고를 평가했다. 그로부터 3년이 지난 2010년, 김계관은 외무성 제1부상으로 승진해 북한 외교를 총괄하는 사령탑에 올랐다.

물론 그에게도 시련은 있었다. 아내가 김일성의 셋째 부인인 김성애의 프랑스어 통역사 출신이라는 이유로 십수 년 동안 승진이 막히고 해외 파견도 금지됐었다. 후계자로 등극한 김정일은 계모 김성애와 이복동생들^(김평일·김영일·김경진)을 '곁가지'로 규정하고, 이들과 연관된 인물들을 사회적으로 완전히 매장시켰다.

사실 김계관의 처가는 북한판 '송씨 집안'^(중국 현대사의 송경령·송애령·송미령 세 자매처럼 권력 핵심과 혼맥으로 얽힌 가문)으로 불릴 만큼 화려했다. 그의 아내는 정일룡 부수상의 셋째 딸로, 세 자매 모두 김일성종합대학을 졸업했다. 훗날 큰딸은 태종수^{당 군수공업부 담당 비서}, 둘째 딸은 김병팔^{황해제철연합기업소 지배인·조선직업총동맹 위원장}과 각각 결혼했다. 김정일이 파티에서 태종수와 김계관이 함께 있는 모습을 보고 '정씨 집안 사위들'이라며 농담을 건넸다는 일화도 있다.

개인적으로 인간 김계관을 평가하자면, 그는 외교적 자질과 능력은 물론 직원들을 끝까지 책임지는 품성으로 존경과 신뢰를 받은 외무성의 수장이었다.

명야복야^{命也福也, 연거푸 생기는 행복}, 최선희

2022년 6월, 노동당 제8기 5차 전원회의에서 북한 역사상 첫 여성 외무상이 탄생했다. 여성의 사회적 역할이 제한적이고 남존여비 사상이 강한 북한에서 여성 외무상의 등장은 매우 이례적이었다. 최선희가 외무성 부상과 제1부상으로 승진할 때마다 북한 외교관 모두가 놀랐다. 북한에서는 일어나기 어려운, 말 그대로 기적 같은 일이었기 때문이다.

한마디로 최선희의 승진은 타이밍과 행운이 절묘하게 맞아떨어진 천운이었다고 해도 과언이 아니다. 그렇다고 해서 외무상으로서의 자질과 품격이 부족하다는 뜻은 아니다. 행운도 실력이 받쳐줄 때 빛이 나는 법이다.

최선희는 오랜 경험과 전문성을 갖춘 미국통으로, 누구보다 북·미 관계에 밝고 실무 능력도 뛰어났다. 판단이 빠르고 영리했으며, 특히 간부들과의 인맥 관리 등 대인관계에도 능숙했다. 내가 본 최선희는 성격이 낙천적이고 유머 감각이 뛰어나 대화를 능숙하게 이끄는 등 외교적 기질도 타고났다. 일부는 걷는 자세나 거침없는 말투를 두고 도도하다고 평가하지만, 그는 품성이 바르고 부하를 배려하는 상관으로 인간미도 넘쳤다. 한마디로, 앉을 자리와 설 자리를 분별할 줄 아는 매우 영리한 여성이다.

최선희는 김일성의 책임서기^{비서실장}와 내각 총리를 지낸 최영림의 수양딸이다. 최영림 부부는 슬하에 친자식이 없어 먼저 아들을 입양해 키웠는데, 그가 중앙통계국장^{장관급}을 지낸 최승호다. 1960년대 중엽 김일성의 교시에 따라 많은 간부가 부모 없는 아이들을 입양했는데, 그때 최영림이 들인 딸이 바로 최선희다.

최선희는 아버지의 덕으로 어린 시절 베이징에서 유학했고, 대학을 졸업한 뒤 외무성에 입직했다. 첫 배치는 번역국이었다. 1990년대 북·미 회담에 영어 통역으로 투입돼 능력을 인정받았고, 외무성 핵심 부서인 5국^{현 북미국}으로 전보됐다. 그 후 근 30년 동안 미국담당국에서 한 우물을 팠다. 2010년 10월 5국 부국장, 2016년 8월 북미국 국장, 2018년 2월 미국담당 부상, 2019년 4월 외무성 제1부상, 2022년 6월 외무상으로 고속 승진했다.

최선희는 어떤 '행운'을 타고 북한 외교의 사령탑이 됐을까. 우선 2010년, 그가 외무성 5국^{당시 미국담당국} 부국장으로 승진하던 때는 북한 비핵화를 위한 6자회담이 사실상 막을 내린 시기였다. 김정일은 기회 때마다 "중국을 믿고 6자회담에 나섰지만 우리만 코너에 몰리는 신세가 됐다"며 "이제는 불필요하니 걷어치우라"고 지시했다. 당시 핵 사찰을 받아야 할 처지에 놓인 북한은 2009년 4월 대륙간탄도미사일 발사 이후 유엔 안보리의 규탄 성명이 나오자 이를 빌미로 6자회담 보이콧을 선언했다. 그 뒤로 회담은 영영 물 건너갔다.

외무성은 그동안 애쓴 미국통 외교관들을 배려 차원에서 해외 대사와 참사로 순차 발령했다. 2009년 말부터 5국 인력들이 잇따라 해외로 나갔지만, 핵심 멤버였던 최선희는 예외였다. 북한에서는 여성 외교관의 해외 근무가 제한돼 있었기 때문이다. 대신 그는 5국 부국장으로 승진했다.

2016년 8월, 최선희에게 또다시 북미국 국장 승진이라는 '행운'이 찾아왔다. 전임 한성렬이 부상으로 올라가면서 국장 자리가 비었기 때문이다. 같은 해 5월 리용호가 외무상으로 승진하자 한성렬이 미국담당 부상으로 옮겼고, 이후 공석을 누구에게 맡길지 논의가 이어졌다. 그해 8월 김계관 제1부상이 "북·미 관계를 가장 잘 아는 적임자"라며 최선희를 추천해 김정은에게 직접 보고했고, 김정은은 최선희를 국장에 임명했다. 여성이 외무성 핵심 부서의 수장을 맡은 일은 매우 이례적이었다. 일각에서 김계관과의 사적 관계를 의심하는 말도 있었지만, 전혀 사실이 아니다. 아내 때문에 심리적 고초를 겪은 경험이 있는 김계관은 성격상 극히 조심스러운 인물로, 자신의 일거수일투족이 감시된다는 점을 누구보다 잘 알았기에 그런 우둔한 일을 할 리가 없다.

2018년 4월, 최선희는 또 한 번 승진해 외무성 핵심 요직인 미국담당 부상에 올랐다. 한성렬이 2017년 10월부터 '미제 고용 간첩' 혐의로 국가보위성 예심을 받다가 체포되면서 부상에서 물러났고, 그 자리를 이어받은 것이다. 최선희는 이듬해 4월, 외무성 제1부상으로 한 단계 더 올랐다. 제1부상은 김정은이 직접 임명하는 보직으로 국가 외교정책을 총괄한다. 곧 김정은이 그의 업무 능력을 공식적으로 인정했다는 뜻이다.

당시 최선희 부상은 북·미 정상회담 준비 과정에서 김정은이 직접 던지는 질문에 사례와 경위까지 막힘없이 답했다고 한다. 김정은은 그런 최선희에게 "참, 동무는 조미 회담의 산증인이지"라며 신뢰를 표시했다.

한편 그때 제1부상이던 김계관은 2016년부터 무릎관절이 나빠져 거동이 몹시 불편했다. 제1부상 자리 특성상 김정은의 호출에 언제든 응해야 하기에 자리를 비우기 어려운데, 운동 부족 탓인지 병이 악화된 상태였다. 장인은 2017년 어느 행사에서 김정은이 손짓해 부르자, 김계관이 아기 걸음처럼 아장아장 다가가는 장면을 직접 봤다고 했다. 그래서인지 김정은은 그에게 일체의 업무를 접고 3개월간 황해남도 달천온천에서 치료를 받으라고 지시했다.

2017년 5월, 내가 출장차 평양에 들어갔을 때도 달천온천 치료를 막 마치고 돌아온 김계관 제1부상을 만난 적이 있다. 그는 책상을 짚고서야 겨우 걸을 만큼 상태가 좋지 않았다. 이후 김계관은 외무성 고문으로 물러났고, 해마다 온천 치료를 이어간 것으로 안다.

그는 자신의 후임으로 최선희 북미담당 부상을 추천했고, 2019년 4월 김정은은 최선희를 외무성 제1부상에 임명했다. 2022년 6월에는 외무상 리선권이 노동당 통일전선부장으로 전보되면서 최선희가 외무상에 올랐다. 지금 최선희는 외교관으로서 오를 수 있는 최고봉, 외교 사령탑에 서 있다. 나는 지금까지 최선희처럼 '명야복야命也福也. 연거푸 생기는 행복'가 따르는 사람을 본 적이 없다.

마카오 방코델타아시아은행 사건으로 곤경 겪은 장인

2005년 9월 어느 날 저녁이었다. 느닷없이 1호 전화기의 벨이 울렸다. 1

호 전화기는 다이얼을 돌리는 구형 전화기로, 수뇌부와 직접 연결된 전용선이다. 거실에서 가족들과 한담閑談을 나누던 장인이 벨 소리에 번개처럼 달려가 수화기를 들었다. 나는 통화에 방해가 될까 TV를 껐다.

곧 전화기 너머로 김정일의 고함이 집 안에 쩌렁쩌렁 울려 퍼졌다. 화가 잔뜩 난 목소리였다.

"마카오 방코델타아시아BDA은행에서 사고가 났다지? 내가 돈을 분산시키라고 몇 번이나 말했는데 아직도 안 하고 뭐 했어? 마카오 쪽에만 매달리지 말고, 여러 나라 은행에 자금을 나눠 은닉하라고 했잖아. 당장 이 문제를 어떻게 해결할지 대책을 세워서 보고해."

그러곤 김정일은 전화를 끊었다. 얼굴이 흙빛이 된 장인은 아무 말 없이 한동안 앉아 있었다. 이윽고 유선전화를 들고 정부 교환대를 통해 외무성 제1부상 강석주에게 연결하라고 요청했다. 잠시 후 통화가 이어졌고, 둘은 오래 이야기를 나눴다.

훗날 장인의 말에 따르면, 당시 미국이 BDA은행을 '자금세탁 우려' 대상으로 지정하자, 마카오 당국은 다른 은행들로 제재가 번질 것을 막으려는 의도로 북한 자금의 인출 자체를 금지했다고 했다. 북한은 1970년대 말부터 마카오의 은행을 활용해 왔다. 계좌 개설과 입출금이 비교적 자유롭다는 점이 핵심 이유였다.

마카오는 '카지노의 천국'으로 알려져 있다. 그래서 입출금이 자유롭고 자금세탁도 용이했다. 이런 점이 북한의 구미를 끌었다. 2000년 6월 15일 남북 정상회담을 앞두고 이루어진 대북 송금도, BDA은행에 있던 조광천명회사와 대성은행 등 3개 계좌를 통해 북한으로 들어갔다.

노동당 39호실은 외무성과 함께 BDA은행에 개설된 북한 기관의 계좌 현황을 점검했는데, 39호실뿐 아니라 군수공업부와 작전부, 군 산하 기관 명의의 계좌가 50개나 되는 것으로 파악됐다. 입출금과 세탁이 쉬우니 너도나도 마카오 은행에 계좌를 만들고 자금을 예치했던 것이다. 마약 밀매와 무기 판매 등으로 외화를 벌어들인 당 작전부가 자금세탁 창구로 BDA은행을 이용한 사실도 결국 미국의 레이더망에 포착됐다.

김정일은 즉시 마카오 계좌 정리를 지시했다. 당 39호실은 은행 전문가들로 대표단을 꾸려 마카오로 보내 BDA은행 측에 미화 2500만 달러 인출을 요구했지만 거절당했다. 이후 마카오에 있던 대성지도국 지부는 중국 남부 광둥성 주하이로 사업지를 옮겼다.

BDA은행 사태가 터진 뒤, 북한보다 더 격앙된 쪽은 중국이었다. 북한 동결 자금을 중국은행을 통해 가져오려 했지만, 중국은 미국이 자국 국내법으로 타국 은행을 제재하는 것은 주권 침해라 반발하며, 먼저 흔들린 마카오 금융시스템의 신뢰를 회복해야 한다고 맞섰다. 체면이 구겨진 중국으로서는 마카오 금융 활동의 정상화가 더 중요했다.

결국 러시아의 중재로 문제가 풀렸다. 미국이 북한의 2500만 달러를 러시아 중앙은행으로 송금했고, 러시아 중앙은행이 이를 러시아 대외무역은행의 북한 계좌로 이체했다. 2007년 6월, 북한 외무성 대변인은 BDA은행 문제가 완전히 해결됐다고 발표했다. 그때부터 북한은 자금 은닉을 위해 돈을 해외로 분산하고 차명 계좌를 늘려왔다.

한편 미국은 이번 사건을 통해 북한의 가장 취약한 고리가 '돈줄'임을 재확인했다. 2017년 3월에는 금융제재의 일환으로 북한 은행을 국제

은행간통신협회^{SWIFT} 결제망에서 강제 퇴출했다. 북한의 목줄을 죄는 결정적 조치였다. 현재 북한은 합법적 송금은 물론 은행을 통한 금융거래를 사실상 할 수 없게 됐다.

'한국인의 밥상' 최불암 선생께 감사와 존경을 전한다

2011년부터 지금까지 북한 고위 간부들이 고정적으로 시청해 온 다큐멘터리가 있다. 바로 KBS가 제작한 '한국인의 밥상'이다. 요리에 유달리 관심이 많았던 김정일은 사망 직전까지 이 프로그램을 빠짐없이 챙겨 봤고, 가장 좋아하는 프로그램이라고 극찬했다. 그는 "이런 TV 프로그램은 제작비도 많이 들지 않는다"면서 "우리도 주민들의 음식 문화 식견을 넓힐 수 있도록 전통음식을 발굴하고 지방 특식을 소개하는 프로그램을 계획해 보라"고 지시했다. 이 프로그램은 2011년 1월 6일 첫 방송 이후 파일 형태로 고위 간부들에게 꾸준히 배포됐다.

2014년 9월, 추석을 앞둔 어느 일요일이었다. 장인과 집 근처를 거닐며 명절 음식 이야기를 나누던 나는 우리 요리사들에게 전주비빔밥과 홍어삼합, 과메기 같은 대표적인 남조선 음식의 조리법도 익히게 했으면 좋겠다고 말했다. 사실 북한에서 홍어삼합이나 과메기를 아는 이는 드물다. 먹어볼 기회가 없으니 알 수가 없었던 것이다. 내가 그런 남쪽 음식을 접한 건 시리아 주재 북한대사관에서 근무하던 시절, KBS 월드에서 방영되던 '한국인의 밥상'을 시청하면서였다. 해외 근무지에서는 한국 TV 시청이 가능했고, 대다수 외교관 가족이 언어가 통하는 KBS 월드를 즐겨 봤다.

내 말을 듣던 장인은 "혹시 '한국인의 밥상'을 본 게 아니냐"고 물었다. 내가 "해외에서 매주 챙겨 봤다"고 하자, 꾸짖을 줄 알았던 장인은 김정은이 매주 컴퓨터로 내려보내 주는 그 '기록영화'를 자신도 재미있게 본다고 했다. 전국을 다니며 남쪽 음식과 조리법을 소개하는 최불암이 음식에 대한 식견이 깊고, 설명도 구수해 땅 냄새가 난다며 칭찬을 아끼지 않았다.

장인의 말에 따르면 2013년 여름, 김정은이 '한국인의 밥상'에서 본 영광굴비를 먹고 싶다고 해 중국을 통해 한국의 영광굴비를 공수해 왔다고 한다. 그는 굴비에 밥을 시원한 녹찻물에 말아 먹고 "비린내가 전혀 나지 않는다. 그야말로 금상첨화"라고 만족해했다. 그 뒤로 영광굴비는 해마다 북한으로 공수되는 단골 반찬이 됐다.

이후 김정은은 원로 간부(아바이)들에게 '한국인의 밥상'에 나온 조리법을 문서로 정리해 영상과 함께 내려보내라고 지시했다. 그때부터 매주 금요일 관련 자료와 영상이 컴퓨터로 배포됐다. '반동문화사상배격법' 채택 이후에도 이런 배포가 계속되는지는 알 수 없다. 다만 김치와 고추장, 된장 같은 음식에 무슨 사상과 이념이 있겠는가. 하루빨리 남북이 통일돼 우리 민족의 음식이 더 다채롭고 풍성해지기를 바랄 뿐이다. 아울러 여든을 넘긴 나이에도 전국을 누비며 우리 음식 문화의 지평을 넓혀주신 최불암 선생께 감사와 존경을 전한다.

김정은이 언급한 북한 내 '강경파'는 누구일까

한국에 와보니 북한 전문가들 가운데 "북한에 '강경파'가 있느냐"고 묻는 분이 적지 않았다. 근거로는 존 볼턴 전 백악관 보좌관과 최선희 외무상의 발언이 자주 거론됐다.

볼턴 회고록에 따르면 2018년 6월 싱가포르 1차 북·미 정상회담에서 김정은이 트럼프에게 한미연합훈련 중단을 요구했고, 트럼프가 이를 "도발적이며 시간과 돈 낭비"라며 당장 중지하겠다고 하자 김정은이 "우리 강경파가 감명받을 것"이라고 말했다는 것이다. 볼턴은 같은 해 7월 1일 폭스뉴스 인터뷰에서도 김정은이 오찬장에서 자신에게 "나의 강경파들에게 당신이 나쁜 사람이 아니라는 걸 보여줄 필요가 있다"고 말했다고 전했다.

그렇다면 김정은이 말한 '강경파'는 누구일까. 세습 독재체제에서도 최고지도자의 생각과 다른 파벌이 존재할 수 있을까.

2019년 3월 15일 최선희 당시 외무성 부상은 인민문화궁전에서 진행한 외신 기자회견에서 "우리 군대와 군수공업 부문 일꾼들이 '핵을 절대로 포기하면 안 된다'는 수천 통의 편지를 김정은 위원장에게 올리고 있다"고 밝혔다. 얼핏 들으면 비핵화 협상에 대한 군부의 불만 표출로 읽힐 여지가 있다. 그래서 북한 전문가들은 김정은의 저런 언급이 협상용 기만전술인지, 아니면 실제로 '강경파'와 '온건파'가 존재하는지 확인하고 싶어 한다.

내 대답은 분명하다. 강경파와 온건파라는 구분은 민주주의 국가에서 쓰는 말이지, 세습 독재국가인 북한에는 맞지 않는다. 북한에서 헌법보다 상위에 놓인 '당의 유일적 영도체계 확립의 10대 원칙'에는 "당 안에 수령의 사상 외 그 어떤 사상 조류도 허용될 수 없으며, 종파를 형성하는 지방주의·가족주의를 철저히 배격한다"는 조항이 있다. 북한에서 가장 큰 대역죄는 수령의 영도를 거부하는 '종파행위'다. 일단 '종파'로 규정되면 3대가 연좌되는 처벌을 각오해야 한다. 장성택이 '수령의 영도를 거부하고 종파를 형성했다'는 죄목으로 처형된 사례가 단적인 예다.

수령 독재 메커니즘이 작동한다는 것은 어떤 세력이 힘을 합쳐도 수령의 절대 권력을 흔들 수 없는 상태를 뜻한다. 곧 권력이 다른 정치세력으로 이양될 가능성이 차단돼 있다는 말이다. 따라서 노동당이나 인민군 내부에 이른바 강경파나 온건파가 수령의 정책에 직접 개입한다거나, 통치 엘리트 그룹 혹은 당 정치국 등 집단지도체제가 실질적 결정을 내린다면 그것은 이미 수령 권력의 누수, 곧 세습 독재체제의 균열을 의미한다.

북한 선전매체가 김정은이 주재하는 각종 당 회의 소식을 세세히 보도하는 이유도 '당원 대중의 의견을 모아 토의해 결정한다'는 이미지를 연출하려는 데 있다. 즉 혼자서 독단적으로 결정하는 독재체제가 아닌, 집단지도체제인 정상적 사회주의 국가처럼 보이게 하려는 포장일 뿐이다.

일부 학자들은 정치국 위원이나 후보위원과 같은 형식적 직함으로 서열을 따지기도 하지만, 그것은 허상에 가깝다. 북한에는 김정은 외에는 권력자가 없다. 심지어 최고 정책결정기구로 불리는 당 중앙위원회 정치국 상무위원조차 실질적 결정권을 갖지 못한다. 정치국 상무위원인 최룡해가 아무런 결정권도 없는 명함뿐인 직함을 가진 인물로 통한다는 점도 공공연한 사실이다.

결론적으로 북한에 강경파가 존재한다는 말은 최고지도자의 결정에 영향력을 행사하는 파벌이 성립했다는 전제를 깔지만, 체제 논리상 그런 파벌은 허용되지 않는다.

60세 넘은 노대기들은 다 물갈이해라

2013년 10월, 중앙당 조직지도부는 60세 이상 부부장과 과장을 일괄 퇴직시키는 조치를 단행했다. 핵심 부서도 예외가 아니었다. 간부 1과는 계승성과 연속성을 거의 고려하지 않은 채 매주 60세 이상 간부를 불러 은퇴를 권고했고, 심지어 부장과 실장 등 부서 책임자들에게도 후임 지명을 지시했다. 노동당 39호실에서도 60세가 넘은 과장 4명과 부부장 2명이 같은 날 퇴직했다.

노동당 간부 정책에서 선대부터 '노년·중년·청년을 균형 있게 배치하라'는 원칙을 일관되게 견지해 왔다. 그러나 '백두혈통'이라는 아버지의 후광으로 27세에 집권한 김정은은 이 원칙을 지킬 뜻이 없었다.

2013년 8월, 김정은은 평양 대성구역 룡흥네거리에 위치한 44층과 36층 규모의 김일성종합대학 교육자 살림집 건설 현장을 찾았다. 당 조직지도부와 선전선동부, 과학교육부 등 해당 기관 간부들이 그를 동행했다. 그런데 당시 현장에는 승강기가 설치되지 않아 걸어서 올라가야 했다. 서른도 채 되지 않은 김정은은 성큼성큼 계단을 올랐지만, 평균연령 70세 안팎의 간부들은 숨을 헐떡이며 뒤따랐다. 20층에 도착한 김정은이 기다리며 담배를 몇 개비 피웠지만 올라오는 간부가 좀체 없었다. 한참 만에 노동당 설계실장 마원춘이 먼저 모습을 보였고, 다른 간부들은 중간중간 쉬어 오르느라 한참 뒤에야 도착했다.

그날 시찰을 마친 김정은은 중앙당 본부당위원회 책임비서 정상학에게 이렇게 지시했다. "오늘 건설 현장에 나가보니 나를 따라오지도 못하는 영감들이 많더라. 이런 사람들이 어떻게 나와 보조를 맞추겠나. 중앙당 간부 중 60세 이상 노대기는 다 물갈이하라."

'노대기'는 노파를 뜻하는 함경도 방언이다. 중앙당 간부로 발탁되려면 대체로 초급당, 군당, 도당 등 기층 당 조직에서 실무 경험을 거쳐야 한다. 다시 말해 이런 현장 경력 없이 중앙당에 오르는 일은 거의 불가능하며, 이는 김정일 시절부터 내려온 당내 간부사업 규정이다. 이 과정을 밟아 중앙당에 오른 일꾼들은 대개 40대 후반이나 50대 초반이다. 그중에서도 과장과 부부장으로 승진하려면 해당 부서에서 오랜 기간 경력을 쌓아야 하니, 60세는 결코 '늙은 나이'가 아니었다.

"용천검도 쓸 줄 알아야 장수"라는 말처럼 사람을 적재적소에 배치해 제대로 쓰는 것이 지도자의 덕목이다. 국정 운영은 노련한 노년층, 치밀한 중년층, 진취적인 청년층의 간부를 적절히 배치할 때에만 원만하게 돌아간다. 다행히 김정은의 새로운 간부 정책은 항일 투사 황순희의 직언으로 바로잡혔다.

'항일 투사' 황순희가 바로잡은 노동당 간부 정책

2014년 2월, 러시아 주재 북한대사로 나갈 준비를 하던 김형준 외무성 부상의 인사안이 난항에 빠졌다. 훗날 그는 러시아 주재 대사를 지낸 뒤 리수용의 후임으로 약 1년간 노동당 국제부장을 맡았다. 당시 문건을 부결한 이는 중앙당 간부부 담당 비서 김평해였다. 이유는 나이가 많다는 것이었다. 김정은의 지시로 젊고 유망한 인재를 우선 등용한다는 방침 아래 60세가 넘으면 아예 간부사업 심사를 하지 않던 때였다. 1949년생인 김형준은 만 65세여서 기준에 미달했다.

북한의 인사 절차는 대체로 이렇다. 먼저 해당 부서 간부처가 대상자의 경력, 가족관계, 현행^{최근 사상·생활 동향} 등을 검토한 뒤, 당 일꾼이면 중앙당 조직지도부 간부과로, 행정 일꾼이면 중앙당 간부부로 올려 최종적으로 김정은의 비준을 받는다. 김형준의 문건은 간부부에서 부결돼 외무성으로 되돌아왔고, 말년에 대사로 근무하며 직장 생활을 마무리하려던 그의 꿈은 물거품이 되는 듯했다. 외무성 간부 중에는 통상 예순 전후에 대사로 임명되는 경우가 적지 않았다. 그런데 앞에 소개한 김일성종합대학 과학자아파트 사건을 계기로 인사 기준에 변화가 생긴 것이다.

아버지의 낙담한 얼굴을 지켜보던 김형준의 외아들은 결국 처할머니 황순희를 찾아갔다. 황순희는 북한의 대표적 항일 투사로, 남편 류경수는 6·25전쟁 초 서울에 가장 먼저 진입한 105탱크사단 사단장이었다. 현재 그 부대는 '근위 서울 류경수 제105땅크^{탱크}사단'으로 불린다.

북한은 김정일의 선군영도가 처음 시작된 곳이 제105탱크사단이라고 선전한다. 그만큼 제105탱크사단과 류경수는 북한군에서 '승리의 상징'으로 여겨진다. 류경수와 황순희는 항일 빨치산 시절부터 김일성·김정숙과 동고동락한 전우였고, 특히 황순희는 김정일의 모친 김정숙과 친자매처럼 가까워 김정일에게는 어머니 같은 존재였다.

항일 투사들의 전언에 따르면, 김정숙이 김정일을 낳았을 때 산후조리를 당시 처녀이던 황순희가 도맡아 했다고 한다. 찬물에 기저귀를 빨고 업어 재우며 갓난아기 김정일과 산모를 극진히 보살폈고, 김정숙이 사망한 뒤에도 김정일과 김경희를 친엄마처럼 돌봤다. 그래서 계모에게도 어머니라 부르지 않던 김정일이 유일하게 '어머니'라고 부른 사람이 바로 황순희였다. 류경수·황순희 부부는 김일성과 김정숙의 중매로 인연을 맺었다고 한다.

김정일은 자신을 업어 키워준 황순희가 부탁하는 일이라면 무엇이든 들어줬다. 이런 인연 때문인지 나의 장인도 조선혁명박물관 관장인 황순희를 직함 대신 '황순희 어머니'라 불렀고, 그가 용무로 사무실을 찾는 날이면 정문까지 나가 영접하곤 했다.

황순희는 손녀사위의 사정을 듣고 이튿날 중앙당 간부부 담당 비서 김평해에게 전화를 걸어 따져 물었다.

"김형준이 내 사돈인데, 대사 문건이 부결된 이유가 나이뿐이오? 혁명은 하루이틀에 끝날 일이 아니라 대를 이어 완수해야 할 장기 사업이오. 혁명 전통과 우리 당의 역사를 선배가 가르치고 새 세대가 바르게 잇게 하려면, 간부사업에서 원칙을 지켜야 하오. 노년·중년·청년을 고르게 배치하라는 것은 수령님과 장군님의 유훈이자 우리 당 간부사업의 흔들 수 없는 원칙이오. 외교에도 노숙한 경험이 필요하니, 뒤에서 아래 일꾼들의 일을 보살피고 방향을 바로잡아 줄 관록 있는 노년층이 있어야 하지 않겠소? 전쟁을 겪어보지 못했고, 전후 복구와 사회주의 건설도 체험하지 못한 중년과 청년만 요직에 앉히고 노년층을 다 배제하면 이 나라가 어떻게 되겠소. 예순다섯이면 아직 한창 일할 나이오. 이건 집안일이어서가 아니라 나라의 흥망을 좌우할 간부 정책 문제이기에 내가 나서는 것이오. 간부담당 비서는 내가 한 말을 참고해 대책을 세우시오."

김평해는 이 발언을 그대로 김정은에게 보고했다. 후계자 수업이 짧았던 20대의 김정은은 선대부터 내려온 '연령 균형 배치' 원칙을 충분히 알지 못했던 것이다. 2014년 5월부터는 "60세 이상 간부들을 일괄 은퇴시키지 말고, 노년·중년·청년의 일정한 비율에 맞춰 등용하라"는 새 지시가 각 부서로 하달됐다.

국가의 핵심을 떠받치는 간부를 적재적소에 배치하는 문제는 어느 나라에서나 중대한 과제다. 북한의 간부 정책을 제자리로 돌려놓는 데 결정적 역할을 한 이는 항일 투사 황순희였다.

김정은의 공포정치

3

장성택 숙청의 진실 세상에 고발한다!

인터넷에 떠도는 북한발 자료를 보면 장성택 숙청을 둘러싼 낭설이 넘쳐난다. 심지어 "김정은이 장성택의 머리를 잘라 노동당 청사에 전시했다"는, 도널드 트럼프 미국 대통령의 전언까지 돌았다. 그러나 숙청의 도화선이 된 '군인 피살 사건'은 한국은 물론 세계 어느 언론에도 제대로 공개되지 않았다. 나는 그 시기 평양에서 직접 보고 듣고 겪은 것을 기록해, 살인마 김정은의 잔인함을 세상에 알리려고 한다. 이 장에서 장성택 숙청의 숨겨진 배경과 동기, 반종파투쟁^{당내 이탈·도전 세력 색출 척결 운동}의 전개와 결과를 가능한 한 사실에 근거해 상세히 기술하겠다.

2008년 8월 김정일이 뇌졸중을 앓은 뒤 북한의 후계 구도는 급물살을 탔다. 김정일은 셋째 아들 김정은을 후계자로 정했고, 2009년 1월부터 그의 후계자 수업이 빠르고 본격적으로 진행됐다. 자신의 시간이 오래 남지 않았음을 직감한 김정일은 혈육인 김경희와 장성택에게 어린 후계자 김정은의 버팀목이 돼줄 것을 기대했다.

장성택은 김정일의 힘을 업고 실권자로 부상했지만, 어디까지나 김 씨가 아닌 장 씨였다. 그는 김일성–김정일–김정은으로 이어지는 '백두혈통'의 줄기 밖에 선 존재였다. 김 씨라는 나무가 더 곧게 자라려면, 곁의 장 씨 나무는 언젠가 뿌리째 뽑혀 밑거름이 돼야 했다. 어린 조카 김정은이 최고 권력자로 떠오른 순간, 장성택은 북한에서 살아남기 어려운 운명을 이미 부여받은 셈이었다. 그의 결말은 사실상 '지옥행'으로 결정돼 있었다.

김정은 '역린' 건드린 장성택

장성택은 점점 김정은의 권력에 도전할 수 있는 '위험한 인물'로 부상했다. 2008년 8월 김정일이 뇌졸중을 앓은 뒤 반신불수가 됐고, 왼쪽 팔다리 마비로 거동이 매우 불편해졌다. 심혈관질환 가족력이 있음에도 2010년부터 한동안 끊었던 담배를 다시 피웠다. 원래 하루 두 갑을 피우던 골초였고, 로스만과 던힐을 즐겨 피웠으나 이 시기에는 니코틴 함량이 낮은 카르티에를 선택했다. 자신의 시간이 오래 남지 않았음을 직감한 그는 셋째 아들 김정은을 후계자로 지명했다.

일부 책에는 장성택과 김경희가 맏아들 김정남을, 당 조직지도부 제1부부장 리제강과 리수용이 김정은을 각각 추천했다는 내용이 나온다. 후계자에 따라 누구는 일등 공신이 되고, 누구는 역적으로 낙인찍힐 수 있었다는 이야기다. 폐쇄된 북한의 특성상 이런 소문이 도는 것은 이상하지 않다. 그러나 명백한 사실은, 나라의 흥망이 걸린 후계 결정은 전적으로 김정일의 권한이었다는 점이다. 그 밖의 인물들이 중차대한 후계 문제를 두고 '감 놔라, 배 놔라' 했다면 곧 김정일의 절대 권력에 누수가 생겼다는 뜻인데, 분파 자체를 허용하지 않는 북한에서 그런 일은 상상하기 어렵다.

한편 김정일은 장성택과 김경희가 어린 후계자 김정은의 후견인이 돼주길 기대했다. 뇌졸중 이후 그는 장성택에게 본격적으로 힘을 실었고, 그래야 사후에도 그가 20대의 김정은을 지켜줄 것이라고 판단했다. 김정일은 2007년 10월 장성택을 노동당 행정부 부장으로, 2010년 6월에는 서열 2위인 국방위원회 부위원장으로 임명했다. 이후 노동당 정치국 후보위원과 당중앙군사위원회 위원으로 승진시켰다.

실제로 김정은은 집권 첫해인 2012년 국정 운영을 장성택에게 크게 의존했다. 군주와 신하의 관계였지만 장성택의 경륜과 경험을 무시할 수 없었고, 전국에서 올라오는 보고 문건이 있으면 먼저 그에게 의견을 구했다.

원래 노동당에 '행정부'라는 독립 조직은 없었다. 당 조직지도부에 '행정부문 담당과'만 있었고, 장성택은 그 행정부문 담당 제1부부장이었다. 2007년 이 부서가 당의 기본 부서인 '행정부'로 승격·신설됐고, 중앙당은 물론 전국 각 지방당에도 설치됐다. 행정부는 사법·검찰·사회안전부문과 수도건설위원회, 합영투자위원회 등 주요 부처를 관할했다.

2009년 장성택이 득세하면서 당 행정부는 당 조직지도부와 맞먹는 권한을 행사했다. 중앙과 지방의 모든 검찰소와 재판소, 사회안전성(경찰)에 대한 실질적 권력을 쥐었고, 당 조직지도부조차 행정부 산하 부서를 지도하려면 사전에 장성택의 비준을 받아야 했다.

'장성택 판결문'에 지적된 대로 조직지도부도 함부로 범접할 수 없는 '소왕국'이 된 셈이었다. 당 간부부 역시 사법·검찰·사회안전 등 행정부 소속 기관의 간부사업을 할 때 행정부의 합의 없이는 임명할 수 없었다.

특권도 두드러졌다. 행정부는 조직지도부보다 4배 더 많은 승용차를 보유했다. 중앙당 각 부서에는 통상 한 과에 차량 1대, 부부장에게는 2명당 1대가 배정되지만, 행정부는 한 과에 2~3대가 배정됐다. 부부장들은 1인 1대의 사업용 차량을 썼고, 사회안전성 국장급(중앙당 부원급)들까지 차량 번호판 '727'을 달고 다녔다. 이 번호판은 당중앙위원회 후보위원 이상급 간부와 김정은이 지시한 특수 부문 차량에만 허용돼 통행 제한을 받지 않으며, 저녁 6시 30분 이후 야간 통행도 가능했다.

일정 운영에서도 차이가 뚜렷했다. 일반적으로 당 부부장급, 내각 총리와 상급(장관), 최고인민회의 상임위원장 등은 주간 사업계획과 일정을 김정은에게 보고하고 비준을 받아 집행한다. 이 제도는 김정일 시기에 만들어졌다. 조직지도부와 선전선동부 등 대부분 부서의 부부장들은 2명당 1대의 차량을 공유해 비준 일정에 맞춰 이용 시간을 조율해야 했다. 그러나 행정부는 부부장 1인 1대가 배정돼 조율이 필요 없었다. 장성택의 '그늘' 아래 권력 핵심인 조직지도부조차 누리지 못한 혜택이었다.

경축 파티에서 나온 장성택 '폭탄 발언'

대외적으로도 장성택의 위상은 높았다. 중국 지도부의 눈에는 27세 김정은보다 장성택에 대한 기대가 컸다. 그는 오래전부터 경제를 회복하려면, 부분적이라도 중국처럼 개혁개방이 필요하다고 주장해 왔다.

2012년 8월 장성택은 정부대표단을 이끌고 제3차 황금평·나선시 공동개발 북·중 회의에 참석하기 위해 중국을 방문했다. 목적은 투자 유치였다. 이때 후진타오와 원자바오, 시진핑을 모두 만났고, 특히 차세대 지도자인 시진핑은 "중국이 북한의 경제발전에 기여할 것"이라는 메시지를 보냈다.

중국 지도부는 국가원수도 아닌 장성택을 최고 수준의 국빈으로 대우했다. 중난하이 낚시터 국빈관에서 외국 국가원수 숙소로 쓰이는 '18호각'을 제공했다. 김일성과 김정일이 중국 방문 때 머물던 곳으로, 장성택을 김씨 일가와 동급으로 예우한 셈이다. 이는 중국 지도부가 김정은의 후견인인 장성택에게 얼마나 큰 기대를 걸었는지를 단적으로 보여주는 것이었다.

장성택의 방중 이후 북한은 새로운 경제관리 시스템을 갖추기 위한 시범 조치를 취했고, 중국 자본 유치를 위한 정책 방향을 정했다. 그런데 2013년 2월 12일, 김정일의 생일 2월 16일을 앞두고 북한은 3차 핵실험을 강행했다. 2013년은 시진핑이 국가주석으로 취임한 첫해였고, 결과적으로 김정은이 3차 핵실험으로 시진핑 취임을 '축하'한 꼴이 됐다. 그 직후 중국의 강력한 항의가 이어졌다.

당시 20대이던 김정은은 자신의 용기와 자신감을 과시하는 게 무엇보다 중요했지만, 타이밍을 잘못 잡았다. 아직 자질과 경륜이 더 필요한 정치적 미숙아였던 것이다.

김정은은 2월 16일 전야에 3차 핵실험 성공 경축 파티를 열었다. 측근 간부들이 초대됐고, 내 장인도 참석했다. 그 자리에서 장성택이 작심

한 듯 '폭탄 발언'을 했다. 그는 "지금 우리가 핵실험을 하는 것은 섶을 지고 불에 뛰어드는 자멸 행위"라면서 "중국에 새로운 지도부가 출현했는데 정면으로 골탕을 먹이면 도리어 화를 부른다"고 직언했다. 이어 "앞으로도 우리는 선대 수령들처럼 중국을 우군으로 끼고 가야 한다. 지금이야말로 중국의 전폭적인 경제적 지원이 필요한 시점이니 새 지도부를 자극하면 오히려 우리에게 불리해질 수 있다. 모든 일에는 다 때가 있다"고 역설했다.

파티장 분위기는 순식간에 가라앉았다. 제왕적 독재자에게 이렇게 직언하는 조언자는 북한에서 상상하기 어렵다. 장성택이었기에 가능한 일이었다. 모두가 '난리가 나지 않을까' 초조해했지만, 다행히 김정은은 즉각 반박하지 않았다고 한다.

장인의 말에 따르면 당과 국가 실세들이 총출동했고, 고모 김경희가 분위기를 주도해 큰 마찰 없이 넘겼다. 연회에 참석한 간부들도 중국 새 지도부를 자극하는 행위가 시기적으로 부적절하고, 국가 전반의 위기를 부를 수 있는 자멸 행위라는 의견에 말없이 공감한 듯했다. 이날 장성택의 과감한 행동은 북한의 장래에 대한 불안과 걱정에서 나온 것이었지만, 어린 조카 김정은의 처지에서는 신하의 도전이나 다름없었다.

김정은 돈주머니에 눈독 들이다

장성택을 처형한 배경에는 김정은의 생명줄인 '돈줄' 문제가 있었다. 어느 나라든 국가 운영의 핵심은 돈이다. 북한에선 돈을 '재정', 양곡을 '양정'이라 하는데, 여기서 '정政'은 정치다. 돈과 식량이 정치의 근간이라는 뜻이다. 당시 장성택은 북한의 재정을 하나하나 틀어쥐기 시작했다.

2009년부터 그는 대동강 타일공장, 경기용 총탄공장, 평양시 민속공원 등 국가적 건설 대상을 맡아 완공했다. 수도 건설을 담당한 노동당 행정부는 평양시 10만 세대 살림집 건설에 필요한 자재와 설비, 물자 등을 조달하기 위해 외화가 절실했다. 행정부는 이를 명분으로 외화벌이 기관들을 흡수하기 시작했다.

장성택은 인민군 총정치국 산하 54부^{외화벌이 담당 부서}, 대외건설지도국, 합영투자위원회, 제3경제위원회 등 힘 있는 기관을 행정부 소속으로 통폐합했다. 행정부는 사법과 검찰 등 권력기관뿐 아니라 외화벌이까지 관장하며 자금력을 빠르게 키웠다. 먼저 총정치국 산하 54부를 군에서 분리해 행정부로 귀속시켰고, 54부 부장이던 대좌 장수길을 행정부 부부장으로 승진시켰다.

그는 내각 소속 합영투자위원회뿐 아니라 대외 건설^{해외 건설 노동력 송출}에도 눈독을 들였다. 당시 대외 건설은 투자금 없이 노동력을 보내 외화를 벌어들이는 '효자' 사업이었고, 특수기관들이 경쟁적으로 뛰어들어 해마다 막대한 외화를 벌었다. 국가 전체로 보아 대외 건설 수입은 해마다 1억 달러 이상이었다. 장성택은 '통일적 지휘·관리'를 명분으로 모든 대외 건설회사를 대외건설지도국에 통합하고, 이 기관을 행정부 소속으로 돌렸다. 이로써 장성택은 대외 건설을 통한 연간 1억 달러 이상의 자금줄을 손에 넣었다.

2012년 그는 집권 초의 김정은을 설득해 노동당 38호실을 폐지했다. 해산된 38호실 소속 무역회사와 은행은 신설된 제3경제위원회^{옛 금수산}

경리부에 편입됐고, 38호실 실장이던 김동일을 위원장으로 임명해 제3경제위원회를 행정부 산하기관으로 만들었다.

장성택의 돈주머니는 불어났고, 김정은의 돈주머니는 말라갔다. 핵·미사일 고도화에도, 측근들의 충성을 유도하는 선물 정치에도, 김씨 일가의 사치와 향락에도 결국 돈이 필요하다. 장성택은 김정은에게 흘러 들어가던 자금줄을 대놓고 탐했던 것이다.

최고사령관 명령은 안중에도 없어

2013년 6월 중순, 김정은은 평안남도 순천의 공군 제1사단 제55연대를 시찰했다. 이 연대는 평양 방어 임무를 맡은 최정예 비행연대로, 미그-29^{MiG-29}와 수호이-25^{Su-25} 등 성능이 우수한 전투기를 운용한다. 북한이 16대 정도 보유한 미그-29는 평안남도 순천비행장과 온천비행장에 집중 배치돼 있고, 30대 정도의 수호이-25는 순천비행장에만 있다. 다만 두 기종 모두 1980년대 소련에서 들여온 것으로 지금은 상당히 노후했다.

이날 김정은은 비행훈련을 참관한 뒤 비행사들의 수고를 평가하면서 "비행사들에 대한 식품 공급 사업을 개선하라"고 지시했다. 이어 "39호실^{노동당 자금관리 부서}이 추가 자금을 편성해 비행사들에게 초콜릿과 버터, 담배 등을 정상 공급하라"고 명령했다.

동행한 최룡해 인민군 총정치국장에겐 "총정치국이 책임지고 수산물을 공급해 비행사들의 식사 질을 높이라"는 과업을 줬다. 그러면서 군 관할 지역 내 서해의 한 수산부업기지를 사회기관으로부터 인계받아 인민군이 관리·이용하라고 지시했다.

김정은의 숨겨진 비밀 금고

문제는 김정은이 지목한 그 수산부업기지가 중앙당 행정부 소속 54부^{외화벌이 담당}의 자산이었다는 점이다. 당시 54부는 군복을 벗고 군과 무관한 중앙당 행정부 산하 부서로 바뀐 상태였다. 그럼에도 최고사령관 명령에 따라 해당 기지는 다시 군으로 이관돼야 했다.

김정은 노발대발 "병사들이 민간인에게 매 맞아 죽어?"

2013년 7월 인민군 총정치국은 중앙당 행정부에 "수산부업기지를 군으로 이관하라"는 최고사령관의 명령을 '기요 문건'^{비밀 문건}으로 통보했다. 이 문건은 행정부 부부장 장수길을 통해 상급인 장성택에게 보고됐지만, 석 달이 지나도록 결론이 나오지 않았다.

북한은 연말에 김정은의 방침 '집행 정형'^{이행 상태}을 총화^{總和}하므로, 11월 말까지 방침 집행을 마무리해야 한다. 남은 미달분은 다음 해로 조월^{이월}하도록 다시 방침을 받는다.

2013년 10월, 총정치국은 인접 부대장에게 수산부업기지 책임자와 인계인수 목록이라도 작성해 두라고 지시했다. 이월 준비를 위해서였다. 상부 지시를 받은 인접 부대 군관과 군인들이 기지를 찾아가 최고사령관 명령서를 제시하며 "인계품을 맞춰보자"고 요구하자, 기지 책임자는 "상부로부터 명령을 전달받지 못했고 관련 지시도 없어 내용을 잘 모르니 훗날 오라"고 답했다. 불과 몇 년 전만 해도 이 기지 종업원들은 군복을 입은 총정치국 54부 소속 군인이었다. 하지만 지금은 당 행정부 산하 사회기관으로 전환돼 군복을 벗은 민간인이었다.

양측의 말다툼은 곧 몸싸움으로 번졌다. 기지 종업원들이 몽둥이와 삽, 곡괭이 등을 들고 나왔고, 충돌 과정에서 군인 2명의 정수리를 몽둥이로 내려쳐 즉사하게 했다. 군인 2명이 민간인에게 맞아 사망한 사건이었기에, 인민군 총정치국과 당 행정부에 각각 보고됐다.

당시 총정치국장 최룡해는 당 행정부 1부부장 리룡하에게 전화를 걸어 사건 경위를 추궁했다. 그는 "수산부업기지 인계인수는 최고사령관 명령에 따른 사업인데, 당 행정부가 수수방관한 것은 최고사령관 동지 지시와 명령 관철에 대한 불손한 태도"라며 "사안이 엄중한 만큼 김정은 최고사령관 동지께 보고하겠다"고 으름장을 놓았다.

리룡하는 "수산부업기지 이관 문제는 아직 1번 동지_{장성택}의 결론이 나오지 않아 아래 단위에 지시가 내려가지 않은 상태였는데, 일이 이렇게 커질 줄 몰랐다"며 "1번 동지께 즉시 보고하고 대책을 세울 테니 원수님_{김정은}께 보고드리기 전 1번 동지와 먼저 토론해 보는 것이 좋겠다"고 답했다. 북한에서 '1번 동지'는 통상 김정은을 가리키는 대명사인데, 이를 장성택에게 쓴 것은 그를 사실상 '최고 존엄'에 준해 호칭한 것이었다.

이에 "병사들이 둘이나 죽었는데 무슨 변명이냐"며 고성을 높인 최룡해는 "1번 동지라는 말을 아무한테나 붙이지 말라"고 경고하며 수화기를 거세게 내려놨다.

군인 사망사건인 만큼 인민군 보위사령부 수사로 돌릴 수도 있었지만, 문제는 장성택이었다. 최룡해 역시 그의 심기를 정면으로 건드리기엔 버거웠다. 최룡해는 결국 김정은에게 사건을 보고했다.

김정은은 어이가 없었던지 "민간인들이 군인들을 때려죽였다는 게 사실이냐"고 되물었다. 격분한 그는 "이것들이 눈에 보이는 게 없느냐, 어디에다 감히 1번 동지라는 말을 쓰느냐"며 노발대발했다. 그는 최고사령관 명령에 대한 태도와 당내 유일적 영도 체계^{최고지도자 단일 지휘 체계}를 훼손한 것을 문제 삼았다.

2013년 10월 말, 김정은은 국가보위상 김원홍 대장에게 사건의 전후 관계를 전부 요해해 자신에게 직접 보고하라고 지시했다. 국가보위성은 도청과 미행, 감시, 체포, 구금, 처형, 정치범 수용소 운영 등을 사법절차 없이 집행하는 공포 통치기관으로, 장성택이 수장으로 있던 당 행정부가 손댈 수 없는 영역이었다. 김정일은 후계자 외 누구에게도 국가보위성을 맡기지 않았고, 2009년 1월부터 김정은에게 후계자 수업의 첫 과정으로 국가보위성과 인민군 인사사업을 책임지게 했다. 국가보위성은 김씨 일가 권력 유지에 장애가 되는 요소를 가차 없이 제거하는 것을 사명으로 삼는, 오로지 김정은에게 절대복종하는 독재 권력 기구다. 결과적으로, 이 사건으로 김정은은 장성택을 처형할 명분을 얻었다.

장성택 운명 예고한 리룡하·장수길 처형

2013년 11월 초, 장성택의 직속 부하인 리룡하와 장수길은 국가보위성에 체포됐다. 두 사람은 20일 정도 조사를 마친 후인 11월 27일, 강건종합군관학교 사격장에 설치된 사형장으로 끌려 나왔다. 현장에는 당과 정부 간부들이 대거 참석했고, 장성택도 승용차가 아닌 버스를 타고 중앙당 간부들과 함께 도착했다.

사형장에는 14.5mm 고사기관총 2문이 나란히 배치돼 있었다. 두 말뚝에 묶인 리룡하와 장수길의 머리에는 흰 천이 씌워져 있었다. 판결문을 읽은 뒤 천을 벗기니 두 사람은 입에 자갈을 문 채 심한 구타로 의식이 흐린 상태였다. 장성택이 지켜보는 가운데 사격이 집행됐고, 두 사람은 현장에서 즉사했다.

현장을 지켜본 간부들은 공포에 질려 몸을 가누지 못했고, 장성택 역시 충격에서 헤어나오지 못했다. 장성택 처형의 전주곡이 울린 셈이었다. 사형장을 다녀온 내 장인은 며칠 동안 식사를 제대로 하지 못할 만큼 큰 충격을 받았다.

2013년 11월 중순, 김정은의 지시에 따라 장성택에 대한 조사가 시작됐다. 국가보위성은 장성택뿐 아니라 간부들 전반을 상시적으로 미행·감시·도청하며 자료를 축적하고 있었다. 장성택은 오래전부터 김경희와 별거했고, 다른 여성들과 내연관계를 맺고 있었다.

두 사람은 딸 장금송이 사망한 2006년 이후 사실상 남남이었다. 장금송은 프랑스 유학 중 만난 연인과의 문제로 괴로움에 시달리다가 극단적 선택을 했고, 시신은 파리에서 곧바로 평양으로 운구됐다. 김경희는 그 충격으로 실신해 봉화병원에 몇 달간 입원했다. 장성택과 김경희를 혈연으로 묶어주던 끈은 그때 완전히 끊어졌다.

'아내' 김경희에게 버림받다

국가보위성 조사 과정에서 확보된 장성택 관련 비리 자료가 김정은에게 보고됐다. 한 가지 분명한 것은 장성택 처형은 김경희의 승인 없이는 이루어지기 어려웠다는 점이다. 장성택은 여성 편력이 심했고 젊은 여성들과 치정 관계를 맺고 있었다고 한다. 만수대의사당 주변 '해맞이식당'과

옥류교 너머 '해당화관'에는 그의 전용 밀실이 있었고, 그곳에서 술자리가 자주 열린 것으로 전해진다.

훗날 '장성택 여독^{잔재} 청산' 조치의 일환으로 해당화관은 '류경관'으로 이름을 바꿨으나, '해맞이식당'은 김정일이 생전에 직접 지어준 이름이라 그대로 남겨졌다. 식당^{한식·일식}과 상점, 사우나, 찜질방, 안마실, 미용실, 수영장 등을 갖춘 종합 봉사 센터인 해당화관과 해맞이식당은 김정은이 시찰한 곳이다.

당시 해맞이식당 지배인^{여성}과 해당화관 지배인 류재관은 장성택에게 아부·아첨하며 돈과 여자를 상납하는 등 비리를 조장했다는 죄목으로 사형당했다. 장성택의 일거일동^{一擧一動}을 가장 잘 알던 운전기사는 국가보위성 조사가 시작되자 자신의 운명을 직감하고, 다음 날 집에서 가스를 틀어놓고 늙은 어머니와 아내, 어린 두 아들과 함께 스스로 목숨을 끊었다. 가족들이 정치범 수용소로 끌려가는 것보다 차라리 자살하는 편이 낫다고 판단한 것으로 보였다. 장성택의 서기^{비서}도 아파트 11층에서 떨어져 자살했고, 그의 아내와 자식은 집 안에서 전깃줄로 목을 매어 숨졌다.

장성택은 영화배우 김혜경, 가수 백미영 등과 교제해 비공개 아들이 있다는 말이 돌았다. 특히 김혜경은 여덟 살 아들과 장성택 셋이 찍은 사진을 거실에 가족사진처럼 걸어뒀다고 한다. 장성택은 그 아들의 사진을 휴대전화에 저장해 다녔다고도 전해진다. 김혜경은 노동당 행정부 산하 수도건설위원회가 평양 중구역 오탄동에 지은 초고가 아파트^{120㎡}에서 어린 아들과 둘이 살았고, 해당 주택은 장성택이 마련해 준 것으로 알려졌다. 장성택 사형 뒤 김혜경과 백미영 등 치정 관계로 지목된 여성들과 그

가족들까지 정치범 수용소로 이송됐다. 백미영의 아버지 백능빈은 중앙당 부부장이었지만, 딸이 연루되면서 가족과 함께 사라졌다.

김경희의 건강은 딸 장금송이 사망한 2006년 이후 급격히 악화됐다. 알코올중독에 빠져 간·췌장 질환과 당뇨를 앓았으며, 가족력인 심장병도 악화됐다. 치료를 위해 러시아와 프랑스를 자주 오갔으나, 유럽연합 EU의 여행 제한 조치로 유럽 치료가 막히자 2012년 싱가포르에서 임플란트 시술을 받기도 했다. 김정일 생전 파티에서도 그는 종종 장성택을 향해 "야, 장 부장, 너 이 새끼"라고 하대했고, 그럴 때마다 장성택은 "취하셨다"며 주변의 시선을 매우 불편해했다고 한다.

2013년 12월 12일, '노동신문'은 장성택이 국가보위성 특별군사재판에서 사형선고를 받고 판결이 즉시 집행됐다고 보도했다. 하늘 높은 줄 모르던 그의 권력은 거기서 끝났다. 그는 '참월僭越, 분수에 넘쳐 너무 지나침'의 교훈을 끝내 새기지 못했다. 한마디로, 권력의 맛에 취한 장성택은 자신을 김정은처럼 절대 권력자로 착각했다.

김정은 "장성택 화형 지시" 실토

2013년 12월 29~31일, 김정은은 개통식을 앞둔 마식령스키장을 찾았다. 나의 장인도 2박 3일 동안 동행했다가 12월 31일 저녁에 집으로 돌아왔다. 당시 장성택 숙청 등 피비린내 나는 권력투쟁이 한창이어서 간부들조차 언제 목이 날아갈지 알 수 없었고, 가족들은 장인이 돌아오지 않으면 마음을 졸이며 밤잠을 설쳤다.

김정은 참석 행사는 가족에게도 알릴 수 없는 극비였다. 장인이 말도 없이 사라지자 온 처가 식구들이 초조해했다. 12월 31일자 '노동신문'에 최룡해와 김양건, 강석주, 박명철 등 간부 이름이 실리면서 장인이 마식령스키장에 갔음을 뒤늦게 알 수 있었다.

장인은 김정은이 그 자리에서 동행한 간부들과 저녁 식사를 하며 장성택 처형을 언급했다고 했다. 김정은은 동행한 간부들에게 "장성택의 오만방자함이 도를 넘어 참을 수 없을 지경까지 이르렀고, 당과 수령의 권위에 정면 도전했기 때문에 가차 없이 죽였다. 장군님(김정일)께서 생전에 오냐오냐해 줬더니 하늘 높은 줄 모르고 내 머리 꼭대기에 올라가려 했다. 원래 3년상을 치른 뒤 처리하려 했으나, 하루하루 놀아나는 꼴이 가관이라 부득이하게 처리했다. 그놈은 이 땅에 묻힐 자격이 없으니 화형으로 집행하라고 지시했다. 총알도 아깝다"고 말했다는 것이다. 실제 장성택 판결문에는 "최고사령관의 명령에 불복하는 것들은 죽어서도 이 땅에 묻힐 자리가 없다"는 문구가 있다. 김정은은 처형 전에 이미 화형을 결심했던 것이다.

나는 그 이야기를 듣고 온몸에 소름이 돋았다. 중세도 아닌 지금 이 시대에 사람을 불태워 죽인다는 사실이 충격이었다. 김정은은 이어 "당안에 수령의 절대적 권위와 영도에 정면 도전하는 또 다른 종파가 생길 수 있으니, 이번 사건을 교훈 삼아 전당적으로 장성택 여독을 뿌리 뽑기 위한 반종파투쟁을 벌이라"고 지시했다. 한마디로 자신의 유일 독재체제를 더욱 공고히 하라는 뜻이었다. 결국 장성택 사건을 계기로 2014년부터 당의 유일적 영도체계 확립을 내세운 반종파투쟁이 전당적으로, 그리고 전국적으로 전개됐다.

잔재 청산 위한 반종파투쟁… 연루자 3000명 大숙청

2014년 1월부터 김정은의 지시에 따라 장성택과 그 측근의 잔재를 청산하기 위한 반종파 투쟁이 전당적으로 이어졌다. 장성택 사건으로 피해를 본 인원은 3000명에 달하는 것으로 추정됐다. 직접 연루자 다수는 '죄책'에 따라 처형되거나 정치범 수용소로 이송됐고, 지방 전출과 좌천 조치도 광범위하게 이뤄지는 등 대숙청의 피바람이 불었다.

최측근 중에서는 리룡하와 장수길, 박춘홍, 최금철, 량청송 등 15명이 공식적으로 처형됐다. 아울러 노동당 행정부 산하 사회안전성, 제3경제위원회, 중앙은행 등 기관에서도 간부 50여 명이 비공식적으로 처형된 것으로 전해졌다.

친인척에게도 칼날이 향했다. 조카 장용철과 조카사위 최웅철, 매부 전영진 등이 처형 대상에 포함됐다. 장용철은 김일성종합대 경제학부를 졸업한 뒤 김일성사회주의청년동맹 평양시위원회 제1비서, 청년동맹 중앙위원회 국제비서와 조직비서를 거쳐 2007년 네팔 주재 대사, 2010년 말레이시아 주재 대사로 연이어 근무했다. 북한에서 통상 한 나라에서 다른 나라로 연속 부임은 이례적이어서, '장성택의 조카'라는 배경이 작용했다는 평가가 많았다.

영화배우 출신인 최웅철 장성택의 맏형 장성우의 사위 은 결혼 후 배우를 그만두고 사회안전성 산하 록산택시회사 사장으로 외화벌이에 종사했다. 그는 영화배우 김혜경 등 여성 예술인을 장성택에게 연결했다는 알선 혐의 등으로 총살됐다고 전해졌다. 전영진 쿠바 주재 대사와 가족, 장용철의 두 아들 장태룡과 장태웅, 최웅철의 가족들도 정치범 수용소로 이송됐다고 한다.

이와 함께 '종파의 본산'으로 지목된 노동당 행정부는 중앙은 물론 도·시·군당 조직까지 전면 해산됐다. 행정부 소속 직원들은 이력서에 종파 연루로 기록돼 당과 근로단체(사회단체) 조직에서 퇴출됐다.

3개월간 강제된 '비판서 쓰기' 캠페인

김정은은 혁명대오의 순결성 보장을 명목으로 장성택과 연관된 이들을 사상이 투철하지 못한 '우연분자(偶然分子)' 또는 '기회주의자'로 낙인찍고 사회적으로 매장했다. 우연분자는 혁명 대열 안에 들어올 수 없는 사람인데 우연한 기회를 타서 뛰어난 솜씨로 정체를 숨기고 혁명 대열에 끼어든 사람을 지칭한다. 또 신념 없이 장성택에게 줄 섰던 인물들은 '맹종맹동(盲從盲動)한 자들', 즉 원칙 없이 남을 맹목적으로 추종하고 경솔하게 행동하는 사람들로 규정됐다.

김정은의 지시에 따라 당 조직지도부 주관으로 장성택 잔재 청산과 유일적 영도체계 확립 캠페인이 중앙당과 지방당은 물론 기관, 기업소, 협동농장 등 모든 초급당에서 진행됐다. 각 기관의 초급당비서들이 반종파투쟁 그루빠(그룹)를 책임지고 지도했다.

중앙당이 초급당에 내려보낸 반종파투쟁 요강에는 약 30개 항목이 담겼다. 예컨대 '김정은 동지 밖에는 그 누구도 모른다는 확고한 신념을 가지고 있는가' '입신양명과 출세를 위해 개별 간부에게 아부·아첨하지 않았는가' '일꾼들끼리 선물을 주고받아 인맥을 형성해 당의 통일과 단결을 저해하지 않았는가' '동향·동창·친척·친우·사제 관계에 따라 분파를 만들지 않았는가' 등이었다.

외무성 초급당위원회 등 각 조직은 당원들에게 '당의 유일적 영도체계 확립의 10대 원칙'을 조항별로 따라가며 비판서^{시말서}를 쓰게 했다. 이것도 하루가 아니라 3개월 내내 매일 자필로 작성해야 했고, 매일 저녁 당세포 조직에서는 10대 원칙을 "뼈와 살로 만들라"며 한 글자도 틀리지 않게 암송시켰다. 지금 그때를 돌아보면 그 숨 막히는 통제 속에서 내가 어떻게 버텼는지, 스스로 의문이 든다.

3개월이 지나자 전당적으로, 각급 기관 초급당위원회에서 1주일간 사상투쟁회의가 열렸다. 그 이후 숙청되거나 좌천된 사람이 적지 않았다.

'토사구팽'당한 김정일의 사람들

이 시기 김영일과 리영수, 문경덕, 박명선 등 많은 간부가 토사구팽됐다. 김정은은 장성택과 연계된 인물들을 맹종맹동했다고 규정했고, 좌천과 해임, 처형, 정치범 수용소 이송 등의 처분이 이어졌다. '종파 연루자'로 낙인찍힌 이들은 조직에서 사실상 배제됐다.

2010년 4월 당 국제비서로 임명된 김영일은 장성택에게 맹종맹동했다는 이유로 해임돼 외무성 순회대사로 좌천됐다. 이후 그의 방에는 아무도 들어가지 않았다. 당 국제부 유럽담당 과장 리응길은 장성택의 심복으로 분류돼 총살됐다. 그는 김일성과 김정일의 이탈리아어 통역을 담당했고, 장성택이 국가체육지도위원장으로 추진한 소년축구선수 유럽 파견 사업에서 유럽 클럽 연계 업무를 맡았다. 이 일로 장성택은 당 국제부를 책임진 김영일 비서와 접촉이 잦았다.

김영일은 김일성의 빨치산 동료이자 호위사령관 전문섭의 사위였다. 김정일이 중매를 서며 각별히 챙겼고, 리비아 주재 북한대사에 이어 6자회담 수석대표, 국장, 부상, 당 국제부장, 국제비서로 승진했다. 2009년 원자바오 중국 총리 방북 연회에서 중국 측이 노래를 부른 뒤 북한 측이 머뭇거리자, 김영일이 나서 중국어 노래를 불러 재청을 받았고 원자바오의 칭찬을 받았다. 김정일은 훗날 "영일이가 내 체면을 살렸다"고 회고했지만, 그는 2014년 초 종파 연루자로 낙인찍혀 사회적으로 매장됐다.

당 근로단체부장 리영수도 비슷했다. 그는 1978~1986년 조선사회주의로동청년동맹^{사로청} 중앙위원회 위원장을 지냈고, 상급 부서였던 당 청년사업부 부장 장성택과 매우 가까웠다. 한때 지방 좌천을 거쳐 당 근로단체부장, 국가체육지도위원회 부위원장으로 복귀했지만, 장성택의 최측근으로 분류돼 중앙당 사상투쟁회의에서 집중 비판을 받고 자강도 임산사업소 벌목공으로 좌천됐다.

인민봉사총국장 박명선은 장성택에게 보낸 연하장이 화근이 됐다. "희망찬 새해 2013년을 맞으며 귀하신 몸 건강하고 사업에서 큰 성과를 거두실 것을 축원한다"는 문구가 '개별 일꾼에게 환상을 품고 아부·아첨했다'는 죄목으로 연결돼 사상투쟁회의에서 집중 비판을 받았다. 그는 '남조선 혁명가' 박정호의 딸이며, 오빠는 박명철^{전 체육상}, 동생은 박명순^{전 당 경공업부장}이다.

외무성에서도 박광철 스웨덴 주재 북한대사, 홍영 유네스코 주재 북한대표부 부대표 등 10여 명이 '종파분자 친인척'으로 분류돼 피해를 봤다. 조직 내부는 "우리의 운명이고 미래이신 김정은 동지를 목숨 바쳐 지키자"는 구호가 난무하는 등 문화대혁명을 연상시키는 당내 열성분자들과 김씨 숭배자들의 광기가 이어졌다.

나는 사상투쟁회의에서 손가락질로 비판 대상자를 지목하고 인신공격을 퍼붓고, 책상을 내려치며 침을 튀기는 광기 띤 모습을 처음 목격했다. "인간을 세상에서 가장 존엄한 존재"라고 말하는 우리식 사회주의의 참모습이 이것인가, 이것이 계급투쟁인가. 북한 사회에 대한 나의 허무감과 의구심은 날로 깊어졌다. 자비도 관용도 없이 숙청이 이어졌고, 아침마다 누군가의 집안이 사라지는 공포 속에 서로를 의심하며 곁을 주지 않는 냉기가 사회 전반을 감쌌다. 김정은은 이 혼란을 자신의 권력 기반을 다질 천재일우千載一遇의 기회로 삼았다. 집권 3년 차에 접어들면서 그는 자신감에 넘쳐 있었고, 이때부터 제왕적 독재의 서막이 열렸다.

김정남 피살 전보는 '제1부상 친전'으로 보내라

2017년 2월 13일, 나는 여느 날과 똑같이 사무실에 출근해 TV로 아침 뉴스를 보고 있었다. 당시 도널드 트럼프 미국 대통령 취임 첫 달이라 해외 주재 북한 공관은 새 미 행정부의 대북정책 변화에 촉각을 곤두세우고 있었다. 그런데 TV에 긴급 속보가 떴다. 김정남 암살 사건이었다. 말레이시아 쿠알라룸푸르 공항에서 벌어진 이 사건은 전 세계를 충격에 빠뜨렸다. 피살된 김정남은 김정일의 장남이자 김정은의 이복형이었다.

사건 당일 오전 9시, 마카오행 비행기를 기다리던 김정남에게 한 여성이 달려와 얼굴에 크림을 바르고, 이어 다른 여성이 또 다른 크림을 바른 뒤 사라졌다. 이후 김정남은 얼굴을 문지르며 통증을 호소했고, 공항

의무실로 갔으나 곧 의식을 잃었다. 그는 병원으로 이송되던 중 구급차에서 사망했다.

부검 결과, 시신에서 치사량의 약 1.4배에 해당하는 맹독성 신경작용제 VX가 검출됐다. 두 여성이 바른 물질은 각각 VX의 전구체(Precursor)로, 서로 혼합되면서 VX로 전환된 것이다. 말레이시아 경찰은 김정남의 얼굴에 물질을 바른 뒤 달아난 인도네시아·베트남 여성 2명을 체포했지만, 용의자로 지목된 북한 국적자 4명은 피살 직후 공항을 빠져나가 붙잡지 못했다. 미국 등 서방 언론은 이 사건을 연일 톱뉴스로 다뤘고, 공항 폐쇄회로 영상에 포착된 김정남의 마지막 모습이 공개됐다.

김정남 암살 사건이 특대형 사건이었기 때문에, 각국 주재 북한대사관 외교관들은 사건 발생일부터 교대제로 밤을 새우며 언론보도와 주재국 반응을 시시각각 종합해 평양에 보고했다. 이틀 뒤 평양에서 '대사 친전'으로 전보가 날아왔다. 대사 친전은 일반 외교관에게 회람하지 말고 대사만 보라는 의미다.

서창식 대사의 전화를 받고 대사실로 갔더니, 그는 대사 친전이라고 찍힌 암호 전보를 건네며 읽어보라고 했다. 전보에는 "모든 재외공관에서 올라오는 김정남 관련 전보는 비밀 관제상 '제1부상 친전'(외무성 제1부상만 열람)으로만 보내라"는 지시가 적혀 있었다. 내가 전보를 다 읽고 돌려주자, 서 대사가 한마디 했다.

"원수님의 권위와 직결된 문제라 외무성 내부에서도 비밀로 다루는 모양이야. 아무튼 이제부터 강철 대사가 고생하게 생겼어. 평양은 지시만 내리면 그만이지만, 일이 틀어지면 강철 대사가 똥바가지를 뒤집어쓰게 생겼지. 말레이시아는 장용철 때부터 부정이 탔는지 집터가 나쁜가 봐."

서 대사는 그러면서 피식 웃었다. 장성택의 조카 장용철은 말레이시아 주재 대사로 근무하다가, 숙청 국면이던 2013년 11월 평양으로 끌려가 처형됐다. 그 뒤 김정남 피살 관련 대사관 전보는 모두 '제1부상 친전'으로 분류돼 평양으로 발송됐다.

피살 9일째인 22일, 평양에서 또다시 암호 전보 한 장이 날아왔다. 주재국의 외무부와 사법부를 비롯한 정책기관 인사들을 긴급히 만나, 우리 공민 사망과 관련한 말레이시아 정부의 부당한 처사를 규탄하고, 특히 미국과 남조선이 우리 공민의 심장 쇼크사를 반공화국 모략으로 국제 여론을 오도하고 있음을 폭로하라는 지시였다. 아울러 주재국 언론을 통해, 우리 대사관 입회 없이 외교 여권 소지자의 시신을 부검한 말레이시아 사법 당국의 비인도적 처사를 규탄하는 '조선법률가위원회 대변인 담화'에 대한 국제 여론을 조성하라는 내용도 있었다. 피살된 김정남은 '김철'이라는 가명으로 북한 외교 여권을 소지하고 있었다.

전보를 읽고 어이가 없어 쓴웃음이 나왔다. 사람을 죽인 범인이 오히려 큰소리치는 격이었다. 대사는 자신이 정부 관계자들을 만나겠다며, 대외 선전을 맡은 나에게는 언론 상대 여론전을 지시했다.

나는 '알자지라'와 '쿠웨이트 타임스' 등 담당국 언론사를 찾아갔다. 평양의 지시를 집행하기 위해 노력한 흔적이라도 보여줘야 총화 때 비판을 면할 수 있기 때문이다. 쿠웨이트 타임스 편집국장으로 있는 친구에게 "작은 단신으로라도 좋으니 '조선법률가위원회 대변인 담화'를 실어달라"고 부탁했지만, 그는 "김정남 피살이 국제적 이슈이니 자사도 신중하게 접근할 수밖에 없다"며 사실상 거절했다. 부탁하는 내가 더 초라해 보였다.

'김정남 암살' 기획은 누가 했나

며칠 후, 말레이시아 당국의 수사 결과 용의자로 지목된 북한 국적자 7명의 신원이 공개됐다. TV에는 사진은 물론 암살 직후 공항에서 여유롭게 담배를 피우는 영상까지 나왔다. 그 모습을 보는 순간 소름이 돋았다. 그들 가운데 내가 전부터 알던 사람이 두 명이나 있었다.

한 사람은 리지현이었다. 그는 외무성 아시아2국 동남아과에서 근무했던 직원으로, 어린 시절 베트남 주재 북한대사이던 아버지 리홍을 따라 베트남에서 살면서 중·고등학교를 다녀 베트남어에 능했다. 평양외국어대학 졸업 후 아버지의 뒤를 이어 외무성에 입직했고, 아시아2국 동남아과에 배치돼 일하다 2009년 베트남 주재 북한대사관 수습 외교관으로 임명됐다. 2009~2010년 베트남 근무 뒤 귀국해 외무성에서 인민군 정찰총국으로 이직했다. 그런 그가 베트남 여성 도안 티 흐엉을 포섭하는 장면 등 김정남 암살에 연루된 정황이 언론에 노출됐다.

다른 한 사람은 현광성이었다. 그의 공식 직함은 베트남 주재 북한대사관 2등서기관이었다. 언론에는 외무성 소속 외교관으로 소개됐지만, 사실상 국가보위성에서 파견된 대사관 '안전대표^{해외 파견 보위원}'였다. 국가보위성은 북한 주민이 많이 상주하는 재외공관에 안전대표라는 직제로 보위원을 파견해 근무자 동향 감시와 탈북 차단 임무를 맡긴다. 그들은 신분을 숨기기 위해 외교관으로 가장해 활동한다.

현광성은 국가보위성 5국^{중앙기관 담당국} 부원으로 일하다 2016년 6월 말 레이시아 주재 북한대사관 안전대표로 임명됐다. 나는 사건 당일^{2월 13일} 쿠알라룸푸르 공항에서 항공편 전광판을 바라보는 현광성의 영상을 봤다. 암살조의 항로와 출발 시각을 확인하는 것으로 보였다.

이 지점에서 나는 김정남 암살이 정찰총국 공작일 가능성이 높다고 직감했다. 안전대표 현광성이 용의자 4명의 입국과 숙소 제공, 출로 확보까지 임무 수행 전 과정을 모니터링한 정황이 분명했고, 리지현이 외무성에서 정찰총국으로 전환한 이력도 있었다. '김정남 암살'이라는 드라마는 시나리오부터 연출까지 정찰총국이 세팅한 작품이라는 느낌을 지울 수 없었다.

해외나 한국에서 펼치는 암살·파괴 공작과 첩보활동은 보통 인민군 정찰총국이나 노동당 통일전선부 문화교류국^{대남·해외 공작을 문화교류로 포장} 소관이었다. 우리가 아는 1·21 사태, 아웅산 묘소 폭탄테러 사건, KAL기 폭파 사건, 이한영 암살 사건 등도 정찰총국 또는 통전부 문화교류국이 공작한 사건이었다. 특히 해외 대상 테러와 공작은 정찰총국 소관이 분명했다.

나는 그해 6월, 투자 유치 문제를 협의하려고 평양으로 출장을 갔다. 출장 보고를 위해 먼저 외무성 담당 보위원 박림을 찾아갔다. 그는 이야기 도중 김정남 암살 사건에 대해 물었다. 나는 보위원 앞이라 말조심해야겠다고 생각해 대충 얼버무리고, 말머리를 돌려 말레이시아 주재 안전대표였던 현광성의 근황을 물었다. 박림은 그가 국가보위성 21국^{해외 반탐국} 부국장으로 승진했다며, 이제는 자신과 급수가 완전히 달라졌다고 했다.

말레이시아에 10개월가량 파견됐다가 귀국한 뒤 몇 달 내에 부국장으로 올랐다는 이야기였다.

나는 평양 체류 중 김정남 사건과 연관된 또 한 사람을 만났다. 말레이시아에서 추방당한 강철 대사였다. 지인들에게 줄 담배와 커피를 사려고 평양시 중구역 종합시장^{장마당}에 들렀는데, 강철 대사가 아내와 함께 식품을 샀는지 양손으로 큰 봉투를 들고 있었다. 그는 나를 보고 반가워하며 "어떻게? 출장 나왔어? 오랜만에 만났는데 저녁에 식사라도 하자"고 말했다. 저녁 자리에서 그는 푸념을 늘어놓으며 격분했다.

"나는 암살조가 말레이시아에 온 것조차 몰랐어. 안전대표 현광성이 암살조가 머물 집을 마련하는 등 모든 준비를 혼자서 수행했다고. '죄는 도깨비가 짓고 벼락은 고목이 맞는다'더니, 결국 내가 연대책임을 지고 추방당한 신세가 됐지."

나는 조용히 액체^{VX}를 어떻게 만들었는지 물어봤다. 그러자 대뜸 반문하듯 털어놨다.

"그걸 말레이시아에서 어떻게 만들어. 크림^{VX}은 걔들이 화장품으로 포장해서 말레이시아에 가지고 들어온 거야."

그 말을 듣는 순간 온몸에 소름이 돋았다. 김정남 암살을 위해 VX를 크림 형태의 화장품으로 위장해 반입했다는 의미였다.

평양에서 겪었던 웃지 못할 에피소드를 하나 더 소개하려고 한다. 대부분 재외공관에서 출장 온 외교관들은 외무성 당위원회와 1국^{종합국} 대표부 지도과, 해당 지역국 등 관련 부서를 찾아가 도착 보고를 하고 사업 내용과 일정, 출국 예정일을 알린다. 그런데 내가 만난 당·보위·행정부서

직원들의 첫 질문은 하나같이 김정남 암살 사건이었다. 국장들까지도 궁금증을 감추지 않았다. 아마 김정남 암살 사건 관련 전보가 '제1부상 친전'으로 전환되면서 내부 회람이 막혀, 사건 전말이 더 궁금해졌기 때문이었을 것이다.

당위원회 일꾼들과 간부들, 또 친구들의 질문을 두부 자르듯 거절할 수는 없었다. 그래서 "용의자 4명이 모두 체포되지도 않았고, 입증 방법도 마땅치 않다. 결국 베트남 여성과 인도네시아 여성의 수감으로 일단락된 듯하다"라고만 두루뭉술하게 답했다. 그때 절감했다. 대외사업을 전문으로 하는 외교관들조차 외부 정보에 이렇게 목말라 있는데, 한평생 외부 정보를 접하지 못하는 일반 주민들은 오죽하겠는가.

북한 주민들은 우물 안 개구리처럼 밖에서 무슨 일이 일어나는지도 모른 채 암흑 속에서 살아가고 있다. 북한 당국은 주민들의 머리가 백지로 남아 있기를 바란다. 그 백지에 자유나 민주주의, 인권, 세계화 같은 문물이 들어오면 오히려 다스리기 힘들다고 믿기 때문이다. 그래서 외부 정보의 유입을 차단하기 위해 빗장을 더 세게 걸어 잠근다. 빗장을 잠글수록 선전·선동에 세뇌된 백성들이 자기들에게 더 고분고분해질 것이라고 믿는 것이다.

그러나 외부 정보가 계속 들어가 주민들의 의식에 변화가 생기면, 언젠가는 사람들이 자신의 사회적 처지를 자각하고 김정은 독재 타도와 사회의 민주화와 인권을 요구하며 일어날 것이다. 독재자 김정은이 가장 두려워하는 것도 그 의식화다. 나는 의식화된 북한 주민들이 대중적 항쟁으로 김씨 일가의 폭정을 뒤집어엎을 날이 반드시 올 것이라고 확신한다.

집행 시까지 유효한 명령, 스탠딩 오더 standing order

2019년 5월, 베트남 여성과 인도네시아 여성이 말레이시아 사법 당국의 공소 취하로 석방되면서 '김정남 암살 사건'은 사실상 미궁에 빠졌다. 사실 김정남을 암살할 이유가 있는 쪽은 북한, 더 정확히는 김정은밖에 없었다. 2010년 김정남이 일본 언론 인터뷰에서 "3대 세습은 사회주의 이념에도 부합하지 않는다"면서 김정은의 권력 세습에 반대 의견을 표출한 일이나, 피살 직전 2월 8일 말레이시아 랑카위에서 한국계 외국인을 만나 타국 첩보기관에 북한 정보를 제공했다는 등의 설이 암살 배경으로 돌았다. 하지만 이 정도가 김정남을 제거할 이유는 되지 못한다. 그러기엔 김정은이 감수해야 할 손실이 너무 크기 때문이다.

그렇다면 김정은에게는 무조건 김정남을 없애야 할 사정이 있었을 것이다. 답은 당시의 정세에 있다. 김정은 집권 후 2013년 2월 제3차 핵실험을 계기로 북·중 관계는 최악으로 치달았다. 젊은 김정은은 중국을 의식하지 않는 행보를 서슴지 않았고, 시진핑 집권 첫해인 2013년 이후 2017년까지 핵실험 4차례, 해마다 대륙간탄도미사일 ICBM과 잠수함탄도탄미사일 SLBM 등 탄도미사일 발사를 이어갔다. 이에 분노한 시진핑은 겁 없고 철없는 젊은 지도자를 길들이듯 전방위적인 유엔 안보리 대북제재 결의에 연이어 동참했다.

2014년에는 김정은의 자존심을 무너뜨리는 중대 사건이 있었다. 시진핑의 한국 방문이다. 2014년 7월, 시진핑은 국가수반 자격으로 북한보다 먼저 한국을 공식 방문했다. 역대 중국 국가 지도자들이 혈맹인 북한을 우선하던 선례를 깬 행보였다.

김정은은 격분했고, 외무성 제1부상 김계관에게 "시진핑은 국제주의적 의리도 저버린 개새끼"라며 욕설까지 퍼부었다. 그러면서 "이제부터 중국 관련 문건에 '조중 친선'이나 '친분 관계' 같은 표현을 쓰지 말라. 듣기만 해도 역겹다. 외무성은 물론 재외 대사관들도 중국이 주관하는 모든 외교 행사에 참가하지 말라"고 지시했다.

그 이후 외무성에서 김정은에게 올리는 모든 보고 문건에서 "친분 관계" "피로 맺은 조중 친선" 같은 표현은 삭제됐고, 매년 7월 평양 대동강외교단회관에서 열리던 조·중 우호조약 체결 기념행사도 취소됐다. 재외공관들은 중국 측 행사에 초대장이 오면 중국과의 외교 관례를 무시하고 대사 이하급을 보냈다. 그렇게 북·중 관계는 계속 악화됐다.

사실 김정은에게 가장 두려운 나라는 중국이었다. 중국은 북한의 경제 명맥을 쥐고 있었다. 오랫동안 3대 무상 원조-연간 원유 50만t, 식량 10만t, 비료 2000만 달러분-를 제공해 왔고, 북한 전체 무역의 약 85%를 중국에 의존해 왔다. 김정일도 중국 일변도에서 벗어나려 애썼지만 역부족이었다. 김정은은 중국과의 불편한 관계가 자신의 파멸로 이어질 수 있는 중대한 사안임을 인식하기 시작했다.

시진핑의 한국 방문이 김정은에게 준 심리적 충격은 컸다. 이후 중국은 북한을 노골적으로 패싱했고, 대북 지원을 중단했다. 시진핑이 마음만 먹으면 김정은을 김정남 카드로 대체할 수도 있었다. 김정남은 국내 정치적 기반이나 자금력은 없었지만, 김정일의 장남, 개혁 성향, 중국의 보호라는 상징성과 안전망이 있었다. 중국 입장에선 김정은이나 김정남이나 모두 김정일의 아들이며 백두혈통이었기에, 누가 지도자가 되든 중요치 않았다.

김정은이 택할 수 있는 가장 확실한 방법은 김정남을 아예 제거해, 누구도 자신을 대체하지 못하게 만드는 것이었다. 그래서 김정남 암살은 '스탠딩 오더standing order', 곧 집행될 때까지 유효한 명령이 됐다. 임무가 수행되면서 그 스탠딩 오더는 막을 내렸다. 김정남 역시 장성택과 마찬가지로 이미 '지옥행'이 예고된 상태였다.

김정일 키운 황순희 아들까지 처형한 김정은

류경수·황순희 부부에게는 2남 1녀가 있었다. 남편을 일찍 잃은 데다 자식 복까지 없었던 황순희의 가정사는 불운했다.

장남 류영근은 김일성종합대 재학 시절 직접 차를 몰고 지방으로 가다 교통사고를 당했다. 김일성이 "무조건 살리라"고 지시해 유능한 정형외과 의사들이 수술을 맡았지만, 그는 목숨만 건지고 하반신 마비와 의식불명 상태가 됐다. 이후 계응상 박사의 막내딸 계정애와 결혼해 현대 의학의 도움으로 두 딸을 뒀다. 그중 한 명이 앞서 언급한 김형준 전 노동당 국제부장의 며느리다.

외동딸 류춘옥은 김경희의 둘도 없는 친구로, 당 국제부 과장 재임 중 유방암으로 일찍 세상을 떠났다. 남편 김창선은 김정은의 본부서기실 과장대외 명칭 '실장'을 지냈는데, 그가 김정일 서기실에 들어갈 수 있었던 데에는 아내 류춘옥의 배경이 크게 작용했다는 평가가 많다. 김창선은 이후 재가했지만, 류춘옥과의 사이에서 난 외아들이 있어 황순희와의 혈연은 이어졌다.

차남 류흥근은 황순희의 애물단지였다. 불평이 있으면 입에서 나가는 말이 화근이 되는 줄도 모르고 김일성과 김정일까지 거침없이 욕하곤 했다. 김정일은 자신을 업어 키운 황순희의 체면을 봐 매번 넘어갔지만, 한번은 비방 혐의로 요덕에 1년 노동 단련을 보내기도 했다. 보통 사람이면 총살감이었지만 황순희의 아들이라 살아남았다.

류흥근은 아편중독자였고 한동안 빙두^{필로폰}를 노골적으로 들고 다녔다. 과거에는 암시장에서 비교적 싸게 유통됐지만, 2015년 김정은의 지시로 마약 단속 포고문이 발표된 뒤 사회안전성이 총살까지 불사하는 강경 대응에 나섰다. 류흥근은 약이 떨어지면 김정은을 향해 "집 식구들 아편하는 것은 제대로 통제도 못 하는 놈이 무슨 나라를 통치하겠다고 난리냐" "고모부도 죽이는 놈이 사람 새끼냐" "사람들을 쏴 죽이고 수용소로 끌고 가고, 정말 요즘 나라가 소란스러워 못 살겠다" 등 비방과 막말을 서슴지 않았다.

그의 발언은 곧 '귀때기'^{국가보위성 프락치}들을 통해 국가보위성에 보고됐다. 다만 아버지 류경수가 인민군 창건 공신이고, 어머니 황순희가 김정일을 키운 인물이라 국가보위성도 맘대로 못 하고 김정은에게 직보했다. 김정은은 격분해 즉각 처형을 지시했다.

독재자 김정은은 고삐 풀린 망아지나 다름없었다. 부친인 김정일은 52세까지 할아버지 김일성이 후견인으로 있었으나, 30대의 김정은에게는 통제해 줄 사람이 아무도 없었다. 오직 자기의 이성에 의해 감정을 조절해야 했다. 고모부 장성택까지 죽인 김정은에게는 류흥근이 황순희의 아들이라는 인지상정은 통하지 않았다.

2016년 2월, 류홍근은 김정은을 비방·중상한 '말반동'으로 규정돼 처형됐다. 북한에서 말반동은 '언행으로 김씨 일가와 노동당의 정책을 비난한 정치범'을 가리키는 말로, 죄의 경중에 따라 처형 또는 정치범 수용소 이송 처분을 받는다. 류홍근은 고사기관총 사격으로 몸이 갈기갈기 찢겨 처참하게 처형당했다. 또 그의 자녀와 사위, 며느리, 손자, 손녀까지 모두 정치범 수용소로 끌려갔다.

류홍근의 맏사위는 외무성 조약·법규국 1과장이었다. 그는 에티오피아 주재 북한대사관 수습 외교관을 거쳐 귀국 후 과장으로 승진했지만, 오래지 않아 장인 사건에 연루돼 가족과 함께 정치범 수용소로 끌려갔다. 2016년 당시 황순희는 치매가 심해 아들 처형 사실을 모른 채 지내다 2020년 1월 세상을 떠났다. 한국에 와서 나는 황순희의 부고를 들었고, 놀랍게도 김정은이 장례식에 참석해 조의를 표했다는 보도를 접했다. 자신의 부친을 키워준 보모의 아들을 죽이고도 장례식장에 모습을 드러낸 태도는 내 상식으로는 이해하기 어렵다. 정상적인 사람이라면 최소한 양심의 가책이 있어야 하지 않겠는가.

국가보위성 물갈이한 '혜산 사건'

2016년 11월, 김정은이 양강도 삼지연군을 방문했다. 북한 당국은 백두산을 김일성의 항일 무장투쟁의 역사가 깃든 '혁명의 성지'이자 '혁명의 고향'으로 선전하며, 김정은이 시련 때마다 백두의 칼바람을 맞고 결의를 다진다고 강조했다. 그 연출의 일환으로 백마를 타거나 측근들과 우등불모닥불을 피우는 장면도 자주 내보냈다.

그때 김정은은 군내 학생들의 예술 공연을 관람했고, 떠나는 길에 만세를 부르며 배웅하던 어린이들 가운데 구루병 비타민D 결핍으로 다리가 휘는 병 아동들이 섞여 있었다. 고난의 행군을 겪은 탓에 또래에 비해 체구가 작은 아이가 많았다.

행사가 끝난 뒤 양강도 당 위원회 근로단체부장은 공연 관계자들을 불러 질책했다. 그는 "어떻게 구루병 아동을 환송 군중에 섞어놓았는가. 원수님을 모시는 행사에 대한 자세와 입장이 돼먹지 않았다"고 비판했다. 그러면서 "원수님께서 치하해 주신 것은 진짜 공연을 잘해서가 아니라 앞으로 더 잘하라는 뜻"이라고 꾸짖었다. 밤낮없이 땀 흘려 준비한 교직원과 학생들의 분노가 치솟았고, 이 얘기가 담당 보위원 귀에 들어갔다.

사실 그 보위원은 전부터 근로단체부장이 국경 지역 밀수꾼들에게 통행증을 제공하고 밀수에 연루됐다는 혐의를 잡고 있었다. 그는 이참에 직권남용과 막말을 빌미로 부장을 '간첩 연계' 혐의로 엮어 도 보위부 구류장으로 끌고 갔다. 심문 과정에서 그는 혹독한 폭행을 당해 눈두덩이가 부어오르고 온몸에 피멍이 들어 만신창이가 됐다.

사건은 군당에서 도당으로, 도당에서 중앙당 조직지도부 통보과를 거쳐 김정은에게 보고됐다. 북한에서 노동당은 국가와 사회를 영도하는 전위 조직이다. 인민군도 당의 군대, 국가보위성도 당의 보위성이다. 그런 구조에서 국가보위성이 노동당 간부를 자의로 구류장으로 끌고 가 구금하고 폭행했다는 사실은 당 역사에 남을 월권행위이자 김정은의 영도를 거부한 도전 행위로 해석될 수밖에 없었다. 이미 비대해진 국가보위성의 힘이 당조차 안중에 두지 않는 지경에 이르렀다는 방증이었다. 이 일은 훗날 '혜산 사건'으로 불리며, 국가보위성 인적 쇄신의 기폭제가 됐다.

견제와 균형이 없는 독재국가에서는 권력기관이 비대해질수록 오히려 독재자의 권력이 위축될 수 있다. 국가보위성은 노동당을 제외한 모든 기관에 담당 보위원을 파견해 감시·통제했다. 심지어 사회안전성^{경찰}과 검찰소, 재판소 등 사법·검찰 부문에도 보위원이 상주했다. 이들은 각 부서 내부에 프락치를 심어 상시 감시망을 돌렸다.

이 구도는 2013년 12월 장성택 처형 사건과 맞물려 더 강화됐다. 당시 사건은 개인 처벌을 넘어 노동당 행정부 조직 전반을 겨냥했고, 이를 전담할 상무조가 국가보위성에 별도로 꾸려졌다. 상무조는 장성택 처형 이후에도 '종파 여독 청산'을 내걸고 계속 존재했다. 당시 상무조 조장은 4국^{중앙기관 담당국} 부국장 김승남 대좌였는데, 사건을 '당의 의도에 맞게' 처리했다는 공으로 2014년 초 공화국영웅 칭호를 받고 곧바로 국가보위성 부상으로 승진했다.

문제는 그다음이다. 국가보위성 상무조가 '반종파투쟁'을 전면에 내걸고 중앙과 지방의 노동당 간부들까지 사정 범위를 무한 확대했다. 동료들이 줄줄이 연행되자 당 간부들은 국가보위성이 두려워 떨었다. 그러나 원칙적으로 국가보위성은 당 간부를 처벌하거나 검열할 권한이 없다. 장성택의 권력을 뿌리 뽑으라고 김정은이 국가보위성에 막강한 임시 권한을 부여한 결과, 권력이 상시 권한처럼 굳어진 것이다.

정점은 2016년 9월 평양 인민문화궁전에서 벌어졌다. 매주 토요일 중앙당 일꾼들^{노동당 중앙위원회 비서에 이르기까지}이 모이는 강연회에 연사로 나온 국가보위성 4국장이 당 간부들의 분노를 촉발했다. 그는 연단에서 "지금 남조선 영화나 성 녹화물 등 불법 녹화물을 시청하는 범죄가 발생하는데, 그들 대부분이 간부 집 자녀들"이라며 "당 일꾼부터 사회의 귀감이 되어 자녀 교양을 바로 하라"고 훈시했다. 이어 "우리가 간부들의 일거수일투족을 감시하고 있다. 노동당 일꾼도 예외가 없으니 직위와 공로를 불문하고 법에 따라 처리하겠다"고 으름장을 놓았다. 주제넘고, 도를 넘어선 발언은 그치지 않고 연달아 나왔다. 그러자 강연장을 지키던 당 일꾼들은 "이제 국가보위성이 당 위에 군림하는 통제 기관이 돼버렸다"고 한탄했다.

당시 노동당 내부 분위기는 당의 영도를 받아야 할 국가보위성이 "하룻강아지 범 무서운 줄 모르고 감히 당 위에 군림하려 든다"는 불만이 지배적이었다. 바로 그때 혜산 사건이 터졌다. 공교롭게도 타이밍이 절묘했다.

사실 양강도 보위부도 도당 근로단체부장을 구타한 일을 상급기관인 국가보위성 당 조직에 보고했다. 원칙상 국가보위성에 당 일꾼들에 대한 자료가 보고되면 곧장 국가보위성 당 책임자에게 올리게 돼 있었다. 그런데 당시 국가보위성 정치국 조직부국장 김모 씨가 이를 중앙당 조직지도부 당생활지도 8과 보위·안전·사법·검찰 담당에 보고하지 않고, 정치국 선에서 자의로 덮어버렸다. 이는 "두메산골에서 바늘 떨어지는 소리까지 들어야 한다"던 김정은의 통제 지침을 정면으로 어긴 행위였다.

국가보위성 정치국장 인선도 어수선했다. 김창섭의 후임으로 온 신임 정치국장은 2014년 부임 6개월도 채 되지 않아 김정은의 지시를 기일 내 집행하지 못했다는 이유로 반당·반혁명분자로 몰려 총살당했다. 그 뒤 공석이던 정치국장 자리는 조직부국장 대리 체제로 유지됐다. 이런 상황에서 일명 혜산 사건은 중앙당 조직지도부를 통해 김정은에게 직보됐고, 중앙당 내부의 국가보위성에 대한 분노는 하늘을 찌를 듯했다.

김정은도 장성택 사건 이후 체제 강화 명목으로 실어준 국가보위성의 권한이 과도하게 비대해졌다는 사실을 직감했다. 더 방치하면 당 권위와 위신이 추락하고, 나아가 김정은 개인에 대한 신뢰까지 흔들릴 수 있었다.

김정은은 당시 노동당 조직비서 겸 조직지도부장이었던 최룡해에게 국가보위성에 대한 전면 검열을 지시했다. 최룡해는 조직지도부 검열과와 당생활지도과 등 중앙당 일꾼 50명 규모의 대규모 검열단을 꾸려 국가보위성 검열에 투입했다. 이들은 애초부터 "당의 영도를 거부하고 정면 도전한 국가보위성 간부들을 좌시하지 않겠다"고 별렀다. 검열 결과, 국가보위성 부상과 정치국 조직부국장, 중앙기관 담당국장 등 고위 간부 5명이 반당·반혁명분자로 낙인찍혀 2017년 2월 고사총 사형을 당했다. 이어 검열은 국가보위성 전 부서로 확대됐고, 5월에야 마무리됐다. 이 과정에서 출당·철직된 보위원이 100명을 넘었다.

검열 과정에서는 무고한 주민 연행·고문과 자백 강요, 경제사범을 정치범으로 둔갑시켜 외화 수십만 달러 갈취, 무고한 사람을 반당분자로 몰아 살해한 뒤 영치품 명목으로 주택 사취, 해외 파견 국가보위원 인사에 뇌물 수수 후 개입한 정치국 간부의 인사 비리까지 낱낱이 드러났다.

국가보위성에 노동당의 본때를 보이려고 벼르고 검열한 구체적인 조사 내용은 빠짐없이 김정은에게 보고됐다. 보고를 받은 김정은은 기가 막혀 "이렇게 대갈통이 썩은 놈들한테 나라의 보위 사업을 맡겼다는 것이 어처구니가 없다"며 "죄가 있는 놈은 모조리 쏴 죽여 기강을 잡으라"고 지시했다. 곧바로 국가보위상 김원홍이 해임됐고, 2012년 10월 국가보위성 청사에 처음 세웠던 김정일 동상은 "당과 인민 위에 군림한 폭압 기구로 전락해 더는 모실 자격이 없다"는 이유로 해체됐다.

국가보위성에도 그 나름의 레드라인, 즉 넘지 말아야 할 '암묵적 경계'가 있었다. 그 선을 넘은 대가는 혹독했다. 초대 국가안전보위부장 김병하 이래, 역대 국가보위성 수장들의 말로가 대개 토사구팽으로 끝난 이유가 바로 거기에 있었다.

화풀이로 처형된 '외화벌이 영웅' 황영철

2018년 4월 22일, 황해북도 사리원시 부근에서 중국 관광객을 태운 대형 버스가 빗길에 미끄러져 추락했다. 이 사고로 중국인 32명이 사망했다. 희생자들은 '항미원조 승리 65주년 기념 혁명여행단' 소속 관광객들이었다.

당시 남북 정상회담과 북·미 정상회담을 앞둔 김정은은 냉각된 북·중 관계를 정상화하지 않고서는 회담 성과를 기대하기 어렵다는 것을 알고 있었다. 북한 비핵화 문제에서 중국은 빠질 수 없는 당사자였고, 김정은이 학수고대하던 대북제재 해제도 유엔 안보리 상임이사국인 중국의 동의 없이는 불가능했다. 중국을 배제하면 오히려 회담판 자체가 흔들릴 수 있었다.

김정은은 2018년 3월, 4·27 남북 정상회담을 앞두고 국가수반 자격으로 첫 해외 방문지로 중국을 택했다. 시진핑은 환영 연회에서 김정일의 중국 방문 기록영화를 상영했고, 자신의 부친 시중쉰이 1983년 6월 김정일의 방중 전 기간을 동행했던 일을 상기시키며 대를 이은 북·중 관계 발전을 강조했다. 바로 이런 타이밍에 북한에서 중국인 32명 사망사건이 터졌으니, 김정은으로선 시진핑의 얼굴을 볼 면목도 없게 됐다. 며칠 후 열릴 남북 정상회담 준비로도 벅찰 상황에 대형 인명 피해까지 겹친 셈이었다.

사고 다음 날인 4월 23일 오전 6시, 김정은은 평양 주재 중국대사관을 위문 방문했고, 중국인 부상자들이 입원한 병원도 찾았다. 4월 25일에는 평양역으로 나가 중국인 시신을 실은 전용 열차를 직접 전송하는 등 최고 수준의 예우를 보였다. 이 모든 행보는 중국 지도부를 향한 메시지였다.

대외적인 장례 행사가 끝나자 김정은은 분노를 삭이지 못하고 "책임 있는 자는 모조리 쏴 죽이라"고 지시했다. 그 결과 금강개발총회사[KKG] 사장 황영철, 정치부장, 보위부장 3명이 반당·반혁명분자로 몰려 강건종합군관학교에서 고사기관총 사격으로 처형됐다. 이때 많은 외화벌이 일꾼들이 사형장에 집결해 황영철의 총살을 목격하고 큰 충격을 받았다.

황영철은 KKG를 인민군 최대 무역회사로 키운 상징적 인물이었다. KKG는 본래 인민군 총정치국 소속 무역회사였고, 이후 국방성 623무역관리국 직속으로 편입됐다. 그는 외화벌이 공로로 2009년 외화벌이 일꾼으로서는 최초로 소장[장령]으로 진급했고, 노력영웅 칭호까지 받았다. 현재 KKG는 택시·버스 운송사업뿐만 아니라 광물자원 탐사, 원유 판매 등 사업을 다각화하고 있다. 그런 그가 총살되자 무역일꾼들의 충격은 이루 말할 수 없었다.

김정은의 화풀이는 여기서 끝나지 않았다. 연대책임을 물어 김정각 인민군 총정치국장과 박영식 국방상도 해임됐다. 뒤이어 군 보위국^{옛 보위사령부}은 KKG에 대한 전면 감사에 착수했다. 이 과정에서 사장 황영철과 가까웠던 UAE 두바이 주재 동북아은행 지사장 장수철^{가명}, 두바이 주재 KKG 소속 건설회사 사장 김성철^{가명} 등이 보위원들에게 체포돼 평양으로 이송됐다.

중국인 사망사건의 파장은 국방성을 넘어섰다. 김정은의 중국대사관 방문과 병원 위문 방문 때 의례 업무를 제대로 수행하지 못했다는 이유로, 당시 외무성 의례국장 리광남이 철직^{직위 해제}됐다.

인민무력부장 현영철 졸다가 '총살'

2015년 4월 초, 평양 주재 시리아대사가 태양절[4.15]과 인민군 창건기념일[4.25]을 앞두고 4월 23일 대사관저에서 만찬을 연다며 외무성에 통보해 왔다. 각서에 적힌 주빈은 인민무력부장^{현 국방상} 현영철 대장, 초청 대상은 당 국제부와 인민무력부^{현 국방성}, 외무성 등 관련 기관 간부 10여 명이었다. 원래 주빈 통역은 인민무력부 대외사업국 소관이었지만 최종 조율 끝에 외무성에서 맡기로 했고, 시리아 대사와 인연이 있는 내가 현영철의 아랍어 통역을 맡았다.

4월 23일 오후, 나는 외무성 의례국 직원들과 먼저 시리아대사관에 도착했다. 우리는 문 앞에 나와 대기하고 있던 시리아 대사와 인사를 나누었다. 내가 시리아 주재 북한대사관에서 근무하던 시절, 그는 시리아 외무부 아시아 담당 국장이었고, 2012년부터 평양 주재 시리아 대사로 일하고 있었으니 서로 구면이었다. 시간이 되자 초청 인사들이 하나둘 자리에 앉았지만, 주빈 현영철은 오지 않았다. 30분이 지나도 소식이 없자 인민무력부 대외사업국장이 다급히 어딘가로 전화를 걸었다. 모두가 주빈 부재로 시작도 못한 채 초조하게 기다렸다.

예정 시각보다 40분 정도 늦게 현영철이 들어왔다. 그는 대사에게 연신 미안하다며 늦은 사연에 대해 이야기했다.

"방금까지 원수님^{김정은}을 모시고 한 구분대^{부대 조직}를 시찰했습니다. 원수님께서 '오늘 인민무력부장 동무가 시리아 대사가 차리는 연회에 주빈으로 초청됐지? 내가 잊을 뻔했구먼. 주빈이 없으니 모두 기다릴 텐데 빨리 가서 참가하시오'라고 하셨습니다."

그야말로 연출이었다. 참석자들은 일제히 기립박수로 화답했다. '수령의 배려로 마련된 자리'라는 메시지였다. 연회는 화기애애한 분위기 속에서 진행됐다.

나는 그날 인민무력부장 현영철 옆에 앉아 통역을 했다. 그가 시리아 대사에게 "우리 통역원이 식사도 못 하고 있으니 대화 속도를 조금만 조절하자"고 말했다. 이어 나를 향해 "내가 천천히 말하겠으니 틈을 타서 빨리 먹으라"고 배려해 줬다. 간부가 통역원의 식사까지 챙기는 경우는 흔치 않았다. 나는 인간적으로 그에게서 따뜻함을 느꼈다.

그런데 일주일 뒤, 부서 동료에게서 현영철 대장이 불경죄로 총살당했다는 말을 들었다. 이유는 4월 23~24일 김정은이 참석한 제5차 훈련일꾼대회에서 주석단에 앉아 대놓고 졸았다는 것이었다.

훗날 알게 된 전말은 이렇다. 당 본부서기실 소속 정치보도반 기자들(1호 사진·취재기자)이 전날 대회 소식을 대외 선전매체를 통해 보도할 예정이었다. 이들은 본부서기실 직속으로 최고지도자의 현지 지도 기록·촬영과 문헌영화(다큐멘터리) 제작 등 관련된 모든 미디어를 총괄한다. 우리가 조선중앙통신과 노동신문을 통해 접하는 김정은의 활동과 관련한 뉴스가 모두 이들이 쓴 것이다. 물론 모든 기사와 영상은 보도 전에 김정은의 비준을 받아야 하고, 비준된 자료는 당 선전선동부를 통해 언론·출판기관에 배포된다.

그날도 대회 기사와 사진을 비준받으려 올렸는데, 문제는 사진이었다. 김정은이 잡힌 거의 모든 컷에 주석단의 현영철이 눈을 감고 조는 장면이 함께 담겨 있었다. 김정은은 "대회에서 졸지 말라고 그만큼 강조했는데 아직도 주석단에서 졸고 있느냐"며 "최고사령관을 대하는 태도와 관점이 덜돼 먹었다"고 호통쳤고, "군법으로 다스려 장성들에게 경종을 울리라"고 지시했다. 김정은은 자신을 애송이로 취급하는 군 장성들에게 본때를 보여주기 위해 현영철을 일벌백계의 제물로 삼은 것이다.

현영철은 곧 군법회의를 거쳐 고사기관총 사격으로 처형됐다. 뒤늦게 이 소식을 들은 시리아 대사는 나를 만나 "당신네 최고지도자는 세계에서 제일 파워가 세군요"라며 조롱 섞인 말을 던졌다.

도청으로 목숨 잃은 총참모장 리영호

대부분의 독재자에게서 공통으로 나타나는 건 의심과 두려움이다. '측근이 배신하지 않을까' '반란으로 권력을 빼앗기지 않을까' 하는 공포 때문이다. 그래서 김씨 일가는 고위 간부들의 일거수일투족을 한눈에 감시·통제하려고 그들을 한동네에 모여 살게 했다.

내가 살던 곳이 그런 곳이었다. 노동당과 군의 핵심 간부들이 모여 사는, 군인들이 24시간 무장 보초를 서고 외부 출입을 철저히 차단한 '은덕촌'이었다. 1998년 김정일의 '은덕'으로 지었다고 해서 붙여진 이름이다. 평양시 대동강구역의 외딴곳이라 평양 시민들도 위치를 잘 모른다. 최룡해와 현철해, 박재경, 김양건, 오극렬, 오일정, 강석주, 김계관 같은 핵심 인물들이 바로 이곳에 살았다. 사택과 사무실, 심지어 승용차 안까지 도청 장치가 빠짐없이 설치돼 있어, 모두가 24시간 감시 아래 놓여 있었다.

2012년 7월, 노동당 정치국 회의에서 리영호 총참모장이 신병 관계를 이유로 모든 직무에서 해임됐다고 발표했다. 그러나 실제로는 도청에 걸려 총살당했다. 이 사건은 간부들에게 도청의 위험성을 일깨웠다.

당시 리영호는 군 간부사업을 둘러싸고 노동당 조직지도부 62과(간부 사업 담당) 부부장이던 황병서와 첨예하게 대립했다. 김정은은 군 인사를 조직지도부 62과 라인을 통해 직접 장악하고 있었다. 예컨대 김정은이 신임 5군단장에 "포병 전문가로 발탁하라"고 지시하면, 그 조건에 맞는 후보를 62과가 추려 올리고, 최종적으로 최고사령관 김정은이 비준해야 임명됐다.

문제는 시점이었다. 김정일이 사망한 지 겨우 6개월밖에 안 된 때라, 리영호의 눈에 스물여덟 살 김정은은 애송이로 보였다. 실질적으로 군을 지휘해야 하는 총참모장이 군 인사에서 완전히 배제됐다는 건, 곧 아무런 실권이 없다는 것을 의미했다. 총참모장의 말이 군에서 씨도 먹히지 않는 상황에, 리영호의 불만은 날로 커져갔다.

그 무렵 리영호는 자신이 감당하지 못할 큰일을 저질렀다. 총참모장으로서 작전지휘권이 있음을 과시하려 했는지, 군사훈련 명목으로 부대를 이동시킨 것이다. 문제는 인민군 최고사령관 김정은에게 사전 보고를 하지 않았다는 점이었다. 북한에서는 최고사령관의 명령 없이는 절대로 부대를 이동시킬 수 없다. 김정은은 아버지의 최측근이던 리영호에게 미련이 남았는지 처음엔 당 책벌만 주는 선에서 일단락했다.

하지만 인민군 당위원회 확대회의에서 책벌을 받은 뒤, 리영호는 집에 돌아와 아내에게 울분을 토했다. "군복무도 제대로 안 한 애송이가 군 실태를 알면 얼마나 알겠느냐"며 입 밖으로 꺼내선 안 될 말을 마구 쏟아냈다. 그는 "낮말은 새가 듣고 밤말은 쥐가 듣는다"는 현실을 잊고 있었다. 사택 도청에 걸린 그의 말은 곧 김정은에게 보고됐고, 분노한 김정은은 즉각 총살을 지시했다. 리영호는 조용히, 흔적 없이 처리됐다.

북한 간부들은 이 사건으로 "벽에도 눈과 귀가 있다"는 사실을 다시금 절감했다. 그래서인지 나의 장모는 조금이라도 이상한 말이 나오면 늘 검지를 입가에 대고 말을 멈추라는 신호를 보냈다. 한국에 온 지금도, 나와 아내는 북한에서 밴 습관대로 말을 조심한다. 가끔은 지금도, 그 숨막히는 어항 속에서 어떻게 살아왔나 떠올리며 소스라치곤 한다.

여학생 성 상납 '황해남도당 사건'

2014년 9월, 당 조직지도부 간부2과 담당 부부장 김근섭이 강건종합군관학교(사관학교) 사격장에서 공개 처형됐다. 같은 날 황해남도 해주시당 조직비서와 청단군당 책임비서 등 도당 일꾼 5명도 함께 고사기관총 사격으로 처형됐다. 4신 고사총(기관총)에 맞은 그들의 몸은 형체도 알아볼 수 없이 갈기갈기 찢어졌다. 중앙당과 지방당의 고위 책임일꾼들이 동시에 집단 처형된 일은 노동당 역사에서 전무후무했다. 사건의 파급을 우려한 당 조직지도부는 이를 비밀 관제로 묶고, 공개 처형 현장도 중앙·지방 당 일꾼과 성·중앙기관 초급당비서만 불러 모았다. 행정 일꾼들은 완전히 배제했다.

도대체 무슨 일이 있었기에 김정은이 외부 유출을 철저히 차단하라고 지시했을까. 발단은 2011년 초로 거슬러 올라간다. 노동당에는 중앙당 부부장급 이상 간부가 6개월간 지방 당 조직에서 '현실 체험'을 하도록 하는 내부 규정이 있다. 이 기간에는 중앙 사업을 전면 중단하고 지방에 내려가 상주해야 한다. 당시 당 조직지도부 간부2과 담당 부부장 김근섭은 황해남도 해주시 양정사업소 초급당비서로 발령받아 현지에 내려갔다.

참고로 간부2과는 각 도·시·군당 책임비서와 조직비서 등 지방 최고 권력자의 인사를 총괄하는 부서로 힘이 막강하다. 쉽게 말해 지방 당 서열 1, 2인자의 목을 떼고 붙이는 권한을 쥔 곳의 실무 수장이 김근섭이었다.

그는 김정일의 의도대로 당 간부사업을 처리해 신임과 총애를 받았었다. 2011년 초 황해남도 해주시 양정사업소에 현실 체험을 하러 내려간 김근섭은 도당 합숙(사택 또는 기숙사)에 숙소를 잡고 일했다. 이때 입신양명을 노린 기회주의자들이 김근섭의 주변에 몰려들었다. 특히 해주시당 조직비서는 그의 생활 편의를 챙기는 한편, 저녁이면 자신의 정부였던 도당 합숙 지배인을 그의 방에 들여보냈다. 이 지배인은 중앙당 초대소 관리원으로 일하다 제대한 뒤 황해남도당 합숙 지배인으로 근무하고 있었다.

지배인을 통해 김근섭의 여성 편력을 파악한 해주시당 조직비서는 더 큰 점수를 따겠다며 더 어리고 외모가 단정한 여성들을 동원하려 했다. 그런데 여기서 넘지 말아야 할 선을 넘었다. 그들이 상납하려 한 대상은 16~17세 고등중학교 학생들로, 중앙당 '5과 대상'에 선발된 이들이었다.

중앙당 5과는 김정은의 본부서기실 보좌 성원과 중앙당 문서원, 초대소 관리원, 정부통신국 교환수, 고위 간부의 기술서기(간호사), 안마사 등 당내 봉사 업무 인력을 선발해 교육·배치·관리하는 부서다. 보통 고등중학교 또는 대학 졸업 시기에 대상자를 뽑아 직종별 전문교육을 거쳐 적재적소에 배치한다. 그런데 문제는 이렇게 5과 대상으로 선발된 16~17세의 미성년 여학생들을 비롯해 도예술단 배우들까지 성 상납에 동원했다는 것이다. 이는 중대한 성 착취 범죄였다.

2011년 가을, 김근섭은 황해남도 해주시에서 6개월 현실 체험을 마치고 중앙당 조직지도부 부부장으로 복귀했다. 사건의 전모는 3년 뒤, 황해남도당 일꾼들의 성 접대 및 성 녹화물 사건이 불거지면서 비로소 윤곽이 드러났다.

2014년 7월, 황해남도 보위부가 주민들의 불순 녹화물 시청 단속 캠페인을 벌이던 중 해주시당과 청단군당 일꾼들의 성 녹화물 연루 정황이 포착됐다. 보위부에 덜미를 잡힌 한 명이 "영상물을 해주시당 김철수

가명에게 넘겼다"고 진술했던 것이다. 보위부가 이를 단서로 추적하는 과정에서 해주시와 청단군, 연안군의 당 책임일꾼들이 도당 회의차 해주에 올 때마다 끼리끼리 술판을 벌이고, 여기에 황해남도예술단 여배우들까지 불러 모두가 벌거벗고 추잡한 성적 착취를 벌였다는 정보를 입수했다.

보위부는 예술단 여배우들을 심문해 그들의 아지트가 외부와 격폐된 '도당 합숙'이었고, 도예술단 초급당비서가 여배우들을 성 상납에 동원해 왔다는 사실을 파악했다. 그 과정에서 16~17세의 미성년자를 포함해, 중앙당 5과 대상으로 선발된 여학생들까지 동원됐다는 진술이 이어졌다. 어린 자녀까지 있는 한 여배우는 변태적인 성 접대에 시달리면서 심각한 우울증까지 걸렸다고 했다. 도당 합숙 실체가 드러나자, 2011년 해주에 6개월간 현실 체험을 하고 복귀한 김근섭의 연루 정황도 함께 부상했다.

이 사건은 당 일꾼들이 집단적으로 연루된 데다 김근섭과 같은 거물급 인물이 들어가 있는 사안인지라 황해남도 보위부가 자체로 처리할 수 없었다. 사건은 곧 국가보위상 김원홍을 통해 김정은에게 보고됐다. 김정은은 사건이 사회에 퍼져 당 신뢰도가 훼손되는 것을 우려해, 당 내부 보위·안전 업무를 담당하는 창광안전부가 조사하도록 지시했고, 사건은 국가보위성에서 창광안전부로 이관됐다. 당 내부에선 이를 '황해남도당 사건'이라 불렀다.

여기서 핵심 쟁점은 이미 중앙당 5과 대상으로 선발된 청소년들까지 성 착취에 동원한 중대 범죄였다는 점이다. 이는 독재자 김정은에 대한 도전이고, 그의 권위와 위신을 정면으로 훼손한 행위로 규정됐다. 김정은의 지시에 따라 김근섭과 황해남도당 일꾼 5명은 4신 고사총으로 처형됐고, 그 가족들은 모두 정치범 수용소로 이송됐다.

국가반역죄로 총살당한 부총리 김용진

2016년 6월 29일, 최고인민회의 제13기 4차 회의에서 국방위원회가 폐지되고, 국가 최고정책지도기관인 국무위원회가 신설됐다. 그리고 국무위원회 위원장으로 김정은이 선출됐다. 형식상으로는 최고인민회의가 국무위원장을 선출하지만, 사실상 김정은이 스스로 직위를 만들고 올라앉는 절차에 불과했다.

회의 진행 중 김정은은 당 조직지도부 담당 부위원장 최룡해를 불러 주석단 맞은편 맨 앞줄에 앉아 있던 내각 교육담당 부총리 김용진을 가리키며 누구인지 물었다. 고개를 숙인 그의 모습이 계속 눈에 거슬렸던 것이다. 김정은은 "회의가 끝나면 조직지도부에서 단단히 검토하라"고 지시했고, 회의 뒤 최룡해는 김용진을 불러 수령을 모신 회의에서 왜 불손하게 앉아 있었는지 캐물었다. 김용진은 "눈이 잘 보이지 않아 안경을 닦느라 고개를 숙였을 뿐"이라고 항변했지만, 그의 행동에 화가 난 최룡해는 "아직도 자기 잘못을 모르냐. 수령을 모시는 전사의 자세와 입장이 덜돼 먹은 것이 동무의 결함"이라며 그의 문제를 국가보위성으로 넘겼다.

그다음은 국가보위성의 '각본'이었다. 일벌백계가 필요했기 때문이다. 국가보위성은 불과 일주일 만에 김용진을 '소련 간첩'으로 엮었다. 김형직사범대 졸업 후 소련 실습생으로 체류하던 시절 KGB의 여색 공작에 걸려 러시아 여성과 치정 관계를 맺고 포섭됐다는 스토리였다. 결론은

"소련 정보기관에 매수돼 국가반역죄를 저질렀다"였다는 것이었다. 김용진은 곧 총살됐고, 그의 일가친척은 연좌제로 정치범 수용소로 끌려갔다. 우리 부서에서 함께 일하던 여직원 김정아도 그의 조카라는 이유로 어느 날 소리 소문 없이 정치범 수용소로 사라졌다.

김정은 자신도 백두혈통 외에 당과 혁명에 내세울 만한 공적이 빈약하다는 사실을 알고 있었다. 그래서일까. "간부들이 나를 어리다고 얕잡아본다"는 선입견이 강했고, 그 불안은 곧 숙청 정치로 이어졌다. 김용진 사건은 그 전형이었다.

대동강자라공장 '선물 중단'과 지배인 총살 내막

2015년 5월, 대동강자라공장 지배인 총살은 김정은의 막가파식 공포정치의 끝판을 보여준 사건이었다. 공장 지배인이 총살된 사실은 알려졌지만, 왜 처형됐는지에 대한 진짜 이유는 지금까지 일절 언급되지 않았다.

대동강자라공장은 김정일 사망 직전인 2011년 10월 건립됐다. 자라는 예로부터 보혈제로서 영양 보충과 몸보신에 특효 있는 강장식품으로 여겨졌다. 이 공장의 건립 목적은 측근 간부들과 모란봉악단, 은하수악단 등에서 근무하는 예술인들, 그리고 군수 부문 과학자와 기술자들에게 내려보내는 선물^{하사품}을 안정적으로 보장하는 데 있었다. 그러나 김정일 사망으로 선물은 김정은 명의로 전환됐고, 2012년부터 대상자들은 상·하반기 연 2회 자라를 받아왔다.

문제는 2014년 하반기부터 선물 명세에서 자라가 빠지기 시작한 것이다. 공장 운영을 맡은 사회안전성도 생산 유지를 위해 안간힘을 썼지만, 전기가 절대적으로 부족한 상황에서 생산을 정상화할 수 없었다. 선물용 자라다 보니 임의로 시장 판매도 못 했다. 자체 역량과 외화 부족으로 대용량 발전기를 마련하는 건 애당초 불가능했다.

2015년 4월, 김정은은 자신의 명의로 하사하는 선물용 자라가 명세서에서 또 빠진 것을 확인하고, 당 조직지도부에 "어떻게 된 일인지 구체적으로 파악해서 보고하라"는 지시를 내렸다. 이 지시가 결국 공장 지배인의 생사를 겨누는 칼끝이 됐다.

한 달 뒤, 대동강자라공장 실태 보고를 받은 김정은은 곧바로 현장으로 갔다. 기습적으로 공장을 방문한 김정은은 "장군님(김정일)께서 지어주신 공장을 제대로 관리·운영하지 못해 이 꼴로 만들었다"며 지배인을 호되게 질책했다. 김정은이 자라 생산을 정상화하지 못한 원인이 무엇인지 캐묻자, 지배인은 "전력 공급이 원활치 않아 펌프를 돌리지 못했고, 수족관에 물이 제대로 공급되지 않아 자라들이 폐사했다"고 답했다.

그런데 이 답변이 화를 키웠다. "원수님, 제발 잘못했으니 한 번만 용서해 주십시오. 결사 관철의 정신으로 자라 생산을 자기 궤도에 올려놓겠습니다"라며 무릎 꿇고 손이 발이 되도록 빌어도 시원찮은데, 전기 탓부터 한 것이 가뜩이나 화가 난 김정은의 심기를 자극했다.

"야, 이 새끼야. 전기가 없어 펌프를 못 돌리면 공장 종업원들이 모두 달라붙어 물을 퍼서라도 자라를 살려야 할 거 아니야. 이 새끼, 뭘 잘했다고 아직도 대답질이야!"

선물 체계가 멈추면 자신의 권위와 위신에 금이 간다고 여긴 김정은은 모욕적 언사를 퍼붓고 지배인의 뺨을 세차게 후려쳤다. 동행한 간부들조차 김정은이 공개 석상에서 타인의 뺨을 때리는 장면은 처음 봤다고 했다. 모두가 깜짝 놀라 숨을 죽였다.

"이 새끼, 무릎 꿇려. 아직도 뻣뻣하게 서 있어."

김정은의 지시가 떨어지자, 경호원들이 달려와 지배인과 당비서의 두 팔을 꺾어 김정은 앞에 무릎을 꿇렸다. 현장에 있던 간부들은 숨을 죽인 채 공포에 떨어야 했다.

며칠 뒤 지배인과 당비서는 '김정일 장군님의 영도 업적이 깃든 공장을 의도적으로 파괴한 반당 행위를 했다'는 죄목으로 사형당했다. 어떤 사법절차도 없이, 독재자의 말 한마디에 사람을 마음대로 처형하는 나라가 바로 북한이다. 가장 존엄해야 할 인간의 생명이 파리 목숨보다 못하게 취급되는 나라가 21세기에 존재한다는 사실이, 내겐 여전히 인류 문명의 수치로 남아 있다. 세상에 이런 깡패식 통치를 지도자의 권위라 떠받드는 북한이 참으로 안쓰럽고 불행해 보일 따름이다.

'외무성 간첩 사건' 진실과 미국통 한성렬 처형

2019년 2월 초, 외무성 미국담당 부상 한성렬과 국제기구국 군축담당과장 김영호, 뉴욕 주재 북한대표부 직원^{변신원} 리지성 등 5명이 '미제의 고용간첩'으로 몰려 강건종합군관학교 사격장에서 처형됐다. 일명 '외무성 간첩 사건'으로 불린 이 일은 북한 외무성 역사에서 전례가 없던 간첩 사건으로 기록됐다.

처형 당일 외무성과 대외경제성, 대외문화련락위원회 등 대외부문 일꾼들이 기관별로 버스를 타고 평양 교외 강건종합군관학교 사격장으로 이동했다. 항일 투사 강건전 북한군 총참모장, 1950년 9월 전사의 이름을 딴 이곳은 인민군대에서 군관장교을 양성하는 사관학교다. 북한 당국은 오래전부터 이곳을 공개 처형 장소로 써왔고, 주민과 간부에게 '일벌백계' 효과를 노렸다.

일꾼들은 모두가 누군가 총살될 것을 직감한 채 부서별로 자리에 앉았다. 때가 겨울인지라 모두가 손을 비비며 추위를 달래고 있는데, 외무성 부상 한성렬 등 5명이 끌려 나왔다. 이들의 입에는 자갈이 물리고 머리에는 흰 자루가 씌워져 있어 누구인지 분간하기 힘들었다. 얼마나 잔인한 고문을 받았는지 온몸이 피멍으로 얼룩져 있었다. 자갈을 문 입으로는 피가 섞인 침이 흘러내릴 정도로 모두가 혼이 나간 상태였다.

그들에게 사형문이 낭독됐다. 핵심 요지는 당과 국가의 기밀을 해외 정보기관에 팔아넘겼다는 것이었다. 이어 "민족 반역자 ○○○놈을 사형에 처한다"는 말과 함께 14.5㎜ 4신 고사기관총이 차례로 불을 뿜었다. 처형 장면을 지켜본 외무성 직원과 대외부문 일꾼들은 극도의 공포와 충격에 사로잡혔고, 많은 이들이 한동안 악몽에 시달렸다고 했다.

김정은 시대에 들어 북한 당국은 4신 고사기관총으로 사형을 집행한다. 노골적인 공포 연출로 주민들의 저항 의지를 꺾겠다는 의도다. 이날 처형된 외무성 미국담당 부상 한성렬은 유엔 주재 북한대표부에서 공사와 차석대사 등 세 차례 근무한 경력이 있고, 국제기구국 군축과 과장 김영호는 제네바 주재 북한대표부 참사 경력이, 또 다른 사형수 리지성은 유엔 주재 북한대표부의 변신원통신 담당 경력이 있었다.

1980년 외무성에 배치를 받은 한성렬은 1993년 유엔 주재 북한대표부 참사로 첫 해외 근무를 시작했다. 그는 외무성 미국담당국에서 잔뼈가 굵은 전형적인 미국통이다. 미국 뉴욕에서 근무하던 시절 유엔 채널에서 맹활약을 했을 뿐 아니라 평양에서도 6자회담 핵심 성원으로 근무한 베테랑 외교관이었다.

한성렬은 사업 능력도 뛰어났지만, 항일 투사 '림춘추의 사위'라는 배경이 그의 출세에 크게 작용했다. 림춘추는 김일성과 항일빨치산 시절 한 부대에서 싸운 전우이며, 훗날 부주석으로서 김정일을 후계자로 내세우는 데 큰 공을 세웠다. 그 덕분에 그는 김정일의 각별한 신임을 받았다. 이런 배경은 한성렬에게 출세의 날개가 됐다.

2013년 9월, 유엔 주재 북한대표부에서 차석대사로 근무하던 그는 귀국해 미국담당국 부국장으로 복귀했다. 6개월 후인 2014년 5월 한성렬은 미국담당국 국장으로, 2016년 5월에는 미국담당 부상으로 승진했다. 한성렬은 3년 기간에 부국장에서 국장, 부상으로 초고속 승진했다.

2016년 6월부터 미국담당 부상으로 승진한 한성렬은 외무성에서도 손꼽히는 실세였다. 미국 라인은 다른 부상보다 당의 신임이 두터웠고, 가끔 김정은이 부르는 파티에도 참석하는 특권을 누렸다. 그런데 한성렬에게 2018년 위기가 찾아왔다.

한성렬에게는 10년간 교제해 온 내연녀가 있었다. 남편과 사별한 뒤 평양시 중구역에서 외화 식당을 하던 40대 중반의 마담으로, 단골이던 한성렬과 관계를 이어왔다. 그러던 2018년 5월, 그녀가 사회안전성^{경찰}에 구류돼 수사를 받으면서 일이 커졌다.

그녀는 오래전부터 집 '되거래'^{재판매}를 통해 많은 돈을 모았다. 여기에 재미를 본 그녀는 2017년 가을 평양시 중구역 신축 아파트에 여러 채를 배당받으려 했다. 그런데 그녀의 수중에 한성렬이 맡긴 비자금 20만 달러뿐이었다. 그녀는 이 자금을 건설주에게 투자금으로 넘겼는데, 평양시가 상하수도와 배전소 등 인프라 부족을 이유로 아파트 신축을 불허하면서 분쟁이 발생했다. 그러면서 사회안전성이 수사에 착수했다.

    수사 과정에서 한 번도 해외 체류 경력이 없고 외화벌이 인맥도 없는 그녀에게서 20만 달러에 달하는 어마어마한 돈이 나온 점이 이상 징후로 찍혔다. 추궁 끝에 그녀는 "자기 돈이 아니라 한성렬에게서 빌린 돈"이라고 털어놨다. 대사급 월급이 월 1000달러도 안 된다는 사정을 아는 수사기관은 즉시 사건을 방첩 사안으로 전환했고, 사건은 국가보위성으로 이관됐다.

    2018년 7월부터 한성렬에 대한 국가보위성의 취조가 본격화됐다. 국가보위성 예심원들은 한성렬의 근무지가 세 차례나 미국 뉴욕이었던 점을 고려해, 그와 미국 정보기관과의 연계를 의심했다. 그의 자백에 따르면, 2002~2006년 뉴욕 차석대사 시절 미국의 한 대학교에 재학 중이던 딸의 학비 때문에 한 재미교포의 도움을 받기 시작했는데, 그 과정에서 미국 정보기관에 매수당했다고 한다. 이후 정보기관에 지속적으로 북한 자료를 넘겼다는 것이었다. 한성렬의 아내는 아버지 림춘추의 영향력으로 그와 이혼했고, 자녀들은 호적을 분리해 어머니 성을 따르는 조건으로 연좌제 처벌 정치범 수용소행 을 면했다. 내연녀의 불찰로 시작된 자그마한 경제 사건이 한성렬의 간첩 사건으로 비화한 것이다.

    외무성 국제기구국 군축담당과장 김영호와 변신국 기술과 리지성도 한성렬과 마찬가지로 '간첩' 혐의로 총살됐다. 김영호는 스위스 제네바 근무 시절 해외 정보기관에 포섭돼 체계적으로 북한 자료를 넘겼다는 것이고, 리지성은 김책공업종합대학 출신의 통신·암호 기술자로 뉴욕 근무 당시 해외 정보기관에 매수돼 암호 전문을 유출했다는 혐의였다. 북한 당국이 가장 중대하게 본 대목은 변신원^{대사관의 암호·통신 담당자}이 해외 정보기관과 내통했다는 것이다. 변신원은 통상 변신^{암호·통신} 프로그램과 암호 전문 내용을 100% 알고 있기 때문에, 이것이 적측에 넘어가면 사실상 비밀 없는 외교전이 되기 때문이다.

이날 총살당한 인원은 외무성 외교관 3명에 대외경제성 2명을 더해 총 5명이었고, 사건을 적발한 외무성 담당 보위원 박림은 그 공로로 공화국영웅 칭호와 국기훈장 제1급을 받았다.

조직지도부에 끌려간 후 사라진 '민족공무원'

2016년 4월 어느 날, 외무성 직원 김용민^{가명}이 노동당 조직지도 10호실 요원들에게 연행됐다. 평소 같으면 사상투쟁회의로 처리될 일인데, 그는 끌려간 뒤 사라져 버렸다. 이유는 김씨 일가와 관련된 사안이었기 때문이다.

김용민은 평양 주재 국제기구 사무소에서 민족공무원으로 일하던 시기, 사무소 인터넷으로 김씨 일가와 관련된 자료를 다운로드했는데, 이것이 국가보위성 전파감독국의 추적으로 발각됐다. 그의 외장하드에는 북한 내부에선 볼 수도 들을 수도 없는 특급 비밀 정보가 담겨 있었다. 예를 들어 김정일에게 처가 4명 있었다든지, 기쁨조의 실체라든지, 생모 고용희가 재일동포이기 때문에 김정은은 순수한 백두혈통이 아니라든지 하는 내용으로, 발설하면 3대가 멸족될 수 있는 것들이었다.

이처럼 김씨 일가와 직결된 사건만 전담하는 부서가 바로 당 조직지도부 10호실이다. 정확히는 '당의 유일적 영도체계 확립의 10대 원칙'을 위반한 사안을 취급하는 부서다. 베일에 가린 조직이라 존재 자체를 모르는 간부도 많다. 10호실 인원은 사법·검찰·보위·안전기관에서 근무하는 사람들 가운데 충성심과 계급적 토대, 사업 능력 등을 기준으로 선발한다. 이들은 범인을 사법절차 없이 구속, 총살할 수 있는 무소불위의 권한을 갖고 있다.

북한에서 '10대 원칙'은 사실상 헌법 위의 최고 규범으로 통한다. 김씨 일가에 대한 절대적 충성을 강요하는 이 원칙 때문에, 집에 불이 나도 아이보다 먼저 벽에 걸린 김일성과 김정일 부자의 초상화를 대피시키는 일이 당연시된다. 만약 아이를 구하고 초상화가 불탔다면 그 가족은 사회적으로 완전히 매장된다.

2003년 대구 하계 유니버시아드 때 북한 응원단이 달리던 버스에서 집단 하차해 "장군님 초상이 비를 맞는다"며 현수막을 수거하고, 비옷까지 벗어 씌운 장면을 기억할 것이다. 일반인의 상식으로는 상상할 수 없는 괴상망측한 짓이지만, 어릴 때부터의 세뇌 교육을 받은 북한 주민들에게는 당연한 일이었다.

김씨 일가의 계보와 사생활에 관한 특급 비밀은 국가보위성 요원조차 알아서는 안 되는 영역이라 당 조직지도부가 직접 관리한다. 10호실 요원들에게 연행된 김용민(가명)은 취조실로 옮겨져 며칠간 심문을 받은 뒤 쥐도 새도 모르게 처형됐다. 그는 국가보위성 전파감독국이 평양 주재 외교단이 사용하는 인터넷을 24시간 감시·추적한다는 사실을 몰랐다. 전파감독국은 그가 접속한 IP 주소와 접속 시간, 열람 내용까지 모두 파악하고 있었다. 그의 가족은 처가까지 포함해 3대가 모두 수용소로 끌려갔다.

나도 은덕촌에서 정치범 수용소로 끌려가던 박남기 가족을 직접 본 적이 있다. 화폐개혁 실패에 대한 책임으로 총살된 노동당 기획재정부장 박남기를 기억할 것이다. 당시 그의 세 살배기 손녀 박부영은 우리 딸과 친구였다.

2010년 1월 어느 날 새벽 1시, 보위부 요원들이 박남기의 집에 들이닥쳐 군용트럭에 가족을 싣고 정치범 수용소로 데리고 갔다. 당시 박남기의 며느리와 손녀들이 울고불고 난리를 쳐서 아파트 주민들이 모두 깨어나 그 장면을 목격했다. 손녀들이 안 가겠다며 트럭에 오르지 않고 버티자, 보위부 요원들이 아이들을 발로 걷어차면서 짐짝처럼 실어 올리는 모습이 아직도 가슴 아픈 기억으로 남아 있다. 나와 아내는 그날 목격한 광경이 너무 무서워 뜬눈으로 밤을 꼬박 새웠다. 지금 돌이켜 보면, 북한은 숨만 쉬는 거대한 감옥이었다.

'심화조 사건'으로 풍비박산 문성술家

'심화조 사건'을 자신의 정치적 목적에 이용한 김정일의 잔혹한 숙청은 여러 책에서 다뤄져 왔다. 나는 그중 당 조직지도부 제1부부장 겸 본부당위원회 책임비서 문성술과 그의 가족에게 닥친 기구한 운명을 기록하려 한다.

문성술은 1959~1964년 김일성이 '청산리 정신'과 '청산리 방법'을 창시한 평안남도 강서군에서 군당위원장으로 일하면서 김정일의 졸업 논문 '사회주의 건설에서 군의 지위와 역할' 작성에 큰 도움을 줬다. 이 인연으로 그는 김정일 다음가는 당내 2인자로 등극했다.

그러던 1998년, 그는 사회안전성 정치국장 채문덕이 전개한 '심화조 사건'에 엮였다. 과거 사회안전성에 대한 검열을 책임지고 나섰던 문성술 때문에 평양시 안전국장에서 지방 분주소(파출소) 소장으로 강등됐던 채문덕은 쌓인 원한을 이 사건으로 갚으려 했다. 고문이 얼마나 악랄했는지, 문성술은 고통을 견디지 못하고 벽에 머리를 찧어 자살했다.

'고난의 행군'이라는 집권 최대 위기 속에서 김정일은 민심의 분노를 돌리기 위해 서관히 농업담당 비서를 미제의 고용 간첩으로 몰아 총살하며 대숙청의 서막을 열었다. 김정일은 위기를 관리하기 위해 채문덕을 이용했다. 김정일의 승인 없이 문성술과 같은 거물을 감금하고 고문했다는 것은 독재체제인 북한 사회에서는 있을 수 없는 일이었다. 세습 독재를 지키기 위해 김정일은 최측근마저 제물로 바쳤고, 문성술은 끝내 토사구팽당했다.

문성술의 사망과 함께 그의 가족은 모두 관리소로 이송됐다. 당시 평양시 대성구역당 조직비서로 근무하던 아들이 수용소로 가게 되자 아내는 이혼을 요구했으나, 두 아들이 "죽어도 같이 죽고 살아도 같이 살자"며 만류했다. 그러나 그녀는 남편과 두 아들의 수용소행에 동참하지 않았다. 가족은 2년 동안 관리소에서 죽을 고생을 했다.

3만 명에 달한 대숙청의 결말은 참혹했다. 푸룬제 군사대학 사건과 송림 사건에 이어 심화조 사건까지 겹치며 숙청이 잦아지자 민심은 흉흉해졌다. 고조되는 불만과 민심 이반의 분위기를 의식한 김정일은 이용 가치를 잃은 채문덕을 총살하며 '심화조 사건'의 막을 내렸다. 이어 최고사령관 명령으로 피해자들의 원상 복귀를 지시했지만, 사랑하는 가족을 잃고 깊은 상처를 입은 이들에게 그 조치는 아무 의미가 없었다.

문성술의 아들은 대성구역당 조직부장으로 복직해 두 아들과 함께 원래 살던 집으로 돌아왔다. 그러자 이혼한 아내가 집으로 찾아와 용서를 빌며 다시 살자고 했으나, 남편은 "너도 엄마냐? 저 혼자 살겠다고 자식까지 버린 사람이 무슨 염치로 여길 오냐, 당장 나가라"고 소리쳤고, 두 아들도 엄마에게 신발까지 던지며 내쫓았다. 그녀는 두 달 동안 집 앞에서 빌고 또 빌었지만 끝내 받아들여지지 않았고, 결국 아파트 9층에서 투신해 생을 마감했다.

엎친 데 덮친 격으로 남편도 자전거를 타고 퇴근하다 화물차에 치여 즉사했다. 그는 관리소에서 겪은 심리적 타격과 우울증으로 정신과 치료를 받던 중이었다. 두 아들은 졸지에 조부와 부모를 모두 잃은 고아가 됐다. 대숙청을 불러온 심화조 사건은 끝났지만, 그 사회적 후유증은 지금도 계속되고 있다.

PART 3

나의 이야기

고난의
청춘 시절

1

자강도에서 겪은 고난의 행군과 아사자

자강도 중강진은 한반도에서 가장 춥다고들 한다. 영하 40도를 밑도는 추위는 맵차고 혹독하다. 나는 1994년 대학을 졸업하자마자 '노동현장체험생'으로 자강도에 내려갔다. 그해부터 북한은 '3대 혁명소조원' 제도를 없애고, 대신 노동현장체험생 제도를 시행했다. 이 제도는 대학 졸업생을 대상으로 공장과 농장에 내려가 3년간 직접 일하며 자신을 혁명화, 노동계급화하도록 했다. 그 경력을 갖춰야만 졸업 배치^{취업}를 받을 수 있었다. 내 배치지는 자강도 강계시 양정사업소였다.

수십만 명이 굶어 죽은 1995~1999년을 우리는 '고난의 행군' 시기라 불렀다. 사실 지방의 식량 배급 체계는 1992년부터 이미 완전히 무너졌다. 1994년까지만 해도 장마당에 나가 장사하면 '남을 등쳐 먹는' 너절한 짓 취급하면서, 마치 노동당원 자격이 없는 것처럼 인식하는 사람이 많았다. 하지만 굶주림 앞에 당원 체면도 소용없었다. 어떻게 해서든 먹고살 길을 찾아야 했다. 그때부터 농민들이 텃밭 농산물과 호미와 낫 같은 소농기구를 사고팔던 소규모 '농민시장'이 급속히 커졌고, 사람들은 그것을 '인민백화점'이라 부르기 시작했다. 살림살이에 필요한 건 웬만하면 다 있었다. 이후 당국은 명칭도 손봐 공식적으로 '농민시장'을 '종합시장'이라 부르게 됐다.

평양에서 내려온 노동현장체험생들은 강계시 여관에서 집단 합숙을 했다. 그런데 합숙에는 식량이 전혀 공급되지 않았다. 식량은 물론 난방용 땔감, 약, 식수까지 모든 것을 스스로 해결해야 했다. 산이 많은 자강도에는 군수공장이 집중돼 있었는데, 국가 배급 체계가 무너지자 군수공장 노동자들 속에서 아사자가 대거 속출했다. 북한은 1960년대부터 군수품 생산을 독려하며 군수공장 노동자들에게 배급과 식료품을 정상 공급해 왔지만, 고난의 행군을 계기로 이 시스템이 완전히 마비된 것이다. 공장과 집밖에 모르던 이들은 배급과 공급이 끊기자 앉아서 굶어 죽었다. 결국 군수공장 노동자들까지 생존을 위해 장사의 길로 나서기 시작했다.

1994년 11월, 자강도에서는 변강무역을 통해 중국 훈춘과 연길에서 저렴한 대두박(가축 사료)을 들여와 강계 시민들에게 2개월분가량 배급했다. 수입한 대두박은 쌀겨와 콩깍지, 말린 콩찌꺼기 등을 압축해 타이어처럼 둥근 모양으로 만든 것으로, 한 개의 무게는 50㎏ 정도였다. 포장에는 말 머리를 큼직하게 그려 넣은 상표가 붙어 있었는데, 말 사료라는 뜻이었다. 그때는 '목구멍이 포도청'이라 말 사료고 뭐고 가릴 형편이 아니었고, 굶주림에서 벗어나는 일 자체가 행복이었다.

나는 강계시 양정사업소(정미소)에서 노동현장체험생으로 일한 덕에 그나마 대두박이라도 먹을 수 있었지만, 일반 주민들은 그 사료조차 없어 굶어 죽는 사람이 부지기수였다. 내가 있던 작업반에서도 아사자가 이어졌다. "오늘은 누가 굶어 죽었다더라, 내일은 또 누가 쓰러진다더라" 하는 이야기뿐이었다.

1995년 강계에서는 아이들 사이에서도 아사자가 속출했다. 북한에는 아직 유교적 관습이 남아 있어, 부모보다 먼저 세상을 뜬 아이는 불효라 여겨 묘지를 조성하지 않고 그저 야산에 땅을 파 사체를 묻었다.

강계에서는 아사한 아이들의 시신을 헝겊으로 감아 가마니에 둘둘 말아 동네 뒷산에 묻었다. 그런데 굶주린 개들이 흙을 파헤쳐 시신을 뜯어 먹었다. 사람들이 몽둥이로 쫓아도, 굶주림 앞에서는 소용이 없었다. 지금도 그 끔찍한 장면이 악몽으로 나타날 때면 잠결에 벌떡 일어나 식은땀을 흘린다. 그때의 북한은 어디나 거대한 '공동묘지'였다. 굶어보지 않은 사람은 아사가 얼마나 잔인하고 고통스러운 죽음인지 모른다.

나는 돌도 소화한다는 20대 초반, 한창 먹을 나이였다. 그러나 먹을 것이 없어 빈속에 맹물만 들이켜고 허기를 달래며 잠을 청했다. 그 시절 자강도 사람들은 양배추의 겉잎, 이른바 '떡잎'까지 삶아 먹었다. 속잎은 동그랗게 여물어가지만, 땅에 늘어진 겉잎은 질겨 돼지도 잘 먹지 않는다. 짐승도 꺼리는 것을 사람이 먹어야 했다. 먼저 본 사람이 임자라, 겉잎을 발견하면 재빨리 주워야 했다. 저녁에도 또 한 끼, 겉잎을 푹 삶아 우려먹었다. 심지어 벼 뿌리와 강냉이 뿌리를 캐 말려 가루로 만들어 먹기도 했다. 그걸 많이 먹으면 홍문이 막혀 대변조차 보지 못했다.

그 시기에 대두박과 벼 뿌리, 니탄泥炭까지 먹으며 버틴 탓인지, 나는 훗날 맹장 절제와 담낭 절제 수술을 받았다. 지금 내 몸에는 맹장도, 담낭도 없다. 그래서 딸아이가 밥을 남기면 나는 늘 말한다.

"네가 태어난 북녘에는 아직도 작고 여린 배를 채우지 못해 쓰러지는 아이들이 있다. 그 한 톨의 쌀을 얻으려고 목숨 걸고 탈북하는 이들도 있다. 먹을 만큼 담고, 남기지 말아라. 그건 굶주리는 북한 사람들에게 죄를 짓는 것과 다름없다."

나는 때때로 내 인생에서 가장 엄혹했던 고난의 행군 시절을 떠올린다. 행복하면 할수록, 풍족하면 할수록, 추위와 굶주림 속에서 사투를 벌이던 그때를 잊지 말아야겠다는 다짐을 한다. 주먹만 한 양이면 작은 배 하나는 채울 수 있었을 텐데, 그 한 줌조차 주지 못해 주민들을 굶겨 죽인 김씨 일가에게 묻고 싶다.

"당신들에게 과연 인민을 입에 담을 자격이 있는가"라고 말이다. 민심을 거스르는 정권은 오래갈 수 없다. 이밥에 고깃국을 먹이고 비단옷을 입히며 기와집에 살게 하겠다는 그들의 약속은 김일성·김정일·김정은 3대를 거치는 동안 염불처럼 되풀이된 사기극일 뿐이다. 이제 그 말을 믿는 북한 주민은 없다.

마취제, 항생제도 없는 병원 수술실에서

'고난의 행군' 시기 북한의 보건은 형편없었다. 1995년 1월, 자강도의 겨울은 유난히 추웠다. 합숙방에서 셋이 함께 지냈고, 우리는 일요일마다 땔나무를 마련하기 위해 도끼를 메고 산에 올랐다. 나무를 하나 베면 끈으로 몸에 묶고 눈 위로 질질 끌어 합숙으로 내려왔고, 톱으로 적당히 토막을 냈다. 우리는 순번을 정해놓고 일주일치 장작을 팼다. 장작더미가 높아질수록 마음도 조금은 따뜻해졌다.

이곳에는 "타지에서 고생한다"고 말하는 사람은 있어도 장작을 공짜로 가져다주는 사람은 없었다. 모든 게 자력갱생이었다. 영하 20도의 한기를 버티려면 땔감은 우리가 스스로 해결해야 했다. 그래서 순번이 돌아오면 누가 시키지 않아도 마당으로 나가 도끼를 들었다.

한겨울 어느 아침, 교대 작업을 마치고 돌아와 평소처럼 마당에서 장작을 팼다. 한창 열이 오를 때 도끼날이 나무를 가르며 미끄러지더니, 군대 동화솜 누빈 겨울 신발를 뚫고 발등에 박혔다. 다행히 엄지와 둘째 발가락 사이를 비껴 들어가 뼈는 상하지 않았지만, 피가 멈추지 않았다. 누군가 "지혈엔 담뱃잎이 좋다"며 담뱃잎을 상처에 얹고, 천으로 꽉 동여맸다. 나는 친구 등에 업혀 강계시 인민병원으로 갔다.

의사는 "바로 꿰매야 한다"며 나를 수술실로 옮겼다. 간호사는 상처를 덮고 있는 담뱃잎을 보자 "누가 이렇게 무식하게 했냐"며 짜증을 냈다. 식염수로 떼어내고 소독하는데 살을 에는 듯 너무 쓰렸다. 수술실은 하얀 타일뿐, 분위기는 도축장 같았다. 간호사가 "마취제가 없으니 아프면 이걸 깨물라"며 가제무명베를 입에 물려주었다.

의사는 낚싯바늘처럼 휜 봉합용 바늘로 발등을 다섯 군데 꿰맸다. 바늘이 살을 뚫을 때마다 비명 대신 가제를 더 깊이 깨물었다. 마취 없이 봉합용 바늘로 살가죽을 꿰맬 때의 고통은 이루 말할 수 없었다. 이마엔 식은땀이 비 오듯 흘렀고, 마지막 매듭이 끝나자 그대로 정신을 잃었다.

깨어나 보니 병원 침대였다. 그런데 간호사가 "환자 측에서 항생제를 가져와야 주사를 놔줄 수 있다"고 말했다. "병원에 약이 없으면 어디서 사야 하느냐"고 묻자, 간호사는 얼뜨기라도 보듯 "장마당에 가면 고양이 뿔 빼고 다 있는 걸 몰라요?"라고 쏘아붙였다. 그제야 환자가 맞을 주사약을 스스로 장마당에서 구해 와야 한다는 사실을 알았다. 다행히 합숙 친구들이 페니실린 항생제 석 대^{앰플}를 구해 왔다.

마취제도, 항생제도 없는 곳을 과연 병원이라 할 수 있을까. 나는 지금도 마취 없이 생살을 꿰맸던 그날을 떠올리며, 도끼에 찍혔던 오른발을 내려다보곤 한다. 솔직히 자강도에서 보낸 시간은 나에게 너무나도 많은 경험을 준 '인생 대학교'였다. 4형제 중 막내로 부모의 그늘에만 있던 나는 그곳에서 처음으로 굶주림과 추위를 알았고, 북한 주민들이 겪는 아픔과 고통의 무게를 온몸으로 배웠다.

사흘 굶어 도둑질 안 할 놈 없다

우리 속담에 "사흘 굶어 도둑질 안 할 놈 없다"는 말이 있다. 아무리 착해도 몹시 궁해지면 못 할 짓이 없어진다는 의미다. '고난의 행군' 시기, 우리는 굶주린 배를 채우려고 도둑질도 마다하지 않았다. 합숙생들의 한결같은 소원은 한 번만이라도 배 터지게 먹어보는 것이었다. 지금 돌이켜 보면 참으로 소박했다. 방구들에 누워 "하늘에서 떡이나 한 버치^{자배기보다 조금 깊고 아가리가 벌어진 큰 그릇} 쏟아졌으면…" 하던 친구도 있었다.

1995년 3월경, 양정사업소에서 사일로^{곡물 저장고}에 든 군량미를 도정했다. 나는 일부러 새벽 교대에 넣어달라며 작업반장에게 부탁했다. 새벽에 일하겠다고 자진한 까닭은, 도정한 쌀을 '조절'훔쳐 균등하게 나눔하려고 마음먹었기 때문이다. 합숙방 친구들과도 미리 약속을 맞췄다.

고요한 새벽 3시, 나는 작업 도중 25㎏짜리 자루에 갓 도정한 흰쌀을 가득 담았다. 그리고 담장 너머2m가 훌쩍 넘었다에서 대기 중이던 합숙생들에게 휘파람을 불어 신호를 보낸 뒤, 자루를 훌쩍 던져 넘겼다. 처음엔 25㎏짜리를 어떻게 넘기나 걱정했지만, 기우였다. 배고픈 놈 앞에서 쌀자루는 새털처럼 가벼웠다. 살아남겠다는 초인적인 힘이 25㎏도 가볍게 날려 보냈다. 울타리 밖 친구들은 자루를 받자마자 합숙으로 냅다 뛰었다. 그날 우리는 흰쌀 25㎏ 조절에 성공했다.

난생처음 해본 도둑질이었다. 우리는 25㎏ 가운데 10㎏을 장마당에 내다 팔았다. 받은 돈으로 돼지고기와 두부, 달걀, 그리고 농태기밀주까지 샀다. 돈이 남아 잎담배와 신문지도 샀다. 우리 합숙방 친구들은 모두 담배를 피웠는데, 담배가 없을 때면 길바닥에 떨어진 담배꽁초를 주워 잎을 털어 모아 신문지에 말아 피워댔다. '가치담배낱개로 파는 담배'는 비싸서 저렴한 잎담배를 넉넉히 샀고, 신문지는 담배말이 종이 겸 화장지로 쓰려고 샀다. 화장지가 없어 나뭇잎으로 뒤를 닦을 때가 많았고, 신문지도 돈 주고 사야 했다. 그때 초등학생들은 학습장이 없어 연필로 쓰고 지우개로 지운 뒤 다시 쓰며 노트를 재활용했다.

우리는 장을 한가득 봐 들고 들뜬 마음으로 합숙으로 돌아왔다. 저녁밥을 안치니 오랜만에 밥솥에서 구수한 흰쌀 냄새가 피어올랐다. 냄비에는 돼지고기와 달걀을 넣어 두부찌개를 끓였다. "먹다 죽은 놈 한이 없다는데, 오늘은 한번 배불리 먹어보자"며 농태기까지 곁들여 마셨다. 국물 한 방울 남기지 않고 흰쌀밥에 싹싹 비워 치웠다. 그릇과 냄비가 너무 반반해져 설거지할 것도 없었다.

우리 셋은 기분 좋게 널브러져 한담을 나눴다. 오랜만에 굶주린 배를 양껏 채웠더니 눈꺼풀이 스르르 내려앉았다. 지금 돌아보면, 그 작은 냄비의 두부찌개가 준 삶의 희열과 행복, 기쁨은 천금과도 바꿀 수 없을 것 같다.

김일성종합대학 기숙사 앞 어머니의 만두 장사

1994년 7월 8일, 김일성이 사망했다. 이듬해 2월, 43년간 호위사령부 1호위부(김일성 경호부대)에서 복무하던 내 아버지는 60세 정년으로 제대했다. 아버지는 6·25전쟁이 한창이던 1952년 인민군에 입대해 최고사령부 친위중대에서 복무했다. 인물이 훤하고 '계급적 토대'가 좋다는 평가를 받았기 때문이다.

할아버지는 함경남도 함흥시 동흥산구역 리당위원장을 지낸 이른바 '빨갱이'였다. 1951년 11월, 할아버지와 할머니는 소달구지 두 대에 쌀가마니를 싣고 현물세를 바치러 가다 만세교에서 미군 공습을 받아 숨졌다. 폭격으로 할머니가 업고 가던 네 살 고모와 달구지에 타고 있던 일곱 살 삼촌까지 한꺼번에 희생됐다. 고아가 된 아버지는 남은 동생들을 삼촌 댁에 맡기고 군에 들어갔다. 그는 친위중대 출신이라는 사실을 늘 자랑으로 여겼다. 북한의 당·국가·군 핵심 간부들 가운데 친위중대 출신이 많았으니 그럴 만도 했다.

아버지가 제대한 1995년은 북한에서 가장 어려웠던 '고난의 행군'

시기였다. 국가계획위원회에 근무하던 어머니도 그해 정년퇴직했다. 평양까지 배급 체계가 마비돼 배급소가 줄줄이 문을 닫았다. 평생 공직자로 살아온 부모님은 장사를 해본 적이 없었지만, 그땐 장사를 하지 않으면 굶어 죽을 수밖에 없었다.

당시 북한 근로자의 평균 월급은 약 2500원으로, 쌀 1kg 값^{약 6500원}의 절반에도 못 미쳤다. 연금이라고 해봤자 월 1000원도 안 됐다. 시장환율이 미화 1달러당 8300원 수준이었으니, 평균 월급을 달러로 환산하면 고작 0.3달러 남짓이었다.

어머니의 계급적 토대 역시 매우 좋았다. 아버지^{나의 외할아버지}와 두 오빠^{외삼촌}가 6·25전쟁에 인민군으로 참전해 전사했다. 외할머니는 "집안 씨가 마르겠다"며 친손자 둘을 손수 키웠다. 외할머니 말로는, 전쟁 당시 17세 이상 남성은 무조건 징집됐고, 병역을 기피하면 전시법에 따라 그 자리에서 총살당했다고 한다. 외할머니는 96세까지 장수하셨는데, "하늘이 남편과 두 아들 몫까지 살라고 해서 오래 사는 것"이라는 말을 자주 했다.

어머니는 집안이 나라를 위해 목숨을 바친 전사자 가족이라는 자부심으로 살았다. 부모가 나라를 위해 목숨을 바쳤다고 대가를 바라는 것은 아니지만, 최소한 그 자식들이 굶지 않게 하는 것은 국가의 책무라고 믿었다. 그러나 '고난의 행군' 시기 국가는 혁명가 유자녀와 전사자 유가족조차 제대로 돌보지 못했다.

어머니는 구역당^{구역을 단위로 하는 당 조직}에 찾아가 자신이 전사자 가족인데 당장 굶어 죽게 생겼다며 도움을 청했다. 배급이 끊긴 상황에서 어머니는 지푸라기라도 잡는 심정으로 당을 찾았던 것이다. 그러나 구역당에도 식량을 해결해 줄 방도가 없었다. 그때 누이가 가긍(可矜)한 부모님의 처지를 보고, 어디서 구했는지 100달러를 종이에 꽁꽁 싸서 집에 가져왔다. 당시 100달러는 큰돈이었다. 며칠 전 무역선을 타는 매부의 딱친구(절친)가 누이네 집에 들러 "쌀을 사 먹으라"며 200달러를 놓고 갔는데, 그중 절반을 가져온 것이었다.

　어머니는 앞날을 가늠할 수 없었기에 그 돈으로 만두 장사를 하기로 마음먹었다. 식량이 풀린다는 보장도 없고, 사정은 날로 더 어려워졌기 때문이다. 어머니는 쌀은 조금만 사고, 나머지 돈으로 밀가루를 샀다. 그리고 아버지와 둘이 매일 만두를 빚었다. 아버지가 이른 아침 밀가루 반죽을 하면, 어머니는 만두소를 만들었다. 빈 병을 밀대로 삼아 반죽을 얇게 밀고, 소를 넣어 하나하나 빚었다. 오후에는 아버지가 구멍탄에 불을 지펴 가마솥에서 만두를 쪘다. 북한에서는 탄값을 아끼려고 진흙을 많이 섞은 구멍탄을 팔아 착화가 어렵다. 먼저 착화탄으로 불길을 세게 올려야 구멍탄에 불이 붙는다. 그래서 구멍탄을 사면 착화탄도 함께 사야 했다. 당시 지방은 물론 평양의 가정들도 땔감이 없어 석유곤로 대신 구멍탄을 썼다.

　어머니는 매일 저녁 6시면 만두를 가득 담은 큰 대야를 머리에 이고 김일성종합대학 기숙사 후문으로 나갔다. 대학생들도 배가 고파 인조고기밥(콩찌꺼기로 만든 음식)이나 만두, 꽈배기 같은 값싼 길거리 음식을 자주 사 먹었다. 우리 집에서 기숙사 후문까지는 걸어서 10분 남짓. 어머니는 고난의 행군 시기, 비가 오나 눈이 오나 하루도 거르지 않고 만두를 팔아 생계를 이었다.

노병과 국가유공자들까지 이렇게 굶주림과 싸워야 했으니, 일반 주민들의 처지는 말할 것도 없었다. 김일성은 '이민위천'以民爲天, 인민을 하늘같이 여긴다을 좌우명이라 했고, 김정일도 스스로를 '인민의 어버이'라 불렀지만 북한 주민 수십만, 수백만 명의 아사를 방치했다. 모든 권력에는 책임이 따른다. 나는 김씨 일가가 지옥에 가서도 반드시 '역사의 심판'을 받아야 한다고 믿는다.

'코란 경전' 해설집 때문에 집안 풍비박산 날 뻔

내가 평양외국어대학 아랍어과에 재학 중이던 1990년, 수단 국적의 원어민 교수가 유네스코 파견 형식으로 초빙돼 왔다. 그는 아랍어 강독·청취·문법은 물론 아랍의 역사와 문화까지 두루 가르쳤다. 모든 수업을 아랍어로 진행했는데, 원어민의 속도와 억양에 익숙하지 않았던 우리는 거의 알아듣지 못했다. 나만 그랬던 게 아니라 강의를 듣던 학생 대부분이 마찬가지였다.

특히 그의 강의에는 종교 관련 단어와 표현이 자주 나왔다. 언어에는 그 사회의 종교와 문화가 녹아 있는 표현이 적지 않다. 예를 들어 아랍에서 "안녕하세요"라고 인사하면 "알라의 은총으로!"Alhamdulillah, 알함두릴라라고 답하는 식의 관용적 표현이 일상에 깊이 배어 있다. 이런 유형의 표현은 아랍어뿐 아니라 다른 언어에서도 쉽게 찾을 수 있다.

하지만 북한에서는 어떤 종교도 허용하지 않는다. 외국어를 전문으로 가르치는 학교조차 종교적 표현을 체계적으로 다루지 않는다. 북한 헌법에는 "공민은 종교의 자유를 가진다"는 문구가 있지만, 대외 선전용

일 뿐 현실에서 북한 주민이 종교의 자유를 누릴 수는 없다.

북한에서 종교는 노골적인 정치 탄압의 대상이다. 이전 동유럽 사회주의 국가들에서는 아무리 공산 체제라고 해도 종교 활동까지 탄압하지는 않았다. 그러나 북한에서 종교는 반국가범죄로 취급되며 신앙을 가지면 온 가족이 정치범 수용소로 끌려간다.

강의 도중 나는 그 초빙교수에게 그런 종교적 표현을 학교에서 배운 적이 없다고 솔직히 말했다. 그는 북한 사정을 어느 정도 아는 듯 고개를 끄덕이며 이해했다. 나는 아랍권에서 자주 쓰는 종교 문구를 정리한 책이 있으면 빌려달라고 부탁했고, 그는 다음 날 가져오겠다고 했다. 이튿날 받은 책은 이슬람 경전 코란에 있는 표현에 주석을 붙여 풀이한 서적이었다. 반 친구들이 함께 보자고 해서 순번을 정해 돌려보기로 했는데, 이 일이 화근이 됐다.

학급에 보위원 끄나풀이 있었는지, 대학 담당 보위원에게서 "그 성경책을 들고 당장 내려오라"는 연락이 왔다. 우리는 누가 고발했는지 서로를 의심스럽게 바라보았다. 나는 어쩔 수 없이 책을 들고 보위원 사무실로 갔다. 문을 열고 들어서는 순간, 보위원은 들고 있던 지시봉의 굵은 손잡이로 내 머리를 힘껏 내리쳤다. 눈앞에 별이 번쩍였고, 정수리에는 밤톨만 한 혹이 솟았다. 그는 책을 빼앗으며 자리에 앉아 '자기비판서'를 쓰라고 지시했다.

나는 초빙교수에게 책을 부탁한 경위를 조목조목 적었다. 그 책은 성경이 아니라 종교적 표현을 주해와 함께 풀이한 책이라는 점, 교수의 강의를 제대로 알아듣지 못해 잠시 빌렸다는 점, 게다가 아직 펼쳐보지도 못했다는 점을 강조했다. 비판서를 훑어본 보위원은 "성경 공부를 하겠다는 놈하고 무슨 말을 더 하겠냐"라며 부모를 데려오라고 했다.

그날 저녁 아버지와 어머니에게 이 일을 이야기하자, 아버지는 "네놈이 집안 망하게 하려고 작정했느냐"며 펄쩍 뛰며 내 뺨을 때렸다. 아버지는 4형제 중 막내인 나를 가장 아끼셨고, 그때까지 매 한 번도 드신 적이 없기에 더 충격이었다. 아버지가 그렇게 화를 내며 흥분하는 모습도 그때 처음 보았다.

밤새 국가안전보위부 쪽 지인들에게 전화를 돌리신 아버지는 이튿날 대학 보위원을 찾아가 "자식을 잘못 키워 죽을죄를 졌으니 한 번만 용서해 달라"고 사정했다. 이미 윗선의 지시를 받았는지, 담당 보위원도 "철없는 학생들이 저지른 짓이니 너무 마음 쓰지 말라"고 했다. 문제는 그렇게 일단락됐다.

집에 돌아온 아버지는 "외국어를 못해도 좋으니, 다시는 이런 사고를 치지 말라"고 신신당부했다. 간이 콩알만 해진 어머니는 아버지의 말을 다 들은 뒤 안도의 한숨을 내쉬고, 말없이 나를 노려보더니 손바닥으로 내 등을 한 대 세게 때리셨다. '집안이 망할 뻔했다'는 무언의 경고였다.

그때까지만 해도 '종교가 대체 뭐길래 당국이 이렇게 눈에 불을 켜고 통제할까' 이해하지 못했다. 외국에 나와서야 비로소 깨달았다. 북한에서 김씨 일가는 유일신과도 같다. 주민들의 마음속에 신의 자리를 독차지해 온 만큼, 종교가 들어오면 우상화가 물 먹은 담처럼 와르르 무너질 것을 두려워하는 것이다. 기독교 집안 출신이라는 배경도 그들의 강경한 종교탄압을 부추겼다고 나는 생각한다.

삐라 통해 안 '남조선 국호' 대한민국

내가 처음 '삐라^{대북 전단}'를 본 건 대학 시절인 1990년 가을이었다. 북한에서는 중학교 3학년부터 대학까지 봄이면 모내기 전투, 가을이면 추수 전투에 동원된다. 이 시기에는 학생은 물론 군인까지 전국적으로 농촌을 지원하는데, 북한에서는 이것을 '농촌 동원'이라 한다.

그해 평양외국어대학은 황해남도 연안군으로 농촌 동원을 내려갔다. 황해남도 연안군·배천군·청단군 등은 '신해방지구'로 불리는데, 1953년 7월 6·25전쟁이 중단되면서 북측 관할이 된 지역이다. 주민들 가운데 월남자나 치안대 가담자가 한둘씩 있어 주민 구성이 좋지 않은 지역으로 분류된 곳으로, 해마다 농촌 지원 시기가 오면 평양 대학생들이 이곳으로 대거 동원되곤 했다.

우리 대학은 학부별로 군내 협동농장에 배치돼 숙소를 정했다. 저녁이면 농촌은 온통 깜깜해 앞을 가늠하기도 힘들었다. 전기는 모내기와 추수 때 잠깐 보장^{공급}될 뿐이었다. 그래도 가을 추수 때는 먹을거리가 많아 봄 모내기보다는 나았다. 연안군의 연백벌은 가도가도 끝이 없을 만큼 넓었다. 얼마나 넓은지, 소변이나 대변을 보고 싶어도 밖으로 나갈 수가 없었다. 책상물림 대학생들이 하루 일을 마치고 돌아오면 너무 힘들어 저녁 식사를 끝내자마자 곯아떨어지기 일쑤였다.

하루는 저녁밥을 지으려고 불을 지피는데 학부 사로청^{사회주의로동청년동맹} 위원장이 오더니, 모두 협동농장 선전실에 모이라는 것이었다. 온종일 힘들게 일하고 이제야 허리를 펴고 저녁밥을 먹으려는데 모이라고 하니 대학생들이 투덜거리지 않을 수 없었다. 그는 심각한 표정으로 "저녁 식사는 나중에 하고, 지금 당장 우리가 해야 할 일이 있다"면서 "저녁 8시가 지나면 날이 어두워지니 그전에 모두가 야산에 올라 남조선 괴뢰놈들이 날려 보낸 삐라를 수거해야 한다"는 것이었다.

우리는 저녁을 뒤로 미루고 부랴부랴 야산으로 향했다. 멀리서 보니 나무 위에 하얀 종이 조각이 여기저기 걸려 있었다. 사로청 위원장은 학생들에게 10m 간격으로 흩어져 걷되, 삐라는 읽지 말고 곧장 마대에 넣으라고 지시했다.

우리는 간격을 유지하며 산을 훑기 시작했다. 나는 몇 장의 삐라를 발견하자 호기심에 재빨리 펼쳐 봤다. 양복 차림의 두 남성이 악수하는 사진과 함께 "대한민국과 소련이 수교했다"는 문구가 적혀 있었다. 혹시라도 누가 볼까 싶어 잽싸게 훑어보고는 마대에 넣었다. '대한민국'이라는 나라가 혹시 남조선을 가리키는 건 아닌지 의심스러웠다. 삐라 내용이 모두 우리말이니 우리 쪽이든 남조선 쪽이든 한쪽일 터였다.

그날 우리는 야산에서 삐라를 한가득 수거한 후 숙소로 돌아와 소각했다. 그런데 종이 재질이 좋아 잘 찢어지지도 않고 불에 쉽게 타지도 않았다. 사실 삐라는 사람들이 보는 순간, 그 사명은 끝난다. 몇 사람의 입을 타면 발 없는 말이 돼 삽시간에 퍼지기 때문이다. 아마 나 말고도 많은 친구가 주우면서 슬쩍 읽어봤을 것이다.

그날 밤, 잠자리에 누운 내 머릿속에는 "소련과 대한민국이 수교했다"는 문장이 맴돌았다. 1989년 말~1990년 초, 우리 대학에는 동유럽에서 유학하다가 조기 귀국한 학생들이 많이 편입했다. 그들을 통해 "로므니아(루마니아) 대통령 차우셰스쿠가 총살됐다" "베를린 장벽이 무너졌다"

"뽈스까⁽폴란드⁾와 웽그리아⁽헝가리⁾가 자본주의로 돌아섰다"는 소문이 은밀히 돌고 있던 참이었다. 그래도 나는 '설마 소련이 남조선과 외교관계를 맺었겠나. 사회주의 종주국이며 대국인 소련이 어떻게 그럴 수 있어. 이것은 분명 남조선의 조작일 거야'라며 애써 부정했다.

　그런데 며칠 뒤, 노동신문에 '딸라로 팔고 사는 외교관계'라는 논설이 실렸다. 그제야 '대한민국'이 남조선의 국호임을, 또 대한민국와 소련의 수교가 사실임을 인정하지 않을 수 없었다. 형제의 나라라 믿었던 소련이 우리를 배신하고 남조선과 수교했다는 것이 믿기지 않았다. 충격적인 현실이었다. 모든 것이 무너지는 것 같았다. 이어 1992년 8월에는 중국까지 한국과 수교했다. 중국마저 6·25전쟁을 같이 치른 북한을 배신한 것이다. 훗날 외교관이 되고서야 알았다. 국제정치는 이성과 상식이 아니라, 끝내 국익과 힘의 논리로 굴러간다는 것을.

　황해남도 연안군 야산에서 처음 본 그 삐라가, 18세이던 내게 준 심리적 충격은 매우 컸다. '중국과 베트남 같은 사회주의 나라들도 다 개혁개방을 하는데, 우리는 왜 목숨 걸고 반대만 할까? 우리가 가는 길이 정말 옳은가?' 하는 의문이 그때부터 마음속에 싹트기 시작했다.

눈 오면 고역 치르는 공군

나는 평안남도 개천시 원리비행장에 위치한 공군 제1사단 제35연대에서 군복무를 했다. 주력기는 중국산 전투기 J-6인데, 1950년대에 생산된 소련제 전투기 미그-19를 개량한 것이었다. 자금난에 허덕이는 북한은 아직도 낙후한 이 기종을 그대로 쓰고 있다. 현대적인 최신 전투기 성능에는 한참 못 미치지만, 지역 상공을 방어하는 데는 큰 무리가 없었다.

북한군은 해마다 12월부터 이듬해 3월까지 '새 학년도 군사정치훈련'_{동계 훈련}을 진행한다. 특히 12월에 전투기 조종사들의 비행훈련 시간이 집중된다. 공교롭게도 북한에서 폭설이 내리는 시기가 바로 이때다.

아이들은 눈이 반갑겠지만, 공군 병사들은 눈 오는 날을 제일 싫어한다. 비행장에 쌓인 눈을 모두 치워야 하기 때문이다. 늦은 밤이든, 새벽이든, 눈이 오면 부대 전체에 비상이 걸린다. 사택에 있던 군관들도, 병실에서 취침하던 병사들도 모두 눈가래를 들고 나와 전투기들이 출격할 수 있도록 활주로와 격납고에 쌓인 눈부터 치운다.

북한에는 제설차도 없고, 도로 위에 뿌릴 제빙용 소금도 없다. 활주로와 비행장에 내린 눈은 모두 사람의 힘으로 치워야 하는데, 보통 2시간은 걸린다. 연대에 소속된 각 대대와 중대들에는 담당 제설 구역이 배당돼 있다. 눈이 간헐적으로 내리는 날은 쌓이는 대로 곧바로 치워야 해서 밤을 꼬박 새우기 일쑤다. 작업을 마친 뒤에도 갈아입을 속옷이 없어 젖은 옷을 그대로 체온으로 말리곤 했다. 누구에겐 눈 오는 겨울이 낭만이지만, 우리에겐 가장 고된 계절이었다. 제설작업으로 밤을 꼬박 새워도, 다음 날 푹 자라는 배려는 없다.

북한군 병사들 사이에서 통용되는 '샛별조'와 '급성피곤염'이라는 말이 있다. 신병들은 대개 철봉이나 평행봉 같은 기계체조에 약한데, 분대장은 소등 후 밤 10시가 지나면 그런 신병들을 깨워 운동장으로 데려간다. 그때부터 새벽하늘에 샛별이 뜰 때까지 훈련한다고 해서 '샛별조'라고 한다. 낮엔 훈련, 밤엔 기계체조로 잠이 부족하다 보니, 아침에 눈을 제대로 못 뜨는 병사가 허다하다. 나도 군복무를 하면서 '천근만근보다 무거운 게 눈꺼풀'이라는 의미를 알게 됐다.

'급성피곤염'은 의학 용어처럼 꾸민 은어로, 너무 피곤해 앉기만 하면 고개가 떨궈지는 상태를 뜻한다. 실제로 그런 병사를 보면 "급성피곤염에 걸렸다"고들 했다. 한번은 우리 분대 막내에게 무엇이 가장 그립냐고 물었다. 솜털이 남아 있는 열일곱 살 평양내기였는데, 뜻밖에도 망설임 없이 '잠'이라고 답했다. 제대로 먹지도, 자지도 못하는 군 생활이 얼마나 고됐는지 짐작이 갔다. 그래도 돌이켜 보면, 한 가마솥 밥을 나눠 먹으며 고락을 함께하던 중대 전우들과 그 시절이 문득 그리울 때가 있다.

'영실'이 만난 '달기 모가지' 인민군들

내가 복무했던 경비중대는 24시간 보초를 서야 하는 위병 단위였다. 낮에는 농사까지 지어야 했다. 군복을 입었지만, 실제로는 군인인지 농민인지 헷갈릴 만큼 밭에서 농사일을 더 많이 한 것 같다. 겨울엔 퇴비를 만들고, 봄엔 강냉이 영양단지를 밭에 옮겨 심고, 여름엔 뙤약볕 아래서 김을 매고, 가을엔 추수 전투에 나섰다. 말이 군대지, 동계 훈련이 집중되는 12월을 빼면 사실상 훈련다운 훈련은 드물었다.

하계 훈련이 있기는 하나, 농사일 때문에 할 여력이 없다. 또 군사훈련을 하자면 탱크와 전투기 같은 장비를 움직여야 하는데 먹을 식량도 없어 국제사회에 손을 내밀며 구걸하는 신세에, 군사훈련용 연유까지 공급하기에는 역부족이었다. 김정은이 한미연합훈련에 과민하게 반응하는 배경에는 이런 경제적 어려움이 적지 않게 작용한다고 봐야 할 것이다.

"천일 양병, 일일 용병"이라는 옛말이 있듯, 오랜 기간 군을 훈련하는 목적은 결전의 하루를 대비하기 위해서다. 사실 북한 인민군은 정신적으로도, 육체적으로도 완전히 소진된 오합지졸이라고 해도 과언이 아니다. 우선 병사들의 기본적인 체력이 받쳐주지 못한다. 북한 군인들은 군사복무 전 기간 총보다 호미와 낫을 더 많이 들고 다닌다. 국가의 정상적인 식량 공급 체계가 마비되면서 군도 부족한 식량을 자체 조달해야 하기 때문이다.

우리 연대도 부족한 식량을 보충하기 위해 주변의 야산에 10여 정보 되는 강냉이밭을 일궈 농사를 지었다. 대체로 북한의 강냉이 생산량은 정보당 2~3t 정도인데 땅이 산성화되고 비료도 부족해 수확량은 해마다 줄었다. 중대가 달라붙어 1년 내내 등골이 휘도록 농사를 지어도 병사들 입에 들어갈 몫은 얼마 되지 않았다. 강냉이는 수분이 증발하면서 마르기 때문에 예상 수확량과 차이가 났다. 게다가 가을이 되면 중대장과 정치지도원뿐 아니라 상관들까지 한 배낭씩^{20~30kg} 챙겨가니 남는 게 거의 없다. 대개 다음 해 2월 정도면 자체로 생산분이 바닥났다.

북한군 병사의 약 30%는 상시적인 영양실조 상태다. 1개 소대에 평균 3~4명 정도는 영양실조로 체력이 부실하다. 키 155㎝도 안 되는 남성 군인도 많고, 영양 부족으로 생리가 끊긴 여성 군인도 부지기수다. 또 군에 입대하면 남자는 만 13년, 여자는 만 10년 동안 복무해야 한다. 만 17세에 입대하면 남자는 만 30세, 여자는 만 27세에 제대. 북한에서는 영양실조를 가리켜 '영실'이라고 하는데, 군관들도 "너희 소대에 영실이 만난 애들이 얼마나 있어?"라는 식으로 물어본다. 나도 처음에는 영실이를 이름으로 생각했는데, 알고 보니 영양실조를 가리키는 은어였다.

또 군대에서는 영양실조에 걸린 병사들을 '달기 모가지(닭 모가지)'라고도 불렀다. 닭의 목처럼 한 손으로도 잡을 만큼 여위고 뼈만 앙상하다는 뜻이다. 그나마 우리 부대는 공군이라 일반 보병부대보다는 식량 사정이 나았지만, 흰쌀이 아니라 강냉이와 밀이 대부분이었다. 사단에서는 전력 사정 탓에 통밀을 도정하지 못한 채 하부 부대들에 그대로 공급하는 일이 잦았다. 통밀은 포만감만 크고 소화가 잘되지 않아, 거의 그대로 배설되곤 했다. 식사 시간이 짧아 오래 씹을 여유도 없었다. 취사병들은 매일 중대 병사 140명 몫의 통밀을 절구에 넣고 찧었는데, 이것도 고된 노역이었다.

북한 군인들이 겨울부터 봄까지 먹는 고정 반찬은 '염장 3형제'라고 부르는 염장무와 염장배추, 염장고추였다. 그나마 염장고추는 군관들만 먹는 양반 음식이었다. 염장 담그는 소금이 얼마나 쓰고 짠지 쌀뜨물에 며칠을 담가도 소금기가 좀처럼 빠지지 않았다. 그래서 군대 염장 3형제 한 조각만 있어도 밥을 다 먹을 수 있을 정도였다.

북한군에는 "염장 살이 올라야 신병티를 벗는다"는 말이 돌 만큼 염장은 병사들과 떼려야 뗄 수 없는 음식이다. 나는 군복무 전 기간 흰쌀밥이라곤 한 번도 먹어보지 못했다. 통밀, 통강냉이, 염장 3형제가 식사의 전부였다. 이런 조건에서 정신과 육체가 모두 고갈된 군대가 과연 적과 제대로 싸울 수 있을지, 늘 의문이었다.

군과 주민에 스며든 '성조기'와 '대한민국'

'고난의 행군' 직후 만성적 식량난에 허덕이던 북한에 미국 정부와 민간단체들이 식량과 연료, 의약품 등 인도주의 물자를 지원한 적이 있다. 그중 유채씨기름 5ℓ 캔에는 성조기와 함께 한글로 '미국에서 보내는 선물'이라는 문구가 적혀 있었다. 이 캔은 기름 용기일 뿐 아니라 '그릇'으로도 요긴했다. 특히 북한 공군부대에서는 빈 캔을 항공유 받는 통으로 많이 썼다.

동계훈련이 집중되는 12월, 낡은 기종이 많은 탓에 전투기 연료탱크에서 기름이 자주 새 나왔다. 정비원들은 방울방울 떨어지는 이 항공유를 받으려고 5ℓ 캔을 탱크 밑에 놓아뒀다. 한 달쯤 지나면 캔에 기름이 제법 찼고, 이렇게 모은 항공유를 합치면 10ℓ나 됐다. 모은 기름은 곧장 평안남도 개천시 장마당으로 가지고 나가 술과 고기로 바꿨다. 전기가 귀한 북한에서 항공유는 사실상 최고급 등유 대용이었고, 가정 수요도 많았다. 설 명절을 앞두고 정비원들이 빈 캔으로 기름을 더 모으려 애쓰는 이유다.

문제는 캔 겉면에 그려진 성조기다. 북한에서 군인들을 교육할 때 "우리의 주적은 미제와 남조선괴뢰도당"이라고 가르친다. 구호도 "조선인민의 철천지 원쑤 미제 침략자들을 소멸하라!"다. 그런데도 부대 안에서는 성조기가 그려진 캔은 이미 일상이 됐다. 심지어 동계훈련 판정 때문에 내려온 공군사령부 군관들조차 그 캔을 보고 별다른 지적을 하지 않았다. 병사들이 안쓰러워 모른 체한 것인지, 아니면 진짜 성조기를 모른 것인지….

훗날 인민군 총정치국에서 공군부대들에 성조기가 그려진 빈 캔을 100% 회수하라는 지시가 내려왔다. 사실 인터넷이나 국제전화 등 외부와의 통로가 차단된 북한에서 '성조기'나 '태극기'라는 명칭을 알아듣는 사람은 거의 없다. 나 역시 해외 근무를 하면서 인터넷을 통해 태극기를 제대로 알았다.

'고난의 행군' 직후 한국에서 인도주의 물자로 쌀을 지원했을 때 '대한민국'이라고 인쇄된 40㎏짜리 PP마대를 사용한 적이 있다. 그때까지만 해도 북한에서는 대한민국 국호를 아는 주민이 많지 않았다. 그런데 이 마대 덕분에 대한민국이 남조선의 국호라는 것을 전체 주민이 다 알게 됐다.

훗날 북한 주민들 사이에서 "우리가 굶어 죽는다고 하니 그래도 쌀을 보내주는 건 남조선 동포들밖에 없다"는 말이 돌았다. 중앙당이 경위를 알아보니, 주민들은 "마대에 우리 글자로 '대한민국'이라 쓰여 있었으니 남조선 아니겠느냐"고 했다. 이 동향이 김정일에게 보고되자 전국적으로 '대한민국' 표기 마대를 회수하라는 지시가 내려갔다. 당국은 중국에서 글자가 없는 값싼 PP 마대를 들여와 쌀을 갈아 담는 '포대갈이'까지 했다. 그 돈으로 차라리 쌀을 더 사 오는 게 상식이지만, 김정일에게 급한 것은 주민들의 사상적 동요와 민심 이반을 막는 일이었다.

그 무렵 북한에서는 "남조선엔 먹을 것이 남아돈대" "매일 이밥에 고깃국을 먹는대" 같은 말이 퍼졌고, 북한 주민들 사이에 남조선에 대한 동경과 환상이 싹트기 시작했다. 낯설기만 하던 '대한민국'과 미국의 성조기는 소리 없이 북한의 생활 속으로 스며들었고, 오랜 세뇌로 굳어진 북한 주민들의 적대감은 따뜻한 봄날 눈 녹듯 서서히 풀려가고 있었다.

탈북 전야의 번뇌

2

'100일 천하'로 끝난 외무성 제1부상 서기

2015년 9월, 나는 외무성 제1부상 서기^{비서}로 임시 직무를 맡았다. 내 간부^{인사} 문건이 아직은 중앙당 간부부에 올라가 비준 단계에 있었지만, 사실상 임명이 전제된 상태였다.

간부사업 원칙상 제1부상 서기는 해임 후 3년이 지나야 해외 파견이 가능하다. 외무성의 정책 문건이 제1부상에게 접수될 때 100% 서기를 통해 들어오고, 비준 문건도 서기를 거쳐 각 부서로 배포되기 때문이다. 기억의 '유효기간'을 두어 보안을 담보하려는 조치다.

당시 제1부상 서기였던 김 모 씨가 해외 파견을 앞두고 해임돼 다른 부서로 이동한 상태라, 내가 공백을 메우게 됐다. 내 간부 문건은 외무성 간부처의 검증을 마치고 중앙당 간부부 2과로 올라가 있었다.

북한 간부사업의 절차는 이렇다. 해당 기관 간부처가 대상자의 간부 요해^{신원조사} 문건을 작성해 기관 책임간부의 수표^{사인}를 받은 뒤 중앙당 간부부로 이관한다. 대상은 '비준 대상'^{김정은 비준}과 '합의 대상'^{간부부 비준}으로 나뉜다. 이후 담당과–과장–부부장 심사를 거쳐 간부부 담당 비서의 결재를 받는다. 통상 3~6개월이 소요되는데, 경력과 가족관계, 현재의 생활 태도와 사상·사회적 동향까지 100% 검증·확인해야 해서다. 신원조회는 신원 전담 부서인 도·시·군당위원회 3호실이 맡는다.

문제는 지방의 현실이다. 3호실 직원들이 휘발유가 없어 차를 타고 다닐 수 없다 보니 자전거로 시골 출장까지 다녀야 하고, 그러기 때문에 기일을 맞추기 어렵다. 그래서 외무성 간부처 부원들이 직접 차를 타고 지방을 내려가 문건을 챙기지만, 출장용 휘발유나 숙식비가 따로 보장되지 않는다. 결국 간부처 직원들은 간부사업 대상자에게 출장비를 요구할 수밖에 없었다.

그렇게 지방을 전전하며 악전고투 끝에 3개월 만에 완성한 나의 간부 요해 문건은 중앙당 간부부의 담당과–과장–부부장 심사를 통과해, 간부부 담당 비서인 김평해의 비준 단계까지 올라가 있었다.

그런데 그해 12월 어느 날, 외무성 책임보위원이 나를 사무실로 불렀다. 며칠 뒤면 제1부상 서기로 임명될 텐데 미리 말해 둘 게 있다는 것이다. 그는 "보위사업은 수령 보위, 제도 보위, 인민 보위다. 우리의 임무는 첫째도, 둘째도 김정은 원수님을 목숨 바쳐 보위하는 것"이라며 "보위사업 관점에서 중요한 임무를 맡기려고 한다"고 했다. 임무는 김계관 제1부상을 감시하라는 것이었다. 제1부상이 누구를 만나고, 언제부터 언제까지 자리를 비우는지, 어떤 문건들이 비준을 받는지, 가정사 같은 사생활 문제까지 모든 일상을 빠짐없이 보고하라는 지시였다. 그러면서 "이전 제1부상 서기들도 해온 일"이라고 덧붙였다.

그 순간 나는 고위 간부들까지 이런 식으로 보위원들이 끄나풀을 붙여 감시한다는 사실에 온몸이 굳었다. 그는 내가 제1부상 서기로 임명될 것이라고 확신하고 사전에 나를 끄나풀로 만들려고 시도했던 것이다.

그러나 내 간부사업은 김평해의 반대로 부결되고 말았다. 사유는 '당의 유일적 영도체계 확립의 10대 원칙' 중 "당의 통일단결을 파괴하고 좀먹는 종파주의·지방주의·가족주의를 비롯한 온갖 반당적 요소와 동상이몽, 양봉음위하는 현상을 반대하여 투쟁하여야 한다"는 조항에 저촉된다는 것이었다. 한마디로, 나를 매개로 외무성 제1부상과 당 39호실 실장 사이에 끼리끼리 뭉칠 수 있는 종파의 온상이 싹틀 수 있다는 것이었다. 이렇게 해서 나의 제1부상 서기 직무는 100일 천하로 끝났다. 석 달 만에 물러나자니 체면도 구기고 허탈했다. 내용을 알아보니 김평해 비서와 김계관 제1부상 사이의 알력 관계 때문이었다.

그로부터 3개월 뒤인 2016년 4월, 김계관 제1부상이 나를 불러 쿠웨이트 주재 북한대사관에 새 직제가 생기니 원하면 추천하겠다고 했다. 쿠웨이트 주재 대사관은 경제적 이익을 챙길 수 있어 외무성에서도 '노른자위'로 꼽히는 곳이었다. 아마 그때 일에 대한 미안함이 있었던 듯하다. 그의 추천으로 그해 10월 말, 나는 쿠웨이트 주재 북한대사관 참사로 임명됐다.

북한 외교관들의 '웃픈' 농담 "너희 나라는 왜 그러냐?"

2016~2017년 북한은 세 차례 핵실험과 대륙간탄도미사일[ICBM], 잠수함

발사탄도미사일SLBM 발사를 잇달아 감행했다. 2년 동안 유엔 안보리는 대북제재 결의안을 다섯 차례나 만장일치로 채택했고, 2017년부터 국제 외교 무대에서 북한의 입지는 눈에 띄게 좁아졌다. 멕시코·페루·이탈리아·스페인·쿠웨이트 등은 북한 대사를 추방했고, 요르단·포르투갈·아랍에미리트UAE 등은 외교관계 단절 또는 접촉 중단을 발표했다. 멕시코 정부는 2017년 9월 6차 핵실험 직후 김형길 대사를 '외교 기피 인물persona non grata'로 지정해 추방했다.

그런데 이듬해 멕시코 대선에서 좌파 성향 정권이 출범하자, 북한은 이를 관계 복원의 호기로 보고 움직였다. 2019년 6월, 평양에서는 멕시코와 외교관계 정상화를 추진하며 현지 동향을 파악하라고 지시했다. 당시 멕시코 주재 북한대사관에는 참사와 서기관 두 명이 업무를 맡고 있었고, 멕시코 외무성 인사들과 면담을 통해 새 정부의 대북 동향과 정책 기조를 가늠했다.

북한 외무성은 송순룡 순회대사를 멕시코 주재 신임 대사로 내정하고, 멕시코 정부에 아그레망주재국 동의을 요청하라는 지시를 내렸다. 통상 아그레망은 30일 안팎에 나오지만, 상호성에 따라 60일 넘게 걸리기도 한다. 그러나 40일이 지나도 답이 없자 대사관 외교관들은 다시 멕시코 외무성 관계자들을 찾아가 지연 사유를 타진했다. 돌아온 답은 "국제 관례상 시간이 더 필요하니 기다려달라"는 말뿐이었다.

그해 8월, 송순룡 순회대사가 멕시코 주재 대사로 내정됐다는 소식을 듣고 현지에서 근무하던 친구에게 전화를 걸었다. 나와 그 친구는 예전에 송 대사와 같은 부서에서 함께 일하며 가깝게 지내던 사이였다. 나는 그 친구에게 송 대사의 아그레망이 났는지 물었다. 그러자 그는 반쯤은 질문, 반쯤은 야유 섞인 목소리로 "너희 나라는 왜 그러냐?"라며 말을 이어갔다.

"며칠 전 멕시코 외무성에 확인하러 갔더니 아시아 담당 부국장이 '왜 또 미사일을 쏴서 이목을 집중시키느냐'고 짜증을 내더라. 그것 때문에 윗선에서 승인이 내려오지 않고 있다는 거야. 우리와 관계를 복원하면 국제사회의 시선이 쏠릴 텐데 자기들 입장도 좀 봐주라는 거지. 올해 초까지만 해도 잠잠하더니 왜 하필 이 시점에서 미사일을 쏘고 난리를 치냐고… 아그레망이 지연되면 너희들이 미사일 쏜 거는 생각 안 하고 우릴 보고 죽일 놈, 살릴 놈 욕하겠지? 정말 손맥이 풀려 못 해먹겠다. 좌우간 너희 나라는 약이 없어, 약이!"

항상 낙관적이던 그가 오죽 속상했으면 이런 푸념을 다 하겠나 싶어, 나도 받아쳤다.

"오냐, 날 욕해라. 우리나라가 원래 말짱한 정신 가지고는 이해가 잘 안 되는 나라니까. 그리고 그분(김정은) 전공과목이 미사일이란다."

그러자 그 친구가 맞받았다.

"어쩐지 그쪽 분야에 조예가 깊으시다 했어. 그것밖에 잘하는 게 없으니 앞으로도 계속 쏘시겠네."

그렇게 우리는 서로 쓴웃음을 나눴다. 몇 개월 후 멕시코 정부는 북한 대사의 아그레망을 승인했고, 2020년 2월 송 대사는 평양을 떠나 멕시코로 향했다. 지금도 내 귀에는 "너희 나라는 왜 그러냐"라던 친구의 말이 쟁쟁하다. 내 나라가 아닌, 늘 '너희 나라'로 불리는 북한, 핵과 미사일로 질주하는 김정은의 태엽은 과연 언제쯤 멈출까.

스페인 주재 북한대사관 피습사건의 진실

2019년 2월 22일, 하노이 북·미 정상회담을 앞두고 스페인 주재 북한대사관이 습격당하는 전대미문의 사건이 발생했다. 훗날 '자유조선' 측은 자신들의 소행이라고 밝혔다.

북한은 2013년 11월, 스페인에 대사관을 열고 김혁철을 초대 대사로 임명했다. 그러나 2017년 8월, 스페인 정부가 북한의 잇따른 핵과 미사일 실험에 대한 항의 표시로 외교관 1명을 감축하고 한 달 뒤 김혁철 대사를 추방했다. 이로써 3등서기관이던 서윤석이 1등서기관으로 승진해 대사대리를 맡게 됐다. 북한 내부 규정상 대사대리는 1등서기관 이상이 맡을 수 있고, 이 급수부터는 노동당원이 아니면 간부사업이 불가능하다.

나는 서윤석과 같은 국에서 일한 직장 선배였고, 그의 형 서명석은 평양외국어대학 동기였다. 형제는 모두 평양외국어대학 스페인어과 출신이며, 부친 서재명은 외무성 1국장과 멕시코 주재 대사를 지냈다. 서윤석은 키 180㎝의 장신에 과묵한 성격이었다. 당시 스페인 주재 북한대사관에는 외교관 1명과 직원(무전수) 1명뿐이어서, 유일한 외교관인 서윤석이 모든 외교 업무를 도맡았다.

사건 당일, 자유조선 관계자들은 투자 문제를 명분으로 대사관을 찾아왔다. 정문이 열리자마자 안으로 진입한 그들은 대사관 직원들을 결박하고, 컴퓨터 하드디스크와 휴대전화 등을 압수했다. 그때 2층에서 청소 중이던 서윤석의 아내가 아래층이 소란스러운 상황을 파악하고 화장실 창문으로 탈출해 경찰에 신고했다. 대사관으로 출동한 경찰이 문을 두드리자 김일성 배지를 달고 직원처럼 가장한 자유조선 일행이 "아무일 없다"며 경찰을 돌려보낸 직후 대사관 차량을 몰고 도주했다.

스페인 사법 당국은 이들이 치외법권인 외교대표부를 습격하고 중요 정보가 든 저장장치를 탈취한 뒤 미국 정보기관과 접촉했다고 발표했으며, 자유조선 측도 상호 비밀 유지에 합의하고 특정 정보를 공유했음을 시사했다. 다만 미국은 연관성을 전면 부인했고, 일부 관계자들을 체포했다. 일각에서는 이 사건으로 북한의 암호체계가 통째로 넘어갔을 가능성도 제기됐다.

사건 직후 나는 서윤석에게 전화를 걸어 자초지종을 물었다. 형의 친구이자 직장 선배로서 그의 상태가 걱정됐기 때문이다. 그는 침입자들이 업무용 컴퓨터의 하드디스크는 뜯어 갔지만, 변신용 노트북은 문이 잠겨 있어 가져가지 못했다고 했다. 대사관에 그런 장비가 있다는 사실조차 모르는 눈치였다는 것이다.

만약 변신용 컴퓨터가 노출됐다면 즉시 평양에 긴급 보고가 올라가고, 모든 대사관은 평양에서 새 암호화 프로그램이 배포될 때까지 난수표를 사용해야 한다. 그런데 이 사건 이후에도 변신용 프로그램은 계속 사용됐다.

사실 북한 주민 입장에서 이런 것들은 별로 중요하지 않다. 사건의 핵심은 김씨 부자의 초상화가 박살 나고, 구둣발에 짓밟히는 장면에 있다. 해외에 나와 있는 북한 주민들은 유튜브를 통해 이 영상을 보고 큰 충격에 빠졌다. 나 역시 종일 심장이 두근거려서 아무것도 손에 잡히지 않았다.

북한 주민이 해외에 나와 가장 먼저 검색하는 것이 김일성과 김정일,

김정은이다. 마음의 기둥처럼 믿고 자라온 우상화가 새빨간 거짓이었음을 알게 되는 순간 감정은 분노와 증오로 바뀐다. 한쪽에서는 쌀 한 톨이 없어 수십만 명이 굶는데, 다른 쪽에서는 수천 달러짜리 와인과 산해진미를 즐기면서 "장군님은 쪽잠에 '줴기밥(주먹밥)'으로 끼니를 에웠다"는 거짓말로 주민을 속여온 탓이다. 많은 이들이 그날 자유조선의 행동을 두고, 김씨 부자의 초상화를 깨뜨린 상징성이 10개 사단의 군사행동보다 더 큰 사변적 의미를 지닌다고 평가했다.

'김정은 방침'도 못 막는 외교관의 불법 장사

2015년 9월 말, 브라질 상파울루 공항에서 북한 외교관 두 명이 쿠바산 고급 시가 3800개비를 밀반입하려다 세관에 적발돼 추방당하는 사건이 발생했다. 이들은 브라질 주재 북한대사관의 경제무역 참사와 서기관이었다. 사건은 곧바로 외무성을 통해 김정은에게 보고됐고, 그는 김계관 제1부상에게 "돈벌이에 눈이 멀어 나라 망신을 시킨다"며 엄중 조치를 지시했다. 김정은이 밀수할 수밖에 없는 무역일꾼들의 심리적 고충을 알 턱이 없었다.

해외 파견 무역일꾼들은 외교 여권만 가지고 있을 뿐 본국의 지원이 거의 없다. 이들은 매년 국가에 상납금을 바치고, 주택과 사무실 임차료, 차량 구입과 유지비, 통신비, 자녀 학비, 생계비까지 모두 스스로 해결해야 한다. 명목상의 월급도 실은 '자기가 벌어 자기가 받는 돈'에 가깝다. 특히 집 임차료가 가장 큰 부담이라 몇 달만 밀려도 가족이 한순간에 거리로 나앉아야 한다. 결국 외교 특권과 특혜를 활용한 밀수가 유일한 생존 수단인 셈이다. 이는 무역일꾼만의 문제가 아니다. 외무성 소속 외교관들도 사정은 마찬가지다. 그들도 자녀 학비와 생활비를 감당하려면 불법 장사에 손을 댈 수밖에 없다.

2015년은 북한 외교관들의 밀수 사건이 유난히 빈발한 해였다. 3월, 방글라데시 주재 북한대사관의 경제무역 서기관이 공항에서 금괴 170개(총 27kg)를 들여오다 적발돼 추방됐다. 4월에는 파키스탄 주재 북한대사관의 경제무역 1등서기관이 주류 판매가 금지된 현지에서 코냑과 위스키를 팔다가 적발돼 추방됐다. 5월에는 남아프리카공화국 주재 북한대사관 참사와 파견 태권도 사범이 모잠비크에서 코뿔소 뿔 4.6kg을 구입해 차량으로 옮기다 현행범으로 체포됐다. 중국 암시장에서 코뿔소 뿔은 '진서각'으로 불리며 1kg당 약 6만5000달러에 거래되기 때문에, 이들은 아프리카에서 사들여 중국으로 반입해 되파는 수법을 썼다. 이렇게 누적되던 불법이 9월 브라질 주재 북한대사관의 대량 시가 밀수 사건으로 폭발하며 국제 여론의 뭇매를 맞았다.

2015년 10월, 김정은 지시에 따라 전당적으로 해외 주재 대표부의 불법 장사를 뿌리 뽑기 위한 캠페인이 벌어졌다. 외무성 1국장 라윤박이 단장을 맡은 검열대표단이 중남미 5개국을 돌며 실태를 점검했다. 실제로 쿠바산 시가는 쿠바와 멕시코, 브라질, 페루, 베네수엘라 주재 북한대사관 외교관들의 생계를 떠받치는 '사막의 오아시스'와도 같았다. 라윤박 역시 스페인어 전공자로 쿠바에서 시가 장사로 재미를 본 전력이 있었고, 향후 중남미 근무가 예정돼 있었다.

브라질에서 불거진 사건은 당사자 두 외교관을 즉시 귀국시켜 탄광

혁명화에 내려보내는 선에서 마무리됐다. 그러나 그 후에도 남아공 주재 북한대사관 외교관이 상아를 밀반입하다가 적발되고, 방글라데시에서 북한 외교관이 고가 자동차를 밀반입하다가 추방당하는 등 사건이 끊이지 않았다. 김정은이 아무리 노발대발하며 단속을 지시해도, 혁명자금과 국가납부금, 조국지원금으로 불리는 외화 상납 구조와 비정상적인 국가경제 시스템을 근본적으로 고치지 않는 한 이런 불법 장사는 막을 수 없을 것이다.

스스로 북한 간첩이 된 '빨갱이' 한국인

2015년 2월 어느 날이었다. 나는 외무성 중동과에서 이집트를 맡고 있었다. 사무실이 북향이라 겨울엔 바깥만큼 추웠다. 만성적인 전력난 탓에 겨울엔 난방을 제대로 못 돌렸고, 한여름에도 에어컨을 켤 수 없었다. 무릎과 발이 시려 작은 모포를 다리에 칭칭 감고 일하곤 했다. 외무성 청사 사우나는 오후 5시에 가동됐는데, 퇴근 무렵이면 직원들이 우르르 몰려가 몸을 한번 데우고 집으로 향하는 게 일상이었다.

그날도 사우나에 갈 채비를 하고 있는데 국장에게서 전화가 왔다. 이집트 주재 북한대사관에서 '대긴급전보'가 왔으니 퇴근하지 말고 대기하라는 지시였다. 대긴급전보는 규정상 2시간 안에 처리해야 했다. 10분 후 나는 변신국에서 그 전보를 가져왔다.

내용은 이랬다. 40대로 보이는 남조선 남성이 대사관으로 전화를 걸어 대사 또는 책임자를 긴급히 만나 전달할 물건이 있다며, 조용한 장소로 나와달라고 요구했다. 이에 김정호^{가명} 안전대표와 송일섭^{가명} 참사^{세포비}

서가 조용한 커피숍에서 만나기로 하고 나갔다. 송일섭 참사는 그 남성을 직접 만났고, 김정호 안전대표는 맞은편 상가에서 그를 촬영하며 대화를 도청했다. 그 남성은 자신을 소개한 뒤 노트북을 건네며 "북한에 필요한 자료가 들어 있으니 대남 부서에 넘겨달라"고 했다.

전보 마지막에는 "비밀 보장을 위해 해당 인물 자료와 면담 중 주고받은 담화 내용, 그리고 그와의 향후 활동 방향은 국가보위성에만 암호 전보로 발송하겠다. 제기된 상황만 보고한다"는 문구가 적혔다.

이 전보는 외무성 전보 분류실을 통해 노동당 통일전선부와 군 정찰총국, 국가보위성에 각각 전달됐다. 다음 날 오후 국가보위성에서 나온 군관 두 명이 전보를 열람한 외무성 직원들을 불러 비밀 엄수 서약서를 제시하고, 전보 내용을 일절 발설하지 않겠다는 서명과 지장을 받아 갔다. 그리고 그 전보를 회수해 갔다.

이후 외무성은 이 일에서 손을 뗐고, 이집트 주재 북한대사관 안전대표_{보위원}가 관할했다. 그런데 일주일 뒤, 이집트 주재 북한대사관 참사 송일섭이 외무성 청사에 나타났다. 내가 "이집트에 있어야 할 사람이 어떻게 평양에 왔느냐"고 묻자, 그는 "안전대표가 그 남조선 사람을 다시 만나기로 해서 자리를 뜰 수 없어, 내게 노트북을 가지고 평양에 들어가 달라고 부탁했다. 외무성에서 나에게 출장 조직_{일정을 꾸림}을 해 평양으로 들어오라는 지시가 내려와서 왔다"고 답했다. 내가 "담당자도 모르는데 어떻게 출장 승인이 났느냐"고 묻자, 송일섭은 "윗분들이 조직하는 일이니 묻지 말라"며 농담 섞인 목소리로 말했다.

그는 "순안비행장에 도착하니 사복을 입은 사람들이 여객기 문 앞까지 나와 기다리다가 귀빈실로 데려가서 노트북을 받아 갔다"면서 "나를 외무성까지 차로 태워다 주고 헤어졌는데, 아무래도 노동당 통일전선부 사람들인 것 같았다"고 덧붙였다. 그러고는 의아한 눈빛으로 나를 보며 "우리가 파견한 공작원 아니면 주사파일 수도 있지. 정신병자인 것 같기도 하고. 온전한 정신이라면 우리 대사관에 연락하겠나? 아무리 봐도 정신 나간 사람이야"라며 웃었다.

이틀 뒤 송일섭은 다시 이집트로 돌아갔다. 훗날 내가 한국에 온 뒤 이 사실을 국정원에 알렸고, 국정원 직원들은 수년간의 추적 끝에 그 사람을 찾아냈다. 나는 한국의 안보에 이바지했다는 자부심을 느꼈다.

서울에서 다시 만난 개성공단 사람들

2020년 12월, 나는 어느 한 기관이 주최한 통일 관련 포럼에 참가한 적이 있다. 그런데 북한에서 만났던 지인을 그 자리에서 다시 보게 될 줄은 꿈에도 몰랐다. 세상은 넓고도 좁다더니, 인연이란 바로 이런 것이구나 싶었다.

그는 개성공업지구(이하 개성공단) 관리위원회에서 근무했던 전직 통일부 직원이었다. 그는 자신이 보관하던 몇 장의 사진을 내게 건넸고, 개성공단에서 찍은 사진을 보니 과거의 추억이 떠올랐다.

내가 그를 알게 된 것은 2015년 2월 개성공단 참관 때였다. 당시 나는 평양 주재 외교단과 함께 개성공단을 참관할 기회를 얻었다. 나도 개성공단은 처음이었다. 개성시는 군사분계선 근처 전연(접경)지역이라 인민군 총참모부의 허가 없이는 누구도 들어갈 수 없었다. 다행히 이란과 시리아 등 중동 국가 외교관들이 동행해, 우리 부서에서도 몇 명이 함께 갈 기회가 생겼다.

외무성은 외교단의 개성공단 참관과 관련한 김정은의 비준 방침을 인민군 총참모부와 당 통일전선부에 기요紀要 문건으로 발송했다. 인민군 총참모부가 관할하는 개성시와 판문점 참관 준비는 순조로웠지만, 개성공단 참관 절차는 유난히 까다로웠다. 남조선 사람들과 직접 마주치는 곳이어서 당 통일전선부 산하 민족경제협력위원회에서 진행하는 특별강습을 받아야 했기 때문이다.

개성공단에 도착한 우리는 종합지원센터에 들러 공단에 대한 개괄적인 설명을 들었다. 참관 과정에서 우리와 동행해 안내를 맡은 사람이 바로 훗날 서울에서 다시 만난 그 친구였다. 우리는 참관지인 '신원회사'의 의류 생산 공정을 둘러봤다. 공장에는 많은 북한 여성 근로자들이 일하고 있었다. 회사 책임자는 공장 현황을 설명하며 "우리 동무들이 정말 성실하고 근면합니다"라고 말했다. 남측 인사가 '동무'라는 표현을 쓰니 우습고도 의아해 "남쪽에서도 '동무'라는 말을 씁니까?"라고 물었다. 그러자 그는 "공단에서 '동무'라는 말을 많이 쓰기에 우리도 친숙해지려고 그렇게 부릅니다"라고 답했다.

회사의 후생·복지시설은 정말 대단했다. 항상 따뜻한 물이 나오는 목욕탕과 빨래터까지 갖춰져 있었다. 북한 여성들이 따뜻한 물이 없어 목욕을 못 한다는 얘기를 듣고 회사 측이 24시간 운영하는 목욕탕을 지었고, 아이들 빨랫감을 가져와 빨래한다는 말을 듣고 따뜻한 물이 나오는 빨래터까지 마련해 줬다고 했다. 그 말을 들으니 마음이 훈훈해졌다.

공장을 나오는데, 근처 버스 정류소에 유독 크고 긴 나무 의자가 눈에 띄었다. 서 있는 아기 엄마들을 배려해 회사에서 특별히 제작한 의자라고 했다. 스쳐 지나갈 사소한 것까지 놓치지 않으려 신경 쓴 흔적이 곳곳에서 느껴졌다. 경제적 이해관계를 떠나, 개성공단은 온 겨레의 통일 의지가 낳은 산아(産兒)였다.

그런데 2020년 6월, 북한의 남북공동연락사무소 폭파로 남북 관계는 돌이킬 수 없는 최악의 상태에 이르렀다. 이 사건은 무지한 김정은의 대결 광기와 천박한 통일관이 가져온 반이성적·반민족적 처사로서, 전 국민의 저주와 규탄을 받았다.

김일성·김정일 '배지' 탓에 곤경에 처하다

외교관들은 종종 주재국의 각종 행사에 초청된다. 피트르 명절 같은 종교 행사, 국빈 환영 연회, 외교단의 국경절 연회 등이 대표적이다. 북한 외교관은 공식 행사에 참석할 때 반드시 양복 왼쪽 가슴에 김일성·김정일 배지를 달아야 한다. 당국은 두 사람을 늘 심장 가까이에 모시라며 배지 착용을 강요한다. 배지만 달아도 내가 굳이 신분을 밝히지 않아도 외국인들은 단번에 북한 외교관임을 알아챈다.

2017년 사우디아라비아 국왕 환영 연회 때의 일이다. 여러 외교관이 모여 대화하는 자리로 가 인사를 건네고 대화에 합류했다. 그중 한 외교관이 내 배지를 보고 "무겁지 않으냐"고 조롱하듯 말했다. 나는 "금이라 더 무겁다"고 맞받아쳤다. 잠시 이야기를 나누던 그들은 하나둘 자리를 옮겼고, 결국 나만 남았다. 민망해 다른 곳으로 자리를 옮겨 다시 대화에 끼었지만, 거기서도 사람들은 '김씨 부자' 배지를 힐끗 보더니 슬며시 피했다. 따돌림을 당한다는 느낌에 정말 기분이 나빴다. 그들은 배지를 보자 벌레를 피하듯 나를 피했다.

2016년 11월, 나는 휴대전화 개통을 위해 주재국 통신회사 지점을 찾았다. 내 앞에서 대기하던 손님 한 명이 양복 왼쪽 가슴의 배지를 유심히 보더니 다가와, "배지 속 인물이 너희 나라 지도자냐"고 물었다. 내가 그렇다고 하자 그는 대뜸 휴대전화를 꺼내 유튜브를 켰다. 북한에 대해 어느 정도 아는 사람처럼 보였다.

그는 4신 고사총을 가리키며 죄인을 처형할 때 대공 무기를 쓰느냐고 물었다. 이어 "비행기를 격추시키는 대공 기관총으로 사람을 죽일 수 있느냐"며 "북한은 세상에서 가장 잔인한 국가"라고 말했다. 또 "중동에서는 북한 지도자를 사담 후세인 같은 '흡혈귀'라 부른다"고도 했다. 나는 "유튜브 영상은 사실과 다르다"며 "우리 지도자를 다시 모독하면 법적으로 대응하겠다"고 맞섰다. 그는 "누구를 비판하든 자유"라며 "미국 대통령이든 당신네 대통령이든 욕할 수 있다"고 했다.

말씨름을 하던 중 내 차례가 됐다. 카운터에 앉아 있던 직원이 내 여권을 보더니 "North or South?"라고 물었다. 내가 "North"라고 답하자 그는 "Wow! Missile Korea, welcome!"이라며 손으로 미사일이 날아가는 흉내를 냈고, 옆 직원들은 크게 웃었다. 북한 사람인 나를 놀리는 것이 분명했다. 국제사회가 바라보는 북한의 이미지가 이렇게 최악인지 그때 절감했다.

김씨 부자 배지를 달고 밖에 나가면 따가운 시선과 조롱의 대상이 될까 두려워, 대사관 직원들은 공식 외교 활동을 제외하고는 출근할 때도 그 배지를 달지 않는다. 세계가 우러러 칭송한다는 백두산 '절세 위인' 絶世 偉人 김일성·김정일의 배지는 해외에서는 '왕따 국가' '불량배 국가'의 상징으로 변해 있었다.

일생 바쳐 충성한 대가가 6개월치 '감자 2㎏'

어느 탈북자의 수기를 읽다가 사실과 너무 동떨어진 대목이 있어 쓴웃음이 났다. 그 탈북자는 "노동당 통일전선사업부 제1부부장 임동욱의 집에 가보니 방이 12칸이고 바닥은 이탈리아산 붉은 대리석이 깔렸고, 천장에는 샹들리에가 달려 있었다"며 "그곳이 김정일의 최측근들이 사는 곳"이라고 적었다. 아마도 은덕촌을 말하는 듯했다.

우리 처가가 바로 그 아파트에 있었고, 아랫집이 통일전선사업부 부장 김양건의 집이었다. 나 역시 10년간 그곳에서 살아 집 구조를 너무도 잘 안다. 당시 우리 처가는 방 5칸, 거실 1칸에 부엌과 화장실 3개가 있는 구조였다. 그가 샹들리에를 어디에서 봤는지 모르겠지만, 실제로는 시중에 없는 작은 규격의 형광등을 써서 해외 출장을 갈 때마다 내가 사 와야 했다. 바닥도 이탈리아산 대리석이 아니라 일반 가정처럼 마루였고, 벽은 도배지였다.

그 아파트에 사는 중앙당 간부 대다수는 별도 주택이 없어 자식을 분가시키지 못했다. 부모 집에 자녀 세대가 함께 사는 경우가 보통이었다. 나도 집이 없어 17년 동안 처가살이를 했다고 하면 누구도 믿지 않는다. "장인이 노동당 39호실 실장인데 집 한 채 해결해 주지 않았겠느냐"

며 새빨간 거짓말이라고들 한다. 북한에 있을 때도 외무성 친구들조차 믿지 않았는데, 한국에서 믿을 사람은 더더욱 없을 것이다. 그러나 우리가 흔히 생각하듯 북한 간부 모두가 부정부패와 비리를 저지르고 있다면 북한 사회는 이미 무너졌을 것이다.

물론 북한은 뇌물이 판치는 세상이다. 0.5달러도 안 되는 초라한 월급을 받는 권력기관 일꾼들은 장사꾼의 뒤를 봐주고 그 대가로 뇌물을 받는다. 그들은 북한 사회라는 공간 안에서 서로 공생하고 있다. 썩어빠진 북한 사회에도 그 나름대로 법과 원칙은 존재한다. 간부들 가운데는 자식들을 분가시킬 집이 없어 한집에서 여러 세대가 함께 사는 경우도 적지 않다. 나의 장인도 그랬다. 장인은 너무도 고지식하고 청렴한 분이었다.

1993년 2월, 장인은 김정일의 추천과 보증으로 노동당 39호실 부부장에 임명됐다. 장인과 김정일은 남산고급중학교 동창이었다. 장인은 2009년부터 2017년까지 39호실 실장, 2017년부터 2019년까지 39호실 고문으로 일하며, 27년간 노동당 39호실에서 근무하다가 은퇴했다.

2019년 7월 중순, 장인이 스텐트 시술을 받았다는 소식을 듣고 아내가 평양에 들어갔다. 우리는 중앙당 부장^{장관급} 아파트에서 살았는데, 장인이 은퇴하면 집을 반환하고 '사회 집'^{일반 배정 아파트}을 받게 된다. 쉽게 말해, 한국에서 외교부 장관 같은 고위 공직자에게 공관이 제공되지만, 임기가 끝나면 반환해야 하듯 북한 고위 간부들도 은퇴하면 집을 돌려줘야 한다. '선물'이라 부르는 자동차도 마찬가지다. 벤츠가 사업^{업무}용 차량으로 제공되지만, 임기가 끝나면 모두 반환해야 한다. 한국과 다른 점이 있다면, 자가용이 드문 북한에서는 간부들이 은퇴하면 'BMW'^{버스·지하철·도보}

로 움직여야 한다는 것이다.

아내가 평양에 도착해 집에 가보니, 장인과 장모는 아직 사회 집을 배정받지 못한 채 보초병이 있는 새 아파트에서 지내고 있었다. 그 아파트에는 최영림, 김기남, 김원홍, 김경옥, 황병서 등 은퇴한 고위 간부들이 함께 살고 있었다. 김정은은 비밀을 많이 아는 고위 간부들을 사회와 격리해 두었다가 본인이 사망하면 그제야 가족을 사회 아파트로 내보냈다. 이들은 죽을 때까지 철저히 사회와 격리된 채, 말 그대로 투명인간처럼 살아야 했다.

그렇다고 해서 이들에게 배급을 따로 주는 건 아니다. 아내가 무더운 8월, 장인·장모의 배급을 타러 동 식량공급소에 갔는데, 6개월분 식량으로 1인당 감자 2kg씩, 도합 4kg을 받았다. 아내는 집으로 돌아오는 길에 너무 억장이 무너져 길가에 풀썩 주저앉아 한참을 울었다고 했다. 한평생 김씨 부자에게 충성을 다한 아버지에 대한 대접이 고작 이것뿐이냐는 울분에 눈물이 저절로 났다는 것이다.

이뿐만이 아니었다. 아내 말로는 새 아파트에 붙박이장은 물론 옷장과 이불장이 한 개도 없어 벽에 나무 봉을 고정해 옷을 걸어두었다고 한다. 대부분 중앙당 아파트에는 붙박이장이 비품으로 들어가 있어 우리 처가도 이사할 때마다 별도의 이불장이나 옷장 없이 지내곤 했다. 이날, 보다 못한 아내가 장모와 주고받은 대화다.

"남들이 보는 눈도 있는데 이불장이랑 옷장을 사."

"돈이 어디 있니?"

"엄마, 아버지가 39호실 실장이었는데 우리 집에 돈이 없다면 그걸 누가 믿겠어. 딸인 나도 못 믿겠는데."

"내가 딸에게 거짓말을 해서 뭘 하겠니. 아버지가 비행^{비리}을 저지르며 사리사욕을 채웠다면 오늘까지 그 자리에 붙어 있었겠니?"

긴 한숨을 쉬는 장모의 모습에, 아내는 평양 출장길에 가지고 갔던 돈으로 부모님께 이불장과 옷장을 사드리고, 쌀이라도 사 먹으라며 남은 돈을 모두 건네드리고 돌아왔다.

훗날 아내는 평생 당에 충실했어도 '성 쌓고 남은 돌' 신세가 된 아버지를 떠올리면 인생이 너무 허무하고 불쌍하기 그지없다고 했다. 우리 부모님 세대는 김일성·김정일·김정은 3대를 잇는 극악한 사이비종교의 교주들에게 속아, '인민의 지상낙원'을 건설하겠다며 한평생을 바쳤다. 그러나 지금 북한은 '인민의 생지옥'으로 변하고 말았다.

Epilogue

새 날은
반드시 온다

대한한국에 온 지 1년쯤 지나 딸에게 '좋은 점이 무엇이냐'고 물었다. 딸애는 주저 없이 "Freedom자유!"이라고 외쳤다. 딸애가 말한 자유는 두 가지다. 하나는 인터넷을 마음껏 할 수 있는 것, 다른 하나는 머리를 마음대로 기를 수 있는 것. 중학생다운 천진난만한 대답이다.

 폐쇄적인 북한에서 살다 보니 한국에서는 일상이 된 인터넷이 딸에게는 가장 큰 선물이었다. 북한에서는 초등학교에서 대학교까지 모든 여학생이 의무적으로 단발머리를 해야 한다. 숨 막히는 북한을 벗어나 한국에 온 뒤 비로소 머리를 예쁘게 단장하게 된 것이다. 딸애가 말하는 자유가 무엇인지 알 것 같다.

 딸뿐 아니라 우리 부부도 한국에 와서 마음껏 영화와 드라마를 보앉다. 북한에서 이불을 뒤집어쓰고 몰래 한국 드라마를 보던 때와 달리 TV로 당당히 보니 한동안은 죄를 지은 것처럼 좌불안석이었다. 그러나 이런 일이 일상이 되자 드라마와 영화에 대한 갈증도 점점 줄어들었다. 나 역시 내가 누리는 자유에 점점 심취해 갔다.

우리가 일상에서 누리는 자유는 결코 저절로 주어진 것이 아니다. 우리가 당연하게 여기는 이 자유를 쟁취하기 위해 수많은 선열이 하나뿐인 목숨을 바쳤다. 자유는 우리 국민의 희생과 헌신, 투쟁의 대가다. 그렇다. 자유는 결코 공짜가 아니다.

내가 한국에 와서 감명 깊게 본 영화 중 하나가 바로 '1987'이다. 박종철 고문치사 사건을 기폭제로 활화산처럼 타오른 1987년 6월 민주항쟁을 다룬 영화다. 이한열 열사가 머리에 최루탄을 맞고 피 흘리며 쓰러지는 장면, 분노한 전 국민이 거리로 뛰쳐나와 "호헌 철폐! 독재 타도!"를 외치며 불의에 맞서는 장면을 보며 가슴이 먹먹했다.

6월 민주항쟁은 세상을 바꿨다. 국민의 단합된 힘이 군부독재 정권을 무너뜨리고 국민이 주인인 민주국가를 탄생시켰다. 오늘의 대한민국은 민주주의와 경제성장을 동시에 이룬 모범 국가로 세계인의 찬사를 받고 있다. 한때 원조를 받던 최빈국이 이제는 원조를 주는 공여국으로, 국토를 빼앗겼던 약소국에서 국제사회가 인정하는 중견국으로 성장했다. 대한민국 국민으로서, 우리나라 5000년 역사상 지금의 대한민국이 가장 부강한 나라라는 사실이 감격스럽다. 한국인으로 태어난 게 자랑스럽고 감사하다.

때때로 나는 혼자만 자유를 누리는 것 같아 북녘 동포에게 마음의 빚을 진 듯한 심정이 된다. 하루빨리 북한에 민주화가 실현돼 그들도 우리와 같은 자유와 인권을 누리길 바란다. 앞서 강조했듯, 자유와 민주주의는 하늘에서 떨어지는 선물이 아니다. 북한 주민 스스로 분노하고 들고일어나 투쟁으로 쟁취해야 한다.

김씨 세습 독재정권은 우상숭배와 사상 통제, 외부 정보 차단으로 주민을 무저항적 존재로 세뇌해 왔지만 언젠가 그들이 자신의 처지를 깨닫고 궐기해, 저주스러운 세습 독재를 무너뜨릴 날이 반드시 올 것이다.

나는 통일을 확신한다. 아무리 어둠이 길어도 '새날은 반드시 온다'는 믿음 때문이다. 남북이 통일돼 더 넓은 영토와 풍부한 인구, 찬란한 문화, 발전된 경제, 강력한 국방, 높은 국제적 위상을 가진 동아시아의 강대국으로 우뚝 선 대한민국을 그려본다. 그리고 언젠가 내 고향 평양에 돌아갈 날을 그려본다. 나는 대한민국이 부강한 통일국가로 거듭나기를 간절하게 소망한다.

김정은의 숨겨진 비밀 금고

1쇄 발행 2025년 10월 25일
4쇄 발행 2026년 1월 1일

지은이 류현우
발행인 임채청
펴낸곳 동아일보사
등 록 1968.11.9(1-75)
주 소 서울시 종로구 청계천로 1 (03187)
편 집 전화 02-361-0952 팩스 02-361-0979
디자인 천지영
인 쇄 도담프린팅

저작권 ⓒ 2025 류현우
편집저작권 ⓒ 2025 동아일보사

이 책은 저작권법에 의해 보호받는 저작물입니다.
저자와 동아일보사의 서면 허락 없이
내용의 일부를 인용하거나 발췌하는 것을 금합니다.

ISBN 979-11-92101-41-5   값 23,000원